저자의 **죽음**인가,
저자의 **부활**인가?

저자의 죽음인가, 저자의 부활인가?

최문규 | 고규진 |
김희봉 | 윤민우 |
이경훈 | 이기언 |
조경식 | 지음

한국문화사

저자의 죽음인가, 저자의 부활인가?

1판1쇄 발행 2015년 11월 10일

지 은 이 최문규, 고규진, 김희봉, 윤민우, 이경훈, 이기언, 조경식
편   집 강인애
펴 낸 이 김진수
펴 낸 곳 **한국문화사**
등   록 1991년 11월 9일 제2-1276호
주   소 서울특별시 성동구 광나루로 130 서울숲 IT캐슬 1310호
전   화 02-464-7708
전   송 02-499-0846
이 메 일 hkm7708@hanmail.net
홈페이지 www.hankookmunhwasa.co.kr

책값은 뒤표지에 있습니다.

잘못된 책은 바꾸어 드립니다.
이 책의 내용은 저작권법에 따라 보호받고 있습니다.

ISBN 978-89-6817-299-1 93800

이 도서의 국립중앙도서관 출판예정도서목록(CIP)은 서지정보유통지원시스템
홈페이지(http://seoji.nl.go.kr)와 국가자료공동목록시스템(http://www.nl.go.kr/kolisnet)에서
이용하실 수 있습니다.(CIP제어번호: 2015029081)

본 저서는 2013년 정부(교육과학기술부)의 재원으로 한국연구재단의 지원을 받아 수행된
연구임 (NRF-2013S1A5A2A03044247)

| 차례 |

들어가는 말   1

김희봉 저자 담론 밖의 다른 사유 가능성 · · · 41

최문규 낭만주의의 저자성 · · · 81
– 저자주체의 정립과 해체 사이에서

이경훈 소설가 이상 씨의 글쓰기 · · · 121
–「지도의 암실」을 중심으로

이기언 저자, 텍스트, 독자 · · · 151
– 문학에 관한 해석학적 고찰

고규진 저자 / 저자성의 문제 · · · 203
– 바르트와 푸코의 영향을 중심으로

윤민우 자서전의 저자 : 자아, 어머니, 공동체 · · · 231

조경식 새로운 매체 환경에서 저자와 저작권의 논쟁 · · · 293

저자소개   321

들어가는 말

 후기구조주의와 탈근대(포스트모더니즘)가 '저자의 죽음'을 선언했을 때 정말 저자는 죽은 것이었을까? '저자의 죽음'이라는 언술에서의 저자는 혹시 저자의 "가짜 시신"이 아니었을까? 최근 일련의 새로운 시각과 경향은 저자가 죽었다는 언술 자체를 폐기하고 그 대신 저자를 다시 복권시킬 것을 주장하고 있다. '저자의 부활'이 다시금 새로운 현재성을 획득하고 있는 것이다. 근대에서 생성된 '저자' 개념은 더 이상 탈근대(포스트모더니즘)의 표적이 아니라 디지털 매체 시대, 소셜 네트워크의 시대에 자신을 더욱 강하게 부각시키며 새롭게 이해될 것을 기다리고 있다. 물론 근대적 의미에서의 저자 개념으로 회귀하는 것이 아니라는 점은 반드시 전제되어야만 한다.
 문학이론에서 잘 알려져 있듯이 저자 개념은 분명 서구 근대의 사회적 산물로서 정치, 경제 및 문화예술에 의해 복합적으로 산출된 근본개념이다. 근대 이전에는 적어도 근대적 성격의 저자란 존재하지 않았다. 근대가 주체 철학의 정립이라고 할 때 저자의 출현은 그와 같은 맥락에서 파악되어야 한다. 그렇다면 저자라는 근대적 관념은 어디에서 어떻게 기인하고 생성되었는지 묻지 않을 수 없다.

저자의 기원에 대한 물음은 이미 그 어떤 개념적 특성을 전제한다. 즉 전통 속에서 기능해온 필자(Scriptor)라는 개념 및 의미와 다르게 저자(author)라는 용어가 표현되는 순간 어떤 의미가 동시에 지시된다. 그 개념은 자신의 작품에 대해 전적인 권리를 지녔다는 점을 반영하면서, 일반적으로 독창성을 지닌 작품을 창작하는 창조자를 지시하고 있다. 저자는 실제로 필자 또는 전달자 같은 특정한 용어처럼 단순히 어떤 행위를 드러내는 데 국한되지 않기 때문이다. 오히려 저자의 근본 성격은 창작행위에 관한 결정적인 원천과 근원을 가리킨다. 따라서 저자는 창작할 수 있는 영감, 천재성 또는 저작 의도성, 자기 확신이나 서술과 같은 주체적 특성 그리고 법적 저작권 등을 관통하는 '권위(authority)'의 의미와 연관되어 있다. 작품을 고유하게 표현해낸 '도덕적' 권리자로서 또는 모든 해석들이 귀결되어야 할 원래의 의도자로서, 특히 문학의 영역에서 차지하는 저자의 특별한 위상이 그 점을 잘 드러내 준다.

그런데 이러한 권리와 지위를 포괄하는 저자의 의미는 정치, 경제 및 사회 문화적 계기들을 통해 구성되었다고 보아야 한다. 우선 사회적 측면에서 저자의 역할은 인쇄 문화의 확산을 통해 부각된다. 인쇄술의 발명 이후에 물론 저자의 역할은 전통적 통념과 비교해 두드러지게 바뀌지 않았다. 그러나 독일 문학비평가인 에른스트 쿠르티우스(Curtius)의 견해에 따르면[1] 급진적 변동이 인쇄술에 의해 초래된 생산자와 소비자 간의 분열이라는 사회구조와 관련해 일어났다. 인쇄된 문자는 점차 저자와 독자, 제작자와 소비자를 분리시키는 효과를 낳았다. 결국 인쇄는 문자를 통한 말의 사적인 소유라는 새로운 감각을 가능케 하였다. 저자의

---

[1] M. McLuhan, 『구텐베르크 은하계(*The Gutenberg Galaxy*)』, 임상원 역, 커뮤니케이션북스, 2001, p. 360에서 재인용.

성격을 규정하는 이러한 사적 소유의 현상은 경제와 정치의 새로운 변화를 이끌어냈다.

경제적 측면에서 볼 때, 저자를 배태한 인쇄문화는 대량복제를 통해 인쇄물의 경제적 가치를 증가시켰다. 그것은 문학적 저작물이 시장에서 소비할 수 있는 상품으로 변했기 때문이다. 이러한 경제성의 주목은 저작과 판매를 긴밀히 연결하도록 만들었다. 이러한 과정에서 저자가 처음부터 실질적인 권한을 얻게 된 것은 아니다. 오히려 제작과 판매의 권리를 독점하려는 출판업자 또는 인쇄업자들의 의도에서 전개된 저작권 논쟁을 통해 원래적(original) 소유자라는 권리를 부여받게 된 것이다. 이처럼 '저자'는 적어도 18세기 초까지는 업자들이 자신들의 이익을 옹호하기 위해 내세운 일종의 수사적 장치에 불과했다. 그러나 적어도 물리적으로 분리되고 고정된 텍스트가 인쇄를 통해 출판됨으로써 지적 재산권의 개념이 형성되었으며, 결국에 이러한 권리의 분쟁을 통해서 작가의 작가성이 인정받게 되는 결과가 초래된 것은 분명하다. 더불어 '저자의 보호'라는 명목하에 인쇄업자, 출판업자 같은 문화산업의 이익 집단이 점차 강력하게 자신의 경제적 자산을 넓혀가게 되는 경향은 근대의 부정적인 측면이지만 어쩔 수 없었다.

정치적 측면에서 인쇄문화는 근대인들에게 개인주의의 가능성을 열어 주었다. 즉 근대인들은 전통적 규범과 공동체 의식에서 벗어나 개인으로서의 자신들을 자각할 수 있었는데, 이는 인쇄 매체에 의한 의사소통의 변화가 가져온 긍정적인 결과라 할 수 있다. 인쇄 매체로 인해 주체와 객체의 분리를 초래하는 간접적인 소통체계에서 대상을 바라보는 자신을 독자적인 세계관을 지닌 개인으로 파악하려는 의식이 형성되었다. 롤랑 바르트도 저자가 이러한 개인의 출현과 무관하지 않다고 보았는데, 그에 따르면 저자란 "중세를 벗어나는 시점에서, …우리 사회가 개인을,

좀 더 고상하게 표현하자면 인간 개성(personne humaine)의 특권적 지위를 발견해감에 따라 만들어진 근대적 인물"[2]이다. 이처럼 근대적 의미의 저자와 작품 개념은 도서시장의 확대, 독자에 의한 구매방식의 등장, 그리고 사회 전반에 걸친 소유적 개인주의(possessive individualism)의 확산과 더불어 형성되었다고 할 수 있다.

더욱이 정신적 대상물로 소유 개념이 전이되면서, 저자와 관련한 독창성의 개념이 주목되었다. 그것은 개인 소유의 근거가 되는 로크의 자연권 사상에 의해 확보된 것이다. 로크의 이론을 지적 창작물에 적용하기 위해 에드워드 영(E. Young)은 저자의 독창성을 도입하였다. 저자의 저작 활동이 마치 물질적 생산처럼 인정되고 그 지적 가치가 물질적 재산으로 간주되기 위해서는 공동체에 공유된 진리를 담아서가 아니라 남다른 개성을 드러내는 글쓰기 방식이 유효했다. 문화적 차원에서 이러한 독창성은 작품에 대한 사적 소유권자로서의 저자의 의미를 완결시켰다고 볼 수 있다.

그러나 이러한 사회적 구성요소들에 의해 부각되었던 저자의 본질은 다양한 철학적 관점에 의해 근본적으로 확증된다. 저자의 근본적 의미는 이미 심층적으로 자리하고 있는 근대의 시대정신에 의해 규정된 것인데, 여기에는 자신 이외의 모든 것을 대상(obiectum)으로 정립하는 근대적 주체(subiectum)를 핵심원리로 삼고 있는 정신적 패러다임이 주도적 역할을 한다. 다시 말하면, 저자 개념의 배후에는 근대의 주체성의 형이상학이 자리 잡고 있는 것이다. 이러한 자율적 주체의 성격과 관련해, 저자는 자신의 작품에 대해 독점적 지위와 배타적 권리를 가지는 독창적

---

[2] R. Barthes, "La mort de l'auteur", *Le bruissement de la langue* (Paris : Seuil, 1984), pp. 61~62. 롤랑 바르트, 「저자의 죽음」, 『텍스트의 즐거움』, 김희영 옮김, 서울, 동문선, 1997.

창조자로서 철학적으로 정당화되었다. 이처럼 저자 – 작품(텍스트) – 독자의 삼각관계에서 저자는 최종 심급 기관의 위상을 차지하게 된다.

그와 같은 최종 심급 기관으로서의 저자는, 잘 알려진 것처럼, 구조주의 및 후기구조주의(혹은 탈근대성)에 의해 이미 심판을 받은 바 있다. 가령 개개의 글은 다른 글의 영향하에서만 생산될 수 있기에 처음부터 독창적인 글이란 존재할 수 없다는 것이다. 요컨대 모든 텍스트는 "인용문의 모자이크"이자 "다른 텍스트의 흡수이며 변형"[3]이라는 테제는 우리에게도 잘 알려진 1960년대 이후 바르트, 크리스테바가 제시한 상호텍스트 이론의 핵심이다. 그러나 저자성(Authorship)에 대해 회의적이었던 후기구조주의 이론과 비슷한 맥락에서 저자의 자명한 의미를 부정하는 시각은 간헐적이지만 근대 자체 내에서도 찾을 수 있다. 예컨대 19세기 초반 독일 낭만주의 작가 호프만은 흡사 짜깁기처럼 보이는 패러디(Parody) 방식으로 자신의 소설을 발표하였으며, 19세기 중반 프랑스 상징주의 시인 로트레아몽(Lautréamont)은 표절에 대한 부정적인 시각을 극단적으로 전복하면서 자신의 글과 다른 글 간의 상호텍스트적인 관계를 이미 다음과 같이 표현한 바 있다. "표절은 필연적이다. 표절은 발전에 포함되어 있다. 표절은 어떤 저자의 문장과 직접 부딪히는 것이며, 그 저자의 표현을 이용하고, 잘못된 이념을 쓸어버리거나, 그 이념을 올바른 이념으로 대체하기도 한다."[4]

그러나 바르트와 푸코에 의해 죽음이 선언되고, 크리스테바, 데리다

---

[3] J. Kristeva : Bachtin, das Wort, der Dialog und der Roman. In : Jens Ihwe (Hrsg.) : Literatur-wissenschaft und Linguistik. Ergebnisse und Perspektiven III, Frankfurt / M. 1972, pp. 345~375.

[4] Comte de Lautréamont : Das Gesamtwerk, Aus dem Französischen und mit einem Nachwort von Ré Soupault, Reinbeck 1996, p. 282.

등의 후기구조주의적 (상호)텍스트 이론에 의해 해체되었던 저자는 특정 작품 내지는 텍스트가 호명되는 순간 마치 좀비(Zombie)처럼 문화적 영역 내에서 언제나 그랬듯이 존재하고 있다. 특히 작품을 읽고 가르치는 강단에서 저자는 여전히 옛날의 권위를 유지하며 그 정당성을 인정받고 있다. 가령 '어떻게 저자는 그런 작품을 만들었을까?', '그 작품에는 저자의 삶이 녹아들어 있는 것 같다', '저자는 이 작품을 통해 독자에게 어떤 의미를 전달하려 했을까?' 같은 언술 행위 모두는 바로 저자에 초점을 맞추고 있지 않은가? 즉 저자 - 작품(텍스트) - 독자의 삼각관계에서 저자는 여전히 최종 심급 기관의 위상을 잃지 않는 듯이 보인다. 그런 저자의 정당성이 단순히 일상과 관습에 기인하고 있는 것은 아니다. 더욱 흥미로운 점은 기술적 매체 사회라는 동시대의 환경 변화 속에서 저자가 오히려 강렬하게 부활하고 있는 것이다. 이에 대한 간접증거로는 비교적 최근에 독일에서 나온 단행본 『저자의 귀환』[5], 『저자성. 입장과 수정』[6]과 이 논문집에 실린 「이중적인 저자성」, 「가짜 시신의 복귀?」, 「저작의 죽음을 묻어버리자」 같은 도발적인 제목의 논문들을 들 수 있다. 이러한 글 모두 저자의 위상과 의미를 한층 더 강조하고 있으며, 「저자의 죽음 이후의 저자성」[7]이라는 논문 제목은 저자에 대한 우리 시대의 역설적인 상황을 잘 표현해 주고 있는 셈이다.

저자의 복귀를 가능하게 하는 결정적인 계기는 매우 현실적, 사회적

---

[5] F. Jannidis / G. Lauer / M. Martinez / S. Winko(Hrsg.) : Rückkehr des Autors. Zur Erneuerung eines umstrittenen Begriffs, Tübingen 1999.
[6] H. Detering(Hrsg.) : Autorschaft. Positionen und Revisionen, Stuttgart / Weimar 2002.
[7] G. Schiesser : Autorschaft nach dem Tod des Autors. Barthes und Foucault revisited. In : Hans Peter Schwarz(Hrsg.) : Autorschaft in den Künsten. Konzepte - Praktiken - Medien, Zürich 2007, pp. 20~33.

차원에서 2009년에 저자 / 저작권과 관련된 획기적인 두 가지 사건에서 찾을 수 있다. 그 하나는 2009년 3월에 발표된 소위 "하이델베르크 호소문(Heidelberger Appell)"[8]이다. 이 호소문은 구글도서검색 플랫폼과 오픈 액서스 뿐만 아니라 다양한 전자문서의 출현을 겨냥하고 있다. 인터넷상에서 야기되는 온갖 부정적인 현상들, 가령 수많은 저자의 등장, 불법적인 정보 이용, 불법 업 / 다운로드, 무단 복사 등을 비판하는 동시에 저자의 인격권과 저작권 보호를 강화하는 데 그 목적이 있다. 그러나 "하이델베르크 호소문"이 저자 자체의 이익보다는 실제로는 출판사의 경제적 목적을 꾀하는 데서 비롯되었다는 것은 흥미롭다. 또한 출판사의 이익을 위한 저작권 보호에 이론적 배경을 제공한 사람들이 전통적으로 저자를 중시한 해석학적 시각을 지닌 학자들이라는 점도 주목할 만하다.

같은 해에 "하이델베르크 호소문"과 정반대 차원에서 충격적인 또 다른 사건이 발생하는데, 그것은 바로 유럽의 현실 정당정치 차원에서 "해적당(the pirate party)"의 출현이다. "해적"이라는 부정적인 단어를 반어적인 긍정적 의미로 사용하면서 인터넷 사용자를 중심으로 창당된 해적당은 정보의 자유로운 이용과 저작권의 제한을 핵심강령으로 채택하고 있다. 유럽의 각국에서의 해적당은 먼저 2009년 6월 11일 유럽의회 선거에서 스웨덴의 해적당이 7.1%의 득표율로 유럽의회에 대표자를 파견하면서 본격적으로 현실 제도권 정치영역에 진입하게 된다. 해적당의 정치 세력화는 점점 가속되어 2011년에는 베를린 주의회 선거에서 8.9%를, 올해 3월 자를란트 주의회 선거에서는 7.4%를 획득함으로써 자민당(FDP) 보다도 많은 지지를 이끌어낸다. 또한 5월 6일 슐레스비히-홀슈타인 주의회 선거에서는 8.2% 득표율로, 5월 13일 노르트라인-베스트팔렌

---

[8] http://www.textkritik.de/urheberrecht/

주의회 선거에서는 7.8%의 득표율로 당당히 주의회에 입성한다. 한마디로 해적당은 현재 독일을 비롯한 유럽 전역에서 놀라운 지지를 과시하는 정당이다. 이처럼 거대한 정치세력으로 등장한 해적당으로 인해 저자 / 저작권을 둘러싼 논란은 한층 더 가열되어 수많은 심포지엄이 잇달아 개최되고, 각종 비평과 논문과 서적들이 순식간에 엄청나게 쏟아져 나오기 시작한다. 서로 대척적인 이해관계 당사자들은 내부의 결속을 강화하여 새로운 조직을 결성하고 이에 따라 저자 / 저작권을 둘러싼 치열한 담론의 전선과 전투에 가담하게 된다.

이상과 같은 이론적, 실질적 배경을 토대로 본 연구는 과거의 양자택일적 시각, 즉 저자를 절대적으로 신성시하는 방식이나 혹은 저자의 조종(弔鐘)을 울리는 방식 중 그 하나를 택하기보다는 저자 / 저자성의 문제를 통시적이고 공시적으로 접근해봄으로써 저자 / 저자성 논쟁을 이해할 수 있는 다양한 관점을 제공하고, 저자 / 저자성 / 저작권 문제에 대해 미래지향적인 이론적 착안점을 비교문학적으로 다양하게 제시하고자 노력하였다.

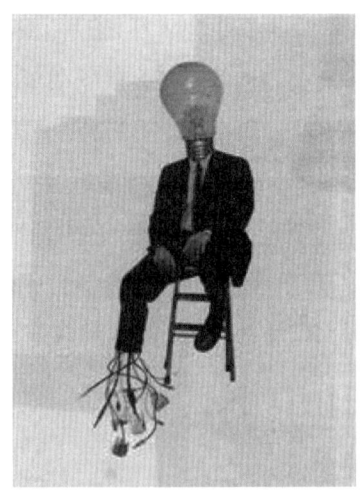

급진적 저자 비판에 대한 근원을 근대적 의미에서의 저자가 존재하지 않던 고대 사회 및 철학에서 찾을 수 있다고 밝히는 첫 번째 「저자 담론 밖의 다른 사유 가능성」(김희봉)의 요점은 다음과 같다.

저자의 개념은 분명히 서구 사회의 근대적 산물이다. 저자는 다양한 구성 계기들로 분열하던 근대사회를 원리적으로 통합시키는 상징적 개념이다. 독창적인 작품들을 생산하면서 작품에 대한 독점적 권리를 지녔다는 점에서 저자는 자신의 세계를 전적으로 구성하는 자율적 주체의 성격을 띠고 있다. 이러한 의미에서 저자는 저자 - 작품(텍스트) - 독자의 삼각관계에서 최종 심급 기관의 위상을 차지할 수 있게 된다.

그럼에도 이러한 저자개념은 분명히 현대문학 또는 역사성의 근대시대라는 한계성을 지닌 것으로 여겨져야 하지만, 역설적으로 지역과 시대를 넘어 보편타당한 원리로 격상하고자 하는 인간 무의식적 욕망의 산물이기도 하다. 거기에는 모든 다양과 차이를 해소하는 보편성과 무한성에로의 지향이 숨어있지만, 그것은 그럼에도 특정한 시대의 인간의 실존적 조건과 관련된다는 것이다.

이러한 통찰에 따른 바르트와 푸코가 시도한 저자에 대한 개념적 반성은 근대사회의 배타적 원리와 위계적 구조에 대한 반발로 해석될 수 있다. 왜냐하면 바르트나 푸코가 씨름하던 저자개념을 더욱 반성해보면 근대 시대의 정치, 경제, 사회문화의 고유한 상황에 의해 규정되었을 뿐만 아니라, 근본적으로는 인간의 내면을 표현하는 단순한 도구가 아니라 인간의 정신을 외재화하는 기술, 즉 문자인쇄라는 고유한 미디어에 의해 정립되었기 때문이다. 부연하면, 인쇄술이 근대문화의 근본 패러다임을 저자 또는 주체중심으로 변화시킨 것은 사실이다. 근대를 결정짓는 새로운 시공간과 주체 개념은 분명히 기술적인 물질적 조건인 인쇄기술의 변화와 밀접하게 연관되었고 그로 인해 촉발된 개인들의 일정한

'상상'적인 구성물을 통해서 작동한 것이다. 이처럼 추상적으로 문자화된 세계와 인간이 새로운 관계를 맺게 되는데, 바로 인쇄술과 이를 통해 생산된 소설, 지식과 정보와 같은 인쇄물이 결정적인 역할을 한 것으로 볼 수 있다.

이처럼 저자관념의 형성과 저자 담론의 전개가 어디에서 어떻게 비롯됐는가는 인쇄 매체의 특성과 의의에 대한 철학적 분석을 통해 어느 정도 해명될 수 있었다. 결국 이러한 분석으로부터 저자 담론에 기여한 생산자로서의 저자와 소비자로서의 독자의 분리, 사물 혹은 시계를 통일된 방식으로 보기 위한 시점의 구성, 의미구성을 위한 선형적 논리구조와 주체의 정립 등 다양한 특성에 대한 제시가 곧바로 바르트와 푸코가 비판하고자 한 저자 담론의 범위를 드러내 준다. 따라서 그들의 반성은 분명히 근대의 사상적 지평의 한계 내에 머물렀다고 볼 수 있다.

그렇다면 이들의 비판을 더 넘어서는 문자나 저자에 대한 급진적 반성은 어떻게 가능한가 묻지 않을 수 없다. 그것은 저자와 작품의 개념적 제약과 구속을 넘어선 새로운 사회의 도래를 위해 요구되기 때문이다. 물론 이러한 급진적 반성은 도래할 미래사회에 대한 예견에서보다는 이미 역사적으로 존재했던 저자 담론 바깥, 비문자 시대의 사유방식에 대한 회상과 성찰로서 가능하다고 볼 수 있다.

따라서 급진적 저자비판은 근대적 성격의 저자가 존재하지 않던 이전의 사회로의 회귀에서 그 출발점을 찾게 된다. 물론 저자가 없다고 글쓴이나 글들이 존재하지 않은 것은 아니다. 단지 현실성을 가질 수 없을 만큼, 저자개념이 전혀 무용하거나 실질적인 기능과 역할을 할 수 없는 사회 문화적 풍토였다는 사실이다. 이러한 측면은 우선 문자와 문자문화에 대한 플라톤의 비판을 통해 잘 엿볼 수 있다.

그런데 우선 놀랍게도 저자 담론과 그 바깥의 경계에 선 플라톤의 생각에서 등장하는 문자비판의 논의가 양가적이라는 점이다. 문자비판을 문자를 통해 행한다는 것은 플라톤 스스로에게 모순적이기 때문이다. 그래서 플라톤은 오히려 저자 담론의 토대이며 원천적 사유를 배태한 인물이라는 사실을 반증하게 된다. 그 결과 근대의 저자 담론이 추동하게 되는 근본조건으로서의 인쇄미디어의 특성과 원리는 고대 그리스의 문자와 문자에 의해 이뤄진 플라톤의 추상적 사유에 의해 결정되었다고 주장할 수 있다. 저자의 기원과 원리를 배태한 문자에 의한 새로운 글쓰기가 제시된 것이 플라톤의 사유에서 비롯됐다고 보는 것도 무리는 아니다. 그의 철학은 저자의 신화 또는 주체의 에피스테메를 선취하는 성격을 띤다. 그럼에도 불구하고 앞서 언급한대로, 플라톤의 사유는 또한 그 경계 바깥의 모습을 담고 있다는 것이다.

저자의 탄생과 불가분리의 관계를 맺는 매체로서의 문자에 대해서 그 위험성을 경고하는 『파이드로스』의 플라톤의 생각에 분명히 담지돼 있다. 문자는 배운 사람들로 하여금 기억에 무관심하도록 만들고 나아가 그들의 영혼 속에 망각을 낳는다. 그들은 글쓰기에 대한 믿음 탓에 외부에서 들어오는 낯선 기호들에 의존할 뿐, 안으로부터 자기 자신의 힘을 빌려 상기하지 않기 때문이다. 신의 발명품인 문자는 오히려 기억(mneme)을 위해서가 아니라, 기록(hypomnesis)을 위해서 이 도구가 작동하기 때문에 문제가 있다고 플라톤은 비판한다. 우선 문자에 대한 플라톤의 이러한 비판 과정에서 글쓴이를 신들의 전령이나 단지 구술자로 보려는 정황이 잘 드러나 있다. 플라톤은 진리를 전하는 시와 노래는 시인과 작가가 다만 인간적 기술에 의거해 쓴 것이 아니고, 오로지 뮤즈 여신들에게서 오는 신들림과 광기의 산물일 수밖에 없다고 주장한다. 따라서 시는 인간의 작품이 아니라 "뮤즈의 작품"이고 시인은 다만 신이 부리는 "종"이고, 신의 말을 인간의 말로 옮겨주는 "전달자(hermenes)"에 불과하다는 것이다. 이처럼 문자를 사용해 자기 이름으로 진리를 말하는 저자가 고대인에게 생소한 일인 것은 당연하다. 따라서 저자나 문자 담론을 너머 다른 사유 가능성은 플라톤의 비판에 흔적으로 담겨있다. 이처럼 전복의 흔적을 갖고 있기 때문에 우리가 저자 담론 밖의 다른 혹은 새로운 사유의 가능성을 그에게서 보고자 하는 이유이기도 하다. 그 흔적에는 저자 담론 밖의 다른 사유방식이, 즉 구술문화의 사유가 자리했다고 볼 수 있다.

이러한 역사적 반성과 문제의식의 구성에 따라 이뤄진 본 논문은 저자(주체)개념에 의해 주도된 현대 학문의 문제가 자각되고 반성 되는 저자비판의 분석을 통해 저자 담론과 문자 담론의 원리와 특성들을 밝히고, 그 담론 바깥의 다른 사유 가능성으로서 구술문화의 특징들을 제시하고자 하였다. 물론 구술문화에 대한 실제적 검증을 불허하는 이러한 유추와 추정은 어느 정도 다수의 학자들의 연구들에 의해 타당하게 뒷받침됐던 것은 사실이다. 본 논문이 결론적으로 제시하고자 한 그것은 근대사회 속에서 원리적으로 배제될 수밖에 없었던 시각 중심주의를 넘어선 청각 관련 통합적 감각의 사회, 공유된 기억과 망각을 통한 일체화로서의 공동체 사회, 그리고 하나의 지향점을 전제하지 않는 열린 대화의 구술사회의 모습인 것이다.

그러나 저자 담론 바깥의 다른 사유방식에 대한 이러한 논의가 결코 인쇄술 이후 등장한 근대사회의 원리를 일방적으로 부정하려는 의도에서 비롯된 것은 결코 아니다. 구술사회를 저자 담론의 극복 가능성과 대안으로 재발견될 이상사회로 보려는 의도도 더욱 없다. 다만 이러한 시도는 근대사회의 한계를 이해하고 그 가치를 더 고양시켜 더 나은 사회의 가능성을 모색하려는 노력의 일환으로 이뤄진 것이다. 근대문화에 대한 반성을 통해 비로소 드러난 근대사회와 고대사회 양자의 모습과 한계를 이해하고 상호 보완하려는 데 이 글의 목적이 있다. 구술사회와 문자사회로 경계 짓던 문자인 파르마콘은, 플라톤의 문자비판에서 드러났듯이, 기억이면서 망각이고, 약이면서 동시에 독이었다. 파르마콘의 이 이중성, 즉 약이 동시에 독일 수도 있다는 인식을 보존하는 것이 미래 사회를 위해 필요하다. 우리의 논의를 통해, 배타적 사유를 경계하고, 자신을 선으로 확신할 때조차도 늘 자신의 한계에 대한 각성을 유지해야 할 필요를 시사할 수 있다.

독일 낭만주의에서의 작가, 독자, 그리고 텍스트(혹은 언어)의 자율성 문제를 다룬 두 번째 「낭만주의의 저자성 – 저자주체의 정립과 해체 사이에서」(최문규)의 요점은 다음과 같다.

저자와 텍스트(작품) 간의 복잡한 관계를 제시한 낭만주의 작품 및 서술 방식과 관련하여 확인할 수 있는 점은, 주체철학적 맥락에서 뛰어난 개성과 정신의 소유자로서 저자 개념이 정립되는 것과 동시에 저자의 진정성(Authentizität) 개념이 완전히 흔들리게 된다는 것이다. 한편으로 저자는 글을 창조한 신성한 문장가, 즉 글의 원작자이자 집필자로서 강조되지만, 다른 한편 편집자의 가면과 함께 '글을 제시하고 세워놓은 자 Schrift + Steller' 같은 매개자 역할을 통해 저자는 이미 스스로를 탈신성화하고 있는 것이다. 즉 자아 및 개인과 연결된 저자주체가 간직되고 있지만 동시에 해체되고 있다.

우선 낭만주의적 해석학은 넓은 의미에서 천재로서의 저자, 저자의 절대적 위상 같은 점을 강조하는 데서 출발한다. 예컨대 "문학은 선험적인 건강을 구성하는 위대한 예술이며 시인은 선험적인 의사다"라는 노발리스의 잘 알려진 언술을 보면, 정신적 고통이나 사회적 제반 문제를 해결해주는 문학(예술)의 위상, 나아가 그 문학의 실질적 생산주체인 저자의 절대적 위상이 강조되고 있다. 마찬가지로 낭만적 포에지의 특성을 정의하고 있는 유명한 「아테네움 116번」 단편에서 프리드리히 슐레겔(F. Schlegel)은 "저자의 정신을 완전히 표현하도록 만들어진 형식은 존재하지 않으며", "시인의 자의성은 자신 위에 있는 그 어떤 법도 허용하지 않는다"고 선언하고 있다. 모든 표현과 형식은 저자의 정신에 종속되어 있다는 점, 저자의 정신은 전통적인 규칙 시학에서 제시된 객관적인 법칙에 의해서 결코 구속되지 않는다는 점 등은 모두 저자를 초월적, 절대적 신처럼 간주하는 표상과 화법에서 나온다.

작품 생산의 주체(그와 맞물려 있는 저자의 삶, 저자의 의도 등)를 중시하는 사유는 해석학적 이론뿐만 아니라 역사주의적, 실증주의적, 정신분석학적 이론 등에서도 마찬가지다. 물론 그 저자의 이름에는 글쓴이의 역사적, 실존적 삶과 그의 의도뿐만 아니라 푸코가 분석한 대로 저자의 개성 있는 표현으로서의 문체의 통일성도 내포되어 있다. 이처럼 저자를 중시하는 해석학의 대표적 이론가로는 프리드리히 아스트(F. Ast, 1778~1841)와 슐라이어마허(F. Schleiermacher, 1768~1834)를 들 수 있는데, 특히 아스트는 『문법서설. 해석학과 비평(Grundlinien der Grammatik, Hermeneutik und Kritik)』(1808)이라는 저서에서 최초로 정신 개념을 도입하고 있다. 아스트는 정신의 조화로운 힘뿐만 아니라 "해석학적 순환(hermeneutischer Zirkel)" 개념을 제시하면서 전체와 부분 간의 상관관계를 중시하였다. 즉 개개 특정 대목을 독서함에 있어서 독자는 이미 전체 텍스트의 의미에 대한 표상을 소유하고 있어야만 하며, 이를 통해 비로소 작품을 완전히 이해할 수 있다는 것이다. 아스트에 의하면, 최종적으로 개개 부분의 인식과 전체의 인식이 서로 일치될 때 해석학적 순환이 마침내 용해된다고 한다. 결국 그는 스스로 만들어 놓은 해석학적 순환 자체를 항구적으로 열린 것으로 보지 않고 궁극적으로는 닫힐 수 있는 것으로 파악하고 있었던 셈이다. 요컨대, 다른 의미를 더 이상 허락하지 않는 하나의 최종적인 의미가 언젠가 발견될 수 있다는 믿음이 아스트의 해석학적 시각에 깔려 있었다.

잘 알려졌듯이 해석학 이론을 현대적으로 정립한 슐라이어마허는 말(Rede)과 글(Schrift)을 모두 해석학의 대상으로 삼았으며, 그런 말과 글에 내재해 있는 일련의 사유를 일종의 "분출하는 삶의 계기(hervorbrechender Lebensmoment)" 내지는 "행위(Tat)"로 간주하였다. 슐라이어마허는 전통적인 고전적 텍스트에만 국한된 해석학이 아니라 문학적 글과 일상어로 쓰이고 행해진 모든 대상을 해석학적 대상으로 끌어들임으로써 해석학의 지평을 확장하였으며, 가다머에 의하면 슐라이어마허를 비롯한 낭만주의적 해석학은 인간 간의 관계에서 상호 이해를 위한 해석학의 토대를 마련했다고 한다. 가령 슐라이어마허는 작품을 분석할 때 흔히 저자의 의도 내지는 "한 인간 저자의 총체성을 보편적으로 관조하는 것(allgemeine Anschauung der schriftstellerischen Totalität eines Menschen)"을 중시하고 있는데, 이러한 심리적 해석은 딜타이로 이어지는 정신사적 해석학의 핵심을 이루며 나아가 이후 정신분석학적 방식에서도 중시된다. 가령 정신분석학적 방식도 작품 밖에 있는 저자의 삶을 토대로 작품을 분석하는 방법(extrinsic approach / exopoetische Interpretation)과 작품 자체에 대한 꼼꼼한 독서로부터 저자의 삶을 도출해내야 한다는 방법(intrinsic approach / endopoetische Interpretation)으로 나뉘지만, 안에서 밖으로든지 혹은 밖에서 안으로든지 간에 두 방법 모두 저자의 삶과 의도를 분석의 핵심으로 설정하고 있음은 두말할 나위 없다. 이는 근본적으로 저자주체를 강조한 슐라이어마허식의 낭만주의적 해석학의 유산인 것이다.

낭만주의적 해석학의 또 다른 특징은 위에서 언급된 저자주체에 대한 강조와는 정반대로 나아가는 경향인데, 즉 언어(즉 텍스트)와 독자를 중시하는 사유다. 그것은 씌어진 텍스트를 독자가 꼼꼼히 읽어서 작가의 의도를 파악해내야 한다는 식이 아니라, 작가의 의도와는 무관하여 텍스트의 근간이 되는 자율적 언어 자체의 불가해성을 중시하거나 혹은 독자가 자신의 의도로써 작품(텍스트)을 해석해야 한다는 식으로 천명된다. 이는 저자의 의도를 중시하는 낭만주의적 해석학과는 완전히 배치되는 낭만주의적 반(反)해석학으로 간주된다.

예나 대학에서 같이 공부하던 슐라이어마허, 프리드리히 슐레겔, 노발리스 등은 문학적, 철학적 차원에서 서로 커다란 영향을 주고받았지만, 해석학과 관련해서는 다른 시각을 취한다. 슐라이어마허가 해석학에 관한 탄탄한 이론을 정립하였다면, 슐레겔과 노발리스는 파편적인 사유를 통해서 슐라이어마허의 사유에서 빗겨나가는 탈근대적인, 반해석학적 기틀을 제시하고 있다. 후자의 경우 낭만주의적 해석학의 새로운 특징을 "저자의 죽음"이라는 맥락에서 파악할 수 있는 단초를 제시하고 있다. 이처럼 슐레겔, 노발리스를 비롯한 낭만주의자들은 한편으로 언어 자체의 자율적 힘을 바탕으로 구성과 해체 사이에서 자유롭게 움직이는 언어 자체의 운동성을 강조한 텍스트중심주의적, 해체론적 언어관을 선취하고 있지만, 다른 한편으로 20세기 후반 가다머, 야우스, 이저, 에코 등에 의해 강조된 독자중심주의적, 수용미학적 해석학의 단초까지도 제시하고 있다.

낭만주의의 반해석학의 경우 저자와 독자의 관계에서 전통적인 저자중심적 사유가 흔들리고 독자, 언어 같은 새로운 측면이 중시될 때, 즉 텍스트(언어) 자체의 내적 자율성 및 독자로의 전환 등이 중시될 때 저자는 어떻게 되는 것일까? 자율적 언어와 독자 등을 강조한 낭만주의적 문학 현상에서는 아주 흥미로운 현상을 발견할 수 있다. 그것은 저자까지도 하나의 인물로 끌어들이는 일종의 저자의 자기반영적인 모습인데,

이는 궁극적으로 텍스트 자체의 허구적, 유희적 특성을 더욱 강화하는 문학적 현상과 연결된다. 다시 말하면, 낭만주의적 예술작품에서는 저자 주체가 텍스트 내에서 허구적 인물로 객관적으로 대상화되는 방식을 통해 궁극적으로 텍스트(문학작품)의 문학적 허구성이 배가되는 것이다. 저자주체는 더 이상 텍스트의 실제 주인이자 관찰자로서 텍스트밖에 위치하지 않는다. 그런 문학적 현상은 자연적인 천부적 기질의 소유자로서의 저자에 대한 표상에서 나오는 것이 아니라 예술작품의 허구성을 인위적으로 더욱 강화하려는 낯선 목적을 지닌 저자 개념에 기반을 둔다.

절대적인 저자의 표상이 붕괴하는 가운데 낭만주의가 착안한 서술 방식은 바로 저자 자신을 하나의 허구적 인물로 설정하는 것인데, 이는 궁극적으로 사실(fact)과 허구(fiction), 역사(history)와 이야기(Geschichte)를 뒤섞는 팩션(faction)이라는 문학적 특성을 낳는다. 텍스트 내에서 저자주체가 하나의 인물로서 제시됨으로써 결국 그 인물이 과연 실제의 저자인지 아니면 허구적 인물인지 모호해지는 현상이 낭만주의에서 자주 관찰되는 것이다. 이러한 서술 방식이 중요한 까닭, 저자가 단순히 텍스트 밖에 위치한 생산 주체라기보다는 텍스트 내에 존재하는 서술되고 성찰되고 연출된 대상으로 작동되기 때문이며, 나아가 저자와 작품, 주체와 객체. 텍스트의 밖과 안 등의 경계가 해체되는 현상이 나타나기 때문이다. 이에 대한 미학적 현상을 본 연구에서는 에테아 호프만의 장편 소설 『수고양이 무르의 인생관』과 샤미소의 『페터 슐레밀의 놀라운 이야기』에서 찾을 수 있다.

국내 소설과 작가의 위상을 분석한 세 번째 「소설가 이상 씨(MONSIEUR LICHAN)의 글쓰기 - 「지도의 암실」을 중심으로」(이경훈)의 요점은 다음과 같다.

이광수가 "불량한 문사"를 "결핵균"이나 "매독균" 같은 "민족의 적"으로 본 것은 유명한 일이다. 잘 알려졌듯이, 이광수에게 중요한 것은 개인이 아니라 "우리", 즉 "일인칭 복수"로서의 민족이었다. 따라서 문사는 인격을 "수양"해야 하며, 퇴폐적인 문학에 "전염"되는 대신 "자국의 역사와 제 민족의 국민성"을 공부하는 "의사와 같은 준비와 태도"로 문학이라는 "성직(聖職)"에 임해야 한다.

그런데 이러한 논의가 비판의 표적으로 삼고 있는 대상 중 하나는 김동인의 "자기"다. 김동인에게 문학은 "자기를 위하여 자기가 창조한 자기의 세계"며, "극도의 에고이즘"이야말로 "예술의 어머니"다. 그는 다음과 같이 말한다. "어린애도 하느님의 세계에 만족지 않고, 인형이라는 자기의 세계를 사랑하는 이 인생에서, 이 누리에서, 오해한 인생이든 어떻든, '자기의 창조한 인생, 자기가 지배권을 가진 인생'을 지어 놓고 자기 손바닥 위에 뒤채여 본 문학자는, 이 세상에 과연 몇이나 되는가." 이러한 관점에 근거해 김동인은 "자기의 요구"에 따라 "인생을 자유자재로, 인형 놀리는 사람이 인형 놀리듯" 했다는 데에서 "톨스토이의 위대한 점"을 발견한다. 바흐친을 빌려 말하면, 그는 "단 한 명의 인식 주체만 포함하며, 나머지는 모두 인식 대상에 불과한" 톨스토이의 "독백적 입장(monologic position)"을 고평하지만, "자기가 창조한 인생"에 "지배를 받았다"는 점에서 도스토옙스키를 평가 절하한다. 김동인이 보기에 주인공의 "인생 속에 빠져서 어쩔 줄을 모르고 헤매었"던 도스토옙스키는 소설가로서 자격 미달이다. 바흐친과 달리 김동인은 등장인물을 "저자가 하는 말의 객체"이자 "자기 말의 주체"로 제시하는 도스토옙스키의 "다성적 소설(polyphonic novel)"을 비판한다. 김동인이 다음과 같이 과격한 평가를 제출하는 것은 그 때문이다. "지금 우리나라서는 별것이 다 소설을 쓰려 한다. (중략) 우리는 도스토옙스키의 소설에서 러시아 각성 시대에 "참 별것이 다-" 소설을 쓰려던 것을 알 수 있고, 일본도 명치기에 그런 것을 알 수 있다."

한편 김동인은 "도적문"(표절)을 공격하거나 "문사조합"을 거론하면서 원고료와 관련된 문제를 제기하기도 한다. 그는 "'원고 일 혈(一頁)에 오십 전 이상 일 원 이하' 놀라지 않을 수 없다. 오히려 그만둔 편이 낫지 일 매(一枚) 이십오 전 이하란 놀라지 않고 어떠랴."라고 탄식하는데, 이러한 논의들은 당시 도입, 성립시키고자 했던 근대 주체를 작가와 문학작품의 관계를 통해 표현한다. 김동인의 문학론에 투영된 주체는 "예술(세계)을 창조(조직)하는 개인인 동시에, 그것을 내적(인형조종술), 외적(표절이 아닌 서명)으로 소유(지배)하는 자"다. 이때 작품은 철저히 작가에 소속되며, 작가는 의미의 유일한 기원이 된다. 이러한 관계는 화폐(원고료)로써 객관적으로 인정되고 발현되어야 한다.

그런데 작가에 대한 이 같은 규정은 "평자란 활동사진 변사와 같은 것이고 결코 판사와 같은 것이 아니다."라는 주장으로도 나타난다. "비평가는 작가에 대하여는 아무 권리도 없"으며, "작자와 같은 기분 아래 자기를 두고, 그 작품을 관(觀)"해야 한다고 김동인이 주장할 때, 이 '변사론'적 입장은 텍스트 자체에 주목하는 "내재적, 형식주의적 비평관"보다는 작품에 대한 작가의 절대성을 더욱 강조한다. 김동인이 "일기도 완전한 예술품이 될 수 있다."고 논하는 것 역시 이러한 태도와 관련된다. 작가는 구성자일 뿐 아니라 표현자다.

따라서 작품과의 관계에서 보았을 때 김동인의 "문학자"는 "문(文)은 인(人)이라"고 한 이광수의 "문사"와 별로 다르지 않다. 이광수가 문사를 "의사"나 "목민(牧民)의 성직"으로 보았다면, 김동인은 작가를 "하느님"에 대응시킨다. 이 존재들은 각각 계몽과 구성(표현)의 특권적 주체로서 작품을 자기와 동일화하며, 그 의도에 따라 독자의 해석을 선취하는 의미의 원천으로 작용한다. 김동인의 "자기"와 이광수의 "우리"는 공히 작품에 선행하며 단일한 목소리로 작품을 지배하는 주체의 위치를 가리킨다. 예컨대 이광수와 김동인의 문학자는 다음과 같은 의미의 저자(autuer), 즉 작품의 "아버지"(선조)에 가깝다. 롤랑 바르트에 의하면, "저자는 책을 양육(nourish)한다고 생각된다. 즉 저자가 책 이전에 존재하면서, 책을 위해 생각하고 번민하며 생활한다는 것은 저자가 아이들의 아버지처럼 작품에 선재한다는 말이다." 물론 원고료를 말하는 김동인이 작가 및 문학과 관련된 시장의 교환체계를 활성화하고자 한다면, 이광수는 영채의 '공짜 유학'을 가능케 한 민족 공동체 내부의 증여를 더 강조하는 듯하다. 그러나 "문사는 돈을 벌자는 직업이 아니다."라고 말함과 동시에, 이광수는 이 형식으로 하여금 "나도 저만한 책을 써서 책사에 팔면 천 원을 받으리라"고 상상하게 하면서, 민족 개조의 목표로 근면, 계획, 총망(惣忙), 속도, 직업 등을 역설하기도 했다. 즉 이광수의 계몽 역시 자본주의적 근대 질서를 받아들이고자 한 것이었으며, '공짜 유학'으로 표현된 민족 내부의 증여는 영채를 기생으로 만든 교환체계를 은폐함으로써 오히려 시장을 특수하고 복잡한 형태로 보존시키고 활성화하려는 것이었다. 다시 말해 공히 강력한 근대 주체를 지칭한다는 점에서, 이광수의 "우리"와 김동인의 "자기"는 주로 일인칭 복수와 일인칭 단수라는 양적인 차이를 보였을 뿐이었다. 근대 문학의 선도자를 자임한 두 사람은 "저자라는 '인간(person)'에 가장 큰 중요성"을 부여하는 "자본주의 이데올로기"와 무관할 수 없었다.

이와 같은 이광수와 김동인으로 대변되는 양자 사이에서 이상은 독특한 의미를 차지한다. 이상은 작품의 아버지(기원)로서 저자를 강조했던 이광수나 김동인과 달리 주인공과 소설가의 아이러니한 관계를 제시함으로써 작품에서 텍스트로 나아가는 식민지 문학의 한 양상을 보여주었다.

그는 자기를 폭로하면서 은폐하는 텍스트, 즉 구성을 회피하기 위해 사소설적으로 재현하는 동시에 개인적인 사실을 숨기기 위해 복잡하게 소설을 조직하는 역설적인 사소설을 도입했다.

그러므로 이상의 삶과 텍스트는 "영도의 글쓰기"로써 "예지"나 로고스를 탐구하는 일과 맞서고 있다. 그것들은 명징하고 초월적이며 위생적인 주체의 위치에 있지 않다. 이는 이상 문학이 난해한 이유이기도 하거니와, 따라서 이상의 텍스트는 "읽히는 것"이기보다는 "쓰이는 것"이며, 소설가와 등장인물의 분리뿐만 아니라 때때로 소설가와 독자의 구분마저 넘어서는 양상을 보이기도 한다.

그런데 이상의 텍스트가 "쓰이는 것"이라는 말은 그것이 재현과 상관없는 구조라는 뜻이 아니다. 이상은 외부 세계의 반영에 치중하는 "타동사적 인간"으로서의 "작가"가 아니었지만, 그와 동시에 자신의 삶을 재현(은폐)했다는 의미에서 구성에만 몰입하는 "자동사적 인간"으로서의 "저자"도 아니었기 때문이다. 대신 이상 글쓰기의 핵심은 자동사와 타동사를 계속 접촉(감염)시키는 것이었다.

이를 위해 이상은 언어유희, 외국어 사용, 상호 텍스트적 인용 등을 구사했으며, 이렇게 개인의 사생활을 폭넓은 참조관계와 복잡한 재현(은폐) 체계로 어루만짐으로써 이상 텍스트의 언어는 그 사적 체험을 작가 및 사건 자체에서 소격시킬 뿐 아니라 텍스트에 구멍을 내어 텍스트를 그 내부로부터 벗어나게 했다. 그리고 이것이야말로 이상이 종종 사용한 French letter 및 그 파열의 의미다. 그 찢어진 틈과 더불어 이상의 문학은 공포와 쾌락을 동시에 주재하는 "환희의 텍스트"로서 계속 자동하고 타동하면서 여러 번 읽히고 쓰일 것이다.

18세기 이후 현재까지 프랑스 문학이론에서 진행된 작가에서 텍스트로, 텍스트에서 독자로의 중심 이동 현상을 밝혀 준 네 번째 「저자, 텍스트,

독자 – 문학에 관한 해석학적 고찰」(이기언)의 요점은 다음과 같다.

작가, 작품, 독자는 문학을 구성하는 세 요소이다. 이 요소들이 맺고 있는 삼각관계에 대해서는 생트-뵈브 이후 이폴리트 텐을 거쳐 귀스타브 랑송에 이르기까지, 그리고 1920년대의 러시아 형식주의와 1930년대 미국의 신비평에서부터 1960년대 프랑스의 구조주의 비평과 1970년대 독일의 수용미학을 거쳐 오늘날에 이르기까지 수많은 이론가에 의해 다루어져 왔는데, 거시적 차원에서 보면, 의도주의(intentionnalisme)와 반의도주의(anti-intentionnalisme)의 대립과 갈등으로 요약할 수 있다. 아마도 이 문제는 '닭이 먼저냐, 달걀이 먼저냐' 식의 결코 해결할 수 없는 아포리아일지도 모른다. 물론 그렇다고 해서, 논의의 장이 닫혀 있는 것은 아니지만, 적어도 이에 대한 논의 자체가 공허한 메아리에 그칠 가능성이 있다는 것만은 분명하다. 따라서 반대론자들의 신랄한 역공을 무릅쓰면서라도, 명확한 관점과 확고한 주관을 가지고서, 그리고 이를 뒷받침할 수 있는 인식론적이고 철학적인 토대 위에서 논의를 전개해야 할 것이다. 이를 위해서 우리는 의도주의와 반의도주의의 대립에 초점을 맞추기보다는 해석학적 관점에서 문학의 세 요소에 대한 인식론적 고찰에 중점을 두고자 한다.

위에 언급한 논쟁과 관련하여 앙투안 콩파뇽은 그의 저서 『이론의 악마(Le Démon de la théorie)』(1998)에서 역사를 넘나드는 방대한 양의 독서에 근거해 치밀한 분석들을 제시한 바 있다. '이론이라는 악마'의 뜻을 함의하고 있는 책 제목 자체에서도 고스란히 드러나듯이, 프루스트 전문가로 널리 알려진 앙투안 콩파뇽은 롤랑 바르트를 비롯한 수많은 이론가가 제시했던 현학적인 이론들에 대한 근본적인 불신을 극단적으로 표명했다. "이론의 목적은 결국 상식을 와해시키는 것이다." 위 책의 결론이다. 이 결론은 왜 굳이 『이론의 악마』의 저자가 "문학과 상식

(*Littérature et sens commun*)"이라는 다소 엉뚱한(?) 표현을 부제로 선택했는지를 충분히 가늠케 하고도 남는다. 과연 "상식"이 "이론"을 무시하거나 뛰어넘어서 문학 연구의 주춧돌로 자리매김할 수 있는가에 대해서는 논란의 여지가 있지만, 의도주의도 반의도주의도 부정하는 콩파뇽의 양비론은 충분히 고려할 만한 가치가 있다. 하지만, "그러기에 나는 어느 특정 이론이나 상식을 두둔하려 한 게 아니라, 상식에 대한 비판을 포함해서 모든 이론들에 대한 비판을 하고자 한 것이다. 난처함(perplexité)이 문학의 유일한 모럴이다."라는 콩파뇽의 최후 진술은 우리를 '난처하게' 한다는 점 또한 부인할 수 없다.

문학 작품이 시대와 상황에 따른 역사적 산물이듯이, 문학 연구 또한 시대의 사상적 조류와 함께 변천해왔음은 주지의 사실이다. 이 글에서 다루고자 하는 주제인 작가 – 작품 – 독자의 삼각관계에 관련된 논의 역시 마찬가지이다. 우리가 보기에, 프랑스의 경우, 19세기와 20세기 전반까지 생트 – 뵈브를 계승한 랑송주의의 영향 아래 작가 중심적 사고가 지배했다고 한다면, 1960년대 중반 프랑스 비평계에서 벌어졌던 신구논쟁과 구조주의의 등장으로 텍스트 중심적 사고가 대두했고, 이어서 해석학적 사고가 문학 연구에 도입된 1990년대를 전후로 독자의 역할과 위상이 한층 강화되었다고 판단된다. 간단히 말해서, 작가에서 텍스트로, 텍스트에서 독자로 중심 이동이 이루어졌다는 것이다. 이러한 진단에서 출발하고 있는 이 글은 해석학적 관점에서 저자의 위상에 대해서, 텍스트의 자립에 대해서, 그리고 독자의 주체에 대해서 비판적 고찰을 하는 데에 목적을 두고 있다.

첫째로, 저자의 위상과 관련해서, 문학 작품의 의미 지평은 저자의 의도에 귀속되거나 제한되지 않으므로, 롤랑 바르트가 선언한 "저자의 죽음"을 인정하지 않을 수 없다. 둘째로, 글쓰기에 의한 고정으로 인해 텍스트가 삼중의 자립(저자로부터, 최초의 독자들로부터, 시대 상황으로부터)이 이루어진다는 존재론적 현상학적 관점을 수용할 경우, 텍스트의 의미는 저자가 말하고자 했던 게 아니라 텍스트 자체 말하고자 하는 것에 근거한다. 셋째로, 저자의 죽음과 텍스트의 자립이 가져오는 당연한 결과로, 독자의 주체와 기능이 증대하는데, 독자는 텍스트의 매개로 "더 원대한 자기" 또는 "나와 다른 자기"를 발견하게 된다는 논지가 문학에 대한 현대 해석학의 성찰이다. 물론, 이러한 해석학적 시각이 문학에 관련된 모든 문제를 해결해주는 데우스 엑스 마키나는 결코 아니다. 하지만 적어도 해석학적 사고가 해석학 이론가들의 전유물이 아니라는 것만은 사실이다. 이를테면, 말라르메, 발레리, 프루스트, 카뮈, 블랑쇼, 바르트, 푸코 등 이 글에서 거론된 많은 작가와 비평가들이 현대 해석학 이론이 정립되기 이전에 이미 나름대로 해석학적 사고를 실천하는 문학론을 개진했다는 사실은 적이 놀라운 일이 아닐 수 없다. 아마도 이것은 문학의 보편성을, 더 나아가 해석학의 보편성을 반증하는 사례일 것이다. 이런 점에서, 우리는 "언어 현상과 이해 현상은 존재와 모든 인식의 보편적 모델"이라고 주장하는 가다머의 입장에 기꺼이 동조하고자 한다. 이처럼, 보편성을 지향하는 해석학적 사고가 문학 연구에 새로운 지평을 열어줄 수 있다는 점에서 볼 때, 해석학적 관점에서 문학에 대한 고찰(비록 다소 부분적이긴 하지만)을 시도해본 것 자체만은 무의미한 일이 아닐 것이다.

문학은 문학이다. 프랑스어의 표현을 빌려 말놀이를 하자면, '철학의 돌'은 '철학의 돌'이다. 문학은 욕망이다. 그러기에, 문학은 무한(l'infini)이다. 가다머는 『진리와 방법』에서 **"우리가 이해할 수 있는 존재는 언어이다"**라고 했다. 현대 해석학의 범전인 그의 명저를 아우르는 화두이다. 친절하게도 가다머 자신이 훗날 독자들에게 화두 풀이를 제시했다.

"존재하는 것은 결코 완벽하게 이해될 수 없다"는 뜻이고, "언어가 나르는 모든 것은 늘 언표 그 자체 이상을 지시한다"는 의미라고 했다. 이러한 현상은 "우리가 사용하는 언어의 무의식적인 특성"으로 인해 빚어지는 결과이다. 그래서 가다머는 "이해한다는 것은 늘 다르게 이해한다는 것이다"라고 정의했다. 그는 텍스트 해석과 관련해서도 "해석은 해석된 작품의 자리를 차지할 수 없다"면서, "해석이 그렇게 사라질 준비가 되었을 때, 비로소 그 해석은 정당하다"고 덧붙였다. 해석이 사라져야 하는 것은 새로운 해석에 자리를 내주기 위해서이다.

헤겔은 『정신 현상학』에서 "작품은 **존재한다**. 다시 말해서, 작품은 다른 개인들을 위해 존재한다"고 했다. 헤겔에 이어 블랑쇼도 "작품(예술작품, 문학 작품)은 완성도 미완성도 아니다. 작품은 존재한다. 작품이 말하는 것은 오로지 이것뿐이다. 즉, 작품이 존재한다는 것, 오로지 그뿐이다"라고 역설했다. 그렇다. 문학의 가장 근본적인 본질은 작품이 "**존재한다**"는 데 있다. 그리고 작품이 존재하는 한, 문학은 존재한다. 아마도 오래도록 존재하는 작품만큼 문학의 존재 가치에 기여하는 작품도 없을 것이다. 발레리는 이런 말을 했다. "최고의 작품은 가장 오랫동안 그 비밀을 간직하는 작품이다. 오랫동안 사람들은 이 작품에 비밀이 있다고는 짐작조차 하지 못한다." 카뮈는 『이인』을 출간한 지 십여 년이 지난 뒤, 이 작품의 미국판 서문을 쓰다가 다음과 같은 메모를 남긴 바 있다. "한 편의 문학작품은 늘 그 의미를 찾는 중이다."

저자의 죽음을 선언한 두 명의 탈구조주의적 선구자를 다룬 다섯 번째 「푸코와 바르트에 있어서 저자 / 저자」(고규진)의 요점은 다음과 같다.

20세기 중반부터 문학이론 분야에서 저자성에 대한 구상이 근본적으로 파기되는 작업이 진행됐는데 다음과 같은 일련의 질문과 그에 대한 답을 통해서였다. 첫째, 독자는 왜 저자의 의도에 관심을 가져야 한단 말인가? 독자에게 결정적인 파트너는 바로 텍스트이다. 저자의 의도가 아니라 실제로 말해진 것이 중요하다. 문학텍스트는 전기 자료가 아니라 의미가 텍스트 내적으로 중재 되는 미적 생산품으로 보는 형식주의와 신비평이 여기에 해당한다. 둘째, 도대체 독자가 저자로부터 경험할 수 있는 것이 무엇인가? 저자가 독자에게 말해주는 것은 아무것도 없다. 카이저와 슈탄첼의 서술이론은 이에 대해 독자는 자신에게 말을 건네는 서사 텍스트의 서술자와 관계를 맺을 뿐이므로 서술자와 저자를 결코 혼돈해서는 안 되며 저자의 의도를 직접적으로 추론하는 것은 불가능하다는 답을 내놓는다. 서술자의 진술이 저자의 의견이나 견해와 동일한 것이 아니기 때문이다. 셋째, 텍스트가 텍스트를 통해 자신을 드러내는 심급으로서의 저자로 환원될 수 있다고 가정한다면, 독자는 어떤 권리로 텍스트에서 말을 하는 이 저자를 특정한 경험적 인물과 동일시할 수 있을까? 저자는 이러한 텍스트와 함께 새로이 태어나는 것이 아닌가? 텍스트는 말하자면 "내포된 저자"에 귀속되는 것이므로 실제적인 저자와 "내포된 저자"는 범주적으로 구분되어야 한다. 내포된 저자는 텍스트에 의해 생산된 구성물을 의미하기 때문에 텍스트 해석에서 실제 저자의 중요성은 약화될 수밖에 없다. 넷째, 저자라는 것은 특정한 동인과 관습으로부터 저자에 대해서 이야기하는 사람들의 단순한 구성물이 아닌가? 푸코와 바르트의 저자 비판은 이 질문에 대한 답이다.

바르트의 「저자의 죽음」은 세 가지로 요약된다. 첫째, 바르트 수용의 가장 큰 빈자리는 「저자의 죽음」을 비롯한 바르트 텍스트가 갖고 있는 간섭주의(Interventionismus)와 같은 형식의 의의를 간과한 데서 비롯된다. 바르트는 문학연구와 예술학에서 (여전히) 헤게모니적인 담론의 출발점, 즉 자신의 예술을 자기 스스로부터 자율적으로 창조하는, 통일적이고 동일시되는 저자-주체에 대한 담론에 개입하고자 한다. 요컨대 바르트는 인문주의 이데올로기의 핵심인 모든 형태의 권위와 자기동일성을 공격 목표로 삼고 해체하고자 한다. 바르트의 텍스트에서는 지방 분권화된 서로 다른 분과학문들의 담론, 예컨대 코페르니쿠스의 물리학, 니체의 신, 마르크스의 사회, 프로이트의 개인, 소쉬르의 언어 등에 관한 담론을 생산적으로 결합시킴으로써 "글"이라는 지금까지와 다른 새로운 디스포지티브를 만들어내는 것이 중요한 일로 여겨진다. 이러한 디스포지디브에서는 기존의 개념들과 새롭거나 익숙지 않은 일부 개념들을 새롭게 배열하고 배치하여 관련을 맺게 할 수 있다. "이성, 과학, 법칙을 거부"하면서 "텍스트에 하나의 '비밀'을, 최종적인 의미를 부여하기를 거부하면서, 이른바 반신학적이라고 할 수 있는 활동을, 진정으로 혁명적인 활동을 분출"하려는 글쓰기는 새로운 인식영역을 가공하려는 사고의 수단이자 결과이다. 그래서 바르트의 텍스트에 내포된 간섭과 공격의 형식을 진지하게 고려하지 않고 바르트를 읽을 경우, 글쓰기의 절대화, (「저자의 죽음」에서와 달리 저자의 귀환의 필요성을 개진하는) 텍스트 간의 모순성, 인식론적 단절을 이끌어낸 인물에 대한 상찬 등을 그 자체로 "진리"로 간주하는 우를 범할 수 있다.

둘째, 이러한 맥락에서 바르트의 "저자의 죽음"이라는 표현이 "저자의 완전한 용도폐기"인 것처럼 선정적으로 사용되는 것을 경계할 필요가 있다. 『텍스트의 즐거움』에서도 저자에 대한 종속성에서 벗어나 자발적으로 문학의 소통에 참여하는 독자의 존재가 가정되어 있다. 텍스트는 에로스처럼 독자를 유혹해야 하기 때문에 저자는 독자를 유혹하는 글쓰기를 실행해야 한다. 문제는 독자를 유혹할 수 있는 저자의 글쓰기 역량이다. 문학텍스트가 독자에게 즐거움을 제공하는 텍스트가 되어 소통과 글 읽기의 장을 확장하기 위해서는 당연히 저자의 존재와 그의 능력이 필수적이다. 바르트는 「저자의 죽음」에서 "저자의 제국"을 붕괴시키려고 한 예로 말라르메, 발레리, 프루스트의 글쓰기를 들고 있다. "말라르메의 모든 시학은 글쓰기를 위해 저자를 제거"하는 데에 있었는데 그 이유는 "독자의 자리를 회복"시키기 위한 것으로 해석된다. 발레리의 경우 "자신의 활동의 언어학적이고 '모험적인' 성격을 강조하였으며, 전 산문 저술을 통하여 문학의 본질적인 언술적 조건을 위해 투쟁"한 것으로 설명된다. 바르트는 또한 프루스트를 "화자를 보고 느끼고 쓰는 자가 아니라, 이제 글을 쓰려고 하는 자"로 만들었다고 평가하면서 (프루스트는) "그의 삶을 소설 속에 투여한 것이 아니라, 그 자신의 삶을 작품으로, 그가 쓰는 책이 그 작품의 모델이 되는 그러한 작품"을 썼다고 강조한다. 이런 맥락에서 보면 말라르메, 발레리, 프루스트처럼 현대적 글쓰기를 실행할 수 있는 "저자의 죽음"과 "새로운 저자의 탄생"은 "독자의 탄생"과 독자의 소통공간을 많이 일구어낼 수 있는 문학의 전제조건이다. "저자의 죽음"은 "수많은 문화에서 온 복합적인 글쓰기(글)들로 이루어져 서로 대화하고 풍자하고 반박"하는 텍스트를 쓸 수 있을 정도로 수준 높은 저자의 도래를 기대하는 역설적 표현인 것이다. 문학의 미적 고갈상태를 해소하고 문학의 질적 고급화를 위해서는 저자가 수행해야 하는 임무와 기능은 더욱 가중되며, 문학 생산과 수용은 서로 밀접한 상호관계를 가져야 한다. 그럼으로, 비약하자면, 「저자의 죽음」은 표면적인 제목만으로는 저자의 폐기를 요구하는 것처럼 보여도, 실은 저자에게는 "글쓰기 지침서"가 되고 독자에게는 "저자 사용설명서"가 되는 텍스트로 읽힐 수 있을 것이다.

셋째, 저자의 죽음에 관한 바르트의 테제에는 역사적이고 동시에 체계적인 테제가 혼합되어 있음에 주목할 필요가 있다. 바르트에게는 한편으로 문학텍스트는 언제나 필연적으로 저자가 없어야 한다. 문학적인 것은 문학의 원작자로부터 분리될 때 비로소 정확하게 인식될 수 있기 때문이다. 다른 한편으로 근세는 문학텍스트를 다룰 때 불가피하게 저자가 필요했던 시기로 여겨지는데, 우리의 현재는 옛날처럼 저자가 없이도 가능한 텍스트가 귀환하기 시작하는 시기로 볼 수 있다. 저자의 죽음은 말하자면 체계적이면서도 역사적인 현상으로 보이는 것이다. 근세 이전의 시대와 바르트가 진단한 오늘날의 목표점은 동일하다. 중세에 저자가 없는 텍스트가 가능했던 것처럼 새로운 중세인 오늘날에도 문학텍스트가 글이 될 수 있으려면 해석의 심급인 저자로부터 해방되어야 한다는 것이다. 저자와 생산된 맥락에서 벗어난, 수행적 언술이자 글쓰기 기술로서의 텍스트는 언술의 행위 속에서 스스로를 생산한다. 오늘날 저자연구의 한 축인 저자성(Autorschaft) 유형학 연구에서 이와 같은 바르트의 아주 급진적인 글쓰기 이론은 "강한 의미에서 글 쓰는 사람(Schreiber im starken Sinne)"으로 유형화되는데, 이때의 글 쓰는 사람은 담론적, 수사학적, 상호텍스트적 갈래의 교차점이자 글의 성분을 의미한다.

푸코는 언젠가 저자의 기능이 나타나지 않는데도 담론들이 유포되고 수용되게 될 문화, 즉 저자 기능이 무력화되는 문화에서는 텍스트 수용에서 자유로움이 구가 될 것으로 기대한다. 저자와 저자 기능은 담론의 우연을 제한하기 위한 목적에서 의미의 선택과 제한 그리고 배제에 이용되지만, 저자 기능의 단념은 픽션의 자유로운 순환, 자유로운 조작, 자유로운 구성과 탈구성 그리고 재구성을 보장하기 때문이다. 푸코의 「저자란 무엇인가?」도 다음과 같이 네 가지로 요약된다.

첫째, 텍스트 해석의 범주로서 저자 비판은 경험주의 문예학의 변형인 구성주의적 착안점에서도 수용된다. 문학은 의도가 아니라 행위로 이루어지기 때문에, 행위만이 경험적으로, 특히 사회학적이나 심리학적으로 분석될 수 있다. 저자는 특권화된 위상을 지니지 못하며, 텍스트라는 소통체의 독자에 불과하다. 나아가 구성주의에서 문학은 주체에 종속된 것으로 분석된다. 의미는 끊임없이 변하는 의식상태, 즉 글을 쓰는 동안 작가의 의식과 독서하는 동안 독자의 의식에 종속되어 효력이 나타나기 때문에 어떠한 작가도 하나의 텍스트에 불변의 의미를 기호화할 수 없다.

둘째, 지식사회학적으로 볼 때 푸코의 저자비판은 문학연구가 의미제공의 한계에 부닥치고 그럼으로써 상징적 자본을 점차 상실해나가는 비관적 상황에 대한 해결책인 측면도 있다. 해석이라는 실천행위를 냉혹하게 순진한 것으로 깎아내리고, 작가도 이와 같은 방식으로 다룸으로써, 즉 작품과 작가를 다루는 방식을 완전히 개방함으로써 문학의 효력 상실이 점차 가시화되는 상황을 개혁하고자 했다고 볼 수 있다. 푸코가 표방하는 두 번째 저자 기능을 기억할 필요가 있다. 그러나 푸코의 이론이 문학연구에서 그대로 실천된 것은 아니다. 오히려 현 연구상황은 작가에 대한 이론논쟁과 문예학적 실천이 병행되고 있음을 보여준다.

셋째, 푸코는 저자의 작업방식, 전기, 의도가 아니라 "최소한 겉보기에는 텍스트의 외부에 위치하고 텍스트에 선행하는 인물을 텍스트가 가리키는 방식"에 관심을 보이는데, 푸코의 세 번째 저자 기능은 좁은 의미에서 "우리가 저자라고 부르는 이성적 실체를 구성하는 복잡한 활동의 결과"이다. "우리가 텍스트를 다루는 방식, 우리가 시도하는 접근, 우리가 중요하게 여기는 특성들, 우리가 인정하는 연속성" 등 심리적인 독자의 투사가 저자를 구상하는 것이다. 푸코는 구체적으로 저자라는 가설이 통일적으로 생기는 네 가지 경우를 ①항구적인 가치수준(어떤 텍스트가 다른 것에 비해 질적으로 떨어지면 저자의 작품목록에서 제외), ②개념적, 이론적으로 일관성 있는 관련성(어떤 텍스트가 다른 텍스트와 모순관계일 때 제외), ③문체론적 단위(문체가 다른 텍스트는 제외), ④한정된 역사적 계기나 여러 사건이 마주치는 접합점(저자 사후의 사건이나 인물이 언급되는 텍스트는 제외)에서 찾는다. "저자의 귀환"을 타진하는 문예학적 실천에서 푸코의 이론적 영향이 가장 생산적인 분야는 이와 같은 저자 기능의 상이한 역사적 분석에 대한 연구에서이다.

넷째, 마지막으로 푸코가 제기한 저자의 문제는 매체학적인 측면에서 시의성이 있다. 인쇄문화의 환경에서 탄생되어 통용된 저자와 저작권의 개념은 디지털 문화의 대두와 함께 엄청난 도전에 직면해 있다. 인터넷 공간에서 저작권을 둘러싼 논쟁이 가열되면서 "저자의 죽음"에 대한 이론은 다시 소생한다. 인터넷이 의사소통의 새로운 시대를 개척한 혁명적 현상이라는 것을 인정한다면, 혁명 이전의 "낡은" 의사소통 방식의 소산인 저자나 저작자의 권리 주장은 시대착오적으로 보일 수 있다. 저자의 권리를 부정하는 논리는 계몽주의 이후 서구철학에서 가장 자극적인 논쟁, 즉 주체의 개념을 둘러싼 논쟁과 연결된다. 주체는 과연 비물질적인 정신 활동의 소유권을 주장할 자격이 있는 존재인가? 비판적 주체철학의 최고봉에 있는 선구자는 니체이다. 니체에 의하면 근대적 주체는 자만하거나 스스로를 과시할 이유가 전혀 없는 존재이다. 근대적 주체는 전혀 주체적이거나 성숙한 심급이 아니기 때문이다. 니체의 애독자였던 하이데거에게도 "스스로를 규정하는 존재로서 주체"는 눈엣가시와 같은 개념이었다. 언어철학적인 견지에서 하이데거는 "언어는 스스로 말한다"라고 선언하면서 언어의 주인으로서 전통적인 인간 주체 개념을 공격한다. 개체는 말없이 말들의 중얼거림 속으로, 전통과 세계상 속으로 던져진 존재이다. 니체와 하이데거의 주체 개념은 저자가 정신적 소유권을 요구할 자격이 없는 언어유희의 매개체일 뿐이라는 사실을 확인해주는데, 가다머의 악명 높은 문장 "개인의 자기 성찰은 역사적 삶이라는 폐쇄된 전기회로 속에서의 깜빡임일 뿐이다"에 이르면, 마치 가다머가 오늘날과 같은 인터넷 시대를 직접 체험하고 주체를 정의한 것 같은 생각이 들 정도이다. 저명한 매체 철학자 키틀러(F. Kittler)의 주체 정의는 하이데거의 사고를 "디지털화"한 것처럼 보인다. 하이데거의 주체가 언어의 전류에 감전되어 무의미한 신호를 발신하는 상태라면, 키틀러가 보는 인간은 컴퓨터가 생산하는 지식, 즉 코드와 기호와 자료의 전류 속에 갇힌 존재이다. 컴퓨터 지식이 세계를 작동시키며, 인간은 기술적 진보가 펼쳐 놓은 그물망 속에서 허우적거리는 존재이다.

어거스틴, 루소, 바르트, 데리다 등의 자서전을 고찰하면서 그 중심이 '나'에서 '타자'로, 그리고 '우리'로 이동하고 있음을 밝히는 여섯 번째 「자서전의 저자-나, 어머니, 그리고 우리」(윤민우)의 요점은 다음과 같다.

자서전은 어떤 종류의 사람에 의해, 어떤 의도로, 어떤 포맷을 갖추면서 쓰이는가? 일찍이 중세기의 어거스틴의 전범이 그러하기도 하지만, 18세기의 계몽적 주체, 낭만주의 주체인 루소와 워즈워스 등의 자서전은 독립된 개별적 주체가 아버지의 법률의 질서를 따라가기 위해 겪는 일종의 정연한 시행착오의 기록이다. 전통적 자서전의 정의는 정돈된 합리적 주체로서의 자신의 삶에 대한 질서 부여이다. 자서전은 새롭게 태동하는 개인주의의 담론으로서, 계몽시대의 프로젝트라 말할 수 있으며, 주위 사람들도 자아의 연장선상에 있다. '내'가 역사의 중심에 있고, 그 사람이 그의 시대의 거울이다.

자서전에서 고백은 제한된 범위를 넘어선 넓고 변화하는 영역에서의 고백의 영향이 '나'의 형성에 기여한다. '나'를 씀에 있어 우리가 포용하고 재생산하며 저항하는 권력에 연루된 담론의 장에 연관되는 것이 자서전이다. 그러하기에 중세와 근대의 자서전은 다를 수밖에 없을 것이다. 죄에서 권위에 순응하는 종교적 고백의 형식을 띠는 어거스틴의 『고백록』처럼, 자발적이고 때로는 전복적이기까지 루소의 『고백록』 등의 근대

부르주아 주체의 자서전은 물론 차이가 있다. 그럼에도 어거스틴의 자서전은 인간의 오류 가능성과 신의 지식의 권위를 인정하면서, 하나님을 향한 질서정연한 자기 계몽의 수순을 밟기 때문에 전통적 18세기 자서전과 크게 구분하여 생각할 필요가 없었다.

근대성의 텔로스 지향의 이데올로기에 남성 욕망의 구조가 잘 조화로웠던 것이다. 개별 이성은 하버마스가 주장하듯 합의를 성취하는 '대화적 이성'이기도 하므로, 공동의 보편성에 이바지한다고 할 수 있다. 그런데 포스트모던 이론가에 의하면 이러한 개인 주체의 형성 및 표현은 근본적인 해체를 겪는다. 통합적 자아의 건설과 이에 호응하는 자서전 쓰기는 스스로의 본질적인 허구를 드러냄으로써 스스로를 해체한다. 아버지의 세계로 나가는 성장과 계몽의 글쓰기는 사실상 빈 구석 혹은 막다른 곳(aporia)을 많이 가지고 있다. 계몽, 성장, 언어, 낭만주의적 개념의 자아가 해체된다는 것이다. 근대적 주체는 이미 자아의 것이라고 말할 수 없는 타자의 욕망이 뒤섞이는 상징계에 속해 있으며, 이러한 환경에서 정돈된 자아를 재현하려는 것은 환상이다. 어떤 의미에서는, 단일하고 정돈된 주체를 말하려는 모든 자서전적 시도 자체가 라캉이 말하는바 '거울상' 단계에 처해 있다고 말할 수 있다. 자서전은 사실상 질서정연한 성장과 전개를 이룩하는 주체의 개념 이면의 혼란스럽고 무질서한 작은 갈등이나 어울리지 않은 부분들을 생략하거나 무마하는 것으로 정의할 수 있다. 이미 파편화한 몸을 정돈된 몸인 것처럼 보려는 욕망에서 비롯되는 것이다. 자서전의 나르시시즘적 경향을 포함한다고 말할 수 있다. 자서전은 자아에 관한 질서정연해 보이는 내러티브 속에 수많은 아포리아를 품고 있으며, '나'를 이야기하지만, 타자에 보여지는 나를 완성하는 것이다.

자서전은 자기 이미지를 재구성한다. 그런데 그것이 전부인가? 자서전의 다른 양상은 어떻게 토론되어야 할 것인가? 자서전은 타자의 승인과 어머니의 존재가 필수불가결한 요소이다. 자서전은 자아보존을 강화하고자 하지만, 그 목적을 이탈하여 타자의 영역이 된다. 즉, 내가 자서전에 서명하는 순간에 그 서명이 유효한 것이 아니라, 후에 타자가 그것을 확인하는 순간이 더욱 중요하기 때문이다. 데리다에게 자서전은 "bio-graphy"가 아니라, 죽음을 가리키는 "thanatos"에서 유래하는 "thanato-graphy"이다. 또한 자서전은 자주 어머니의 회상을 포함한다. 어머니의 임종에 직면하여 롤랑 바르트는 어린 시절의 어머니 사진을 보게 되고, 어머니를 간호하면서 어머니가 아들이 됨을 경험한다. 자서전적 성찰이 지성과 사회에서 배제된 어머니의 존재를 그 상징적 죽음의 영역에서 나의 의식 속에 복귀시킨다. 한편, 데리다는 할례(circumcision)가 아들이 어머니에게서 물려받은 '몸'의 일부를 희생하여, 아버지의 '이름'을 이어받는 제의라고 말한다. 그런데 자식이 노년의 어머니의 몸이 소멸하는 것을 보는 것은 할례 때에 아들이 입는 상처를 어머니가 보는 것과 똑같다. 몸의 의식을 통하여 아들과 어머니의 동일화가 비로소 복원되는 것이다. 어거스틴과 단테가 각각 모니카와 베아트리체의 죽음 후에 하나님 아버지를 받아들인 것과 대조적으로, 바르트와 데리다는 아버지의 영역에서 온전한 자아의 유지를 의도하는 자서전 글쓰기가 사실상 스스로 주체성을 해체할 뿐만이 아니라, 어머니를 되불러오는 장르가 된다고 말한다.

자서전의 저자와 연관하여, 오늘날의 여성 및 소수자 자서전의 특징을 토론할 수 있다. 오늘날 양산되는 그들의 자서전은 문제를 해결하고 극복하는 주인공보다, 트라우마적인 경험을 드러내는 '증언'의 양태를 띠는 경우가 많다. 이는 집단적인 담론이 된다. 그리하여 남성의 자서전과 여성 혹은 소수자의 스토리텔링의 대조가 성립한다. 여성 혹은 소수자 경험의 보편성에 호소하기 때문에, 개별 이름은 지워지며, 비슷한 경험을 한 다른 이들에 의한 담론 공동체가 형성된다. 문제적이고 특이한 어떤 인물의 독자적 인생행로와 그 해결책의 모색 과정이 아니라, 이름 없음이 여성과 소수자 자서전의 특징이다.

위의 내용을 종합하여 다음처럼 말할 수 있다. 어거스틴 및 루소의 전통적 자서전은 정돈된 자기 이미지를 재구성한다. 그런데 주체가 해체됨을 말하는 포스트모던 이론가들은 자서전이 타자의 승인과 어머니의 존재를 요청한다고 말한다. 나아가 오늘날 크게 유행하는 소수자들의 자서전은 체제에 편입됨을 전제로 하는 '고백적' 주체의 글쓰기가 아니라, 오히려 고통스러운 사태를 여실하게 보고하고 공감을 구하는 '증언적' 글쓰기가 되는 경향이 농후하다. 그리하여 자서전의 저자는 '나'에게서 '타자'로, 그리고 '우리'로 확장된다.

마지막으로 무한한 복제가 가능한 디지털 매체 시대에서 "저작권"을 둘러싼 상호 대립적인 입장들을 정리한 일곱 번째 「새로운 매체 환경에서 저자와 저작권의 논쟁」(조경식)의 요점은 다음과 같다.

현재 독일과 서구에서 진행되고 있는, "저자의 위기" 혹은 "부활"에 관한 담론 상의 논쟁은 새로운 매체, 즉 디지털 매체와 긴밀히 연계되어 있다. 인터넷이 광범위하게 유포되어 디지털화된 영화, 음악이 온라인상으로 제공되고 불법다운로드가 횡행함에 따라 1990년대 후반에 체결된 여러 국제협정들이 저작권을 보다 더 강화시켰다. 이때 국제협정이 일방적으로 저자와 출판/오락산업의 손만을 들어준 반면 소비자와 공공의 이익을 전혀 고려하지 않았기 때문에 저작권의 존속에 대해 비판이 제기됨과 동시에 이와 맞물린 창조자로서의 저자에 대한 비판적 논의가 새롭게 점화되었다. 즉 저작권과 관련해서 저자의 "부활"이 동시에 저자의 "위기" 상황을 낳은 셈이다.

저자와 저작권을 둘러싼 논쟁은 2009년에 새로운 국면에 접어든다. 저자의 편에 서서 "하이델베르크 호소문(Heidelberger Appell)"을 발표한 당사자들과 그에 반해 창조자로서의 저자를 부인하고 그에 따라 저작권을 제한하려는 측의 치열한 논쟁으로 발전하는 것이다. 이 논쟁은 사회정치적으로 커다란 파장을 불러일으킨다. 이때 저자의 정체성, 저작권의 기능 그리고 그의 현실과 저작권의 관계 등이 다시 대립적인 관점에서 조명된다. 저자의 '위기' 혹은 '부활'이란 표현은 이 컨텍스트에서 나타난다. 논쟁은 인쇄 매체에 기반을 둔 저작권이 디지털 매체 환경, 즉 인터넷 사회에서도 존속되어야 하느냐는 물음을 중심으로 이루어진다. '출판의 자유'와 '저작권 유지'를 위한 "하이델베르크 호소문"의 발표로 인해서 디지털 매체 환경에서의 저작권을 둘러싼 논쟁이 벌어지자, 이 논쟁은 연방의회 엔크베테위원회에서 저작권을 둘러싼 찬반논쟁으로 확장되고, 그해 7월 15일에는 프랑크푸르트 암 마인에서 저작권을 옹호하는 측에 의해 심포지엄이 개최되고, 그 내용은 뒤이어 출간된 『디지털 시대에 작품주인으로서의 저자(Autorschaft als Werkherrschaft in digitaler Zeit)』에 기록된다. 이 심포지엄은 디지털 매체 환경에서 나타난, 앞의 두 현상, 즉 저자에게 문의하지 않고 작품을 일방적으로 온라인상에 전자문서의 형태로 올려버리는 구글도서검색 / 유튜브와 학술 논문을 전자문서로 발표하게 해서 '지식의 자유로운 공유'가 이루어지도록 장려하는 독일학술연구단체연합 정책을 문제시한다. 이같은 상황에서 정보의 자유로운 공유를 외치며 정치세력으로 등장한 "해적당"은 기존의 저자, 출판사 측의 의식을 위기 상황으로 몰아가고 이로 인해 저자와 저작권을 둘러싼 논쟁은 가일층 치열해진다.

저작권은 그것이 작가들의 경제적 토대를 마련해 준다는 점으로 인해 정당성과 필연성이 합리화된다. 따라서 저작권의 제한이나 폐기를 주장하는 목소리들의 팽창은 작가들에게 공포심을 불러일으키고 작가들은 저작권을 강화하려는 노선을 취하게 된다. 여기서 저작권이 실제로 작가들의 경제적 토대를 마련해주는지에 대한 물음이 제기된다. 이 물음에 대해 2004~2005년에 영국 본머스 대학 지적재산권 정책 및 매니지먼트 센터의 크레취머와 하드윅이 영국과 독일의 25,000명의 작가들을 대상으로 설문조사 형식으로 조사하고 그 결과를 2007년에 발표한 바 있다. 이 조사는 저작권이 작가들의 경제토대가 된다는 일반적인 통념을 의심스럽게 만든다. 크레취머의 조사는 작가의 수입은 본질적으로 시장에서의 성공에 좌우되고 있다는 점을 분명히 한다. 성공적인 작가는 저작을 더 많이 팔아서 더 높은 소득을 누리고, 유명세를 바탕으로 출판사와의 협상에서 더 좋은 계약을 성사시켜서 출판사 수입에서 더 많은 몫을 자신의 것으로 한다. 즉 문화계에서는 승자가 모든 것을 독식하는 원칙이 지배하는데, 슐링크 같은 작가 한 명이 벌어들이는 수입은 가까스로 생계를 유지하는 수많은 작가의 그것보다 더 크다는 것이고, 따라서 대부분의 경우 작가의 수입은 저작권과는 별로 상관이 없다는 점이 드러난다.

 그런데도 자신의 현실에 불만이 없던 작가들이 디지털 시대에 목소리를 드높인 이유는 바로 새로운 디지털 매체와 인터넷 환경에 의해 촉발된 저작권 논쟁으로 인해 저작권에 대해 새롭게 의식을 하게 되고, 자신들의 위기가 디지털 매체와 인터넷 환경 탓이라고 생각하기 때문이다. 문제를 갑자기 새로운 매체 환경 탓으로 돌리는 이들의 시각은 출판사들에 의해 강화된 것이다. 출판사들이 이 상황을 위기로 채색하는 것은 그들로서는 당연한 귀결이다. 왜냐하면 그렇지 않을 경우 자신들의 상황을 새롭게 의식한 작가들이 본래적인 이윤창출구인 출판사에 더 많은 몫을 요구하게 될 것이기 때문이다. 그러므로 독일서적협회가 인터넷을 항상 '무법지대'로 비난하고 공격할 때 이들이 추구하는 목적은 작가들의 이해관계가 아니라 바로 자신의 이해관계인 것이다. 출판사와 저자의 역학관계를 조사해보면 이는 분명해진다.

출판사들은 출판을 위해서 저자, 즉 작가의 허락을 받아야 한다. 그리고 작가는 출판사에 그 권리를 이양하고, 출판사는 이에 따라 그의 저작을 인쇄 형태로 만들어서 시장에 내놓는다. 과거에 출판사는 이 권리를 통해서 출판과 유통에서 독점적인 지위를 누렸다. 왜냐하면 저작을 다른 형태로 시장에 내놓을 가능성은 거의 없었고 설사 그럴 가능성이 있다고 하더라도 인쇄된 책과 비교할 때 별 의미가 없기 때문이다. 게다가 출판사는 저작의 출판과 유통을 쉽게 통제할 수 있었다. 도서관에서 책을 빌려보는 경우를 제외하면 책의 내용은 오직 인쇄된 책을 구입할 경우에만 가능하기 때문이다. 책이 디지털 기술에 의해 전자문서화될 수 있는 현재, 상황은 완전히 바뀌어 버렸다. 텍스트가 전자문서화됨에 따라 오늘날 작가들은 출판사 없이도 자신의 저작을 발표할 수 있게 되었다. 누구도 작가가 자신의 저작을 전자도서로 출판하는 것을 막을 수 없다. 그리고 전통적인 책 형태로의 출판은 상응하는 수요가 있을 때마다 인쇄업자에게 주문하면 해결된다. 출판계약을 통해서 누구의 책을 얼마만큼 유포시킬 것인지, 그에게 얼마의 사례를 주고 자신의 이윤은 얼마나 챙길 것인지 스스로 결정할 수 있었던 출판사의 독점적 지위는 이로 인해 위태롭게 된다. 이것이 이 모든 논란의 핵심이다. 한마디로 출판사는 저자라는 명목하에 자신의 생존권인 저작권을 옹호하며, 그와 같은 정보의 사유화는 정보 공유 기술이 발전한 디지털시대에 더 이상 가능하지 않게 된 것이다.

인터넷상으로 자신의 저작을 쉽게 출판해서, 선전비용의 부담이 없이 판매할 수 있는 가능성을 부여하는 인터넷 환경은 저자들에게 불리하게 작용할 수 없다. 수많은 대중의 관심을 받을 수 없는 저자도, 그의 저작이 영세출판사에 의해서 출판되었다고 하더라도, 검색엔진과 인터넷연결망을 통해 자신의 고객을 발견하는 것이 가능하다. 지금까지 서적시장에서 커다란 성공을 거둔 저자도 스스로 마케팅을 통해서 보다 더 큰 성공을 거둘 수 있다. 물론 모든 저자가 인터넷 환경에서 성공을 거두지는 못한다. 그러나 대다수의 저자는 이 환경에서 최소한 자신의 저작을 출판사나 비평가라는 장애 없이 출판해서 독자와 만나는 기회를 얻는다. 이런 환경에서 이제 저작권은 새롭게 규정되어야 한다. 저작권이 저자의 생계에 그다지 도움이 되지 않음은 이미 밝혀졌다. 따라서 그것의 강화는 별 의미가 없다. 저작권의 강화라는 이름하에 인터넷을 죄악시하고 인터넷 환경을(도서검색, 다운로드/업로드, 편집기술, 이용방식 등을) 제한하려는 노력들은 기존 출판사들의 이해관계에 따른 것일 뿐이다.

이상과 같이 저자와 관련된 주제를 다각도로 살펴보았지만, 그 핵심과 현재적 논의는 다음과 같이 정리된다. 저자의 권리를 부정하는 논리는 계몽주의 이후 서구철학에서 가장 자극적인 논쟁, 즉 주체의 개념을 둘러싼 논쟁과 연결된다. 주체는 과연 비물질적인 정신 활동의 소유권을 주장할 자격이 있는 존재인가? 비판적 주체철학의 최고봉에 있는 선구자는 니체이다. 니체에 의하면 근대적 주체는 자만하거나 스스로를 과시할 이유가 전혀 없는 존재이다. 근대적 주체는 전혀 주체적이거나 성숙한 심급이 아니기 때문이다. 니체의 냉소적인 표현을 빌자면 동물에서 인간으로 만든 것은 자연의 실수이다. 니체의 애독자였던 하이데거에게도 "스스로를 규정하는 존재로서의 주체"는 눈엣가시와 같은 개념이었다. 언어철학적인 견지에서 하이데거는 "언어는 스스로 말한다"라고 선언하면서 언어의 주인으로서의 전통적인 인간 주체 개념을 공격한다. 개체는 말없이 말들의 중얼거림 속으로, 전통과 세계상 속으로 던져진 존재이다. 니체와 하이데거의 주체 개념은 저자가 정신적 소유권을 요구할 자격이 없는 언어유희의 매개체일 뿐이라는 사실을 확인해주는데, 가다머의 악명 높은 문장 "개인의 자기 성찰은 역사적 삶이라는 폐쇄된 전기회로 속에서의 깜빡임일 뿐이다"라는 문장에 이르면, 마치 가다머가 오늘날과 같은 인터넷 시대를 직접 체험하고 주체를 정의한 것 같은 생각이 들 정도이다. 저명한 매체철학자 키틀러(F. Kittler)의 주체 정의는 하이데거의 사고를 "디지털화"한 것처럼 보인다. 하이데거의 주체가 언어의 전류에 감전되어 무의미한 신호를 발신하는 상태라면, 키틀러가 보는 인간은 컴퓨터가 생산하는 지식, 즉 코드와 기호와 자료의 전류 속에 갇힌 존재이다. 컴퓨터 지식이 세계를 작동시키며, 인간은 기술적 진보가 펼쳐 놓은 그물망 속에서 허우적거리는 존재이다.

이렇듯 디지털 매체 시대에서 근대의 "강한 주체"라는 신화는 더 이상 설 곳을 잃는다. "강한 주체"의 대명사인 저자는 기껏해야 정보의 여과지이며, 능동적인 독자는 이제 스스로를 저자로 만든다. 저자로서의 주체와 독자로서의 공동체 간의 차이는 소멸되고 저자와 독자는 똑같은 복사자일 뿐이다. 어찌 보면 컴퓨터가 작동시키는 세계는 텍스트의 저자와 필사자, 주석자 간의 차이가 없었던 중세시대와 같다. 중세의 수도원에서 저자, 필사자, 주석자는 모두 독자의 이해를 돕기 위해 책을 놓고 함께 일하는 공동 집필자였다. 중세에는 개인의 모든 독창성은 공허한 개념이었으며, 세계에는 단 하나의 원작자, 즉 신만 존재했다. 그렇다면 중세의 저자, 필사자, 주석자와 같이 저자 / 독자로 하여금 모방과 반복을 가능하게 만드는 컴퓨터가 우리 시대의 유일한 신이 아닐까?

최문규, 고규진, 김희봉, 윤민우, 이경훈, 이기언, 조경식

저자 담론 밖의 다른 사유 가능성

김 희 봉 (그리스도대)

1. 들어가는 말: 문제로서 저자개념

저자의 개념은 분명히 서구 사회의 근대적 산물이다. 그러나 저자는 다양한 구성 계기들로 분열하던 근대사회를 원리적으로 통합시키는 상징적 개념이다. 독창적인 작품들을 생산하면서 작품에 대한 독점적 권리를 지녔다는 점에서 저자는 자신의 세계를 전적으로 구성하는 자율적 주체의 성격을 띠고 있다. 이러한 의미에서 저자는 저자 - 작품(텍스트) - 독자의 삼각관계에서 최종 심급 기관의 위상을 차지할 수 있게 된다. 그런데 바르트와 푸코에게서 비롯된 저자에 대한 개념적 반성은 근대사회의 배타적 원리와 위계적 구조에 대한 반발로 해석될 수 있다. 그럼에도 그들은 근대의 사상적 지평의 한계 내에 머물렀다. 더 급진적 반성이 새로운 사회의 도래를 위해 요구된 것이다.

근대적 성격의 저자가 존재하지 않던 이전의 사회로의 회귀가 반성의 출발이 된다. 문자나 저자에 대한 급진적 반성은 저자 담론 바깥의 사유

방식으로서 가능하다고 볼 수 있다. 저자가 없다고 글쓴이나 글들이 존재하지 않은 것은 아니다. 단지 현실성을 가질 수 없을 만큼, 저자개념이 전혀 무용하거나 실질적인 기능과 역할을 할 수 없는 사회 문화적 풍토였다. 신의 전령이나 구술자로 보는 이러한 측면은 우선 문자에 대한 플라톤의 비판 속에 잘 드러난다. 더불어 저자나 문자 담론을 너머 다른 사유 가능성은 플라톤의 비판에 흔적으로 담겨있다.

따라서 역사적으로 저자나 문자 생성 이전 고대의 구술사회가 부정할 수 없는 논의의 귀착점이다. 그러나 이 논의에서 구술사회를 저자 담론의 한계, 극복 가능성과 대안이 재발견될 이상향으로 또는 아니면 역사적으로 극복되어 탐색할 의미조차 상실한 폐허로 보려는 어떤 태도도 경계해야 한다. 지식과 권력의 전통적 규범에서 벗어나 저자의 주체성과 독창성에 구속되지 않는 커뮤니케이션의 가능성은 없는지 살펴야 할 필요가 있다. 그렇다면 자기 이름으로 진리를 말하는 자로서의 저자가 "생소하다."고 보고 스스로를 진리의 주인으로 여기지 않았던 그런 구술문화에서 새로운 사회적 원리와 가치를 탐색해야 할 것이다. 이러한 관점에서 바르트의 '저자의 죽음', 푸코의 '저자 무관심', 저자 개념의 출현과 인쇄문화, 그리고 플라톤과 저자 담론의 경계 사유로서 문자비판, 끝으로 저자 담론 밖의 다른 사유방식이 다뤄지게 될 것이다.

---

[1] M. Wetzel, Art. "Autor / Künstler", in : *Ästhetische Grundbegriffe. Historisches Wörterbuch in sieben Bänden*, hrsg. v. K. Barck u. a., Bd. I, (Stuttgart 2000). p. 480.

2. 저자 담론과 글쓰기

저자 죽음을 선언하는 방식으로 저자개념에 대한 바르트의 비판은 저자개념의 탄생, 해체 그리고 복권이라는 담론형태들로 이뤄진 역사 속에 위치해 있다. 저자 담론들은 내용적 한계나 특성과 관련해 다양하게 전개될 수밖에 없다. 그럼에도 담론의 전반적 지형은 이미 형성된 지식과 권력 간의 협력적 관계에 의해 확정되는 것은 분명하다. 그래서 저자-작품-독자의 구조적 도식이 분명히 근대적 주체개념의 주술에서 본질적으로 자유로울 수 없다. 그렇지만 저자비판은 이러한 패러다임에 대한 도전이라 할 수 있다.

그래서 저자가 무엇이냐고 물어야 한다면, 어떻게 새롭게 제기할 수 있을까? 주체로서의 저자를 둘러싼 담론 밖에서의 다른 사고방식의 제시가 과연 저자비판의 방식 속에서도 여전히 가능한가? 이 장에서는 저자비판의 논의의 특성과 의미를 살피고, 그 한계가 무엇인지를 다루고자 한다.

2.1. 저자 죽음의 선언과 바르트

롤랑 바르트(R. Barthes)의 「저자의 죽음(La mort de l'auteur)」(1968)은 근대적인 문학연구와 비평에 핵심적 위치를 차지하던 저자의 죽음을 선언한 것이다. 근대적 문학비평에 의해 작품의 원천이고 의미의 근원이며 해석을 위한 유일한 권위로 여겨졌던 저자가 부정되는 것이다. 이러한 선언은 신의 죽음 또는 주체의 죽음이 선포되는 19C의 세기말의 분위기뿐만 아니라, 의식과 주체개념이 주도하는 사르트르 철학으로부터 언어와 구조 개념을 부각시킨 소쉬르의 구조주의 언어학으로의 이행과정에서 바르트가 받은 사상적 영향과 무관하지 않다. 그러나 바르트 주장의 독창성은 전통적 문학에 저항하며 전복적 글쓰기를 감행하는 말라르메, 폴 발레리와 프루스트 등의 문학작품들에 대한 고유한 통찰에 근거해 정립된다. 그의 새로운 문학 이해가 급진적 의미의 저자 죽음을 배태했다.

> 글쓰기는 우리의 주체가 도주해버린 그 중성, 그 복합체, 그 간접적인 것, 즉 글을 쓰는 육체의 정체성에서 출발하여 모든 정체성이 상실되는 음화이다. 아마도 그것은 항상 그래 왔던 것 같다. 하나의 사실이 현실에 직접 작용하기 위해서가 아니라 자동사적인 목적으로 이야기되기만 하면, 다시 말해 상징을 실천하는 것 외에 다른 어떤 기능도 가지지 아니하면, 그때 이런 분리가 나타난다. 목소리는 그 기원을 상실하고 저자는 그 자신의 죽음으로 들어가며, 글쓰기가 시작된다.[2]

글쓰기와 저자를 대립시키는 바르트의 주장은 글쓰기가 저자의 행위라고 여기는 일반적 통념에 반하는 것이다. 그의 저자비평은 작품(oeuvre)과 텍스트(texte)[3]의 개념적 구분 하에 가능하다. 그렇다면 작품과 달리 저자의 죽음을 초래하는 텍스트란 어떤 성격의 글쓰기(L'écriture)인가 묻지 않을 수 없다.

바르트는 텍스트를 저자의 존재를 전제한 저작의 결과가 아니라 글쓰기 자체의 활동으로 이해한다. "글쓰기는 끊임없이 의미를 설정하지만,

---

[2] R. Barthes, 『텍스트의 즐거움(La Plaiser du texte / Leçon)』, 김희영 옮김, 동문선, 2002, p. 27.(이하 인용 시 PT로 약칭)

[3] "작품이라는 전통적 개념과 대면하여 - 오랫동안 아니 오늘날까지도, 말하자면 뉴턴적인 방식으로 이해되어 온 - 과거의 범주를 이동 · 전복시켜 얻은 새로운 대상에 대한 요구가 생겨났으며, 바로 이 대상이 텍스트이다."(PT, 38)

계속해서 의미를 증발시켜버리려고 한다. 즉 글쓰기는 체계적으로 의미를 면제시키고자 한다."(PT, 34) 이러한 글쓰기를 통해 "수많은 문화의 원천에서 이끌어낸 일단의 인용문들로 짜인 피륙"(PT, 32)에 불과한 텍스트는 독창적이거나 개별적일 수 없다. 항상 다른 사람의 생각이나 이전의 텍스트를 반영하며 때로는 파생적 아이디어, 변종, 표절과 패러디를 통해 존재하는 텍스트는 단지 기호들의 직조물이고, 무한히 이어지고 지연되는 "모방" 자체에 불과하다. 따라서 스스로 근원적이지 않고 다양한 글쓰기들이 어우러지는 공간으로서 텍스트는 최종적 기의를 제공하고 글쓰기의 완결을 지우는 "저자의 제국"(PT, 32)을 허용하지 않는다. 텍스트는 '중심(centre)', '폐쇄(clôture)' 등의 개념과는 동떨어진 '분산적인(dilatoire)' 공간으로 드러난다.

따라서 텍스트의 글쓰기는 작품과 다른 두 가지의 특징을 보여준다. 첫째로 "모든 목소리, 모든 기원의 파괴"(PT, 27)인 글쓰기에서 텍스트는 '아버지 – 자식'의 이른바 '신학적(théologique)' 입장을 벗어난다. 텍스트에서 저자는 선행적 위치에 있지 않으며, 텍스트와 동시에 태어나는 '기록자(scripteur)'에 불과하게 된다. 둘째로 글쓰기는 텍스트에 최종적 의미부여를 거부하는 혁명적 행위로 파악된다. 다양한 글쓰기(텍스트의 복수태)에서 해석되어야 할 의미의 다양한 범람, 침식, 누설, 미끄러짐 등이 있을 뿐이다. 도서관 공간을 차지하는 단편적 실체인 작품과 다르게, "**텍스트**는 방법론적 영역이라는 점이다."(PT, 39) 이것은 작품과의 물리적 구분으로 텍스트를 이해할 수 없다는 뜻이다. 달리 말하면 작품들이 계속해서 새롭게 읽혀지고 다양하게 즐기는 과정을 통해 텍스트는 존재한다. 따라서 "텍스트는 행위와 생산에 의해서만 체험할 수 있는 것이다."(PT, 39)

이러한 설명에는 글쓰기의 진정한 장소를 글읽기(lecture)에서 찾으려

한 바르트의 의도가 반영돼 있다. 글쓰기의 진정한 모습은 의미의 근원과 목소리인 저자가 아니라, 쓰인 글들을 대화하고 반박하는 독자의 글 읽기 속에서 열린다는 것이다. 이처럼 글쓰기의 본질을 직시하게 만든 텍스트의 개념은 저자와 독자의 위치를 전복시킨다. 바르트의 저자비평은 '독자의 탄생(la naissance du lecteur)'의 선언에 의해 정당성을 확보하게 된다.

이러한 관점에서 바르트는 저자가 단순히 어떤 '사람'이 아니라 사회적, 역사적으로 구성된 인물이라는 것을 논증하고 있다. 따라서 저자가 자신의 작품에 자신의 생각, 가치관, "속내 이야기(confidence)"(PT, 29) 불어넣었다는 것은 허구일 뿐이다. 저자비평의 결론은 다음과 같다. "**저자는** 현대적인 인물인데, 중세부터 나타나서 영국의 경험주의, 프랑스의 합리주의, 종교개혁시대의 개인적 믿음 등으로 변화되어 그래서 개인의 존엄성을 고상하게 말하자면, '인간' 존엄성을 찾아내고자 하는 우리사회가 만들어낸 것이다."(PT, 28) 바르트에 따르면, 저자개념은 신화에 불과하며 저자의 죽음은 당연한 것이다.

2.2. 저자 죽음의 철학적 전이로서 저자무관심과 푸코

저자의 죽음, 텍스트의 출현, 독자의 탄생의 삼각구도에서 바르트가 저자의 신화를 부정한다면, 푸코(M. Foucault)는 저자-기능, 에피스테메(épistémè), 담론(discourse) 이론의 세 개념적 틀 안에서 저자의 위상을 재배치하고자 한다. 그의 「저자란 무엇인가(Qu'estce qu'un auteur?)」(1969) 강연에서 다양한 사유와 견해들이 배치되는 담론공간에 대한 체계적이고 구조적인 분석의 방식으로 저자 기능이 다뤄진다. 논의의 시작에 사무엘 베케트(Samuel Beckett)가 연상되는 "누가 말하든지 무슨 상관인가?"라는 질문을 던진다.

이러한 푸코의 '저자'에 대한 '무관심'은 '저자'에서 '저자-기능'[4]으로의 이동으로 나타난다. 그의 저자개념에는 발언의 주체인 '누구'가 아니라, 저자가 드러나는 발언의 장소 및 공간의 문제라는 인식이 중요하기 때문이다. 어떻게 저자개념이 작동하는지의 문제로 재구성된다. 앞서 언급한 강연에서 푸코는 다음과 같이 말한다. "저자가 사라졌다, 신과 인간이 공통의 죽음을 맞이했다고 반복하는 것만으로는 불충분하며, 해야 할 일은 저자의 사라짐으로 인해 비어 있는 채로 남겨진 공간을 지적하고, 틈새와 균열의 분할을 눈으로 추적하고, 저자의 사라짐으로 인해 나타나게 된 자유로운 기능들, 자리들을 감시하는 일입니다."[5] 따라서 저자-기능(la fonction-auteur)이 여전히 발휘되는 '비어있는 장소(lieu vide)', 즉 저자의 이름, 전유관계, 귀속관계 그리고 저자의 지위에 저자를 위치시킴으로써 글쓰기에 관한 문제가 제기된다.

푸코에 따르면, 저자란 대상을 지시하고 서술한다는 점에서 고유명사(이름)와 다르지 않다. 그런데 명명되는 대상과 특별한 연계성을 가지는 이 둘은 서로 동형적이지 않다. 저자의 이름은 고유명사와 달리 단순한 담론의 요소가 아니기 때문이다. 서술적 담론의 측면에서 볼 때, 이름은 분류하는 기능을, 즉 "텍스트들 사이에 동질성·파생관계·신빙성을 설정하는 것을" 수행한다. 더욱이 다른 고유명사들과 달리 저자는 담론을 생산해내는 외부의 실제적인 작가에게로 한정되지 않는다. 그 대신에 저자의 이름은 담론들의 출현을 구체적으로 보여주고 그 사회 안에서 이러한 담론들의 존재 상태를 가리킨다. 즉 "어떤 담론이 사회 속에서

---

[4] '저자의 기능'이 아니라 단적인 '저자-기능'이다. 즉 기능만 남고 기능의 주체는 사라진 것이다.
[5] 김현 편, 「저자란 무엇인가」, 『미셸 푸코의 문학 비평』, 문학과 지성사, 1996, p. 247.(이후 QA로 약칭)

존재하고 유통하고 작용하는 방식의 특징이 바로 저자의 기능이다."
(QA, 250) 푸코는 담론의 네 가지 특성에 관련한 저자의 기능을 더 부각하고자 한다.

우선 담론은 저자의 "전유화(appropriation)의 대상"이다. 저자는 텍스트, 서적, 담론을 법적으로 소유한다. 근대 이전에는 이러한 저작물들이 성과 속, 합법과 불법, 종교적인 것과 신성모독적인 것의 범주에 의해 처벌되는 활동에 속했지만, 이제는 "소유권이라는 순환회로에 붙잡힌 상품"(QA, 251)이 된다. 이러한 소유체계 속에서 저자는 글쓰기의 이러한 위험을 감내함으로써 자신의 지위를 보상받게 된다. 둘째로 저자 기능은 모든 담론에 대해 보편적으로 일정하게 영향을 미치지 않는다. 담론들에 따라 저자 역할이 중요할 수도 그렇지 않을 수도 있기 때문이다. 17세기 또는 18세기 이전 문학적 담론에서는 익명성은 문제 되지 않았고, 반대로 과학적 담론은 저자의 이름을 필요로 하였다. 그러나 이후에 역으로 문학에서는 "텍스트에 귀착되는 의미와 텍스트에 부응하는 입장이나 가치가 좌우된다는"(QA, 252) 식으로 저자의 이름을 중시한다. 결국 저자의 역할이 약화된 과학과 달리 문학에서 저자의 기능이 강화되는 반전현상은 주목되는 역사적 사실이다. 셋째로 담론에서 저자와의 귀속 관계는 자연스럽게 이뤄지지 않고, '저자'라는 어떤 이성적 존재를 확립하려는 복잡한 조작의 결과이다. 저자의 확립은 심리학적 투사처럼, 담론의 연관적 특성, 인식의 연속성, 또는 배제행위 등에 의거하게 된다. 그리고 모든 담론에서 저자의 구성이 동일하지 않더라도, 저자확립의 규칙 속에는 어떤 "불변요소"(QA, 253)가 자리하게 된다. 푸코에 따르면, 그것은 현대비평도 의거하는 제롬의 네 가지 신빙성의 기준들[6]이며,

---

[6] 여러 담론을 하나의 저자에게 귀속시키는 방법으로 성 제롬은 4가지 기준을 제시한

상이한 담론들을 동일저자에게 귀속시키는 역할을 한다. 끝으로 담론은 저자의 구성에서 무력한 재료로서 주어진 텍스트가 아니며, 저자도 간접적으로 단순하게 성취하는 재구성의 기능은 아니다. 텍스트에는 저자를 지시하는 수많은 기호들을, 즉 "인칭대명사, 시제와 장소의 부사, 동사의 활용" 등을 내포하고 있다. 이러한 지시체들의 역할은 복잡하고 가변적이어서, 저자를 가리키기도 하지만 다른 자아들을 가리키기도 한다. 저자 기능은 바로 "이러한 분할(portage)과 차이(distance) 속에서"(QA, 255), 즉 분열 자체 속에서 이루어진다고 볼 수 있다. 따라서 저자 기능을 갖춘 담론이라면, 자아의 복합성(또는 주체 – 위치들(positions-sujets))이 내포되지 않을 수 없다는 것이다. 결국 저자를 담론의 의미론적 최종심급으로서가 아니라 담론을 분류하거나 재배치하고 통합하는 기능적 작용으로 재구성하려 한 푸코 분석은 저자의 지위와 역할을 역사적으로 상대화했다는데 의의를 가진다.

그런데 저자 기능으로의 전환은 더 근본적인 토대인 에피스테메 개념 위에서 가능했다는 점에 주목할 필요가 있다. 푸코에 있어서 "에피스테메(épistémè)는 일정한 시기에 있어서 인식론적 형상들, 학문들 그리고 형식화된 체계들을 낳게 하는 담론적 실천들을 결합하는 관계들의 총체이다."[7] 어떤 시대를 특징짓는 지식의 가능 조건을 형성하고 담론적 실천의 형식을 규정하는 선험적 여건으로서 에피스테메가 정의되고 있다고 볼 수 있다.[8] 결국 에피스테메는 분절, 배제와 통합의 원리에 따라

다. 작품 중 열등하거나, 상이한 서술 원칙을 취할 경우, 문체상의 통일성이 결여된 경우, 끝으로 사후 언급된 구절은 가필로 간주된 경우 저자의 작품목록에서 제외한다는 내용이다.

[7] M. Foucault, 『지식의 고고학』, 이정우 역, 민음사, 1997, p. 266.

[8] 참고 허경, 「푸코의 에피스테메 개념」, 『에피스테메 Vol.-No.1』, 고려대 응용문화연구소, 2007.

대상을 정의하고 설명하는 규칙의 체계로서 담론의 집합체가 그렇게 기능하도록 하는 무의식적인 기초로서 전제된다. 그러나 에피스테메는 지식의 형성과 담론의 체계정립과 관련해 선험성만이 아니라 역사성의 특성도 지니고 있다.[9] 특히 저자의 담론에 대해서 에피스테메는 해석의 권위와 근원으로서 저자를 출현하게 하는 선험적 조건을 의미하는 반면에, 그런 조건 자체가 이미 시대적 여건에 따라 상이하게 구조화될 수밖에 없는 역사성에 제약된 것이다. 르네상스에는 유사성(la ressemblance)으로, 고전주의 시대에는 표상(la représentation)으로, 근대에는 역사(l'histoire)로 각 시대 고유하게 전제된 인식론적 토대로 에피스테메가 구분될 수 있다. 이처럼 에피스테메들은 '특정 시기에 어떤 언술이 지식으로 간주되도록 하는 사유의 근거'로 작용하고 있다.

저자 담론은 세 번째 시기인 근대의 역사(l'histoire)라는 에피스테메가 본질적으로 작용한 결과다. 그 역사의 의미는 19C 초 이후 지식적 요소들의 배치가 변화함에 따라 탄생한 선험적-경험적 이중체로서의 인간의 원리에 의해 특징지워 질 수 있다. 이러한 인식론적 지형은 물론 칸트의 '선험적 주체'에서 선취되었다. 이러한 주체가 지식, 권력과 윤리를 스스로 구성하는 원리이고자 했기 때문이다. 이러한 정신은 근대 문학의 탄생 속에서 저자의 모습으로 구현된다. 그러나 다른 한편 서구의 주체는 어떻게 구성되는가라는 물음을 통해 푸코는 근대 담론에서의 주체의 탄생은 생산의 연구에서 교환의 정치경제학적 분석으로, 분류학에서 생물학으로 그리고 일반 문법에서 언어학으로의 전환과 더불어 가능해졌다는 사실에 주목하였다. 결국 근대적 개인을 주체로 만드는 공간에

---

[9] 푸코는 이것을 '역사적 아 프리오리라(l'a priori historique)'라고 부른다. 참고 『지식의 고고학』, p. 17.

대한 역사적 연구를 통해 인간 주체가 근대의 인식론적 배치에 의해 생성된 '단순한 주름'에 불과하며, 이것도 사라질 하나의 형상임을 보여주게 된다. 이러한 방식에 의거해 푸코는 저자의 담론 이면에 놓인 주체의 신화를 실제적으로 사물을 지식에 분배하는 질서가 변화한 결과로 파악함으로써 저자의 지위를 상대화할 수 있었다.

2.3. 저자 비판의 부정적 한계

저자 죽음의 선언이나 저자 기능의 분석은 저자의 최종심급으로서의 권위가 위협받고 추락됐음을 드러낸다. 그러나 우리의 담론체계에서 저자의 개념이 완전히 사라졌다고 볼 수 없다. 실제로 법적 차원에서 정보화 사회의 핵심 이슈로 부각된 저작권의 문제, 문학적 관점에서 저자성 모델의 방식논란, 또는 문화사회학적 측면에서의 저자성 연구 등에서 저자의 귀환이 확인된다.

저자비판의 단초를 제공한 바르트나 푸코에서도 이러한 반전현상을 고찰할 수 있다. 물론 바르트에게서 보듯이 저자의 신화적 의미가 다시 긍정된다는 것을 뜻하지 않는다. "제도로서의 저자는 이제 죽었다. 시민으로서, 정념적·전기적 인간으로서의 저자는 이제 사라졌다."(PT, 75)는 언급에서 신화의 포기는 유지된다. 그렇지만 저자개념을 수용하려는 시도가 그의 후기활동에서 나타난다. 모친상 이후 1978~1979년에 마지막 강의인 『소설의 준비 I, II』에서 그는 '저자의 귀환(le retour de l'auteur)'[10]을 선언한다. "나는 텍스트 안에서 어떤 방식으로든 저자를 욕망한다. 그가 나의 형상을 필요로 하듯이 [<옹알이>할 때를 제외하고는],

---

[10] 참고. 변광배, 「저자의 죽음과 귀환」, 『세계문학비교연구 Vol.45』, 세계문학비교학회, 2013.

나는 그의 형상을 [그의 재현이나 투사가 아닌] 필요로 한다."(*Ibid.*)는 식의 귀환은 오토픽션(autofiction)인 그의 작품, 『*Roland Barthes par Roland Barthes*』에서 이미 구체화되었다.

그것은 타동사(verbe transitif)적인 글쓰기로의 전환을[11] 뜻하며, 바르트에게서 '글쓰기 – 의지(Vouloir-Écrire)' 자체가 인정되는 것이다. 이러한 의지는 일기와 같은 자서전적 글쓰기 속에서 유토피아적 동기, 즉 저자를 대상으로 욕구하는 것과 다르지 않다. 저자에 대한 이러한 욕망 속에는 글쓰기의 '환상(fantasme)'이 자리하고 있다. 그것은 삶에 관한 기억과 증인, 글쓰기 행위주체의 존속, 타인을 통한 인정, 그리고 자신의 가치실현이라는 '환상'인 것이다. 그런데 이러한 글쓰기를 통해서도 저자는 자신의 정체성을 완전히 파악할 수 없다고 보면서 바르트는 저자를 단지 자신의 환상과 욕망을 투사하는 주체로 그리고 있다. 그래서 이러한 저자의 귀환은 부정되었던 전통적 저자로의 단순한 회귀일 수 없다. 텍스트를 모아 직조하면서 독자의 독해를 바라는 주체인 저자와 구분하면서, 바르트는 독자가 아닌 저자로서[12]의 새로운 글쓰기를 시도한다.

푸코의 경우도 크게 다르지 않다. 우선 그는 저자의 개념을 사상사에서 일어난 "특권적 개별화"(QA, 242)의 사건과 관련짓는다. 저자와 관련된 사건의 성격과 의미는 서구의 절대적 주체가 지식에 의해 어떻게 주체(sujet)로 되면서 동시에 예속화(as-sujet-tissement)되는지를 분석하는 그의 고고학적 탐구를 통해 밝혀진다. 이러한 인식 속에서 결국 주체와 지식(진리)의 관계, 특히 저자와 작품의 관계에 대한 근대적 설정의 전복이

---

[11] 바르트는 「저자의 죽음」에서 텍스트를 스스로 쓰이는 글쓰기인 자동사적 활동으로 규정했다.
[12] 변광배, 앞의 글, p. 227. 여기서 바르트가 '서사적 정체성(identité narrative)' 개념을 통해 주체 개념을 다시 정의하고 있다고 본다.

확인된 것이다. 푸코는 『감시와 처벌』에서 결국 근대의 주체는 물론 저자도 마찬가지로 어떤 사회문화적 담론과 제도 속에서 특수하게 생성되었다는 점을 계보학적으로 해명하였다.

그러나 그는 자신의 이론 틀 안에서는 권력과 지식의 공간에 저항할 수 있는 실천적 모멘트가 불확실하다고 반성하게 된다. 그의 관심은 제도와 담론의 공간이 아니라 "인간이 스스로를 주체로 변화시키게 만드는"[13] 그런 주체화(subjectivation)[14]의 능력으로 향하게 된다. "아마 나는 지배와 권력의 기술에만 너무 집착해온 것 같다. 이제 나는 한 주체와 다른 주체들 사이의 상호작용, 개인적 지배의 기술들, 그리고 자기의 기술에 있어서 개인이 스스로에게 어떤 영향력을 행사하는가 하는 문제를 훨씬 흥미롭게 생각한다."[15] 이것이 '쾌락의 활용'과 '자기의 배려'라는 부제가 붙은 『성의 역사』 2권, 3권에서 개인이 자신을 자율적으로 구성하는 윤리적 주체의 문제인 것이다. 이처럼 푸코는 인식 및 도덕적 실천의 토대로 기능하는 주체의 선험성은 포기했다 하더라도, 새로운 형식의 주체성에 주목하고 규명해 가려 한다. 그는 이러한 형식을 통치성(gouvernementalité)의 관점에서, 그리고 자기의 기술(technique de soi)이라는 관점에서 탐구하며, 이러한 탐구를 통해 근대 사회에서 지배적인 개인들의 객체화(예속화) 양식과 구별되면서, 근대적 주체의 역사적 한계 및 대안에 대해 사고할 수 있게 해주는 고대적인 자기의 기술, 즉 주체화 양식을 발견하고자 하였다.

---

[13] M. Foucault, "The Subject and Power", H. Dreyfus and P. Rabinow, *Michel Foucault : Beyond Structuralism and Hermeneutics*, Chicago : The Uni. of Chicago Press, 1983, p. 208.

[14] 참고. 진태원, 「푸코의 주체화 개념 – 주체화(subjectivation) II」, http://rikszine.korea.ac.kr/front/article/humanList.minyeon?selectArticle_id=294

[15] 푸코, 『자기의 테크놀로지』, 이희원 옮김, 동문선, 1997, p. 39.

푸코의 이러한 반성 및 관점의 변경은 저자의 개념과 관련해서도 영향을 끼쳤다고 볼 수 있다. 그런 변화는 바로 초담론적(transdiscursive) 성격의 저자개념에서 나타난다. 푸코가 예로 든 프로이트나 마르크스의 경우처럼, 이런 유형의 저자는 작품을 창작할 뿐만 아니라, 다른 텍스트의 형성에 대한 가능성과 원칙을 제공한다는 점에서, 달리 말하면 담론의 무한한 가능성을 창조한다는 점에서 특별한 의미를 지닌다. 그것은 이들이 담론의 영역을 변화시키는 결정적 순간을 연다는 의미에서 담론의 창설자들(fondateurs de discursivité)이고 모든 관련된 담론들에서 요구되는 "기원으로의 회귀(retour à l'origine)"(QA, 239)의 특성을 지니기 때문이다. 이와 같이 푸코는 저자의 기능으로 제한될 수 없는 새로운 성격의 저자를 언급하고 있다. 이러한 저자성은 저자 기능과 담론의 장의 관계에서 지속적으로 조회되어야 할 작품들 이상의 것을 의미한다.

논란의 여지도 있지만, 저자의 귀환 또는 저자의 새로운 성격처럼 여전히 저자(또는 주체)의 개념이 포기되지 않은 것은 사실이다. 바르트나 푸코에서처럼 저자의 신화를 비판하는 담론의 지평 속에는 저자의 개념을 완전히 극복할 수 없는 어떤 한계가 놓여있음은 부정할 수 없다. 그렇다면 저자 담론의 바깥 다른 사유의 가능성을 위해 그러한 한계의 특성과 의미가 무엇인지 더 살펴 할 것이다.

3. 저자개념과 인쇄문화

바르트나 푸코에서 보듯이, 저자의 개념이 폐기되거나 무관심하게 방치될 수 없음은 사실이다. 그것은 저자의 관념을 단지 자본주의와 실증주의라는 이데올로기에서 비롯된 산물이거나, 또는 역사의 에피스테메라는 특정한 선험적 조건 위에 놓인 구성물에 불과하다고 협소하게 단정할 수 없기 때문이다. 역사적으로 볼 때, 서구의 정신적 산물로서 저자의 관념은 인쇄 매체의 출현 시기로까지 거슬러 올라간다. 18세기라는 특정한 역사 속에서의 실질적 등장을 부정할 수 없지만, 저자성의 본질과 의미는 저자 관념을 가능케 한 더 근원적 인간 조건과 관련되기 때문이다. 실질적으로도 원리적으로도 저자관념의 출현을 가능케 한 인간의 기술적 조건이 바로 인쇄문화이다. 따라서 작품의 의미 원천으로서 저자를 자리매김하는 담론형태는 근대의 주체개념의 정립보다 더 앞선 인쇄술의 발명에 빚지고 있다. 저자 담론의 특성과 한계, 그리고 담론 바깥의 사유방식을 파악하려면, 근대적 사상과 제도 전반에 대한 반성적 통찰과 더불어 근본적으로 인쇄술에 대한 매체철학적 분석이 요구된다. 그러나 이에 앞서 저자개념의 어원적 해명이 필요하다.

저자의 출처와 기원에는 그 어떤 개념적 특성이 전제되어 있다. 저자 관념은 전통적으로 기능해온 필사자(Scriptor)의 의미가 아니라 저자(Autor / author)라는 표현을 통해 조성되었기 때문이다. 이러한 표현은 일반적으로 자신의 작품에 대한 전적인 권리와 책임을 내포하면서, 특히 독창성을 지닌 작품을 생산해내는 창작자를 지시한다. 따라서 필사자 또는 전달자와 달리 저자의 용어는 의미적으로 작품창작에 관한 결정적인 기원과 토대를 가리킨다. 더욱이 광의적으로 저자 개념은 창작할 수 있는 천재성 또는 작품의 저작 의도성과 자기 확신과 같은 주체적 특성 그리고 법적 저작권 등을 관통하는 '권위(authority)'의 의미와 연관되어 있다. 작품을 고유하게 표현해낸 '도덕적' 권리자로서 또는 모든 해석들이 귀결되어야 할 원래의 의도자로서 특히 문학의 영역에서 차지하는 특별한 위상이 저자의 의미에 포함되어 있다.

이러한 어원에서부터 심급적 최종원리로의 저자개념은 단선적으로 전개되지 않았다. 또한 인쇄 매체에의 단적 의존을 주장할 수 없으며, 오히려 정치, 경제 및 사회 문화 등 다양한 계기들의 영향하에 함께 정립된 것으로 보아야 한다. 우선 사회적 측면에서 저자의 역할은 인쇄 문화의 확산을 통해 작동하게 된 것은 분명하다. 인쇄술의 발명 이후에 저자의 역할은 글쓴이에 관한 전통적 통념과 비교해 완만하게 부상하기 시작하였다. 그러나 급진적 변동은 독일 문학비평가인 에른스트 커티우스(Curtius)의 견해처럼[16] 사회구조와 관련해 일어났다. 읽기와 쓰기의 일치로부터 둘의 분리로 생긴 하나의 전통적 질서의 붕괴에 따라 여러 계급(층)으로의 분화가 가능해졌다. 특히 인쇄된 문자는 점차 저자와 독자, 제작자와 소비자를 분리시키는 효과를 낳았다. 이러한 분리 속에서 인쇄된 문자를 통한 말의 사적인 소유라는 새로운 감각을 가능케 되었다. 인쇄술은 생산자와 소비자 간의 계층적 분열을 초래하였다. 저자의 성격을 규정하는 사적 소유의 현상은 정치와 경제적인 측면의 변화를 이끌어 냈다.

경제적 측면으로 볼 때, 저자의 우선적 권리인 지적 재산권은 처음에는 절대왕정에서 특권 형태로 부여된 것이다. 그러나 이런 유형의 저작권은 제한적일 뿐이고 지속적이지 않았다. 오히려 저작권의 확산은 인쇄 기술의 발전에 힘입게 되었다. 인쇄문화는 동일한 텍스트의 대량복제 속에서 인쇄물의 경제적 가치를 증가시키는 식으로 저자의 권리를 배태시켰다. 문학적 저작물이 시장에서 소비할 수 있는 상품으로 변했기 때문이다. 이러한 경제성의 주목은 저작과 판매를 긴밀히 연결하도록 만들었다. 이러한 과정에서 저자가 곧바로 실질적인 권한을 얻은 것은 아니지만,

---

[16] 재인용. M. McLuhan, 『구텐베르크 은하계(The Gutenberg Galaxy)』, 임상원 역, 커뮤니케이션북스, 2001. p. 360.(이후 GG로 약칭)

제작과 판매의 권리를 독점하려는 출판업자 또는 인쇄업자들의 의도에서 전개된 저작권 논쟁을 통해 오히려 원래적(original) 소유자의 권리를 부여받게 된다. 그럼에도 불구하고 '저자'는 적어도 18세기 초까지는 업자들이 자신들의 이익을 옹호하기 위해 내세운 일종의 수사적 장치에 불과했다. 그러나 물리적으로 분리되고 고정된 텍스트가 인쇄를 통해 출판됨으로써 지적 재산권의 개념이 형성되었으며, 결국에 이러한 권리의 분쟁을 통해서 작가의 작가성이 인정받게 되었다.

이와 동시에 정치적으로 근대인들은 전통적 규범과 공동체 의식에서 벗어나 개인으로서의 자신들을 자각할 수 있었다. 그런데 이러한 개인주의의 가능성은 인쇄문화를 통해 더욱 촉진된다. 인쇄 매체에 의해 의사소통의 방식에서 일어난 변화가 한몫을 하였기 때문이다. 인쇄 매체로 인한 간접적인 소통체계가 주체와 객체의 분리를 초래하였다. 이 과정에서 대상을 고정된 시점으로 바라보는 자신을 독자적인 세계관을 지닌 개인으로 파악하려는 의식이 형성되었다. 이처럼 저자의 개념은 분명히 개인의식의 출현과 무관하지 않다고 볼 수 있다. 따라서 저자의 근대적 의미는 도서시장의 확대, 독자에 의한 구매방식의 등장, 그리고 사회 전반에 걸친 소유적 개인주의(possessive individualism)의 확산과 더불어 형성되었다.

더욱이 정신적 대상물로 소유개념이 전이되는 변화 가운데서, 저자와 관련한 독창성의 개념이 부각되었다. 우선 정신도 개인의 자연권에 속한다는 논리가 로크의 자연권 사상에 의해 마련되었다.[17] 이러한 로크의

---

[17] 18세기 이래로 저작권에 대한 낭만주의적 이론은 로크의 이론과 더불어 배타적 저작권을 정립시키는 데 중요한 역할을 하였다. 여기에서 작가의 '낭만적 상상력'은 작품의 고유성과 의미를 창조하는 원천으로서 간주된다. 이점에 대해 참고. 조경식, 「상상력 독일에서의 논의」, 『현대비평과 이론』 27호, 2007.

이론이 지적 창작물에 적용됨으로써 사회 전반에 저자의 독창성이 확산하게 된다. 여기에는 저자의 저작활동이 마치 물질적 생산처럼 인정되고 그 지적 가치가 물질적 재산으로 간주되려면, 공동체에 공유된 진리를 담아서가 아니라 남다른 개성을 드러내야 한다는 관념이 자리한 것이다.[18] 문화적 차원에서 이러한 독창성은 작품에 대한 배타적 저작권자로서의 저자의 의미를 완결시켰다고 볼 수 있다.

그러나 저자 담론에서 논란이 된 저자의 본질은 앞선 다양한 구성 계기들의 근저에 놓인 철학적 원리에 의해 이론적으로 확증된다. 푸코의 분석에서도 봤듯이, 저자의 근대적 의미는 이미 심층적으로 자리하고 있는 당대의 철학적 정신에 의해 규정된 것이다. 그것은 자신 이외의 모든 것을 대상(ob-iectum)으로 정립하는 주체(sub-iectum)를 핵심원리로 삼고 있는 정신적 원리이다. 저자 개념의 배후에는 근대의 주체성의 형이상학이 자리 잡고 있다. 이러한 자율적 주체의 성격과 관련해, 저자는 자신의 작품에 대해 독점적 지위와 배타적 권리를 가지는 독창적 창조자로서 원리적으로 정당화되었다. 이러한 과정 속에서 저자 – 작품(텍스트) – 독자의 삼각관계에서 저자는 최종 심급 기관의 위상을 차지하게 된 것이다.

이처럼 사상, 제도와 조직 등 근대사회의 구성요소들이 저자개념의 형성에 기여한 것은 사실이지만, 결정적 계기로서 인쇄술과 문화를 주목할 필요가 있다.[19] 그러나 이러한 관점에 단지 근대사회 전반이 인쇄

---

[18] 참고. 남형두, 「저작권의 역사와 철학」, 『산업재산권』, 2008, p. 275.
[19] 맥루한의 주장처럼, 미디어가 단순히 사상을 전달하고 의사를 소통하는 수단만이 아니라, "점차로 전혀 새로운 인간 환경을 창조한다. 환경은 결코 수동적인 외피(wrapping)가 아니라, 능동적인 일련의 과정(process)" (『미디어의 이해』, 김성기 · 이한우 역, 민음사, 2013. 9)이기 때문에 그렇다. "매체는 실재를 경험하는 수단이고, 한 사회의 매체계의 변화는 감각을 변화시킨다."(Schanze, Helmut(Hrsg.), *Metzler*

매체에 의해 본질적으로 조건 지웠다고 보면서 이를 '구텐베르크의 은하계'로 규정한 맥루한의 견해를 일방적으로 수용하려는 것은 아니다. 다만 저자개념의 문제와 관련해 매체가 사고방식을 구조화한다[20]는 그의 기본 테제는 저자관념의 형성배경에 충분한 설득력을 갖고 있다. 이러한 부분이 저자개념과 인쇄문화의 관계에서 고찰되어야 한다.

우선 저자관념의 출현을 위한 인간의 사고방식의 어떤 본질적 변화가 활자와 인쇄기술에 의해 초래되었다고 볼 수 있다. 커뮤니케이션 양식의 역사적 변화를 이해하고자 한 맥루한에 따르면, 인쇄 매체는, 알파벳 문자 이후 등장한 두 번째 변혁 시기에 속한 미디어기술이다. 이러한 인쇄술은 외부로 감각의 기술적 확장이지만, 근본적으로 커뮤니케이션의 원초적 기능인 시·공간적 확장을 뜻한다. 따라서 인쇄술은 좌에서 우로의 문자해독 속에서 "경험을 선형적이며, 연속체로 파악하는 습관의 형성을"(GG, 251) 부추기고 선형적 구조의 논리적 사고를 낳게 된다. 인쇄매체는 감각의 일부인 시각에 편중시킴으로써 종합적이고 포괄적인 인식을 제한하고, 사물과 대상을 표준화시켜 균질적이고 획일화된 인식의 틀에 고정되는 결과를 초래한다. "이 개인적인 혹은 '고정된 시점'(perspective)은 비자발적이고 무의식 중에 생기는 특성으로, 경험에서 시각적 요소만을 분리할 때 생기는 것이다."(GG, 254) 구텐베르크 시대의 역사를 반복시키는 이 고정된 시점은 문자로 추상화된 사물들의 구분과 배열을 구성하는 선형공간을 열어 보이게 된다. 질서, 분절성 등의

Lexikon Medientheorie Medienwissenschaft : Ansätze-Personen-Grundbegriffe. Stuttgart / Weimar 2002. p. 324.)

[20] 미디어는 메시지라는 맥루한의 명제는 이러한 주제를 함의하고 있다. 이에 앞서 "쓰기는 의식을 재구조화한다"는 월터 J. 옹의 견해도 동일선상에 있다. 참고. W. J. Ong, 『구술문화와 문자문화(Orality and Literacy)』, 이기우 외 역, 문예출판사, 1995. (이후 OL로 약칭)

개념에 의존하는 이러한 공간에서 인쇄물인 저작들은 저자와 독자의 구체적 상황을 떠나 탈맥락화된다.

더 나아가 분석적이고 단계적 공정을 통한 반복성인 기계화의 원리로 특징되는 인쇄술은 선형적 순차 또는 일률적 단위를 통해 재해석되나 재배열된 인간의 이성을 강화하게 된다. 이러한 인식능력에 의거해 정형화로서 사물을 파악할 수 있다는 '추상화에 대한 믿음'에 따라 단순화된 공식과 전체를 포괄하는 원리를 찾으려는 사유 활동으로 철학과 과학이 전개된다. 그러나 이 과정에서 지식생산 '주체'로서의 개인이 그 지식의 저장소와 분리되면서 오히려 역으로 그러한 지식과 정보를 누가 생산했느냐에 따른 권한을 스스로 부여한 '사유'의 주체, 특히 문학에서의 작가의 개념이 강조되었다.

이상의 분석에서 봤듯이, 인쇄술이 근대문화의 근본 패러다임을 변화시킨 것은 사실이다. 근대를 결정짓는 새로운 시공간과 주체 개념은 분명히 기술적인 물질적 조건인 인쇄기술의 변화와 밀접하게 연관되었고 그로 인해 촉발된 개인들의 일정한 '상상'적인 구성물을 통해서 더욱 작용한 것이다. 이처럼 추상적으로 문자화된 세계와 인간이 새로운 관계를 맺게 되는데, 바로 인쇄술과 이를 통해 생산된 소설, 지식과 정보와 같은 인쇄물이 결정적인 역할을 한 것으로 볼 수 있다. 결국 저자관념의 형성과 저자 담론의 전개가 어디에서 어떻게 비롯됐는가는 인쇄 매체의 특성과 의의에 대한 매체철학적 분석을 통해 일정 정도 해명될 수 있었다. 그러나 저자 담론에 기여한 생산자로서의 저자와 소비자로서의 독자의 분리, 사물 혹은 시계를 통일된 방식으로 보기 위한 시점의 구성, 의미구성을 위한 선형적 논리구조와 주체의 정립 등 다양한 특성의 제시가 곧바로 저자 담론 바깥의 사유방식이 어떠한지를 규정해주지 않는다. 이를 위해서는 저자 담론을 본질적으로 함의하고 있는 표음문자의 출현으로

까지 소급해, 그 경계에 다가갈 필요가 있다. 역사적으로 기술된 '문자비판'의 흔적 속에서 그 바깥의 모습이 추정될지도 모르겠다.

4. 저자 담론 안과 밖, 경계적 사유로서의 플라톤

문자사용과 글쓰기에 익숙한 현대인이 저자 담론의 사유방식에 머무는 한, 구텐베르크 문화 그리고 이 시대와 본질적 특성(시각화, 추상화, 동일화)을 공유한 문자문화 넘어 그 이전 시대의 모습을 상상하기란 쉽지 않다.(OL, 52) 그런데 저자 담론의 외연적 경계점에 남겨진 플라톤의 '문자비판'은 문자문화의 문제점과 구술문화의 특성을 엿볼 기회를 제공한다.

4.1. 문자문화와 저자 담론의 창설자 플라톤

『파이드로스』[21]에서 플라톤은 올바른 글쓰기의 주제와 관련해 문자의 위험을 문자발명의 신화를 빌어 비판하고 있다. 신화에 따르면, 발명의 신인 테우트(Theuth)가 이집트의 왕 타무스(Thamos)에게 발명품인 문자를 소개하였다. 문자의 배움은 사람들을 더욱 지혜롭게 하여 기억력을 높여줄 수 있는데, 그것은 기억과 지혜의 묘약(파르마콘)으로 발명되었기 때문이라는 것이다. 문자의 효용보다 위험을 안 타무스를 동조한 플라톤은 다음과 같이 비판한다. 문자는 "배운 사람들로 하여금 기억에

---

[21] 『파이드로스』뿐만 아니라, 『제 7서한』에도 플라톤의 문자비판이 담겨있다.(『파이드로스』 274a-278e, 『제 7서한』 340b-345a) 플라톤, 『파이드로스(Phaedrus)』, 조대호 역, 문예출판사, 2008.(이후 Pd로 약칭) 참고. 이강서, 「플라톤의 언어관-『파이드로스』와 『제 7 서한』의 문자비판을 중심으로-」, 『서양고전학연구』Vol.13 No.1, 한국서양고전학회. 1999.

무관심하게 해서 그들의 영혼 속에 망각을 낳을 것이니, 그들은 글쓰기에 대한 믿음 탓에 바깥에서 오는 낯선 흔적들에 의존할 뿐, 안으로부터 자기 자신의 힘을 빌려 상기하지 않기 때문이오. 그러니 신께서는 기억(mnēmē)을 위해서가 아니라, 기록(hypomnēsis)[22]을 위해서 이 도구를 발명한 것이지요."(Pd, 275a) 글쓰기에 대한 플라톤의 비판은 월터 j. 옹을 통해 다음과 같이 분석된다. 첫째로 정신 속에 있는 것을 정신 밖에 설정하려 하기 때문에, 글쓰기는 비인간적이고 또 글쓰기는 "하나의 사물이며 제작된 물건"이 된다. 둘째로 글쓰기를 하는 사람은 문자라는 외적인 수단에 의지하기 때문에 망각하게 되며, 결국 자신의 "기억을 파괴한다." 셋째로 텍스트는 기본적으로는 "아무것도 대답하지 않는다." 넷째로 자연스레 구술되는 말은 스스로를 변호할 수 있으나 씌어진 말은 그럴 수 없다. 따라서 실제의 말과 사고는 본질적으로 언제나 실제 인간이 주고받는 맥락 안에서 이루어지는데, 쓰기는 이러한 맥락을 벗어나 비현실적이고 비자연적인 세계 속에서 수동적으로 이루어진다는 것이다.(OL, 52) 따라서 플라톤의 반론의 핵심은 문자에 의한 글쓰기가 지혜의 진상이 아니라 외피에 불과하다는 점을 지적하는 데 있다. 그는 이러한 비판을 통해 다음과 같이 결론짓는다. "당신은 앎이 있는 자의 말을 일컬어 살아 있고 영혼이 있는 것이라고 말하는 거군요. 글로 쓰인 말은 그것의 영상이라고 불러야 마땅할 겁니다."(Pd, 276)

이와 같이 플라톤의 문자비판은 저자 담론이 속한 문자문화와 저자 담론의 너머의 구술문화 간의 갈등과 대립 속에서 제기된 것이고, 영혼에 망각을 초래하는 문자를 거부하고 스스로 생각하고 대화함으로써 진리에 도달할 수 있는 구술의 논증적 특성을 유지하는 데 초점을 맞추고

---

[22] mnēmē와 hypomnēsis는 각각 '기억'과 '기록'으로 옮긴다.

있다. 그러나 이러한 해석은 아마도 단견적이며 피상적일 수 있다. 문자비판의 의도를 두 문화 간의 갈등으로 포착하는 미디어 이론적 접근에서는, 간접적으로 전승된 "문자화되지 않은 이론", 즉 이데아론의 맥락 속에서 문자비판의 방향과 특성을 파악해야 한다는 튀빙겐 학파[23]의 견해가 무시될 수 있다. 또한 이런 단순한 해석은 플라톤을 일관되게 해명함에 있어서 고전철학자들의 논란의 단초가 된다는 점을 주목할 수 없게도 만든다. 결국 이러한 피상적 주장은 초기의 문자비판(『파이드로스』)과 후기(『국가』)의 시인 추방 간의 상반된 시각에 의해 플라톤을 모순되게 해석하도록 만드는 잘못을 범할 수도 있다.

따라서 플라톤의 문자비판을 다른 각도에서 바라볼 필요가 있다. 그것은 플라톤에게서 문자비판은 문자 자체에 의해 비판되는 모순을 함의하고 있기 때문이다. 문자에 의한 문자비판이라는 실행적 모순을 제대로 이해하려면, 문자의 가치를 특징짓는 파르마콘(pharmakon)의 중의성[24]에 주목할 필요가 있다. 약이면서 독인 이러한 문자에 대해서 플라톤이 문자에서 구술의 이행이 아니라 문자에서의 내적 갈등을 자신도 모르게 겪게 되었다. 그것은 추방의 대상인 문자가 이미 플라톤의 정신 속에 내재화되었다는 증거이다. 외화된 문자의 객관적인 기술에 대해 플라톤은 내적으로 주관화된 문자의 정신에 힘입어 비판을 가한다.[25] 이처럼 문자와 쓰기는 점차 그리스의 지식인, 특히 플라톤의 "의식을 재구조화"시켰다고 볼 수 있다.(OL, 128)

---

[23] 참고. 이강서, 「튀빙엔 학파: 연원과 쟁점」, 『법한철학』 64집, 한국범한철학회. 2012.
[24] 진중권, 『진중권의 미학 에세이』, 소크라테스의 독배. http://www.cine21.com/news/view/mag_id/62364
[25] 문자에 의한 문자비판은 문자에 의해 마비된 의식의 반성적 결과라 할 수 있다. "인간에 의해 고안되어 외화된 모든 기술은 그것이 내재화된 초기에는 인간의 의식을 마비시키는 능력을 발휘한다."(GG, 300)

이러한 관점에서 플라톤의 문자비판은 시각적으로 보이는 문자적 자형을 넘어서 정신적으로 드러나는 문자적 의미 세계의 가능성에 연관되었다고 볼 수 있다. 따라서 하나의 개념을 사건으로부터 분리해 그 문맥을 추상할 수 있는 '추상화' 능력을 인간에게 부여한 문자문화에서 플라톤은 구술세계의 전통(시인)을 거부할 수 있는 『국가』의 '이데아론'의 토양을 얻었다는 해블록의 견해[26]도 같은 맥락에서 이해될 수 있다. 결국에 문자비판을 포함해서 "플라톤 철학에서 논리적인 사고는 쓰기가 심적 과정에 미치기 시작한 영향력 때문에 가능했다"(OL, 127)는 월터 J. 옹의 옹호발언에서도 보듯이, 탈맥락적인 언어 행위나 자율적 담론활동으로서 플라톤의 사상이 정립되었다고 보아야 타당할 것이다.

이러한 의미에서 플라톤은 저자 담론에 원리적으로 바탕이 되는 문자 담론의 창설자로 여겨도 무리가 없다. 그는 쓰여진 문자를 통해 상황에서 분리된 사물 또는 사건 "그 자체"를 인식하고 이처럼 다양성을 통합하는 원리인 하나의 질서와 체계, 즉 이데아를 정립하고자 한 플라톤의 자신의 저서 속에서 이미 저자 담론의 본질을 선취하고 있다. 따라서 저자 담론 밖의 사유방식이 어떠한지는 이제 플라톤의 문자비판이 비로소 드러낸 문자 담론의 한계의 흔적 속에서 그 답을 구해야 할 것이다.

4.2. 문자비판과 그 바깥사유의 흔적

플라톤의 문자비판에는 앞서 살핀 대로, 문자의 정신적 내재화에 따른 문자문화로의 이행 가능성이 있지만, 오히려 비문자시대의 저항적 흔적도 담겨있다. 흔적의 내용을 찾으려면, 『파이드로스』의 전모와 문자비판의 배경을 알아야 한다. 『파이드로스』는 에로스를 주제로 삼은 연설들을

---

[26] 참고. 해블록, 『플라톤 서설』, 이명훈 역, 글항아리, 2011.

분석하면서 올바른 연설을 위한 참된 수사술의 가능성을 탐색하는 글이다. 이런 대화록을 통해 참된 수사술이란 철학과 다르지 않으며, 그래서 "말을 통하여 영혼을 이끄는(psychagogia) 기술"(Pd, 261a)이며 그 목적은 '프쉬카고기아', 즉 영혼을 가지계로 전환하는 철학적 활동임을 밝힌다. 수사술의 논쟁과 문자비판은 긴밀히 연결되어 있다. 연설은 수사술을 통해 가능한데, 훌륭하지 못한 경우가 바로 문자로 씌여진 연설이기 때문이다. 실제로 문자화된 연설을 둘러싼 논란이 그리스 사회에 존재했다.

이처럼 플라톤의 문자 비판은 "글쓰기(graphēs)의 적절함과 부적절함"(Pd, 274b)의 문제에서 제기된 것이다. 부적절한 글쓰기는 그림 그리기(Zographia)와 같다는 판단과 말의 그림자에 불과하다는 인식으로 인해 문자로부터 확실한 지식을 얻는다는 생각은 오히려 소박하다는 것이다. 이미 인지한 내용을 다시 떠오르게 하는 수단에 불과할 뿐이다. 그 대신에 '적절한 글쓰기'를 플라톤은 문자에 의한 글쓰기가 아니라, 글로 쓰인 말 자체에서 찾는다. 즉 영혼 속에 살아있는 말을 통해 훌륭하게 연설하는 일로 보고 있다. 다음의 언급은 이 점을 잘 설명해준다. "정의로움, 아름다움과 선함에 대해 가르치고 배우기 위해 발언되는 말이나 영혼 안에 쓰인 말들 속에만 분명하고 완전하며 진지하게 받아드릴 가치가 있는 것들이 있다."(Pd, 278a) 그리고 연설의 궁극적인 목적은 "신의 마음에 들도록 말하고 행동하는 것"(Pd, 273e)에 맞춰진다.

이러한 맥락에서 참된 말의 어떤 특성들이 문자세계 바깥의 흔적으로서 기능하는지 유추할 수 있다. 우선 그림을 닮은 문자의 시각성과 달리 훌륭한 언술이나 영혼 속의 말은 청각성의 원리에 의존해야 한다. 그래서 플라톤은 좋은 언술을 가능하게 하는 원천을 앞서 누군가가 자신에게 들려준 데서 찾는다. 뛰어난 말은 자신의 힘으로 생각해낸 것이 아니라,

"어딘가 다른 물길에서 물이 흘러나와 그릇이 차듯, 귀를 통해 내가 가득 찬 것이네."(Pd, 235d) 이처럼 훌륭한 시인들의 구송이나 이야기는 개인적 기술이 아니라, 발화자인 "뮤즈 여신들에게서 오는 신들림과 광기"(Pd, 245a)에 의해 가능할 수 있다는 것이다. 이러한 대면적 구술활동으로 인해 시인의 생각이 아닌 신의 이야기를 대신에 현장감 있게 전달할 수 있기 때문이다. 말 또는 발언이 갖는 문화적 역동성이라 볼 수 있다.

둘째로 글쓰기가 그림 그리기와 닮았다는 지적[27]에서 보듯이, 둘 다는 살아있게 꾸미지만, 고정된 것을 보여줄 뿐인 특징이 있다. 글쓰기는 말의 모방으로서 실제로 행해지는 생생한 연설 또는 대화를 고정시켜 놓는다.(Pd, 275d; 276a) 이러한 고정성은 쓰인 글의 단일성을 드러내며, 질문과 비판을 배제하는 것이다. 이와 달리 인식자의 영혼 속에 쓰인 말들에는 상대할 자와 침묵할 자를 구별하는 대화가 가능하며, 그런 대화는 살아있고 영혼이 있는 것이 된다. 시인에 의해 주도되지도, 청중이 끌려가지도 않는다는 의미에서 그것은 "변증술을 통한"(Pd, 277a) 대화이고 진지하고 훌륭한 놀이로서 대화자들을 행복하게 만든다. 플라톤이 실제의 대화가 아니더라도 대화형식으로 서술해 자신의 생각을 전달하려 한 것도 이 때문일 것이다. 이런 관점에서 참된 대화는 대화자들 이상의 무엇이고, 대화적 가치와 의미가 원천적으로 신에게서 온다는 주장을 이해하게 될 것이다.

끝으로 플라톤은 문자의 기록적 특성과 다르게 참된 말의 기능을 기억의 활동에서 찾는다. 기억은 "안으로부터 자기 자신의 힘을 빌려 상기하지

---

[27] 그림과 글의 유비는 아마도 알파벳보다는 상형문자를 겨냥한 것으로 보아야 한다. 참고. Jasper Neel, Plato, Derrida and Writing, Carbondale / Edwardsville, 1988, p. 4.

않는"(Pd, 274a) 문자와 달리, 살아있는 말을 통해 작용한다. 그래서 말은 영혼 깊숙이 있는 앎을 상기시켜 대화자들을 진리로 이끈다. 이와 달리, 영혼의 외부에 대상적으로 존재하는 기록물은 영혼들에 요구되는 진리에 대해 침묵할 수밖에 없다. 외부의 흔적에 의존하지 않는 영혼의 말들만이 스스로 기억을 낳으며, 서로에게 개방되기 때문이다.[28] 저장과 전달의 매체적 성격을 벗어나, 기록 안에서의 독백이 아니라 상호 간의 소통으로서 기억은 살아있게 된다. 기계적, 물리적 기억이 아니라, 창조적 방식으로 기억되는 한에서 진리적 삶이 경직되지 않은 채로 가능한 것이다. 이점은 한 영혼의 말을 통해 기억된 씨앗들이 다른 사유하는 영혼 속에 뿌려져 새로운 말의 씨를 키워내는 과정이 영원히 반복된다는 플라톤의 생각 속에 잘 반영되고 있다.

플라톤에 따르면, 문자의 고정성이나 저자개념의 동일성은, 영혼의 기억 밖에 있는 존재물이며 고착된 기억의 죽은 반복일 뿐이다. 그의 문자 비판 속에서 우리는 말에 따른 청각성의 우위, 대화의 가능성 그리고 열린 기억으로 추정되는 구술문화의 흔적을 읽을 수 있다. 그럼에도 플라톤의 생각이 단지 흔적인 것은 구술도, 그와 연관된 기억의 본래적인 고유의미도 온전히 드러나지 못한 까닭에 있다.

---

[28] 기록으로서 문자는 바로 그 고정성 덕분에 시간의 흐름을 넘어 '지속하는 존립'을 가진다. 그러므로 기억을 보존하고 있는 문자는 '어떤 현재에 대해서도 동시적'일 수 있다. 반면에 영혼의 말은 전승된 기억 속에서 '새로운 관련을 향하여 개방된다.' 참고. 김창래, 「저자란 무엇인가?」, 『철학 제112집』, 2012. p. 110.

5. 저자 담론 바깥의 사유 : 구술사회의 문화철학적 특성

　구술문화의 흔적을 청각, 대화, 기억으로 특징짓는데도, 오늘날의 우리가 구술문화의 참모습에 다가가기란 쉽지 않다. 저자 담론 바깥의 다른 사유방식을 이해하려면, 문자성의 선입견 없이 문자성(literacy)과 구술성(orality)의 차이를 밝히려 한 월터 J. 옹의 견해에 주목할 필요가 있다. 따라서『구술문화와 문자문화』에서 구술적 사고와 표현에 관한 그의 생각을(OL, 60~118) 살펴봐야 한다. 그는 구술문화의 표현형식 및 사고방식의 특징을 9가지로 정리하였는데, 그 특징들은 앞서의 범주들과 관련지어 세 묶음으로 분류할 수 있다. 구술문화가 청각적 감각에 의존하기 때문에 우선적으로 표현방식에서 첨가적이고 집합적이며, 다변적인 것이다. 둘째로 구술사회는 대화적인 상황에 의해 형성되기에, 전통적이고, 생활에 밀착적이고, 논쟁적인 특징을 가진다. 끝으로 구술문화는 사고작용에서 기억력의 제약 때문에 감정이입적으로 공유하고, 항상성의 유지가 필요하고, 상황의존적일 수밖에 없다. 이제 이 세 가지를 구체적으로 다룸으로써 저자 담론과 다른 사유를 엿볼 수 있을 것이다.

5.1. 구술과 청각

　저자개념을 배태한 문자 담론에서 말은 문자 쓰기를 통해 공간 속에 정위하고 시각적 대상처럼 취급된다. "쓰기가 말을 사물과 동일시하도록 했다"는 옹의 견해(OL, 23)도 같은 맥락에 놓여있다. 그것은 분리된 활자가 기계처럼 조립되는 듯이 작품의 방식이 이뤄지기 때문이다. 그 결과로 맥루한의 주장처럼, 공간 속에 배열된 문자들을 선형적인 방식 속에서 연속적으로 읽힘으로써 분석적이고 논리적 사고를 낳게 된다. 그러나 문자와 달리 문자화되기 이전에 원래 "말은 발생된 것이자 사건이다."(OL, 54) 이런 의미에서 말은 선형적 방식의 논리구조에서 벗어난다. 말(구술)은 고정성과 정지를 거부하고 지속적으로 변화하는 모습에서 자신의 본질을 구성하기 때문이다. 또한 구술의 매질을 이루는 소리가 시간과 맺는 "특수한 관계" 때문이다. 소리는 존재 특성상 시간처럼 막 사라져 갈 때만 있는 것이다. 아직도 이미도 아니라, 바로 나는 소리로만 존재한다. 그래서 "소리는 단지 소멸하는 것일 뿐 아니라 본질적으로 덧없는 것이다. 그리고 소리란 그런 것이라고 느껴진다."(OL, 54) 이처럼 말도 소리로서 발화되는 순간, 이미 소멸하고 덧없는 것이 된다. 이러한 사라짐의 특성을 거슬러 말소리를 정지시킬 수 있는 방법도 없으며 말을 담는 청각 역시 소리의 고정화를 위해 저항할 수 있는 감각은 아니다. 고정화를 위한 시각에서의 응시점(옹) 내지 고정된 시점(맥루한)이 소리와 관련한 청각에서는 부재하기 때문이다. 따라서 청각은 구술의 일시성과 소멸성으로 인해, 문자적 분석과 논리적 파악을 할 수가 없다. 이와 달리 청각에서 구술 또는 말소리의 방식은 논리적이 아니라 시간적 계기를 따라 첨가적이고 집합적이게 된다.

  말은 발화작용과 관련해 또 다른 특징을 지닌다. 신체로부터 나오는 육성은 진동과 공명으로 쉽게 청중들에게 공감을 일으킨다. 시의 구술 및 음악의 경우에서 이러한 사실을 쉽게 확인할 수 있다. 그런데 이런 현상은 구술을 특징짓는 힘과 행위에 의해 가능해졌다고 보아야 한다. 이 점은 말리노프스키(Malinowski)의 생각[29] 속에서 잘 표명되었다. 즉 구술문화의 사람들에게 말은 사고를 표현하는 단순한 기호가 아니라, 행동의 양식이라는 것이다. 이러한 관점에서 볼 때, 구술문화에서 말에

---

[29] 참고. B. Malinowski, 'The problem of meaning in primitive languages', in *The Meaning of Meaning*, C. K. Ogden and I. A. Richards (eds), New York, 1923. 재인용. OL, 55.

위대한 실행력이 깃들어 있다는 통념도 결코 놀라운 것은 아니다. 더욱이 행위로서뿐만 아니라 구술의 힘은 소리를 원천으로 삼고 있다. 그래서 구술은 일종의 소리이지만, 물리적 현상 이상의 속성을 지닌다. 최소한의 의도와 의지적인 노력이 없는 한, 즉 힘을 쓰지 않는 한 음성은 소리로서 울릴 수 없다는 것이다. 이러한 의미에서 입으로 내는 소리는 신체 내부에서 생성되기 때문에 역동적일 수밖에 없다. 아마도 말의 주술적인 힘에 대한 설화들은 이러한 소리의 역동성과 연관된 것으로 볼 수 있다.

이런 맥락에서, 말을 포함한 모든 소리는 사물의 내부와의 독특한 관련성을 가졌다고 볼 수 있다. 인간 몸이 자신의 내부에서 나오는 목소리에 대해 갖는 관계에서 잘 드러난다. 시각이 지각함에 있어서 주로 사물의 표면에 제한되는 반면에, 소리는 사물의 내부를 확인하는데 요구되는 감각이기 때문이다. 이런 독특성 때문에 구술은 인간 내부로부터 나와 다른 사람의 내부로 쏠려 들어가는 일이 가능한 것이다. 시각은 보는 것과 보이는 것 간의 공간적 분리를 전제하지만, 소리는 내부적 연결 속에서 말하고 듣는 우리를 감싼다. 또한 청각은 소리들을 내부적으로 통합하고 조화를 추구하는 역할을 한다. "인간의 의식과 인간끼리의 커뮤니케이션 자체가 내부적인 것도"(OL, 118) 바로 이러한 성격 때문이라 볼 수 있다.

이처럼 말의 성격과 본질에서 소리 및 청각 현상을 제외하면 존재할 수 없다. 구술문화에서 우리는 자신을 에워싸고 청각 세계의 중심에 놓이게 될 "소리의 중심화 효과"(OL, 119)에 지배받는다. 결과적으로 이러한 소리체계와 구분할 수 없게 결부된 구술적 사고와 표현의 특징이 통합적이고 중심적이고 내면화하는 데 있음은 분명하다.

5.2. 구술과 대화

앞서 보았듯이, 구술문화는 일반적으로 "목소리에 의지하는 문화(verbomoter)"(OL, 113)라고 부른다. 언설과 구송을 만드는 소리가 화자와 청자 속에서 내면화되고 통합된 세계의 모습으로 구성되기 때문이다. 그래서 객관적 사물을 관찰하듯이 문자를 읽고 분석하는 개인적 고립성과 달리, 구술문화는 인간들의 상호작용에 훨씬 크게 의존한다. 구술문화의 생활양식에서 대화가 중심적 역할을 하는 이유다.

플라톤에 따르면, 글쓰기가 초래하는 침묵의 부작용을 극복할 수 있는 것은 살아있는 말인 대화에서다. 오히려 대화 없이 문자적 지식만으로는 참된 지식의 전승에 문제가 생긴다. 플루서도 이러한 점을 잘 지적한다. 그는 문자에 의존하는 담론과 말에 의거한 대화라는 커뮤니케이션 형식을 구분하면서, 생산된 정보의 전달에 불과한 담론(Diskurs)과 차이를 보이는 대화(Dialog)야말로 새로운 정보를 생산하는 것으로 규정한다.[30] 맥루한 역시도 인쇄문화의 왜곡을 비판하면서 구술문화에서 청각 이외 다른 감각까지 함께 작용하는 원형적(prototype) 커뮤니케이션이 가능했다고 주장하였다.

이처럼 진정한 소통방식으로서 대화는 구술사회의 유지와 존립을 위한 지식생산과 전달에 있어서 매우 필요한 것이다. 구술문화의 개념화된 지식은 잊지 않도록 반복적으로 구술되어야 하기 때문에, 세대 간의 대화가 우선적이라 볼 수 있다. 이러한 상황에서 지적 경험들은 앞선 세대의 입을 통해 지속적으로 전달되어 차세대들의 교육에 기여하게 된다. 그리고 지식을 전통적이고 보수적으로 수용하는 정신과 표현의 방식에서

---

[30] 참고. 김성재, 『플루서, 미디어 현상학』, 커뮤니케이션북스 2013. 담론에는 극장형, 피라미드형, 나무형, 원형극장형이 있고, 대화에는 원탁형과 망형이 있다고 주장한다.

지식 내용들이 무조건 답습되지 않으며, 청중과의 특별한 교류 속에서 새로운 내용으로 재생산되기도 한다. 문자의 정확성과 명료성이 구술적 인 대화 속에는 원리적으로 불가능하기에, 오히려 이야기가 되풀이되면서 지속적으로 다양한 판본들을 낳게 된다. 이것도 구술문화를 만드는 새로운 지식의 원천이 되기도 한다.

그런데 지식의 구조화 방식에서 구술문화는 문자적 지식의 추상성과 객관성과는 전혀 다른 특성을 가진다. 구술된 지식은 항상 당시의 인간적 생활세계를 직접적이고 구체적으로 관련해 언어화된다. 따라서 구술들은 대개 인간 행위와 상호관계를 기술하고 설명하는 데 초점이 맞춰져 있다. 그것도 구체적이고 특정한 행동들을 지시하고 언급하는 내용들로 짜져 있게 된다. 그 결과 생활세계와의 밀착성은 고립적이고 내성적인 근대인들과 다르게, 그 구성원들에게 공유적이고 외향적인 문화구조를 가능케 하였다. 뿐만 아니라 이러한 통합적 사회구조는 사람들을 논쟁적 상황에 처하게 만든 것도 사실이다. 거기에는 의사소통 중에 음성의 역동성이 작용하면서 사람의 관계들이 조화롭게 아니면 반목하는 식으로 고양되기 때문이다. 이러한 이유로 수사법의 중요성이 부각되었으며, 목소리에 의지한 문화에서 수사법이 지나치게 사용됐다고 볼 수 있다. 장사의 경우에서도 이러한 점이 분명히 드러난다. 구술사회에서 장사는 가격표시에 따른 경제적인 교환거래가 아니며, 물건을 파는 행위는 흥정과 거래로서 소리를 지르는 방법, 기지의 대결, 구술적 논쟁의 작전과도 같은 것이다. 이런 맥락에서 대화술에 대한 월터 옹의 주장은 설득력이 있다. "구술문화의 특징적인 사고과정과 표현에서의 논쟁적인 역동성은 줄곧 서양문화 발전에 중심이 되어왔다. 서양 문화 속에서 이 역동성은 수사학의 '기술(art)'과 그리고 그것에 관계가 있는 소크라테스와 플라톤의 변증법에 의해서 제도화되었다."(OL, 76)

앞서 살폈듯이, 저자비판의 핵심은 담론체제의 폐쇄성과 중심성을 극복하고 열림과 차이/발산에 내맡기려는 것이다. 그럼에도 저자나 문자 담론은 여전히 배열과 배치의 체계와 구도 속에 다양한 언술과 표현의 전개를 가둘 수 있는 위험에 노출되어 있다. 그러나 구술사회를 근본적으로 특징짓는 대화는 이미 어떤 궁극적 지향점을 전제하지 않는 열린 사고와 표현의 소통과정이라 할 수 있다.

5.3. 구술과 기억

플라톤의 문자비판에서 기억과 관련해 주목되는 것은 기계적 기억으로서 기록이다. 기록의 제약인 망각을 극복하기 위해 소환된 기억은 참된 앎을 떠올리는 자발적 능력으로 규정되지만, 이 역시도 충분한 특성과 적절한 대안적 내용을 보여주지 못했다. 기억에 관한 플라톤의 재정의가 지닐 수밖에 없었던 한계이었다. 수동이 아니라 능동이라는 기억방식의 차이는 차치하더라도, 플라톤은 기억될 앎의 본질을 대상적 특성에서 찾았기 때문이다. 문자를 통한 진리 망각의 위험을 문자로 확보되는 지식의 추상성과 객관성과 다르지 않은 방식으로 극복하였다. 이점은 이데아계에 대한 기억의 회복, 즉 '상기'의 개념에 잘 반영되어 있다. 플라톤에 따르면, 영원한 기억인 상기를 통해 인간영혼은 자신의 구체적 개별성을 벗어나 보편적 지식의 세계로 다시 상승하게 된다. 이데아를 원리로 삼아 삶을 재해석하고 '상기' 개념을 통해 앎의 방향과 성격을 재정립하려는 플라톤의 전회는, 기억의 이름으로 이루어진 기억의 부정인 것이다. 플라톤이 내세운 기억은 이성적 추론에 불과하고, 인식의 대상은 과거의 인격적 경험이 아니라 무시간적이고 비인격적인 법칙일 뿐이다. 플라톤의 시도는 결국 그리스의 구술적 전통인 기억의 방식과 충돌을 빚었다.[31]

더욱이 구술문화를 지탱해온 본래적 기억에 관한 상세한 특성과 의미가 은폐되었다고 볼 수 있다. 분명히 플라톤 이전의 그리스 세계에서 기억은 다양한 기능과 의미를 가졌을 것이다. 거기에서 기억은 문화적 전승의 매체이자 영혼을 영속시키는 종교적 수단이고, 대중을 설득하는 정치적 능력이라는 다양한 방식으로 작동하였다. 그러나 이러한 다양성에도 불구하고 구술문화를 관통하는 기억의 원리적 성격과 의미가 전제돼 있음을[32] 부정할 수 없다.

구술사회에서는 일시적이고 소멸적인 구술성의 특징으로 인해 기억의 역할과 기능이 무엇보다 중요하다. 구술적 기억은 말소리의 한계성을 거슬러 보존해야 하는 것이 불가피한데, 구술의 정형화된 패턴을 취할 수밖에 없었다. 정형구적 표현방식의 사용은 청각의 제약과 기억의 한계를 뛰어넘게 만든다. 정형구에 의한 구술내용은 나름의 객관성을 띠기 때문이다. 구술의 이러한 객관성은 문자에 따른 객관성과 확연히 구분된다. 플라톤이 상기 속에서 정립하려 한 객관성은 영혼과 분리된 사물 자체와 관련된 것이고 따라서 영혼도 논리적이고 이성적 추론에 의해 도달할 뿐이다. 그러나 구술문화에서 지식의 객관성은 인식대상에 대한 "감정이입적이고 공유적인 일체화"(OL, 76)의 전제 위에서 가능한 것이다. 경험대상과 주체 간의 분리가 불가능한 것이다. 그래서 구술행위에 관한 청중의 반응도 결코 개인적 차원이 아니라, 집단적 차원에서 상호적으로 표출된다. 지식에 관한 구술적 기억은 "공유적인 '혼'"에 의해 이뤄지게 된다. 달리 말하자면, 구술적 기억은 공동체적 집단의 공유된 기억이라 할 수 있다.

---

[31] 조대호, 기억과 플라톤의 전회, http://ysgradnews.org/52
[32] 말의 기억의 본질에 관해서 월터 J. 옹이 밝힌 대로, 밀먼 패리와 앨버트 로드의 연구적 성과가 있다.

그러나 이러한 기억도 분명히 무한정으로 보존될 수는 없다. 구술사회에서 전승된 기억을 다 보존하는 것은 결코 가능치 않다. 우선 구술문화는 문자에 의한 강제적인 기억이 아니라 구성원에 의한 선택적인 기억에 의존할 수밖에 없다. 또한 기억을 유지하는 세차원의 집단(지배계급, 시인, 피교육자인 젊은이)[33] 모두가 육체적 존재들이며 결국에 사멸하기 때문에 기억의 부분적 폐기는 당연한 것이다. 따라서 현재 상황과의 관련이 없어진 기억을 버리는 것은 매우 자연스럽고 불가피한 일일 것이다. 결국 구술적 기억에서 오히려 비우연적 망각은[34] 원리적으로 불가피하다. 여기에서 망각을 배제하는 식으로 영원한 강제적인 기억은 거부된다. 망각과 더불어 구술사회의 집단적 기억에서 적정하게 어떤 균형 상태가 유지될 수 있었다. 그러한 항상성은 기억이 언제나 구술과 구송이 적용되는 실생활에 의해 통제됨으로써 가능하게 된 것이다.

이런 맥락에서 볼 때, 그럼에도 구술사회의 기억도 더한 보존을 위해 어느 정도 추상화를 필요로 하는 것은 당연하다. 글이든 말이든 모든 개념적 사고가 추상적이라는 사실과 관련이 있다. 그러나 구술사회의 기억행위는 인식내용의 상황연관성과 구체성에 기대어 더 생생히 기능할 뿐이다. 구술적 기억에서는 지식의 배경이나 여건이 탈맥락화되고 인식대상의 구체적 모습이나 상세한 내용이 추상화되어 남겨진 보편적 지식만은 존재할 수 없다. 따라서 기억과 전승을 위해 "상황 의존적이고 조작적인 준거 틀에서 개념이 사용되는 경향이"(OL, 82) 구술문화를 관통했다고 볼 수 있다. 이처럼 공동체적 차원에서 망각되면서 전승되는 구체적 기억들은 저자 담론을 포함한 객관적 정보의 과잉생산과 보존이

---

[33] 해블록, 앞의 책, pp. 148~149.
[34] 푸코도 담론의 창설에 관련해 기억될 지식의 산출의 근저에 놓인 비우연적 망각의 필요성을 역설하였다.

누군가가 아니라 그 자체를 위해 유지되는 현대사회의 기술적 기억방식과 대비된다.

6. 나가는 말

정리하자면 문제로서의 저자개념은 현대문학 또는 역사성의 근대시대라는 한계성을 지녔지만, 지역과 시대를 넘어 보편타당한 원리로 격상하고자 하는 인간 무의식적 욕망의 산물이다. 거기에는 모든 다양과 차이를 해소하는 보편성과 무한성으로의 지향이 숨어있지만, 그것은 그럼에도 특정한 시대의 인간의 실존적 조건에 깊이 관련된다. 저자개념은 근대 시대의 정치, 경제, 사회문화의 고유한 상황에 의해 규정되기도 하지만, 근본적으로는 인간의 내면을 표현하는 단순한 도구가 아니라 인간의 정신을 외재화하는 기술, 즉 문자인쇄라는 고유한 미디어에 의해 정립되었다. 근대의 저자 담론이 추동하게 되는 근본조건으로서의 인쇄미디어는 원리적으로 고대 그리스의 문자에 의해 결정되었다고 볼 수 있다. 저자의 기원과 원리를 배태한 문자에 의한 새로운 글쓰기가 제시된 것은 플라톤의 사유에서다. 그의 철학은 저자의 신화 또는 주체의 에피스테메를 선취하는 성격을 띤다. 그럼에도 우리가 저자 담론 밖의 다른 혹은 새로운 사유의 가능성을 그에게서 보고자 하는 이유는 전복의 흔적을 갖고 있기 때문이다. 그 흔적에는 저자 담론 밖의 다른 사유방식이 자리했다고 볼 수 있다.

이러한 문제의식에 따라, 저자(주체)개념에 의해 주도된 현대 학문의 문제가 자각되고 반성 되는 저자비판의 분석을 통해 저자 담론과 문자 담론의 원리와 특성들이 밝혀지고, 그 담론 바깥의 다른 사유 가능성으로서 구술문화의 특징들이 제시되었다. 구술문화에 대한 실제적 검증을 불허하는 이러한 유추와 추정은 어느 정도 다수의 학자들의 연구들에 의해 타당하게 뒷받침됐던 것은 사실이다. 그것은 근대사회 속에서 원리적으로 배제될 수밖에 없었던 시각 중심주의를 넘어선 청각 관련 통합적 감각의 사회, 공유된 기억과 망각을 통한 일체화로서의 공동체 사회, 그리고 하나의 지향점을 전제하지 않는 열린 대화의 구술사회인 것이다.

그런데 저자 담론 바깥의 다른 사유방식에 대한 논의가 결코 인쇄술 이후 등장한 근대사회의 원리를 일방적으로 부정하려는 의도에서 비롯된 것은 아니다. 구술사회를 저자 담론의 극복 가능성과 대안으로 재발견될 이상사회로 보려는 의도도 없다. 근대사회의 한계를 이해하고 그 가치를 더 고양시켜 더 나은 사회의 가능성을 모색하려는 노력인 것이다. 근대문화에 대한 반성을 통해 비로소 드러난 근대사회와 고대사회 양자의 모습과 한계를 이해하고 상호 보완하려는 것이다. 구술사회와 문자사회로 경계 짓던 문자인 파르마콘은 기억이면서 망각이고, 약이면서 동시에 독이었다. 파르마콘의 이 이중성, 즉 약이 동시에 독일 수도 있다는 인식을 보존하는 것이 미래사회를 위해 필요하다. 우리의 논의를 통해, 배타적 사유를 경계하고, 자신을 선으로 확신할 때조차도 늘 자신의 한계에 대한 각성을 유지해야 할 필요를 시사할 수 있다.

참고문헌

김성재, 『플루서, 미디어 현상학』, 커뮤니케이션북스. 2013.
김창래, 「저자란 무엇인가?」, 『철학 제112집』, 2012.
김현 편, 「저자란 무엇인가」, 『미셸 푸코의 문학 비평』, 문학과 지성사, 1996. (QA로 약칭)
남형두, 「저작권의 역사와 철학」, 『산업재산권』, 2008.
변광배, 「저자의 죽음과 귀환」, 『세계문학비교연구 Vol.45』, 세계문학비교학회, 2013.
이강서, 「플라톤의 언어관-『파이드로스』와 『제 7 서한』의 문자비판을 중심으로-」, 『서양고전학연구』 Vol.13 No.1, 한국서양고전학회, 1999.
_____, 「튀빙엔 학파; 연원과 쟁점」, 『범한철학』 64집, 한국범한철학회, 2012.
조대호, 기억과 플라톤의 전회. http://ysgradnews.org/52
진중권, 『진중권의 미학 에세이』, 소크라테스의 독배. http://www.cine21.com/news/view/mag_id/62364
진태원, 「푸코의 주체화 개념 - 주체화(subjectivation) II」. http://rikszine.korea.ac.kr/front/article/humanList.minyeon?selectArticle_id=294
해블록, 『플라톤 서설』, 이명훈 역, 글항아리, 2011.
R. Barthes, 『텍스트의 즐거움(La Plaiser du texte / Leçon)』, 김희영 옮김, 동문선, 2002.(PT로 약칭)
M. Foucault, "The Subject and Power", H. Dreyfus and P. Rabinow, Michel Foucault : Beyond Structuralism and Hermeneutics, Chicago : The Uni. of Chicago Press, 1983.
_____, 『지식의 고고학』, 이정우 역, 민음사, 1997.
_____, 『자기의 테크놀로지』, 이희원 옮김, 동문선, 1997.

M. McLuhan,『구텐베르크 은하계(The Gutenberg Galaxy)』, 임상원 역, 커뮤니케이션북스, 2001. (GG로 약칭)

_____,『미디어의 이해』, 김성기·이한우 역, 민음사, 2013.

W. J. Ong,『구술문화와 문자문화(Orality and Literacy)』, 이기우 외 역, 문예출판사, 1995. (OL로 약칭)

Schanze, Helmut(Hrsg.), Metzler Lexikon Medientheorie Medienwissenschaft : Ansätze-Personen-Grundbegriffe, Stuttgart / Weimar 2002.

Jasper Neel, Plato, Derrida and Writing, Carbondale / Edwardsville, 1988.

M. Wetzel, Art. "Autor / Künstler", in : Ästhetische Grundbegriffe. Historisches Wörterbuch in sieben Bänden, hrsg. v. K. Barck u. a., Bd. I, (Stuttgart 2000). pp. 480~544.

낭만주의의 저자성
– 저자주체(Autorsubjekt)의 정립과 해체 사이에서

최 문 규 (연세대)

1. 저자의 의미

저자(Autor) 개념은 분명 넓은 의미에서 두 가지 방식으로 이해된다. 한편으로는 경험적이고 인격적인 주체로서 특정한 글을 쓴 구체적인 개인을 지칭하고, 다른 한편으로는 텍스트적이고 담론적인 기능 단위로 사용된다. 이는 간결하게 "실제적인 저자"와 "저자라는 기능적 이미지"라고 각기 부연될 수 있다.

이와 같은 두 가지 사용 방식 이전에 저자는 본래 어떤 의미를 지니고 있었을까? 원작자, 창조자를 뜻하는 라틴어 "auctor"에서 유래된 저자 개념은 문학작품, 텍스트 등의 집필자(Verfasser)를 뜻하며 때로는 문학 외적 장르인 음악, 미술, 사진, 영화 작품 등을 만들어 낸 원작자(Urheber)를 지칭하기도 한다. 집필자, 원작자, 창조자라는 의미에서의 저자 개념에는 다양한 부차적 사유가 내포되어 있는데, 예를 들면

1) 영감, 천재성, 개성의 소유자를 신성시하는 사유, 2) 저자의 '의도'와 작품의 '의미'를 중시하는 사유, 3) 자기 확신, 자기 탐색, 자기 서술 같은 개념에서 알 수 있듯이 '자기'라는 주체중심적 사유, 4) 물질적 자산으로서 작품/텍스트에 대해 법적 저작권(Copyright)을 소유한 자와 연관된 경제적 사유 등으로 정리될 수 있다. 이처럼 다양한 의미를 내포하고 있는 저자 개념은 다른 개념과도 언어적 근친성을 형성하는데, 가령 허가(Autorisation), 진정성(Authentizität) 같은 개념이 저자 개념과 매우 유사한 의미망을 형성하는 것은 결코 우연이 아니다.

이상과 같은 다양한 측면과 비슷하게 푸코 또한 네 가지 차원에서 저자의 의미를 설명해준 바 있다. 첫 번째로, 자서전 등을 토대로 작품 내에서의 변경이나 단절 등을 설명할 수 있는 일정한 통일된 가치관이 저자 개념에 담겨 있다는 것이다. 다르게 말하면, 특정 저자의 글쓰기에는 그의 특정한 가치관이 담겨 있기에 글과 가치관을 비교함으로써 새로운 변화가 설명될 수 있다는 것이다. 두 번째로, 작품의 통일성을 정당화해주는 개념적, 이론적 연관성이 저자 개념에 담겨 있다는 것이다. 가령 『정신현상학』과 『자본론』을 비교하면 두 저자가 서로 다른 개념적, 이론적 연관성을 구축하고 있음을 알 수 있다. 세 번째로 반복적으로 사용되는 문체, 즉 재인식될 수 있는 문체적 통일성이 저자 개념에 내포되어 있다는 것이며, 마지막 네 번째로 저자는 개인 밖에서 벌어진 사건의 순간이자 교차점으로 기능하는바, 요컨대 저자는 사회적 사건과의 연관성을 맺는 동시에 자신의 작품 내에서 역사적 사건에 변환을 가할 수 있다. 다시 말하면, 사회적, 역사적 담론을 취할 뿐만 아니라 그에 비켜나가는 대항 담론을 만들어낼 수 있는 가능성이 저자 개념에 담겨 있는 것이다.[1]

흔히 텍스트를 생산해 낸 저자는 예나 지금이나 상당히 신성시되기 마련인데, 이는 어떤 연유에서일까? 그것은 문학작품의 생산자인 저자로서의 시인에 대한 숭고한 표상에 기인하는데, 고대에서 현재까지 지속적으로 전승되고 있는 시인에 대한 표상은 매우 다양하다. 예술사적 관점에서 보면, 시인에 대한 표상은 대체로 뛰어난 학식을 지닌 시인(Poeta doctus / Poeta eruditus), 기술적 전문 지식을 지닌 시인(Poeta faber), 혁신적이고 독창적인 시인(Poeta ingeniosissimus), 계관시인(Poeta laureatus), 종교적 시인(Poeta theologus), 뛰어난 영감과 예견력을 지닌 시인(Poeta vates) 등 다양하게 분류됐으며, 이러한 다양한 형태의 시인들을 관통하는 한 가지 공통점은 바로 '시인이란 뛰어난 정신적 능력과 개성을 소유한 자'라는 것이다.

이처럼 신성시된 시인으로서의 저자 개념을 중시하는 예술사적 경향이나 문예학적, 철학적 방법론도 다양하다. 간단한 예로는 시인을 천재와 동일시했던 18세기 중반에 독일에서 일어난 질풍노도 운동, 저자와 '그의 의도'를 신성시하는 해석학적 이론 등을 들 수 있다. 질풍노도 운동을 주도했던 청년 괴테는 시「프로메테우스(Prometeus)」에서 제우스에 저항하며 "여기서 앉아서 나는 내 형상에 따라, 나와 비슷한 족속을 만들겠노라"[2]라고 프로메테우스의 모습을 천명하고 있다. 자신의 형상에 따른 수많은 인물을 만드는 행위는 곧 작품 생산의 행위를 뜻하며, 따라서 프로메테우스는 곧 시인을 가리킨다. 그렇게 절대적인 신에 대항하는 시인 또한 스스로 신과 비슷한 절대성을 주장하는데, 즉 스스로 하나의 세계를 창조하고 싶은 욕망을 드러내고 있다. 예술 이론적

---

[1] Vgl. M. Foucault, Was ist ein Autor?, in : ders., Schriften zur Literatur, Frankfurt am Main 1974, pp. 7~31.
[2] J. W. v. Goethe, Werke, Hamburger Ausgabe in 14 Bänden, Bd. 4, Hamburg 1948, pp. 176~177.

차원에서 괴테는 텍스트 생산 주체로서의 시인에 절대적 위상을 부여하고 있는 셈이다.

천재 같은 시인, 즉 절대적 주체로서의 저자에 대한 요구는 단지 질풍노도 운동에만 국한되는 것이 아니라 이미 그 이전 시기인 계몽주의에서도 찾을 수 있다. 자신의 작품을 통해 시민 의식, 평등 의식 등을 강조했던 레싱도 천재로서의 시인을 강조하고 있는데, 『함부르크의 극작법』에서 그는 "천재는 모든 학생이 알고 있는 수많은 사물을 굳이 알 필요가 없다. 기억의 습득된 저장물이 아니라 자기 스스로, 자신의 고유한 감정에서 만들어 낼 줄 아는 것, 이것이 풍부한 천재성을 입증한다"[3]고 규정하고 있다. 모든 평등한 시민 주체들 가운데 천재성을 지닌 시인이 더욱 특별히 강조되고 있는 셈이다. 절대적 주체와도 같은 시인을 신성시했던 또 다른 예로는 1778년 "저자의 삶이야말로 그의 글의 가장 뛰어난 주석이다"[4]라고 역설한 헤르더의 언술을 들 수 있다. 이는 글의 생산 주체로서의 저자와 그의 삶이 텍스트 해석에서 결정적인 열쇠가 된다는 점을 강조하는 것인데, 이처럼 저자의 삶이 글의 의미를 결정한다는 시각은 후에 실증주의적, 심리학적, 문학 사회학적 방법론에서 지속한다.

그렇다면 오늘날 왜 '저자의 죽음'이 언급되고 있는 것일까? 그 이유는 다양하게 생각해 볼 수 있다. 첫 번째로, 저자와 작품 개념을 중시하는 사유는 "정신사, 이념사, 문학사에서 개인화의 축점"으로 작용하는 바,[5] 요컨대 저자 개념은 개인, 독창성을 내세우는 주체 철학과 함께

---

[3] G. E. Lessing, Hamburgische Dramaturgie, 34. Stück(Den 25, August 1767), hrsg. v. Otto Mann, Stuttgart, 1963, p. 155.
[4] J. G. Herder, Vom Erkennen und Empfinden der menschlichen Seele. Bemerkungen und Träume. In : ders., Sämtliche Werke, hrsg. v. Bernhard Suphan, Bd. 8. Berlin 1892, pp. 208~209.
[5] M. Foucault, Was ist ein Autor?, a.a.O., p. 10.

태동된 철학적, 사회적 모더니티의 맥락과 연관되어 있다. 따라서 저자의 죽음은 곧 주체의 절대적 사유, 개인의 독창성 등을 거부하는 포스트모더니즘의 맥락에서 이해되는 것이다. 두 번째로 저자는 '특정한 개인이 하나의 완결된 닫힌 작품을 생산한다'는 맥락에서 '작품' 개념과 밀접한 관계를 맺고 있다. 따라서 부단히 다양한 의미를 생산해내는 열린 텍스트와 그 텍스트 의도를 읽어내는 독자의 시각을 강조하는 이론(예 : 바르트, 에코 등의 탈구조주의적 이론)에 의해서도 저자, 작품 등의 죽음이 선언되고 있는 것이다. 세 번째로 특정 개인에 의한 단성악적 글쓰기 작업보다는 여러 명이 함께 글을 써나가는 의미에서의 다성악적, 집단적 저자성(kollektive Autorschaft)을 강조하는 시각에 의해서도 저자의 죽음이 선언되고 있다. 집단적 글쓰기 같은 방식은 개인적 특성을 해체함으로써 슐레겔이 제시한 바 있던 공동포에지(Sympoesie) 이념을 실현하려는 것과도 같다.[6]

2. 천부적 개성과 경제적 개인 사이에서의 저자

저자 개념이 문학 영역에서 이론적으로 정립되었던 시기는 서구 근대성이 확립되었던 17~18세기라고 할 수 있다. 근대성은 사회학적으로는

---

[6] 집단적 저자성의 근원은 흥미롭게도 낭만주의에서 찾을 수 있는데, 이에 대해서는 쾰른 대학 연구자들의 연구 성과를 참조할 것(http://www.kollektiveautorschaft. uni-koeln.de/). "집단적 저자성"에 관한 대표적인 사례로는 슐레겔 형제, 슐라이어마허, 노발리스 등이 참여한 『아테네움』, 베티나 폰 아르님과 51세의 괴테의 공동 산물인 『괴테가 한 아이와 주고받은 편지』, 네 명의 저자(칼 바른하겐 폰 엔제, 빌헬름 노이만, 아우구스트 페르디난드 베른하르디, 프리드리히 드 라 모트 푸케)가 공동 집필한 소설 『카를의 시도와 장애. 새로운 시대에 본 독일 이야기』를 들 수 있다.

시민사회의 발생, 철학적으로는 주관적 관념론의 정립, 정치적으로는 도덕적이고 책임 있는 개인의 의식과 행동에 대한 요청 등 여러 가지 현상과 관계를 맺고 있다. 인간 개개인이 종교적 지배에서 벗어나 자율적인 의식과 행동으로 세계와 삶을 변화시키는 주체로 파악되었듯이, 저자 또한 '작은 세계'와도 같은 완성된 작품의 창조자로서, 천부적인 저자주체(Autorsubjekt)로서 간주된 것이다. 이러한 주체로서의 저자와 그의 생산물인 인쇄술 발달로 시민 사회에 다량으로 보급될 수 있게 됨으로써 소위 서적 시장이 형성되었고, 그로 인해 하버마스의 지적대로 "정치적 공공성"에 앞서 소위 "문학적 공공성"이 형성되었다. 계몽주의 이념과 밀접하게 연관된 문학적 공공성의 정언적 명령에 따라 18세기 이후 문학작품, 생산 주체(저자), 수용 주체(독자)는 사회 발전 및 도덕적 향상에 대한 책무를 갖게 되는데, 페터 우베 호엔달(Peter Uwe Hohendahl)은 그러한 책무를 가장 잘 실행할 수 있는 장르로 18세기 계몽주의와 함께 태동한 "문학비평"을 들고 있다.[7] 이러한 문학적 공공성은 오늘날 디지털 매체에 의한 "네트 공공성(Netzöffentlichkeit)"과 서로 대비될 수 있는데, 특히 도덕적 책무와 소명 같은 의식의 유무 여부가 양자를 비교할 수 있는 논쟁적 가늠자가 될 수 있을 것이다.

주체 철학의 탄생과 함께 뛰어난 개성을 소유한 개인으로서의 저자는 그러나 현실에서는 위기를 맞이하게 되며, 그 위기는 경제적이고 법률적인 차원에서 발생한다. 전통적으로 저자에게 부여된 창조자로서의 특권, 저자에 의해 창작된 순수한 예술작품 같은 숭고한 관점이 붕괴되고, 그 대신 작품을 특정 저자 개인의 소유물(재산)로 인식하는 경제적 시각이 형성된다. 작품(글, 생산물)은 모든 이들이 공유하고 향유하는 비물질적

---

[7] Vgl. Peter Uwe Hohendahl, Literaturkritik und Öffentlichkeit, München 1982.

자산이기보다는 오히려 특정한 개인의 물질적 자산으로 인식되는 것이다. 이러한 실상이 싹트게 된 결정적인 계기는 개인적 작품이 인쇄술에 의해 대량으로 생산되어 대중에게 판매되는 상품으로 변하거나 혹은 무단 복제될 수 있는 물건으로 전환되었기 때문이다. 이때 저자 혹은 그의 권한을 사들이거나 위탁받은 출판사가 저작자로서의 개인과 그의 작품을 보호해 준다는 명목하에 소위 저작권 제도를 도입하게 되는데, 다음의 인용문은 그 배경을 적절히 설명해 주고 있다.

> **저작권**: 개성과 저자의 의도 이외에도 18세기에는 마지막으로 저자성의 세 번째 형식이 정립되는데, 그것은 바로 법적인 저자 모델이다. 이미 그 이전 세기에도 정신적 소유물(지적 재산: 역주)이 있었을지라도, 18세기에 비로소 그 모델은 의미를 획득한다. 저자 컨셉의 특징적인 점은 다음과 같은 견해이다. 즉 저자는 자기 텍스트에 대한 전문적인 소유권을 가지며 또한 그와 더불어 소송을 제기할 수 있고, 보상을 요구할 수 있는 저작권을 지닌다. 법률사적으로 이러한 모델은 우선 영국에서 시작되었고 이후 미국, 프랑스, 독일에서 관철되었다. 18세기에 비로소 저자성에 관한 현대적 기획이 형성되었다.[8]

사회적, 도덕적 책무를 지닌 주체로서의 저자는 더 이상 순수한 개인, 숭고한 창조자 같은 이상적인 의미의 독립공간에 머무는 것이 아니라 현실 사회의 법적, 경제적 영역에 놓이게 된다. 뛰어난 영감, 개성, 의도, 고유한 문체 등으로 자신만의 고유한 작품을 만들어낸 자율적인 주체로서의

---

[8] Fotis Jannidis / Gerhard Lauer / Matías Martínez / Simone Winko(Hg.), Rückkehr des Autors. Zur Erneuerung eines umstrittenen Begriffs, Tübingen 1999, p. 7.

저자도 현실에서는 경제적, 법적인 차원에서 그 생산물에 대해 소유권을 주장할 수밖에 없는 사회적 주체이다. 그는 자신의 생산물이 무차별적으로 도용되거나 사전 동의 없이 무조건 차용될 경우 법적인 소송을 통해 보상을 요구할 수 있는 권한, 즉 저작권을 소유한 경제적 주체로 등장하게 된다. 물론 저작권에 대한 결정적인 계기는 인쇄술의 발달에서 찾을 수 있다. 이미 벤야민(W. Benjamin)이 언급한 것처럼, 수공업적 재생산 시대에서 기술적 재생산 시대로 전환하면서 다량으로 무한정 복사할 수 있는 사회가 대두되는데, 특히 인쇄된 것이 다시 (때론 불법적으로) 인쇄되는 현상, 즉 복제의 복제가 가능해진다. 특히 비물질적, 정신적 능력의 산물인 예술적 생산물을 무한정 복사하는 행위가 저지되어야만 했는데, 그 첫 번째 법적 조치는 1710년 영국에서 도입된 "앤 여왕법(Statute of Anne)"이며, 이후 프랑스에서는 1791년, 1793년 두 차례에 걸쳐 "문학과 예술 분야에서의 저작권(la Propriété littéraire et artistique)"이 도입되었고, 미국에서는 1795년에, 독일의 프로이센에서는 뒤늦게 1837년에 저작권이 시행되었다.

그렇지만 엄밀히 말하면, 저작권에 대한 인식과 법적 규제는 사실 예술에 대한 전통적인 관점과 대치한다. 글/작품/텍스트에 대한 전통적인 관점에 의하면, 글이란 모든 이들이 마음대로, 언제든지 향유할 수 있는 공적인 재산이다. 가령 고대 사회에서 글은 흔히 자연스럽게 모사 혹은 필사되곤 했는데, 특히 다른 영역의 저자와 예술가에 의해서 약간의 변형과 함께 가공되는 현상이 적극 권장되기도 했다. 또한 전통적인 음유시인 같은 저자는 전승된 노래에 자신의 생각과 감정을 실으면서 다른 이들과 함께 예술을 함께 즐기는 공적인 인물과도 같았다. 따라서 시인의 창작물은 단순히 개인적인 소유물이 아니라 만인이 공유할 수 있는 공적인 산물로 받아들여지곤 했다.[9] 그러므로 시민사회의 태동

과정에서 개인(혹은 개인화)으로서의 저자주체가 경제적, 법적 차원에서 더욱 강화될 경우 이는 전통적인 선입견과 결별하는 것과도 같다. 이런 현상을 증폭시킨 또 다른 결정적인 계기는 귀족 및 영주가 경제적으로 시인을 보호해주었던 문예진흥의 후견인(Mäzenatentum) 전통이 점차 사라지고 그 자리에 대중이 들어서는 현상에서도 찾을 수 있다.

이제 지적, 정신적 능력을 지닌 고독한 저자의 형상이 점차 사라지고, 자신의 저작물을 경제적 산물로 인식하고 이를 통해 부와 명예를 획득해야만 하는 사회적 존재로서의 저자가 더욱 중시된다. 저자는 경제적, 법적인 차원에서 자신의 생산물과 사회적 존재를 지킬 수밖에 없게 되는데, 그런 상황을 잘 인식한 헤겔은 『법철학서설』에서 다음과 같이 저자를 보호해 줄 것을 제안한다. "소극적이지만 가장 첫 번째로 과학과 예술을 장려해주는 방식은, 그것에 종사하는 이들을 절도로부터 보호해주고 그들의 소유권을 보호해주는 것이다. 가장 첫 번째이자 가장 중요하게 경제와 산업을 장려해주는 방식은, 거리에서의 약탈로부터 그것을 안전하게 지켜주는 것이다. (…) 따라서 무단 복사에 대한 법은 저자와 출판사의 소유물을 법적으로, 특히 매우 한정된 특정한 부수로, 안전하게 지켜주는 목적을 지닌다."[10]

---

[9] 역사적으로 보면, 본래 노래를 부르는 이로서의 가인(歌人, Sänger), 즉 저자의 고대적, 중세적 형태로서의 가인은 결코 개인적인 사적 주체가 아니라 철저히 전승된 텍스트에 의존된 공적 주체였다. 클라인슈미트의 다음과 같은 분석은 적절하다. "앞에서 이야기하는 이(가인)는 제식적 상황이든 중세적 상황이든 간에 전혀 개인적으로 처신하지 못한다. 그는 자기 앞에 선행하는 일련의 원작자들 가운데 하나의 부분으로 행동한다. 그에 의해서 얻어지는 텍스트의 현재성은 바로 개인을 뛰어넘는 전수(傳受) 운동에서 생겨난다."(Erich Kleinschmidt, Stillegungen. Kulturtheoretische Überlegungen zur Auktorialität, in : Weimarer Beiträge, Zeitschrift für Literaturwissenschaft, Ästhetik und Kulturwissenschaft 1, 1999, pp. 5~14, hier pp. 6~7.).

[10] G. W. F. Hegel, Grundlinien der Philosophie des Rechts, Frankfurt am Main 1986, § 69.

경제적 현실에 내몰린 개인으로서 저자가 자신의 예술적 생산물을 무조건 현실적으로만 보호해야만 한다는 것은 쉽지 않은 일이다. 그도 그럴 것이 저자(특히 학자와 문인)가 자신의 고유한 감성적 능력과 정신적 능력을 글로 표현하는 순간, 그것을 생산 차원에서나 수용 차원에서 모든 이들이 쉽게 접근하고 수용할 수 있는 공적인 산물로 받아들이고 싶은 기대가 여전히 존재해 있으며 또한 18세기 이후에도 '돈과는 거리가 먼 가난한 자'라는 저자에 대한 숭고한 표상과 관념이 생산과 수용 차원에서 계속 자리 잡고 있기 때문이다. 물론 예외적으로 괴테, 하이네, 켈러 같은 저자들은 저작권에 적절히 의존함으로써 가난한 저자라는 신화적 이미지에서 벗어나 경제적으로 비교적 풍요로운 삶을 누리기도 했다. 이 밖에도 저자와 공공성 사이에는 또 하나의 흥미로운 제도적 장치가 들어서는데, 그것은 바로 출판사(출판업자)이다. 저자는 자신의 작품을 직접 경제적으로 환산할 수 없으므로 출판사로부터 일정 부분의 경제적인 소득을 얻는 대신 자신의 저작에 대한 모든 경제적, 법적 권한을 출판사에 양도하게 된다. 따라서 저작권 담론은 저자를 경제적으로 보호해주는 순수한 장치라기보다는 타인의 저서에 대한 권리를 취득하여 합법적으로 경제적 부를 축적하려는 출판사의 입지와 전략에서 나온 것이라고 해도 과언은 아니다.

3. 낭만주의 해석학 : 저자의 절대성과 글 / 독자의 권한 사이에서

위에서 살펴본 것처럼 저자의 절대성이 강조되면서도 동시에 저자의 신비성이 사라지는 경향을 관찰할 수 있는데, 그런 양상은 문예학적, 해석학적 차원에서도 관찰할 수 있다. 그 대표적인 현상으로는 낭만주의적 해석학이다. 낭만주의적 해석학은 한편으론 저자를 중시하는 해석학으로, 다른 한편으로는 글/독자를 중시하는 해석학으로 분열하는 양상을 띠는데, 현대적 용어로 말하자면 저자와 텍스트/독자 간의 긴장관계에서 부유하는 양상을 취한다.

우선 낭만주의적 해석학은 넓은 의미에서 천재로서의 저자, 저자의 절대적 위상 같은 점을 강조하는 데서 출발한다. 예컨대 "문학은 선험적인 건강을 구성하는 위대한 예술이며 시인은 선험적인 의사다"라는 노발리스의 잘 알려진 언술을 보면, 정신적 고통이나 사회적 제반 문제를 해결해주는 문학(예술)의 위상, 나아가 그 문학의 실질적 생산주체인 저자의 절대적 위상이 강조되고 있다. 마찬가지로 낭만적 포에지의 특성을 정의하고 있는 유명한 「아테네움 116번」 단편에서 프리드리히 슐레겔(F. Schlegel)은 "저자의 정신을 완전히 표현하도록 만들어진 형식은 존재하지 않으며", "시인의 자의성은 자신 위에 있는 그 어떤 법도 허용하지 않는다"고 선언하고 있다. 모든 표현과 형식은 저자의 정신에 종속되어 있다는 점, 저자의 정신은 전통적인 규칙 시학에서 제시된 객관적인 법칙에 의해서 결코 구속되지 않는다는 점 등은 모두 저자를 초월적, 절대적 신처럼 간주하는 표상과 화법에서 나온다.

작품 생산의 주체(그와 맞물려 있는 저자의 삶, 저자의 의도 등)를 중시하는 사유는 해석학적 이론뿐만 아니라 역사주의적, 실증주의적, 정신분석학적 이론 등에서도 마찬가지다. 물론 그 저자의 이름에는 글쓴이의 역사적, 실존적 삶과 그의 의도뿐만 아니라 푸코가 분석한 대로 저자의 개성 있는 표현으로서의 문체의 통일성도 내포되어 있다. 이처럼 저자를 중시하는 해석학의 대표적 이론가로는 프리드리히 아스트(F. Ast, 1778~1841)와 슐라이어마허(F. Schleiermacher, 1768~1834)를 들 수 있는데, 특히 아스트는 『문법서설. 해석학과 비평(Grundlinien der Grammatik,

Hermeneutik und Kritik)』(1808)이라는 저서에서 최초로 정신 개념을 도입하고 있다. 아스트는 정신의 조화로운 힘뿐만 아니라 "해석학적 순환(hermeneutischer Zirkel)" 개념을 제시하면서 전체와 부분 간의 상관관계를 중시하였다. 즉 개개 특정 대목을 독서함에 있어서 독자는 이미 전체 텍스트의 의미에 대한 표상을 소유하고 있어야만 하며, 이를 통해 비로소 작품을 완전히 이해할 수 있다는 것이다. 아스트에 의하면, 최종적으로 개개 부분의 인식과 전체의 인식이 서로 일치될 때 해석학적 순환이 마침내 용해된다고 한다. 결국 그는 스스로 만들어 놓은 해석학적 순환 자체를 항구적으로 열린 것으로 보지 않고 궁극적으로는 닫힐 수 있는 것으로 파악하고 있었던 셈이다.[11] 요컨대, 다른 의미를 더 이상 허락하지 않는 하나의 최종적인 의미가 언젠가 발견될 수 있다는 믿음이 아스트의 해석학적 시각에 깔려 있었다.

잘 알려졌듯이 해석학 이론을 현대적으로 정립한 슐라이어마허는 말(Rede)과 글(Schrift)을 모두 해석학의 대상으로 삼았으며, 그런 말과 글에 내재해 있는 일련의 사유를 일종의 "분출하는 삶의 계기(hervorbrechender Lebensmoment)" 내지는 "행위(Tat)"로 간주하였다.[12] 슐라이어마허는 전통적인 고전적 텍스트에만 국한된 해석학이 아니라 문학적 글과 일상어로 씌어지고 행해진 모든 대상을 해석학적 대상으로 끌어들임으로써 해석학의

---

[11] 이상 아스트의 해석학에 관해서는 다음을 참조할 것 : Peter Szondi, Einführung in die literarische Hermeneutik (zuerst 1971), hrsg. v. Jean Bollack / Helen Stierlin, Frankfurt am Main 1975, pp. 135~171.

[12] F. Schleiermacher, Über den Begriff der Hermeneutik mit Bezug auf F. A. Wolf's Andeutungen und F. Ast's Lehrbuch, in : ders., Hermeneutik und Kritik, hrsg. v. M. Frank, Frankfurt 1999, p. 316 : "eine Reihe von Gedanken zugleich als einen hervorbrechenden Lebensmoment, als eine mit vielen anderen auch anderer Art zusammenhängende Tat zu verstehen".

지평을 확장하였던 것이며, 가다머에 의하면 슐라이어마허를 비롯한 낭만주의적 해석학은 인간 간의 관계에서 상호 이해를 위한 해석학의 토대를 마련했다고 한다.[13]

『프리드리히 볼프의 지침과 프리드리히 아스트의 교본과 관련한 해석학 개념에 관하여(Über den Begriff der Hermeneutik mit Bezug auf F. A. Wolf's Andeutungen und F. Ast's Lehrbuch)』(1829)에서 슐라이어마허는 말과 글을 해석하기 위한 두 가지 방식을 이론적으로 제시하고 있는데, 그 하나는 문법적(grammatisch) 해석 방식이며 다른 하나는 심리적(psychologisch) 해석 방식이다. 두 가지 해석 방식을 정의하고 있는 대목은 다음과 같다.

> 5. 모든 말은 두 가지 관계를 갖는데, 즉 언어 전체와의 관계이며 그리고 원작자(Urheber)의 전체 사유와의 관계이다. 따라서 모든 이해는 두 가지 동인으로 구성된다. 말을 언어에서 생성된(끄집어낸) 것으로 이해하는 것이며, 언어를 사유에서 나온 사실로 이해하는 것이다.[14]
> 6. 이해는 그와 같은 두 가지 동인(문법적 동인과 심리적 동인)이 서로 융합하는 것이다.[15]
> 7. 그 두 가지 동인은 서로 대등하다. 따라서 문법적 해석을 낮은

---

[13] 물론 가다머는 슐라이어마허의 해석학에 대해 비판적이다. 슐라이어마허를 비롯한 관념론적 주/객관의 해석학에 거리를 취하면서 가다머는 자신이 제시한 이해의 순환은 "방법론적 순환"이 아니라 "이해의 존재론적 구조동인"이며 또한 "형식적", "주관적", "객관적"이 아니라 "전승의 운동과 해석자의 운동이 서로 뒤섞이는 놀이"(Ineinanderspiel der Bewegung der Überlieferung und der Bewegung des Interpreten)라고 강조한다(Vgl. H.-G. Gadamer, Wahrheit und Methode, Tübingen 1960, pp. 250~251, 275~276.).

[14] *Ibid.*, p. 77.

[15] *Ibid.*, p. 79.

해석으로, 심리적 해석을 한 단계 높은 해석으로 명명하는 것은 부당한 일이다.
1) 언어가 단지 수단으로 관찰된다면, 그 수단을 통해 개개 인간이 자신의 생각을 전달한다면, 심리적 해석은 한 단계 높은 해석이다. 문법적 해석은 단지 잠정적 어려움의 제거일 뿐이다.
2) 언어가 모든 개개인의 사유를 제한한다고 파악한다면, 그리고 개개인을 언어를 위한 공간으로서, 그의 말을 언어의 구현됨으로 파악한다면, 문법적 해석은 한 단계 높은 해석이다. 그러면 심리적 해석은 모든 개개인의 현 존재처럼 완전히 종속되어 있는 것이다.
3) 완전한 동등성은 이러한 이분법에서 저절로 나온다.[16]

문법적 해석이 언어 이해에 초점을 맞추는 것이라면, 심리적 해석은 작가의 의도에 초점을 맞추는 것이다. 전자는 비교하는 방법(komparative Methode)으로, 후자는 예견적 방법(divinatorische Methode)으로 명명된다.[17] 두 가지 방법은 각기 다른 방식을 취한다. 전자는 텍스트 생성 배경과 원인이 될 수 있는 원자료와 생성된 텍스트를 서로 비교한다는 점에서 일종의 고전적 문헌학의 작업 방식을 가리키며, 후자는 저자의 의도를 직관적이고 자발적으로 파악하는 방식을 가리킨다. 다르게 말하자면, 문법적 해석이 언어의 총체성 내에서 말과 글이 어떤 관계를 맺고 있는지를 파악한다면, 심리적 해석은 말과 글이 저자(원작가)의 심리 상태 및 사유

---

[16] *Ibid.*
[17] *Ibid.*, p. 169. 예견적 방식을 "여성적 강점"으로, "비교하는 방식"을 "남성적 강점"으로 부연 설명하고 있는 슐라이어마허의 시각에는 전통적인 이분법(분석적 = 남성적, 직관적 = 여성적)이 작동하고 있다는 흥미로운 점을 발견할 수 있다.

등과 어떤 관계를 맺고 있는지를 파악한다. 흥미로운 점은 두 가지 해석 방식에서 언어는 각기 다른 기능을 수행한다는 것이다. 문법적 해석에서 언어는 인간 개개인의 사유를 조건 짓는 상급심급인바, 다르게 말하면 인간 개개인은 단지 "언어를 위한 공간"으로 작용할 뿐이다. 이처럼 문법적 해석에서 언어는 개인의 존재 방식을 결정짓는 더욱 우월한 위상을 차지하고 있다. 그러나 심리적 해석에서는 전세가 완전히 역전된다. 심리적 해석에서 언어는 인간이 자신의 생각을 전달하기 위한 도구로 기능할 뿐이다. 그러므로 언어의 이면, 즉 인간의 사유, 저자의 의도 등을 파헤치는 것이 심리적 해석의 주된 목적이다. 위에서 인용한 대목을 보면 슐라이어마허는 "두 가지 동인은 서로 대등하다. 따라서 문법적 해석을 낮은 해석으로, 심리적 해석을 한 단계 높은 해석으로 명명하는 것은 부당한 일이다"고 밝히고 있지만, 사실 두 가지 해석 방식 가운데 슐라이어마허는 심리적 해석을 더욱 중시하였다. 그것은 "자기 자신을 타자 속으로 변화시키고 개인적인 것을 즉각적으로 포착하려는 비평"[18]으로서의 예견적 방법을 더욱 강조하는 대목에서 엿볼 수 있다. 다른 대목에서도 슐라이어마허는 "해석자가 자기 자신을 저자의 심리 상태 속으로 가능한 한 옮겨 놓음으로써 발생하는 아주 독특한 확신의 방식이야말로 (…) 훨씬 더 예견적이다"[19]라고 언급하고 있다. 독자가 자신을 저자의 심리 상태 속으로 옮겨 놓는 감정이입 능력이 강조되고 있다. 또한 작품을 분석할 때 흔히 저자의 의도 내지는 "한 인간 저자의 총체성을 보편적으로 관조하는 것(allgemeine Anschauung der schriftstellerischen Totali-tät eines Menschen)"[20]을 중시하고

---

[18] *Ibid.*, p. 169.
[19] *Ibid.*, p. 318 : "Es ist eine ganz eigene Art der Gewißheit (…) mehr divinatorisch, die daraus entsteht, daß der Ausleger sich in die ganze Verfassung des Schriftstellers möglichst hineinversetzt.".

있는데, 이러한 심리적 해석은 딜타이로 이어지는 정신사적 해석학의 핵심을 이루며 나아가 이후 정신분석학적 방식에서도 중시된다. 가령 정신분석학적 방식도 작품 밖에 있는 저자의 삶을 토대로 작품을 분석하는 방법(extrinsic approach / exopoetische Interpretation)과 작품 자체에 대한 꼼꼼함 독서로부터 저자의 삶을 도출해내야 한다는 방법(intrinsic approach / endopoetische Interpretation)으로 나뉘지만,[21] 안에서 밖으로든지 혹은 밖에서 안으로든지 간에 두 방법 모두 저자의 삶과 의도를 분석의 핵심으로 설정하고 있음은 두말할 나위 없다. 이는 근본적으로 저자주체를 강조한 슐라이어마허식의 낭만주의적 해석학의 유산인 것이다.

낭만주의적 해석학의 또 다른 특징은 위에서 언급된 저자주체에 대한 강조와는 정반대로 나아가는 경향인데, 즉 언어(즉 텍스트)와 독자를 중시하는 사유다. 그것은 씌어진 텍스트를 독자가 꼼꼼히 읽어서 작가의 의도를 파악해내야 한다는 식이 아니라, 작가의 의도와는 무관하여 텍스트의 근간이 되는 자율적 언어 자체의 불가해성을 중시하거나 혹은 독자가 자신의 의도로써 작품(텍스트)을 해석해야 한다는 식으로 천명된다. 이는 저자의 의도를 중시하는 낭만주의적 해석학과는 완전히 배치되는 낭만주의적 반(反)해석학으로 간주된다.[22]

예나 대학에서 같이 공부하던 슐라이어마허, 프리드리히 슐레겔,

---

[20] *Ibid.*, p. 171.
[21] "endopoetsich"와 "exopoetisch"는 콜린스(H. Collins), 아이슬러(R. Eisler) 등이 도입한 개념이며, 이와 유사하게 웰렉(Wellek)과 워렌(Warren)은 "intrinsic"과 "extirinsic"을 사용한 바 있다(Vgl. W. Schönau, Einführung in die psychoanalytische Literaturwissenschaft, Stuttgart 1991, pp. 93~94.; R. Wellek / A. Warren, Theory of Literature, New York 1942).
[22] 해석학과 반해석학의 양면적 구도로 낭만주의를 분석한 연구서로는 다음을 참조할 것(Die Aktualität der Frühromantik, hrsg. v, E. Behler / J. Hörisch, Paderborn u. a. 1987).

노발리스 등은 문학적, 철학적 차원에서 서로 커다란 영향을 주고받았지만, 해석학과 관련해서는 다른 시각을 취한다. 슐라이어마허가 해석학에 관한 탄탄한 이론을 정립하였다면, 슐레겔과 노발리스는 파편적인 사유를 통해서 슐라이어마허의 사유에서 빗겨나가는 탈근대적인, 반해석학적 기틀을 제시하고 있다. 후자의 경우 낭만주의적 해석학의 새로운 특징을 "저자의 죽음"이라는 맥락에서 파악할 수 있는 단초를 제시하고 있다.

우선 「불가해성에 관하여(Über die Unverständlichkeit)」라는 유명한 글에서 슐레겔은 다음과 같은 그 자체 매우 난해한 언술을 남기고 있다.

> 나는 모든 불가해성이 상대적임을 증명하고 싶었으며 가령 그라베(Grave)가 나에게는 얼마나 불가해적이었는지를 서술하고 싶었습니다. 제가 제시하고 싶었던 점은 다음과 같습니다. 즉 낱말들은, 그 낱말들을 쓴 이들보다, 스스로 더 잘 이해하고 있다는 것입니다. 또한 제가 환기하고자 한 점은, 글 속에서 너무 일찍 튀어나온 정령들의 무리처럼 모든 것을 헝클어트리는 철학적 낱말들 가운데에는, 그리고 세계정신을 인정하지 않으려 하는 이에게도 그 세계정신의 보이지 않은 힘을 행사하는 철학적 낱말들 가운데에는, 비밀 결사대가 존재한다는 것입니다. 또한 제가 보여드리고 싶었던 점은, 본래 합리적이고 이해력 있는 사람들을 향하고 있는 학문과 예술, 철학과 문헌학에서 우리는 바로 가장 순수하고 가장 견실한 불가해성을 얻어내고 있다는 것입니다.[23]

언어의 불가해성을 설명하는 슐레겔의 언술이지만 사실 그 언술 자체는

---

[23] F. Schlegel, Kritische-Friedrich-Schlegel-Ausgabe, hrsg. v. E. Behler, Bd. II, München 1967, p. 364(이하 KA로 표기함).

매우 난해하고 언어에 대한 일반적인 사유에서 벗어나 있다. 자세히 읽어 보면 위 대목에는 획기적인 패러다임 전환의 토대가 담겨 있는데, 현대적 언어로 말하자면 저자의 의도(Autor-Intention)를 중시하는 해석학으로부터 푸코와 데리다 이후 성행하고 있는 텍스트의 의도(Text-Intention)를 중시하는 해석학 – 이를 반해석학, 해체론의 특성이라 말할 수도 있는데 – 으로 전환하는 단초가 그것이다. 낱말의 사용자(저자, 화자)만이 그 낱말의 의미를 가장 잘 이해한다는 식의 일반적인 언어 이론이 사라지고, 그 대신 "낱말들이 스스로 더 잘 이해하고 있다"는 소위 낱말 자체의 비의적인 힘을 강조하는 시각이 제시되고 있다. 낱말 스스로의 이해, 낱말들 간의 내적 연관성 등과 관련해서는 다시금 철학적 용어들이 예로 거론되고 있는데, 즉 모호하고 난해한 철학적 낱말들 간에는 일종의 "비밀 결사대 (geheime Ordensverbindungen)"가 형성되어 있다는 것이다. 극단적인 자유정신으로 무장한 18세기 프리메이슨 비밀 결사대가 언어 자체의 내적 힘과 관계를 설명하기 위해 은유로 차용되고 있는데, 이는 곧 언어 자체의 내적 자율성을 강조하기 위한 것임을 알 수 있다. 저자 발화와 의도를 중시하는 해석학적 사유에서 벗어나 슐레겔의 언어 이론은 마치 20세기 초 하이데거와 벤야민에 의해 강조된 언어 자체의 내적 자율성을 선취하는 것과도 같다.

> 언어가 말을 한다. 언어의 말하기란 어떠한가? 우리는 어디서 그런 점을 발견하는가? 말해진 것 내에서 가장 잘 발견된다. 바로 거기서 말하기는 스스로를 완성해낸다. 말해진 것 내에서 말하기는 멈추지 않는다. 말해진 것 내에서 말하기는 안전하게 보호되어 있다. 말해진 것 내에서 말하기는 자신이 지속하는 방식, 그리고 자신에게서부터 지속하는 것을 모은다. 요컨대, 말하기의 지속하기, 말하기의 현성하기 말이다. 그러나 말해진 것은 대체로, 너무나 종종 어떤 말하기의 지나간 것으로서 우리와 마주한다.[24]

언어는 무엇을 전달하는가? 언어는 언어에 적합한 정신적 본질을 전달한다. 그 정신적 본질이 언어를 통해서가 아니라 언어 내에서 자신을 전달한다는 점을 알아야 함은 기본적이다. 만약 언어의 화자를 언어를 통해서 자신을 전달하는 사람이라는 식으로 이해한다면 언어의 화자란 결코 존재하지 않는다. 정신적 본질은 언어를 통해서가 아니라 언어 내에서 자신을 전달한다. 즉 정신적 본질은 외적으로 언어적 본질과 비슷한 것이 아니다. 정신적 본질이 언어적 본질과 동일시되는 경우는 바로 그 정신적 본질이 전달 가능할 경우에만 그렇다. 정신적 본질에서 전달할 수 있는 것, 그것은 바로 그것의 언어적 본질이다. 언어는 사물의 개개 언어적 본질을 전달한다. 즉 정신적 본질이 직접적으로 언어적 본질 내에 갇혀 있는 한, 그 정신적 본질이 전달 가능할 경우에만 언어는 사물의 정신적 본질을 전달한다.[25]

인간의 표상과 감정을 언어가 잘 표현하거나 전달하는 것이 아니라 낱말 자체가 스스로를 더 잘 이해한다는 것(슐레겔), 언어가 스스로 말한다는 것(하이데거), 언어적 본질로서의 정신적 본질이 언어 내에서 자신을 전달한다는 것(벤야민) 등은 모두 언어의 내적 자율성과 힘을 강조하고 있다. 예를 들면 마르크스가 노동(Arbeit) 개념을 사용했을 때, 그 노동은 결코 사용자인 마르크스가 염두에 둔 '하나의' 의미에 갇혀 있는 것이 아니라 낱말 스스로 끊임없이 다양한 새로운 의미를 만들어내며 또한 '자연', '소외', '물화' 같은 다른 낱말과 결합함으로써 비밀스러운 의미망을 형성하게 된다. 이는 모두 언어 자체의 내적 자율성과 힘에 의해서만 가능하다. 이제 언어 자체의 내적인 자율성과 힘에 대한 사유는

---

[24] M. Heidegger, Unterwegs zur Sprache, Frankfurt am Main 1985, p. 10.
[25] W. Benjamin, Gesammelte Schriften, Frankfurt a. M. 1972~1999, Bd. 2, p. 142.

다음과 같은 노발리스의 단편 「독백(Monolog)」이라는 짧은 단편에서 그 단호함을 드러낸다.

> 말하기와 글쓰기에는 다음과 같은 우스꽝스러운 점이 있다. 가령 성실한 대화가 단순한 말장난이 되는 것이다. 자신은 사물 때문에 말을 한다고 사람들이 생각하고 있는데, 이는 놀라지 않을 수 없는 가장 우스꽝스러운 오류일 뿐이다. 언어는 오로지 자기 자신만을 걱정한다는 점, 이러한 언어의 고유성을 그 누구도 알고 있지 못한다. 그러므로 언어는 놀랍고도 풍성한 비밀이다. 가령 누군가 말하기 위해서 단지 말을 한다면 그는 바로 가장 뛰어나고 독창적인 진리를 발설하게 된다. 그러나 그가 특정한 어떤 것을 말하고자 한다면 변덕스러운 언어는 그로 하여금 가장 우스꽝스럽고도 정반대의 쓸모없는 것을 말하도록 만든다. 진지한 여러 사람이 언어에 대해 품고 있는 증오심은 바로 그와 같은 점에 기인한다. 그들은 언어의 방종을 알고 있으면서도 다음과 같은 점을 알고 있지 못한데, 즉 경멸스런 농담이 바로 언어의 무한한 진지한 측면이라는 점을 말이다. 언어와 수학 공식이 서로 같다는 점을 내가 많은 이들이 이해할 수 있도록 하면 좋을 텐데. 가령 수학 공식은 자신만의 세계를 구축하며, 자기 자신과 유희하며 오로지 자신의 놀라운 특성만을 표현하며, 바로 그 때문에 수학의 공식은 표현력이 풍부하며, 바로 그 때문에 수학의 공식 안에서는 사물의 기이한 관계 놀이가 투영된다. 자신의 자유를 통해서만 수학 공식은 자연의 일부분이 되고, 세계의 영혼은 수학 공식의 자유로운 움직임 속에서만 표현되고 수학 공식을 사물의 부드러운 척도와 기본 윤곽으로 만든다. 바로 언어도 그와 같다.[26]

---

[26] Novalis, Monolog, in : ders., Schriften, hrsg. v. R. Samuel, Darmstadt 1965, Bd. II, p. 672.

말하는 이의 의도와는 관계없이 언어 스스로 그 의미를 마음대로 전복하고 해체하는 힘을 갖고 있다고 천명되고 있다. 가령 진지한 의미를 염두에 둔 화자의 의도와는 달리 언어는 정반대로 진부한 의미를 낳는다거나, 혹은 장난스럽게 사용한 화자의 언어가 정반대로 예상치 않은 심각한 의미를 가질 수 있다는 것이다. 이러한 언술은 언어 자체의 내적인 자기 준거성을 강조하는 것인데, 특히 "언어는 오로지 자기 자신만을 걱정한다는 점, 이러한 언어의 고유성을 그 누구도 알고 있지 못한다"는 명제를 통해서 강조되고 있다. 또한 언어 자체의 내적 자율성은 "수학 공식은 자신만의 세계를 구축하며, 자기 자신과 유희하며 오로지 자신의 놀라운 특성만을 표현하며, 바로 그 때문에 수학의 공식은 표현력이 풍부하며, 바로 그 때문에 수학의 공식 안에서는 사물의 기이한 관계 놀이가 투영된다"는 식을 통해 더욱 뒷받침되고 있다. 이처럼 언어의 유희적 측면, 수학 공식의 자율적 현상 등을 통해 노발리스는 언어의 내적 자율성과 힘을 강조하고 있다. 도나텔라 디 체사레(Donatella Di Cesare)는 "언어의 마술(die Magie der Sprache)", "난해한 예술(die hieroglyphische Kunst)", "카발라와 언어 신비(Kabbala und Sprach-mystik)", "에네르게이아로서의 언어(Sprache als enérgeia)" 같은 다양한 양상을 제시하면서 노발리스의 언어 이론을 매우 적절하게 분석해 주고 있다.[27] 언어를 화자의 의도에 귀속하거나 소통의 도구로만 파악하는 사회철학자들(가령

---

[27] Donatella Di Cesare, Anmerkungen zu Novalis' Monolog, in : http://edoc.hu-berlin.de/hostings/athenaeum/documents/athenaeum/1995-5/di-cesare-donatella-149/PDF / di-cesare.pdf. 체사레의 다음과 같은 결론은 매우 적절하다. "『언어로 가는 도상』에 담겨 있는 <언어로 가는 길>이라는 강연록의 서두에서 하이데거는 노발리스의 언어 독백성에 의존하고 있다. 노발리스가 언급한 언어의 '놀랍고도 풍성한 비밀'을 하이데거는 자신의 관심사로 취하고 있다. '언어는 오로지 자기 자신만을 걱정한다.' 하이데거는 그와 같은 노발리스의 수수께끼 같은 언급을 자신의 것으로 삼으며, 노발리스의 구절이 그 강연록의 핵심 주제를 이룬다."

하버마스)과는 달리 소쉬르, 하이데거, 벤야민, 데리다 등은 언어 자체의 내적 자율성을 주장한 바 있는데, 노발리스는 이들의 시각을 선취한 셈이다.

이처럼 슐레겔, 노발리스를 비롯한 낭만주의자들은 한편으로 언어 자체의 자율적 힘을 바탕으로 구성과 해체 사이에서 자유롭게 움직이는 언어 자체의 운동성을 강조한 텍스트중심주의적, 해체론적 언어관을 선취하고 있지만, 다른 한편으로 20세기 후반 가다머, 야우스, 이저, 에코 등에 의해 강조된 독자중심주의적, 수용미학적 해석학의 단초까지도 제시하고 있다. 그 점은 다음과 같은 노발리스의 단편에서 읽을 수 있다.

> 진실한 독자는 확장된 저자여야만 한다. 그는 낮은 심급에 의해 사전 작업 된 실상을 받아들이는 한 단계 더 높은 심급이다. 저자가 자기 글의 다양한 질료들을 분리했던 감정이 책 읽기에서 다시 살아나서 책의 가공되지 않는 것과 잘 다듬어진 것을 분리해 낸다 – 한 독자가 자신의 생각에 따라 책을 가공하게 된다면, 두 번째 독자는 더욱 순수하게 정련할 것이며, 결국 가공된 덩어리가 다시금 순수한 활동의 그릇 속으로 들어가는 과정을 통해서 전체 질료 덩어리는 본질적인 구성분자, 즉 영향력 있는 정신의 부분이 된다.[28]

---

[28] Novalis, Schriften, Bd. II, p. 470 : "Der wahre Leser muß der erweiterte Autor sein. Er ist die höhere Instanz, die die Sache von der niedern schon vorgearbeitet erhält. Das Gefühl vermittelst dessen der Autor die Materialien seiner Schrift geschieden hat, scheidet beim Lesen wieder das Rohe und das Gebildete des Buchs – und wenn der Leser das Buch nach seiner Idee bearbeiten würde, so würde ein zweiter Leser noch mehr läutern, und so wird dadurch, daß die bearbeitete Masse immer wieder in frischtätige Gefäße kommt, die Masse endlich wesentlicher Bestandteil – Glied wirksamen Geistes."

이 단편은 작가중심주의적인 해석학에 대항하는 몇 가지 매우 혁명적이고 새로운 측면을 담고 있다. 우선 "확장된 저자"로서의 "진실한 독자"는 더 이상 텍스트 생산주체로서의 저자의 의도만을 발굴해내야만 하는 수동적이고 기생적인 심급에 머물지 않는다. 능동적으로 텍스트를 읽고 자신의 의미를 텍스트에 부여하는 독자가 저자보다 "한 단계 더 높은 심급"으로 강조되고 있다. 또한 저자와 독자 간의 "감정" 교환이 강조되는 듯이 보이지만 사실은 전혀 그렇지 않다. 오히려 독자로서의 저자, 저자로서의 독자 같은 글쓰기 과정의 새로운 순환이 요청되고 있는 것이다. 기교적인 가공된 것과 순수한 정련되지 않은 것은 작가뿐만 아니라 독자에 의해서 새롭게 구분되면서도 동시에 융합되는데, 이는 독자가 저자가 되고 동시에 저자가 독자가 되는 과정을 내포하고 있다. 혹은 저자는 사실 독자이며, 이를 바탕으로 독자의 독자, 독자의 독자의 독자 같은 무한한 증폭이 가능해진다. 요컨대, 저자와 독자 간의 경계가 해체되고 있는 것이다. 저자가 독자가 되고 역으로 독자가 저자가 되는 순환 과정은 일종의 상호텍스트성과도 연결되는데, 즉 글의 생산은 다른 기존 글의 파편을 수집하거나 혹은 복사(아이러니와 패러디 등)하는 행위를 거쳐서 재생산된 결과에 지나지 않는다고 볼 수 있다. 위에 인용문에서 노발리스는 저자와 독자 간의 경계 해체뿐만 아니라 가공과 순수 간의 경계 해체까지도 암시하고 있는데, 그 점은 '가공이 순수로 된다'는 구절이나 '수많은 질료 덩어리가 활동적인 정신의 부분이 된다'는 구절에서 읽어낼 수 있다. 이는 수많은 기존 텍스트의 파편들을 다양한 방식으로 결합하고 조립하는 방식에 의해서 새로운 글쓰기가 전개된다는 포스트모더니즘적 사유 방식을 암시하고 있다. "변형하여 쓰기와 계속 쓰기(Umschreiben und Weiterschreiben)"의 의미를 담고 있는 노발리스의 단편을 매체 문화적 맥락에서 해석한 슈테판 포롬브카(Stephan Porombka)에 의하면, 노발리스의 단편은 "복제(Kopiren)",

"조립(Montieren)", "인용(Zitieren)", "샘플링(Sampeln)", "커버링(Covern)", "상호텍스트화(Intertextualisieren)" 같은 디지털 매체문화의 다양한 글쓰기 특성을 가리키고 있다는 것이다.[29]

슐라이어마허가 언어와 저자의 의도 간의 상관관계를 강조한다면, 노발리스의 경우 원작자, 즉 글의 주체로서의 저자의 역할과 기능이 무의미해지고 그 대신 독자, 그리고 독자에 의해 만들어지는 새로운 텍스트가 중시된다. 노발리스와 비슷한 선상에서 슐레겔 또한 저자와 독자 간의 상관관계를 논하는 가운데 독자의 역할을 강조하고 나서는데, 다음과 같은 단편은 마치 "이상적 독자"로서의 "내포된 독자(impliziter Leser)"를 강조한 볼프강 이저(W. Iser)의 수용미학적 시각을 선취하는 내용을 담고 있다.

> 분석적 저자는 있는 그대로의 독자를 관찰한다. 그런 독자에 따라 그는 계산하고 독자에게 적절한 효과를 가하기 위해 자신의 기계(작품 : 역주)를 구상한다. 종합적 저자는 존재해야 할 독자를 만들어내고 구성한다. 그는 독자가 정지해 있거나 죽어 있다고 보는 것이 아니라 살아 있으며 정반대의 영향을 끼친다고 생각한다. 그는 자신이 생각해 낸 것이 자신의 눈앞에 단계별로 되도록 하거나 혹은 독자로 하여금 그것을 스스로 만들도록 유혹한다. 그는 독자에게 그 어떤 특정한 영향을 가하려 하지 않으며 독자와 함께 가장 내밀한 공동철학 혹은 공동포에지라는 신성한 관계를 맺는다.[30]

---

[29] Vgl. S. Porombka, Für wahre Leser und erweiterte Autoren, in : Olaf Kutzmutz / Stephan Porombka(Hg.), Erst lesen. Dann Schreiben, 22 Autoren und ihre Lehrmeister, München 2007, pp. 23~35.

[30] KA II, p. 161 : "Der analytische Schriftsteller beobachtet den Leser, wie er ist; danach macht er seinen Kalkül, legt seine Maschinen an, um den gehörigen Effekt auf ihn zu machen. Der synthetische Schriftsteller konstruiert und schafft sich einen

"분석적", "종합적"이라는 개념은 프리드리히 슐레겔뿐만 아니라 그의 형인 언어학자 아우구스트 슐레겔도 사용한 개념인데, 후자의 경우 다양한 사유 양상을 하나의 말로 표현하려는 경향을 "종합적"이라고 했고 다양한 사유 양상을 다양한 말로 나누어 표현하려는 경향을 "분석적"이라고 했다. 그런 두 개념을 저자의 유형에 적용하는 가운데 프리드리히 슐레겔은 당연히 "종합적 저자"를 더욱 강조하고 있으며 나아가 "공동철학", "공동포에지" 같은 측면을 언급함으로써 "글"의 측면에서는 저자와 독자가 모두 하나가 되어야만 한다는 점을 밝히고 있는 것이다. 즉 독자는 수동적이 아니라 "살아 있으며 정반대의 영향"까지 끼칠 수 있을 정도로 능동적이어야만 한다. 특히 이데올로기적 영향의 목적성과는 관계없이 공동철학, 공동포에지의 정신으로 글/텍스트를 완성해나가는 차원에서 이상적인 적극적인 독자(일종의 "내포적 독자")가 요청되고 있는데, 이는 저자가 결코 글의 주인이 될 수 없음을 전제로 한다. 저자와 독자 간의 역할 구분과 경계가 글 안에서, 글을 위해서 사실상 해체되고 있는 셈이다. 글은 절대적 주체로서의 특정한 저자의 권리에 종속된 것이 아니라 스스로 자율성을 구축하면서 자유롭게 움직이며 나아가 끊임없이 새로운 독자를 기다리거나 다른 거주지를 찾아 유랑하게 된다.[31]

Leser, wie er sein soll; er denkt sich denselben nicht ruhend und tot, sondern lebendig und entgegenwirkend. Er läßt das, was er erfunden hat, vor seinen Augen stufenweise werden, oder er lockt ihn es selbst zu erfinden. Er will keine bestimmte Wirkung auf ihn machen, sondern er tritt mit ihm in das heilige Verhältnis der innigsten Symphilosophie oder Sympoesie."

[31] 낭만주의가 예술의 자율성을 단호하게 주장하였다는 점은 다음과 같은 슐레겔 형제의 언술을 통해 알 수 있다. 아우구스트 슐레겔은 "예술의 법칙은 자율적이며, 예술은 스스로 자신의 법칙을 만들어간다. 진실한 것, 선한 것, 아름다운 것은 서로 다르며 동등한 권한을 지니며, 그 어떤 것도 다른 것에 따라서 자신의 방향을 정하지

4. 저자의 자기반영성과 텍스트 허구화의 강화

저자와 독자의 관계에서 전통적인 저자 중심적 사유가 흔들리고 독자, 언어 같은 새로운 측면이 중시될 때, 즉 텍스트(언어) 자체의 내적 자율성 및 독자로의 전환 등이 중시될 때 저자는 어떻게 되는 것일까? 자율적 언어와 독자 등을 강조한 낭만주의적 문학 현상에서는 아주 흥미로운 현상을 발견할 수 있다. 그것은 저자까지도 하나의 인물로 끌어들이는 일종의 저자의 자기반영적인 모습인데, 이는 궁극적으로 텍스트 자체의 허구적, 유희적 특성을 더욱 강화하는 문학적 현상과 연결된다. 다시 말하면, 낭만주의적 예술작품에서는 저자주체가 텍스트 내에서 실제 인물로 객관적으로 대상화되는 일종의 자기반영성의 방식을 취하는데 이는 궁극적으로는 실제와 허구가 해체된 특성을 지닌 텍스트(문학작품)의 메타픽션적 특성을 강화하고 있는 것이다. 요컨대, 저자주체는 더 이상 텍스트의 실제 주인이자 관찰자로서 텍스트밖에 위치하지 않고 현존과 소멸 사이의 이중 코드화에 놓여 있는 셈이다. 이와 같은 문학적 현상은 자연적인 천부적 기질의 소유자로서의 저자에 대한 표상에서 나오는 것이 아니라 예술작품의 허구성을 인위적으로 더욱 강화하려는 낯선 목적을 지닌 저자 개념에 기반을 둔다. 다음과 같은 노발리스의 단편에는 그 점이 이론적으로 암시되어 있다.

않는다"(A. W. Schlegel, Vorlesungen über philosophische Kunstlehre 1798~1799, München / Paderborn / Wien / Zürich 1962, p. 129, § 262). 비슷한 사유와 서술로 동생 프리드리히 슐레겔도 다음과 같이 밝힌 바 있다. "그러나 포에지의 철학은 바로 아름다운 것의 독자성에서 출발해야 할 것이리라. 즉 아름다운 것은 진실한 것과 윤리적인 것과 분리되어 있다는 명제, 그리고 아름다운 것은 그것들(진실한 것과 윤리적인 것 : 역주)과 동등한 권리를 지닌다는 명제에서 출발해야 하리라. 아름다운 것을 파악할 수 있는 자는 그 점이 '자아는 자아이다'라는 명제에서 추론된 것임을 알 수 있다"(F. Schlegel, KA II, 5, p. 208, Athenäum-Fragment Nr. p. 252).

저자란 무엇인가? 저자는 저자로 존재하는 목적을 가져야만 한다.
- 통상적인 의미에서 자연적 기질은 저자로 혹은 예술가로 간주될
수 없다. 스스로 예술가를 자칭하는 이로만 최소한 간주될 뿐이다.
저자 혹은 예술가는 낯선 목적을 가진다.
이러한 목적에 따라 그는 스스로 저자-예술가 기질을 형성해낸다.
그런 기질의 자연적 활성이 곧 예술작품이다 - 예술작품은 인위적
기질에서 생성된다.[32]

예술작품은 예술가라는 자연적 기질에서 생성되는 것이 아니라 인위적인 기질을 지닌 저자에 의해서 만들어진다는 점이 강조되고 있다. 그렇다면 저자는 어떤 식으로 그런 인위적인 기질을 내보일 수 있을까? 이와 관련하여 낭만주의가 착안한 서술 방식은 바로 저자 자신을 하나의 허구적 인물로 설정하는 것인데, 이는 궁극적으로 사실(fact)과 허구(fiction), 역사(history)와 이야기(Geschichte)를 뒤섞는 팩션(faction)이라는 문학적 특성을 낳는다. 텍스트 내에서 저자주체가 하나의 인물로서 제시됨으로써 결국 그 인물이 과연 실제의 저자인지 아니면 허구적 인물인지 모호해지는 현상이 낭만주의에서 자주 관찰되는 것이다. 이러한 서술 방식이 중요한 까닭은, 저자가 단순히 텍스트 밖에 위치한 생산 주체라기보다는 텍스트 내에 존재하는 서술되고 성찰되고 연출된 대상으로 작동되기 때문이며, 나아가 저자와 작품, 주체와 객체, 텍스트의 밖과 안 등의 경계가 해체되는 현상이 나타나기 때문이다.

이처럼 심미적, 인위적 결과물로서의 텍스트와 관련하여 가장 흥미로운

---

[32] Novalis, Schriften, Bd. III, p. 365;
"Was ist ein Autor? Der Autor muß den Zweck haben, Autor zu sein.-Die Natur im gewöhnlichen Sinn läßt sich nicht als Autor oder Künstler betrachten-wenigstens nur als Selbstkünstler.
Der Autor oder Künstler hat einen fremden Zweck.
Diesem Zwecke gemäß bildet er sich eine Autor-Künstlernatur aus. Die Naturationen dieser Natur sind Kunstwerke-Kunstwerk entsteht aus künstlicher Natur."

현상은, 저자와 동명인 서술된(혹은 서술하는) 인물이 과연 실제 현실적인 저자를 가리키는 것인지 혹은 허구화된 텍스트 내에서 작동하는 단순 기호인지에 대한 질문과 함께 그 최종 답변이 매우 모호해진다는 것이다. 그와 같은 서술 방식의 대표적인 예로는 에테아 호프만의 장편 소설『수고양이 무르의 인생관』에서 찾을 수 있다.

편집자 호프만의 서문

지금 이 책보다 서문이 더 절실히 필요한 책은 없습니다. 어떤 뜻밖의 방식으로 이 책이 꾸며지게 되었는지 설명하지 않는다면 이 책은 완전히 뒤죽박죽 헝클어진 것으로 보이기에 더욱 그렇습니다. 그러므로 본 편집자는 이 서문을 기필코 읽어주기를 친절한 독자들에게 부탁드립니다.

본 편집자와 의좋게 지내는 친구가 있습니다. 저는 제 자신뿐만 아니라 그 친구를 잘 알고 지내오고 있습니다. 어느 날 그 친구는 본 편집자에게 다음과 같이 말을 건네 왔습니다. '여보게, 자네가 많은 책을 인쇄하도록 해왔고 또한 출판인들을 잘 알고 있기에, 여러 출판인들 가운데 한 분을 찾아내는 일이 자네에게는 그리 어렵지 않은 일이겠지. 아주 뛰어난 능력과 탁월한 재능을 지닌 어떤 젊은 저자가 이전에 써 놓은 것을 자네 추천으로 출간할 수 있도록 해주게. 그 젊은이를 주의 있게 봐주게나, 그 친구는 그만한 가치가 있는 사람일세.' 본 편집자는 그 젊은 글 쓰는 동료를 위해 최선을 다할 것임을 약속했습니다. 그런데 그 원고는 다름 아닌 무르라고 불리는 수고양이가 쓴 것으로서 수고양이의 자서전을 담고 있다고 그 친구가 제게 고백했을 때, 저는 약간 기이한 생각이 들었습니다. 그렇지만 약속은 이미 행해졌고, 또한 이야기의 시작이 제법 글쓰기 양식을 갖추었다는 생각이 들었기에 저는 즉각 그 원고를 들고서 '운터 덴 린덴'(보리수나무 밑) 거리에 있는 뒴믈러 씨의 서점으로 달려갔으며 그에게 수고양이 책의 출판을 제안해 보았습니다.

뒴믈러 씨는 자신의 많은 저자들 가운데 고양이 저자는 지금까지 없었다고 말했으며 또한 자기 동료들의 그 누구도 지금까지 예기치 않은 저자와는 관여해오지 않았다는 점을 알고 있지만, 어쨌든 그런 시도를 기꺼이 해보고 싶다고 말했습니다.

출판이 시작되었고, 본 편집자는 첫 번째 견본쇄를 받게 되었습니다. 그런데 놀랄 말한 일이 벌어졌습니다. 그것은 바로 무르의 이야기가 여기저기에서 중단되고 다른 책, 즉 악장 요하네스 크라이슬러의 자서전이라는 책에 속해 있던 낯선 내용이 삽입되어 있다는 점을 제가 발견하게 된 것입니다.

본 편집자가 꼼꼼하게 추적해보고 탐색해본 결과 다음과 같은 사실이 있었음을 알게 되었습니다. 즉 수고양이 무르가 자기 자서전을 쓰기 시작했을 때 그 녀석은 자기 주인에게서 이미 출간된 다른 책을 찾아 찢고서는 주저 없이 그 종이를 천진난만하게도 일부는 밑받침으로써, 일부는 압지로서 사용했던 것이며, 그 종이들이 자기 원고 안에 남게 되었고 지금은 고양이 무르의 원고 일부로서 실수로 함께 인쇄되었던 것입니다.

겸허하고 고통스럽게 본 편집자는 저의 경박함 때문에 그 낯선 이야기가 헝클어진 상태로 섞여진 상태로 야기되었음을 고백하지 않을 수 없습니다. 제가 수고양이 무르의 원고를 인쇄하도록 추천하기 전에 철저히 사전에 한 번 검토해 보았어야만 했습니다. 그럼에도 불구하고 제가 위로 삼을 만한 몇 가지 점은 다음과 같습니다. (…)

마지막으로 본 편집자는 수고양이 무르를 개인적으로 잘 알게 되었고 수고양이 무르가 호감이 가는 부드러운 행실을 갖춘 고양이라는 점을 장담할 수 있습니다. 그의 모습은 이 책의 표지에서 제대로 잘 그려져 있습니다.

1819년 11월, 베를린에서
에테아 호프만[33]

소설 내의 핵심적인 수고양이 무르의 자서전의 주체가 인간이 아닌 고양이 저자로 설정되고 아울러 고양이 저자가 스스로를 탁월한 재능의 소유자로서 신성시하는 등 전통적인 저자주체에 대한 패러디를 엿볼 수 있는 점이 소설의 파격적인 새로움이다. 그런데 저자와 관련하여 제기될 수 있는 중요한 질문은, 소설의 서문에 등장하는 "편집자 호프만"은 누구인가라는 것이다. 편집자 호프만은 과연 '저자 호프만' 혹은 '개인 호프만'과 동일한 주체인가, 아니면 저자 호프만이 편집자 호프만으로 가장한 것인가 아니면 저자 호프만 이름을 편집자 이름으로 사칭한 다른 주체인가? 분명 호프만이라는 저자의 고유이름(Eigenname)이 소설 겉표지에서 "서명(Signatur)"으로 제시되어 있지만, 소설의 첫 장면에는 저자의 서문이 아니라 "편집자 호프만"의 서문이 들어서고 있다. 저자 호프만이라는 이름의 서명과 편집자 호프만이라는 이름의 서명은 같은 것일까 다른 것일까? 서로 다르다면 그것은 어떻게, 왜 다른 깃일까? 데리다의 주장처럼, "이름"이 서명한 이를 가리키는 기호로 사용되는 순간 그 이름 기호는 실제적이고 경험적인, 현재적인 주체로서의 개인의 부재를 뜻하고 동시에 다양한 열린 문맥에 따른 해석을 요구한다면,[34] 편집자의 서명은 더더욱 저자주체의 부재뿐만 아니라 실제의 편집자 호프만의 부재까지도 포함한다. 결국 호프만의 소설에는 이중의 부재가 작동하고 있다. 즉 소설 겉표지에 실린 호프만이라는 이름의 서명은 실제의 경험적 주체인 호프만의 부재를 나타내고, 그리고 소설 첫 장면에서 편집자로서의

---

[33] E. T. A. Hoffmann, Lebens-Ansichten des Katers Murr nebst fragmentarischer Biographie des Kapellmeisters Johannes Kreisler in zufälligen Makulaturblättern, Stuttgart 2006, pp. 7~8.

[34] Vgl. J. Derrida, Signatur Ereignis Kontext, in : ders., Randgänge der Philosophie, Wien 1988, pp. 291~314.

호프만이라는 이름의 서명은 실제 편집자 주체로서의 호프만의 부재를 나타낸다. 그런데 편집자 호프만이 실제 호프만을 지칭하는 것이 아니라면 도대체 이 호프만은 누구일까? 물론 편집자 호프만도 허구적 인물로 작동하는 것이겠지만, 그 허구적 인물은 왜 하필이면 호프만이라는 저자 이름을 지니는 것일까? 실제 호프만, 저자로서의 호프만, 편집자로서의 호프만, 허구적 인물로서의 호프만, 이들 모두가 다르다면 도대체 어떻게 구분되는 것일까?

물론 소설 자체는 생존해 있던 호프만이 쓴 작품이다. 고양이가 집필했다는 자서전 부분과 악장 크라이슬러의 갈기갈기 찢겨진 자서전 부분이 서로 중첩되어 발행되었다는 방식은 예술적이고 인위적 기질이 뛰어난 호프만에 의해 만들어진 서술 전략이다. 그런데 이러한 서술 전략은 두 가지 전통적인 고정 관념, 즉 한편으로 '글과 현실은 구분된다'는 관념을, 다른 한편으로 '글과 현실은 일치한다'(특히 자선전은 작가의 삶과 일치한다)는 관념을 동시에 해체하는 방식으로 이해될 수 있다. 우연히 친구의 부탁으로 고양이의 자서전 원고를 입수하여 그것을 출판업자에게 넘겨주게 되었다는 편집자 호프만의 설명은, 저자 호프만의 『수고양이 무르의 인생관』의 출판과 관계하여 사실과 허구의 경계를 해체하고 있다. 저자 호프만은 스스로 집필한 『수고양이 무르의 인생관』을 1820~1822년 사이에 뮘믈러의 서점에서 출판하였지만, 그러나 소설 내에서 자신은 단지 두 자서전을 우연히 얻었고 뮘믈러에게 이를 출판 의뢰한 편집자에 불과하다고 고백하고 있다. 소설 출판과 관련된 실제 역사적 배경을 허구 속으로 그대로 끌어들이면서 말이다. 어디까지가 허구이고 사실인지 그 경계가 불분명한, 완전한 뒤섞임 그 자체다. 요컨대 허구의 사실화, 사실의 허구화가 서로 교차하는 방식인 것이다. 또한 무르의 자서전, 크라이슬러 인물 전기가 각기 파손된 것에 지나지 않는다는 점, 그런 각기 파손된 형태의 두 가지 글의 형태가 모여서 소설 전체가 "뒤죽박죽 헝클어진 것"으로 보인다는 점 등은 '자선전은 작가의 삶과 일치한다'는 전통적인 전기 형식에 대한 관념을 해체하고 있다. 즉 전기는 실제의 삶과는 전혀 관계없는, 근본적으로 "외관 훼손(De-facement)"에 다름 아니라는 해체론적 해석까지도 암시하고 있다.[35] 그런 텍스트의 특성을 외면한 채, 무르와 크라이슬러는 각기 시민적 삶과 예술가적 삶을 추구하는 인물이며 나아가 그 두 인물의 모습에는 낮에는 사법관으로서 공무원이라는 시민적 삶을 살았고 밤에는 글과 음악을 생산한 뛰어난 예술가적 삶을 살았던 호프만의 '삶'이 녹아 있다는 식으로 해석하는 작가중심주의적 시각은, 여전히 천부적인 문인 "호프만"이라는 "지시체의 환상"[36]에 기생하는 독자의 모습에 다름 아니다. 소설은 그와 같은 저자주체에 대한 환상을 거부하고 있는 것이다.

두 번째 예도 호프만의 그것과 유사한데, 그것은 바로 샤미소의 『페터 슐레밀의 놀라운 이야기』에서의 첫 장면이다.

> 사람을 결코 잊지 않는 자네라면 페터 슐레밀이란 녀석을 아직도 기억할 걸세. 왜 몇 년 전쯤 자네는 내 집에서 그를 몇 번 보지 않았나. 그 다리가 긴 녀석을 사람들은 좀 어수룩하다고 생각했을 걸세. 그도 그럴 것이 그는 미숙하고 자신의 태만 때문에 게으르다고 간주되었기 때문이지. 나는 그를 매우 좋아했네. 에두아르트, 자네는 우리가 '푸른 시절'[37]에 서로 소네트를 지으면서 보냈던 시절을

---

[35] Paul de Man, Autobiography as Defacement, in : Modern Language Notes, Vol. 94, No.5, 1979, p. 919.
[36] Ibid., p. 922.
[37] 1803~1805년까지 샤미소는 베를린에서 칼 아우구스트 파른하겐 폰 엔제(Karl August Varnhagen von Ense), 히치히 등과 함께 푸른 색깔의 겉표지를 지닌 문학작

잊지 않았을 거야. 당시 차를 마시며 문학을 논하던 파티에 나는 슐레밀을 데리고 간 적이 있었지. (…) 녀석은 자네의 눈에 그리 띠지는 않았을 걸세. 하지만 나는 그를 매우 좋아했네. 그런데 정말 오랫동안 소식을 듣지 못했던 그 슐레밀로부터 작은 노트가 왔고, 그것을 내가 이번에 자네에게 전달하려고 하네. 이 노트를 나의 가장 친한 우정 어린 친구 에두아르트 자네에게 전달하려는 것일세. 자네는 비밀을 간직할 수 없는 더욱 훌륭한 나의 분신이기 때문이지. 그리고 매우 자명한 일이지만, 자네와 마찬가지로 내 마음속 절친한 친구 우리의 푸케에게도 전달하려고 하네. (…)

이 노트가 어떻게 내게 주어졌는지에 대해 한 마디만 더 늘어놓겠네. 어제 아침 일어났을 때 그 노트가 내게 전해졌네. 사람들 말로는, 낡은 검은 색 외투를 걸친, 그리고 축축하고 비가 내린 날씨인데도 장화 위에 슬리퍼까지 신은 긴 하얀 수염의 어느 괴상한 남자가 내 안부를 묻고는 나를 위해 이 노트를 남기고 갔다는 것일세. 그리고 자신은 베를린에서 왔다고 말했다네.

1813년 9월 27일
쿠네스도르프에서

* 추신: 그 순간 재능 있는 레오폴드[38]가 자신의 방 창가에서 그 기이한 인물을 스케치했는데, 그 그림을 첨부하겠네. 그림의 가치가 훌륭하다고 평가했더니 그는 선뜻 그림을 내게 선사하더군.[39]

품집을 발간하였는데, "푸른 시절"이란 이 시기를 말한다.
[38] 프란츠 요셉 레오폴드(Franz Joseph Leopold, 1783~1832)는 화가이자 동판 제작자였으며 소설의 첫판이 나왔을 때 표지를 제작해 주었다.
[39] A. v. Chamisso, Peter Schlemihl's wundersame Geschichte, München 1999, pp. 11~12.

이 서문은 샤미소가 작성한 것이다. 호프만의 경우 저자로서의 호프만이 편집자로서의 호프만이라는 인물로 텍스트 안으로 들어감으로써 사실과 허구의 경계가 해체되고 있듯이, 샤미소의 작품에서도 사실과 허구의 경계가 애매해지고 있다. 『페터 슐레밀의 놀라운 이야기』가 세상에 나오게 된 계기는, 소설의 복잡한 서문에 의하면, 미등단 작가인 슐레밀이 자신의 원고를 샤미소에게 전달하고 샤미소는 이를 친구 푸케와 출판업자인 에듀아르트 히치히에게 전하는 식으로 이루어졌다는 것이다. 허구와 사실의 경계 해체는 두 가지 방식으로 강화된다. 그 하나는 분명 허구적인 인물인 슐레밀이 저자 샤미소를 비롯한 다른 실제 인물(푸케, 에듀아르트 히치히, 레오폴드 등)들과 현실적 교류를 맺었고 또한 원고를 전달하는 순간의 슐레밀의 모습을 친구 레오폴드가 실제로 그려냈다는 추신 등을 통해서인데, 이는 독자로 하여금 슐레밀이라는 허구적 인물을 실존 인물로 받아들이도록 만든다. 다른 하나는 또 다른 저자(푸케)의 개입에 의해서 진행되는데, 즉 슐레밀의 원고를 받은 푸케가 출판업자 히치히에게 전달하고 출판을 위해 스스로 서문을 쓰는 방식이다. 허구적 창작물을 사실처럼 보이려 했던 친구의 의도를 간파하면서 푸케도 창작의 유희를 한 층 더 강화하기 위해 뛰어든 것이다. 이처럼 사실과 유희의 경계를 유머러스하게 해체하는 방식은 출판 당시의 책 표제지에도 투영되는데, 그 표제지는 '아델베르트 폰 샤미소에 의해 전달되고, 프리드리히 드 라 모트 푸케에 의해 편집되었음'이라는 기이한 부제를 지닌다. 저자는 전달자로서, 친구는 편집자로서 제시되고 있는데, 저자 주체를 대신하는 서명조차도 근원적으로 부재해 있는 셈이다.

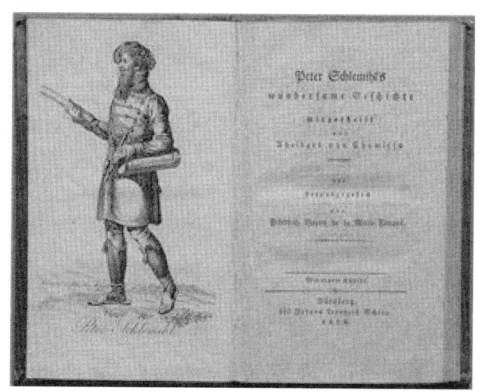

1814년 초판의 표제지

종합하면, 샤미소가 만든 허구적 인물 슐레밀이 실존 인물처럼 표현되고 있는 방향은 허구의 사실화에 해당되며, 저자 및 그 친구들이 슐레밀의 존재를 확인하는 행위를 취함으로써 모두 허구적 이야기 속으로 들어가는 방향은 사실의 허구화에 해당된다. 이와 같은 이중적 서술 전략과 관련하여 저자란 무엇인가라는 질문에 대한 답변은 더욱 모호해질 뿐이다. 샤미소라는 독일 작가에 관해 전혀 모르는 독자의 경우, 샤미소를 우연히 원고를 받게 된 매개자로서, 그리고 허구적 인물인 슐레밀을 이야기 원고의 실제 저자로서 착각할 수도 있다. 더욱이 자신의 삶을 서술해 나가는 도중에 슐레밀이 곳곳에서 친구 샤미소에게 직접 말을 건네는 서술 대목에서는 누가 이야기 전체의 진정한 서술자이고 저자인지 매우 모호해진다. 슐레밀이 정말 샤미소에게 말을 건네는 것일까, 아니면 샤미소가 슐레밀이라는 허구적 인물의 가면을 빌려 자신에게 말하는 것일까? 또는 슐레밀이 소설 속에서 말을 건넨 샤미소가 과연 저자 샤미소를 가리키는 것일까, 아니면 그 샤미소라는 이름은 혹시 독자를 가리키는 또 다른 이름이 아닐까? 이처럼 호프만과 샤미소의 소설에서는 저자, 허구적 인물, 독자 사이의 경계가 모두 흔들리고 있는 것이다.[40]

낭만주의의 저자성 | 115

5. 나가는 말

 저자와 텍스트(작품) 간의 복잡한 관계를 제시한 낭만주의적 서술 방식과 관련하여 확인할 수 있는 점은, 주체철학적 맥락에서 뛰어난 개성과 정신의 소유자로서 저자 개념이 정립되는 것과 동시에 저자의 진정성(Authentizität) 개념이 완전히 흔들리게 된다는 것이다. 한편으로 저자는 글을 창조한 신성한 문장가, 즉 글의 원작자이자 집필자로서 강조되지만, 다른 한편 편집자의 가면과 함께 '글을 제시하고 세워놓은 자 Schrift + Steller' 같은 매개자 역할을 통해 저자는 이미 스스로를 탈신성화하고 있는 것이다. 즉 자아 및 개인과 연결된 저자주체가 간직되고 있지만 동시에 해체되고 있으며, 이에 대해서 호르스트코테(S. Horstkotte)는 다음과 같이 적절하게 서술해주고 있다.

---

[40] 발자크 소설의 서술 방식과 관련하여 바르트가 던진 질문은 호프만 소설에도 마찬가지로 적용될 수 있다. "소설 『사라진느』에서 발자크는 여자로 가장한 거세된 자에 관해서 다음과 같이 서술하고 있다. '그녀의 갑작스러운 두려움, 그녀의 이유 없는 변덕, 그녀의 본능적인 불안, 그녀의 까닭 모를 대담함, 그녀의 허세, 그녀의 섬세하고 부드러운 감수성, 그녀는 분명 여자였다.' 누가 이렇게 말하고 있는 것일까? 그것은 여자 아래 감추어진 그 거세된 자를 모르는 척하기 위한 소설의 주인공인가? 아니면 자신의 개인적 체험에 의해 여성에 대한 철학을 갖게 된 개인 발자크인가? 아니면 여성성에 관한 '문학적' 관념을 언명하는 저자 발자크인가? 아니면 그것은 보편적 지혜 그 자체인가? 낭만적 심리학인가? 우리가 그것을 영원히 아는 것은 불가능한 일이다. 왜냐하면 글이란 모든 목소리, 모든 근원을 파괴한다는 단순한 이유에서 그렇다. 글이란 우리의 육체가 도주해버린 저 불특정한, 비통일적인, 불고정적인 장소이다. 글이란 글 쓰는 육체의 정체성에서 시작된 모든 정체성이 해체되기 시작하는 흑백(중성, 복합체)이기 때문이다"(R. Barthes, Der Tod des Autors, in : Jannidis / Lauer / Martinez / Winko(Hg.), Texte zur Theorie der Autorschaft, Stuttgart 2000, p. 185.).

실제의 저자주체는 문학 텍스트에서 언어의 비유적 형상물로 대체된다. 저자라는 역사적 인물은 텍스트를 묶어내는 주석적 가면 뒤로 사라진다. 그래서 저자주체는 글쓰기를 통해서 간직되는 동시에 지워진다. 라캉식 특성의 정신분석학적 이론과 연관하여 다음과 같이 보자면, 즉 텍스트를 규제하는 문학적 관습을 통합하는 언어와 언어의 규칙은 언제나 개인적 글쓰기 행위에 선행한다고 보자면, 글쓰기 행위에서 저자의 자기서술이라는 생각은 이데올로기적 착각으로 드러난다. 게다가 완성된 텍스트는 어쨌든 저자에 의한 통제에서 벗어나며 향후 저자 없이 계속 존재한다. 노발리스가 독자를 확장된 저자라고 언급했을 때 그는 바로 그와 같은 점을 생각하고 있었다. 텍스트를 생산하는 저자주체는 다시 한 번 탈개인화되고 그 정체성을 상실하게 된다.[41]

저자주체에 내포된 양가성, 즉 "저자라는 역사적 인물은 텍스트를 묶어내는 주석적 가면 뒤로 사라진다. 그래서 저자주체는 글쓰기를 통해서 간직되는 동시에 지워진다"라는 양면성은 사실 이미 슐레겔의 아테네움 116번 단편에서 제시된 "삶을 포에지화하고 포에지를 삶으로 만들려는", "서술하는 것과 서술된 것 사이에서 부유하는" 식의 낭만적 문학의 특성에 내포되어 있다. 즉 낭만주의의 저자성은 주체의 정립과 해체, 글을 절대화하는 시인으로서의 신성화와 글과 삶을 매개하는 편집자로서의 탈신성화 사이를 넘나드는 문지방에 놓여 있는 것이다.

---

[41] Silke Horstkotte, Die Poetik der Androgynie in Novalis' <Heinrich von Ofterdingen>, in : Herbert Uerlings(Hg.), Novalis. Poesie und Poetik, Tübingen 2004, p. 223.

참고문헌

Behler, Ernst / Hörisch, Jochen(Hg.), Die Aktualität der Frühromantik, Paderborn u. a. 1987.

Benjamin, Walter, Gesammelte Schriften, Frankfurt a. M. 1972~1999.

Cesare, Donatella Di, Anmerkungen zu Novalis' Monolog, in : http://edoc.hu-berlin.de/hostings/athenaeum/documents /athenaeum/1995-5/di-cesare-donatella-149/PDF/di-cesare.pdf.

Chamisso, Adelbert von, Peter Schlemihls wundersame Geschichte, München 1999.

Derrida, Jacques, Randgänge der Philosophie, Wien 1988.

Foucault, Michel, Schriften zur Literatur, Frankfurt am Main 1974.

Gadamer, Hans-Georg, Wahrheit und Methode, Tübingen 1960.

Goethe, J. W. v., Werke, Hamburger Ausgabe in 14 Bänden, Hamburg 1948.

Hegel, G. W. F., Grundlinien der Philosophie des Rechts, Frankfurt am Main 1986.

Heidegger, Martin, Unterwegs zur Sprache, Frankfurt am Main 1985.

Herder, J. G., Vom Erkennen und Empfinden der menschlichen Seele. Bemerkungen und Träume. in : ders., Sämtliche Werke, hrsg. v. Bernhard Suphan, Bd. 8. Berlin 1892.

Hoffmann, E. T. A., Lebens-Ansichten des Katers Murr nebst fragmentarischer Biographie des Kapellmeisters Johannes Kreisler in zufälligen Makulaturblättern, Stuttgart 2006.

Hohendahl, Peter Uwe, Literaturkritik und Öffentlichkeit, München 1982.

Horstkotte, Silke, Die Poetik der Androgynie in Novalis' <Heinrich von Ofterdingen>, in : Herbert Uerlings(Hg.), Novalis. Poesie und Poetik,

Tübingen 2004, pp. 221~240.

Jannidis, Fotis / Lauer, Gerhard / Martínez, Matías / Winko, Simone(Hg.), Rück- kehr des Autors. Zur Erneuerung eines umstrittenen Begriffs, Tübingen 1999.

Jannidis, Fotis / Lauer, Gerhard / Martínez, Matías / Winko, Simone(Hg.), Texte zur Thorie der Autorschaft, Stuttgart 2000.

Kleinschmidt, Erich, Stillegungen. Kulturtheoretische Überlegungen zur Auktorialität, in : Weimarer Beiträge, Zeitschrift für Literatur-wissenschaft, Ästhetik und Kulturwissenschaft 1, 1999, pp. 5~14.

Lessing, G. E., Hamburgische Dramaturgie, hrsg. v. Otto Mann, Stuttgart 1963.

Man, Paul de, Autobiography as Defacement, in : Modern Language Notes, Vol. 94, No.5, 1979, pp. 913~930.

Novalis, Schriften, hrsg. v. R. Samuel, Darmstadt 1965.

Porombka, Stephan, Für wahre Leser und erweiterte Autoren, in : Olaf Kutzmutz / Stephan Porombka(Hg.), Erst lesen. Dann Schreiben, 22 Autoren und ihre Lehrmeister, München 2007, pp. 23~35.

Schlegel, Friedrich, Kritische-Friedrich-Schlegel-Ausgabe, hrsg. v. E. Behler, München 1967.

Schleiermacher, Freidrich, Über den Begriff der Hermeneutik mit Bezug auf F. A. Wolf's Andeutungen und F. Ast's Lehrbuch, in : ders., Hermeneutik und Kritik, hrsg. v. M. Frank, Frankfurt 1999.

Schönau, Walter, Einführung in die psychoanalytische Literaturwissenschaft, Stuttgart 1991.

Szondi, Peter, Einführung in die literarische Hermeneutik(zuerst 1971), hrsg. v. Jean Bollack / Helen Stierlin, Frankfurt am Main 1975.

Wellek, René / Warren, Austin, Theory of Literature, New York 1942.

소설가 이상 씨(MONSIEUR LICHAN)의 글쓰기
-「지도의 암실」을 중심으로

이 경 훈 (연세대)

1. 근대 주체와 작가

이광수가 "불량한 문사"를 "결핵균"이나 "매독균" 같은 "민족의 적"[1]으로 본 것은 유명한 일이다. 잘 알려져 있듯이, 이광수에게 중요한 것은 개인이 아니라 "우리", 즉 "일인칭복수"[2]로서의 민족이었다. 따라서 문사는 인격을 "수양"해야 하며, 퇴폐적인 문학에 "전염"되는 대신 "자국의 역사와 제 민족의 국민성"을 공부하는 "의사와 같은 준비와 태도"[3]로 문학이라는 "성직(聖職)"에 임해야 한다.

---

[1] 이광수,「문사와 수양」,『창조』 8호, 1921.1. p. 16.
[2] 이광수,「소년에게」,『이광수전집 17』, 삼중당, 1962, p. 240.
[3] 이광수,「문사와 수양」, 앞의 책, p. 11.

그런데 이러한 논의가 비판의 표적으로 삼고 있는 대상 중 하나는 김동인의 "자기"다. 김동인에게 문학은 "자기를 위하여 자기가 창조한 자기의 세계"이며, "극도의 에고이즘"이야말로 "예술의 어머니"다. 그는 다음과 같이 말한다.

> 어린애도 하느님의 세계에 만족치 않고, 인형이라는 자기의 세계를 사랑하는 이 인생에서, 이 누리에서, 오해한 인생이든 어떻든, '자기의 창조한 인생, 자기가 지배권을 가진 인생'을 지어 놓고 자기 손바닥 위에 뒤채여 본 문학자는, 이 세상에 과연 몇이나 되는가.[4]

위와 같은 관점에 근거해 김동인은 "자기의 요구"에 따라 "인생을 자유자재로, 인형 놀리는 사람이 인형 놀리듯" 했다는 데에서 "톨스토이의 위대한 점"을 발견한다. 바흐친을 빌려 말하면, 그는 "단 한 명의 인식 주체만 포함하며, 나머지는 모두 인식 대상에 불과한"[5] 톨스토이의 "독백적 입장(monologic position)"을 고평하는 반면, "자기가 창조한 인생"에 "지배를 받았다"[6]는 점에서 도스토옙스키를 평가 절하한다. 김동인이 보기에 주인공의 "인생 속에 빠져서 어쩔 줄을 모르고 헤매었"던 도스토옙스키는 소설가로서 자격 미달이다. 바흐친과 달리 김동인은 등장인물을 "저자가 하는 말의 객체"이자 "자기 말의 주체"[7]로 제시하는 도스토옙스키의

---

[4] 김동인, 「자기의 창조한 세계」, 『창조』 7호, 1920.7. p. 50.
[5] Mikhail Bakhtin, trans., Caryl Emerson, *Problems of Dostoevsky's Poetics* (Minneapolis : University of Minnesota Press, 1984.), p. 71. "It contains only one cognitive subject, all else being merely objects of its cognition."
[6] 김동인, 「자기의 창조한 세계」, 앞의 책, p. 53.
[7] Mikhail Bakhtin, op.cit., p. 7. "Dostoevsky's major heroes are, by the very nature of his creative design, not only objects of authorial discourse but also subjects of their own directly signifying discourse."

"다성적 소설(polyphonic novel)"을 비판한다. 김동인이 다음과 같이 과격한 평가를 제출하는 것은 그 때문이다.

> 지금 우리나라서는 별 것이 다 소설을 쓰려 한다. (중략) 우리는 도스토옙스키의 소설에서 러시아 각성시대에 "참 별 것이 다-" 소설을 쓰려던 것을 알 수 있고, 일본도 명치기에 그런 것을 알 수 있다.[8]

한편 김동인은 "도적문"(표절)을 공격하거나 "문사조합"을 거론하면서 원고료와 관련된 문제를 제기하기도 한다. 그는 "'원고 일 혈(一頁)에 오십 전 이상 일 원 이하' 놀라지 않을 수 없다. 오히려 그만둔 편이 낫지 일 매(一枚) 이십오 전 이하란 놀라지 않고 어떠랴."[9]라고 탄식하는데, 이러한 논의들은 당시 도입, 성립시키고자 했던 근대 주체를 작가와 문학작품의 관계를 통해 표현한다. 김동인의 문학론에 투영된 주체는 "예술(세계)을 창조(조직)하는 개인인 동시에, 그것을 내적(인형조종술), 외적(표절이 아닌 서명)으로 소유(지배)하는 자"[10]다. 이때 작품은 철저히 작가에 소속되며, 작가는 의미의 유일한 기원이 된다. 이러한 관계는 화폐(원고료)로써 객관적으로 인정되고 발현되어야 한다.

그런데 작가에 대한 이 같은 규정은 "평자란 활동사진 변사와 같은 것이고 결코 판사와 같은 것이 아니다."[11]라는 주장으로도 나타난다. "비평가는 작가에 대하여는 아무 권리도 없"으며, "작자와 같은 기분 아래

---

[8] 김동인, 「글 동산의 거둠」, 『창조』 5호, 1920.3. p. 98.
[9] 위의 글, p. 98.
[10] 이경훈, 「춘원과 <창조>」, 『대합실의 추억』, 문학동네, 2007, p. 67.
[11] 김동인, 「제월 씨에게 대답함」, 『동아일보』, 1920.6.12.

자기를 두고, 그 작품을 관(觀)"[12]해야 한다고 김동인이 주장할 때, 이 '변사론'적 입장은 텍스트 자체에 주목하는 "내재적, 형식주의적 비평관"[13]보다는 작품에 대한 작가의 절대성을 더욱 강조한다. 김동인이 "일기도 완전한 예술품이 될 수 있다."[14]고 논하는 것 역시 이러한 태도와 관련된다. 작가는 구성자일 뿐 아니라 표현자다.

따라서 작품과의 관계에서 보았을 때 김동인의 "문학자"는 "문(文)은 인(人)이라"[15]고 한 이광수의 "문사"와 별로 다르지 않다. 이광수가 문사를 "의사"나 "목민(牧民)의 성직"으로 보았다면, 김동인은 작가를 "하느님"에 대응시킨다. 이 존재들은 각각 계몽과 구성(표현)의 특권적 주체로서 작품을 자기와 동일화하며, 그 의도에 따라 독자의 해석을 선취하는 의미의 원천으로 작용한다. 김동인의 "자기"와 이광수의 "우리"는 공히 작품에 선행하며 단일한 목소리로 작품을 지배하는 주체의 위치를 가리킨다. 예컨대 이광수와 김동인의 문학자는 다음과 같은 의미의 저자(autuer), 즉 작품의 "아버지"(선조)에 가깝다.

> 저자는 책을 양육(nourish)한다고 생각된다. 즉 저자가 책 이전에 존재하면서, 책을 위해 생각하고 번민하며 생활한다는 것은 저자가 아이들의 아버지처럼 작품에 선재한다는 말이다.[16]

물론 원고료를 말하는 김동인이 작가 및 문학과 관련된 시장의 교환 체계를 활성화하고자 한다면, 이광수는 영채의 '공짜 유학'을 가능케 한

---

[12] 김동인, 「비평에 대하여」, 『창조』 9호, 1921.5. p. 56.
[13] 김영민, 『한국근대문학비평사』, 소명출판사, 1999, p. 21.
[14] 김동인, 「제월 씨의 평자적 가치」, 『창조』 6호, 1920. 6. p. 73.
[15] 이광수, 「문사와 수양」, 앞의 책, p. 15.
[16] Roland Barthes, trans., Stephen Heath, "The Death of the Author(La Mort de l`auteur)," *Image Music Text* (New York : Hill and Wang, 2001), p. 145.

민족 공동체 내부의 증여를 더 강조하는 듯하다. 그러나 "문사는 돈을 벌자는 직업이 아니다."라고 말함과 동시에, 이광수는 이형식으로 하여금 "나도 저만한 책을 써서 책사에 팔면 천 원을 받으리라"[17]고 상상하게 하면서, 민족 개조의 목표로 근면, 계획, "총망(怱忙)", 속도, 직업 등을 역설하기도 했다. 즉 이광수의 계몽 역시 자본주의적 근대 질서를 받아들이고자 한 것이었으며, '공짜 유학'으로 표현된 민족 내부의 증여는 영채를 기생으로 만든 교환체계를 은폐함으로써 오히려 시장을 특수하고 복잡한 형태로 보존시키고 활성화하려는 것이었다.[18]

다시 말해 공히 강력한 근대 주체를 지칭한다는 점에서, 이광수의 "우리"와 김동인의 "자기"는 주로 일인칭 복수와 일인칭 단수라는 양적인 차이를 보였을 뿐이었다. 근대 문학의 선도자를 자임한 두 사람은 "저자라는 '인간(person)'에 가장 큰 중요성"을 부여하는 "자본주의 이데올로기"[19]와 무관할 수 없었다.

2. 텍스트로서의 사소설

그런데 이광수와 김동인의 태도는 이상(李箱)의 경우와 대비된다. 이광수가 문사와 의사를 동일시하며 "소화불량성의 불평과 결핵성의

---

[17] 이광수, 『무정』, 문학동네, 2003. p. 171.
[18] 이에 대해서는 이경훈, 「식민지의 돈 쓰기」, 『현대문학의 연구』, 2012.2.를 참고할 것.
[19] Roland Barthes, op.cit., p. 143. "The Author is a modern figure, a product of our society insofar as, emerging from the Middle Ages with English empiricism, French rationalism and the personal faith of the Reformation, it discovered the prestige of the individual, of, as it is more nobly put, the 'human person'. It is thus logical that in literature it should be this positivism, the epitome and culmination of capitalist ideology, which has attached the greatest importance to the 'person' of the author."

센티멘털리즘"[20]을 비난했던 반면, 이상은 "나는 이 세상 모든 건강한 사람의 그 누구와도 (조금도) 닮지 않았다."[21]고 선언했다. 또한 그는 등장인물들을 인형처럼 조종하고 플롯을 계획하는 자신만만한 자기(自己)를 주장하기는커녕, 텍스트 내부에서 헤매는 등장인물의 입을 빌려 "어디로 가나?"[22]라고 질문했다. 더 나아가 그는 어두운 방에 "박제"로 "자기(自棄, self-abandonment)"[23]된 "거지적 존재"[24]로 스스로를 규정했다.

즉 이상은 이광수와 김동인의 적극적인 "우리" 및 "자기"와 달리, "방 덧문을 첩첩 닫고 일 년 열두 달을 수염도 안 깎고" 누운 채[25] "하루치씩만 잔뜩"[26] 사는 "아침 오후 두 시"[27]의 게으른 환자였으며, 오로지 "논문[소설]에 출석"한 "실험동물[등장인물]"[28]임으로써만 "책임의사[작가]"[29]일 수 있었다. 비유컨대 그는 건축가(김해경)의 조감도("설계")에서 룸펜(이상)의 오감도("암실")로 이행하며, 작가와 등장인물의 경계를 지우는 동시에 이 둘의 모순을 삶과 문학에 걸쳐 지속시켰다. 이런 식으로 그는 소설의 "지배권"(김동인)을 휘두르는 대신 "아내"를 찾아오는 "내객"[30]들과

---

[20] 이광수, 「너는 청춘이다」, 『창조』 8호, 1921.1. p. 97.
[21] 이상, 「어리석은 석반」, 『이상문학전집 3』, 문학사상사, 1993, p. 126. 이하 『전집 3』으로 표시함. 이와 관련해서는 이경훈, 「육체, 이상의 유리창」, 『오빠의 탄생』, 문학과지성사, 2003. pp. 223~242. 이경훈, 「이상, 이십 세기의 스포츠맨」, 『문학과사회』 90호, 2010.5. pp. 353~372을 참고할 것.
[22] 이상, 「날개」, 『이상문학전집 2』, 문학사상사, 1991, p. 343. 이하 『전집 2』로 표시함.
[23] 이상, 「공포의 기록」, 『전집 2』, p. 202.
[24] 이상, 「조춘점묘」, 『전집 3』, p. 42.
[25] 이상, 「지주회시」, 『전집 2』, p. 312.
[26] 이상, 「지주회시」, 『전집 2』, p. 297.
[27] 이상, 「휴업과 사정」, 『전집 2』, p. 149.
[28] 이상, 「금제」, 『이상문학전집 1』, 문학사상사, 1989, p. 75. 이하 『전집 1』로 표시함.
[29] 이상, 「오감도 시 제 4호」, 『전집 1』, p. 25.
[30] 이상, 「날개」, 『전집 2』, p. 325.

마찬가지로 자기 소설의 손님인 "이상"으로서 초대되었다. 비유컨대 그는 아이(작품)의 아버지(저자, auteur)가 아니라 "아버지의 아버지"이자 "아버지의 아버지의 아버지"[31]로서, "무서운 아이"인 동시에 "무서워하는 아이"[32]였다.

따라서 이상이라는 주체와 그 문학이 맺은 아이러니한 관계는 "문은 인이라"는 이광수의 명제로 간단히 회귀되지 않는다. 또한 그 사생활과 밀접히 관련된 이상의 문학은, 작품이 "단일한 목소리로 작자의 '자기'를 '직접적'으로 표현한 것"이며, "거기에 쓰인 말은 '투명'하다고 상정하는"[33] "문학적이고 이데올로기적인 패러다임"으로서의 사소설적 읽기 모드를 오히려 방해한다. 대신 그것은 사소설의 "있는 그대로 쓴다는 것"이 "더 이상 정돈시키지 않는 것"[34]을 의미하며, 따라서 "사소설의 '나'는 코기토가 아니다."[35]라고 논한 가라타니 고진(柄谷行人)의 다음 의견을 상기시킨다.

> 실로 서구의 첨단이 19세기의 에피스테메에 이의를 제기하고, 일본을 포함한 비서구 세계에서 새로운 탈출구를 탐구했던 바로 그때에, 일본 문학은 역으로 서구 19세기적인 틀에, 또는 오히려 (더욱 소급하면) 로고스 중심주의 안으로 들어가고 있었던 터이다. 그러나 사태는 그 정도로 단순하지 않다. 일본의 작가에게는 구성력-

---

[31] 이상, 「오감도 시 제 2호」, 『전집 1』, p. 21.
[32] 이상, 「오감도 시 제 1호」, 『전집 1』, p. 18.
[33] Tomi Suzuki, *Narrating the Self* (Stanford, California : Stanford University Press, 1996), p. 6. "The I-novel is best defined as a mode of reading that assumes that the I-novel is a single-voiced, 'direct' expression of the author's 'self' and that its written language is 'transparent'"
[34] 가라타니 고진, 박유하 역, 『일본 근대문학의 기원』, 도서출판 b, 2010, p. 216.
[35] 위의 책, p. 218.

서구의 19세기 소설 같은 전체성을 지닌 하나의 세계를 구축할
힘 - 이 거의 없었다. 그것을 실현할 수 있었던 것은 오히려 마르크
스주의자와, 마르크스주의 출신의 전후파 작가들뿐이었다. 일본 소
설가의 주류는 '로고스'를 혐오하는 방향으로 흐르고 있었다. 그것
이 '사소설'로 불리는 것이다. 물론 그들도 의식상으로는 근대소설
일반의 구조에 속해 있는 셈이기는 했지만, 그럼에도 불구하고 19
세기 서구 문학에 대한 반감을 숨기지 않았다. 단 하나의 테마(의
미)로써 작품을 통어한다는 생각을 경멸하고 있었던 것이다.[36]

 가라타니 고진이 말하듯이 이상은 "단 하나의 테마로써 작품을 통어"
하려 하지 않는다. 즉 그는 인형(타자)을 조종(지배)하는 "구성력"으로써
"전체성"을 추구하지 않는다는 점에서 가라타니가 말하는 사소설적인
태도를 보인다. 그러나 흥미로운 것은 이상이, "더 이상 정돈시키지 않
는" 대신에 추구해야 할, "있는 그대로 쓴다는 것"과도 거리를 두고 있다
는 점이다. 「지도의 암실」에서 극단화되듯이, 그는 주체의 입장에서 자
기를 명징하게 표현하기보다는 자신의 맨얼굴을 숨기기 위해 노력했다.
그리고 이는 작품을 지배하는 것으로서의 구성과는 다른 "구성력"으로
결과했다. 다시 말해 이상은 적극적으로 구성하거나 적극적으로 재현하
기보다는, 이 양자택일적인 주체의 입장과 다른 태도를 취했다. 그는 구
성을 회피하기 위해 사소설적으로 재현하는 동시에 개인적인 사실을 은
폐하기 위해 텍스트를 조직했다는 점에서, 상호 부정(否定)함으로써 자
기 부정적인 구성과 재현을 도입했다. 이를테면 이상은 구성하지 않기
위해 어쩔 수 없이 구성하고(즉 재현하고), 재현하지 않기 위해 어쩔 수
없이 재현하는(즉 구성하는) 역설적인 적극성을 발휘했다. 그리고 이는

---

[36] 가라타니 고진, 이경훈 역, 『유머로서의 유물론』, 문화과학사, 2002, pp. 50~51.

이상 소설에 독특하게 나타나는바, 독자적으로 존재하기보다는 상대편에 크게 기대며 기능한다는 점에서 양자의 대립과 모순을 계속 활성화하는 작가와 등장인물의 아이러니한 관계와도 무관하지 않다.

이런 식으로 이상의 문학은 작가이자 등장인물로서 그 체험 세계를 놓고 허덕이는 특수한 화자의 복잡한 사소설 쓰기를 실천함으로써 작품(work)에서 텍스트(text)로 나아가는 식민지 문학의 한 가지 양상을 한국 문학사에 제공한다. 이는 『12월 12일』의 화자가 이야기를 지배하는 우연과 인과관계의 문제를 제기하면서, 인형조종술을 휘두르는 합리적인 주체의 입장에서 비켜서는 것과도 무관하지 않다.

> 그 사람은 그가 십유여 년 방랑생활 끝에 고국의 첫 발길을 실었던 그 기관차 속에서 만났던 그 철도국에 다닌다던 사람인지도 모른다. 사람은 이 너무나 우연한 인과(因果)를 인식치 못하는지도 모른다. 그러나 사람이 알거나 모르거나 인과는 그 인과의 법칙에만 충실스러이 하나에서 둘로, 그리하여 셋째로 수행되어 가고만 있는 것이었다.
> "오늘이 며칠입니까?" 이 말을 그는 그 같은 사람에게 우연히 두 번이나 물었는지도 모른다. 따라서 "십이 월 십이 일!" 이 대답을 그는 같은 사람에게서 두 번이나 들었는지도 모른다. 그러나 모든 것은 다 그들에게 다만 모를 것으로만 나타나기도 하였다. (중략) 만일 지금 이 C간호부가 타고 있는 객차의 고간이 그저께 그가 타고 오던 그 고간뿐만 아니라 그 자리까지도 역시 그 같은 자리였다 하면 그것은 또한 어찌나 설명하려느냐?[37]

따라서 이는 "여인과 생활을 설계"하는 일의 진정한 의미를 암시한다.

---

[37] 이상, 「12월 12일」, 『전집 2』, p. 142.

그것은 식민지 공무원으로서 관여한 바 있는 근대 제국(근대 이성)의 조감도와 함께 룸펜과 환자의 눈먼 오감도를 "두 개의 태양처럼 마주쳐다보면서 낄낄거리는 것"[38]이다. 그런 의미에서 「날개」의 주인공은 13일 만에 삐걱거리는 삼층집을 세운 광인(狂人) 김창억(염상섭, 「표본실의 청개구리」)을 상기시킨다.

그리고 이러한 글쓰기는 「지도의 암실」에서 사물 및 사건의 지시와 재현을 방해함으로써 해독을 거의 불가능하게 하는, 띄어쓰기가 무시된 불투명한 서술로도 현상한다. 다음 인용문에서 알 수 있듯이, 이 소설은 롤랑 바르트가 말하는바, "일반적인 기호로 작용"하며 "기호 문명의 제도적 카테고리를 재현"[39]하는 "작품(oeuvre, work)"이 아니다.

> (가) 그는봉투에싸여없어진지도모르는암뿌으르를보고 침구속에반쯤강삶아진그의몸뚱이를보고봉투는 침구다생각한다 봉투는옷이다 침구와봉투와 그는무엇을배웠으냐몸을내어다버리는법과 몸을주워들이는법과 미닫이에광선잉크가 암시적으로쓰는의미가 그는 그의 몸뚱이에불이 확켜진것을알라는 것이니까 그는봉투를입는다 침구를입는것과 침구를벗는것이다 봉투는옷이고 침구다음에 그의 몸뚱이가 뒤집어쓰는것으로닳는다 발갛게암뿌으르에습기제하고 젖는다[40]

즉 앞의 논의에서 어느 정도 밝혀졌듯이, 위와 같은 서술에는 사소설(I-novel)의 성립 근거인 작가의 적나라한 이야기를 오히려 숨기는 사소설

---

[38] 이상, 「날개」, 『전집 2』, p. 318.
[39] Roland Barthes, trans., Stephen Heath, "From Work to Text," op.cit., p. 158. "the work itself functions as a general sign and it is normal that it should represent an institutional category of the civilization of the Sign."
[40] 이상, 「지도의 암실」, 『전집 2』, pp. 165~166.

(또는 사시, I-poetry) 쓰기라는 역설이 작용한다.[41] 물론 이러한 은폐(폭로)는, 이상이 "방탕한 장판 위에 넘어져서 한없는 '죄'를 섬겼다"[42]는 사실과 무관하지 않다. 실로 그는 "상당히 발전하였던 외입장이"[43]로 평가된 바 있거니와, 따라서 "천하에 형안(炯眼)이 없지 않으니까 너무 금칠을 아니 했다가는 서툴리 들킬 염려가 있다"[44]는 서술이나 "비밀이 없다는 것은 재산 없는 것처럼 가난하고 허전한 일"[45]이라는 말, 더 나아가 "인생 혹은 그 모형에 있어서 디테일 때문에 속는다거나 해서야 되겠소?"[46] 등과 같은 질문은 암시적이다. 요컨대 이상의 텍스트는 "임종할 때 유언까지도 거짓말을 해 줄 결심"[47]과 더불어 작가를 드러내며 가리는 "위트와 패러독스를 바둑 포석처럼"[48] 늘어놓음으로써, 아이러니(또는 경계)로서의 사소설에 도달한다. 그가 소유한 재산(고유성, property)은 비밀(주체) 자체이기보다는 비밀과 관련된 금칠, 즉 주체와 타자의 복잡한 관계며, 이때의 '나'는 코기토가 아니라 작가(주체)와 소설(등장인물, 대상)의 이항대립을 넘어서는 계기이자 장소다. 그 점에서 "이상"은 텍스트 자체를 지칭하는 기호이자 언어수행이며, "'말하려는 것'과 '그리려는 것'과의 분열"[49]은, 임화(林和)의 평가와는 다른 의미에서 이상 소설의 핵심적 서사 원리다.

---

[41] 이에 대해서는 이경훈, 「<1931년(작품 제 1번)>에 대한 몇 가지 주석」, 『이상 시 작품론』, 역락출판사, 2009, pp. 177~179을 참고할 것.
[42] 이상, 「공포의 기록」, 『전집 2』, p. 202.
[43] 박태원, 「이상의 편모」, 『조광』, 1937.6. p. 306.
[44] 이상, 「종생기」, 『전집 2』, p. 378.
[45] 이상, 「실화」, 『전집 2』, p. 357.
[46] 이상, 「날개」, 『전집 2』, p. 319.
[47] 이상, 「실화」, 『전집 2』, p. 367.
[48] 이상, 「날개」, 『전집 2』, p. 318.
[49] 임화, 「세태소설론」, 『문학의 논리』, 서음출판사, 1989, p. 207.

그러므로 당대의 독자들로부터 "정신병"[50] 환자의 글이라고 지탄받았을 정도로 이상의 몇몇 텍스트가 난해하게 느껴지는 것은 당연하다. 그의 텍스트에는 "육적 인간의 적나라한 참회록(肉の人間の赤裸裸な懺悔錄)"[51]과 관련된 에피소드가 작용하면서도, "개인의 명료한 얼굴(個人の明瞭な顔立ち)"[52] 및 사건의 실상 포착을 계속 연기시키거나 아예 불가능하게 할 뿐 아니라, 혼돈에 빠진 독자로 하여금 작가의 경험이 지시, 재현되고 있다는 사실 자체를 부정하게 하는 수수께끼나 미로 같은 서술이 종종 제시된다. 인용문 (가)뿐 아니라, 쉽사리 의미를 드러내지 않는 다음 인용문 역시 이런 식의 글쓰기를 수행하고 있다.

(나) 그는트렁크와같은낙타를좋아하였다 백지를먹는다 지폐를먹는다 무엇이라고적어서무엇을 주문하는지 어떤여자에게의답장이 여자의손이포스트앞에서한듯이 봉투째먹힌다 낙타는그런음란한편지를먹지말았으면 먹으면괴로움이몸의살을마르게하리라는것을 낙타는모르니하는수없다는것을 생각한그는연필로백지에 그것을 얼른배앝아놓으라는 편지를써서먹이고싶었으나낙타는 괴로움을 모른다[53]

---

[50] 이상, 「산묵집」, 『전집 3』, p. 353.
[51] 요시다 세이치[吉田精一], 『近代日本文學槪說』, 秀英出版, 1973, p. 76에서 재인용함.
[52] 고바야시 히데오[小林秀雄], 「私小說論」, 『Xへの手紙, 私小說論』, 新潮文庫, 1987, p. 127.
[53] 이상, 「지도의 암실」, 『전집 2』, p. 169.

3. 환자의 에크리튀르

한편 이상의 문학에는 여러 외국어들이 사용되고 다양한 한자 유희들이 구사되며 동서고금의 수많은 문학 작품들이 (때로는 의도적으로 부정확하게) 인용된다. 다음은 한국어가 아닌 언어가 사용된 예다.

> (다) ヲンナは遂に堕胎したのである．トランクの中には千裂れ千裂れに砕かれたPOUDRE　VERTUEUSEが複製されたのとも一緒に一杯つめてある．死胎もある．ヲンナは古風な地圖の上を毒毛をばら撒きながら蛾の樣に翔ぶ．をんなは今は最早五百羅漢の可哀相な男寡達には欠ぐに欠ぐべからざる一人妻なのである．ヲンナは鼻歌の樣なADIEUを地圖のエレベションに告げNO.1-500の何れかの寺刹へと歩みを急ぐのである．[54]

위의 시는 프랑스어 단어가 노출되는 것을 제외하고는 전부 일본어로 되어 있는데, 이는 이상의 글쓰기 원점이 "특정 시기의 예외적인 <국어>"였다는 김윤식의 의견을 상기시킨다. 그는 이상이 사용한 일본어가 어떤 국가의 말이 아니라 "예지의 탐구"를 위한 "보편어"[55]로서의 "일본어 = 국어"였다고 논의한다.

---

[54] 이상, 「狂女の告白」, 『朝鮮と建築』, 1931.8. 『전집 1』(p. 136)에 제시된 이 시의 번역은 다음과 같다. "여자는 마침내 落胎한 것이다. 트렁크 속에는 千 갈래 萬 갈래로 찢어진 POUDRE VERTUEUSE가 複製된 것과 함께 가득 채워져 있다. 死胎도 있다. 여자는 古風스러운 地圖 위를 毒毛를 撒布하면서 불나비와 같이 날은다. 여자는 이제는 이미 五百 羅漢의 불쌍한 홀아비들에게는 없을래야 없을 수 없는 唯一한 아내인 것이다. 여자는 콧노래와 같은ADIEU를 地圖의 에레베에슌에다 告하고 No.1-500의 어느 寺刹인지 向하여 걸음을 재촉하는 것이다."

[55] 김윤식, 『기하학을 위해 죽은 이상의 글쓰기론』, 역락출판사, 2010, p. 292.

하지만 그렇게 보았을 때 이상의 일본어 사용은, "대합실(待合室)"을 "기다리는 방"[56]으로 번역하며 일본어 소설 표현에 해당하는 조선말을 얻으려 했던 김동인의 "고심"[57]이나, 김동인에게 "경어(京語)와 서도(西道)의 방언을 혼용"[58]하지 말라고 충고한 염상섭의 표준어 의식과 구분되지 않게 된다. 왜냐하면 보편어로서의 일본어도 결국은 특정 국가어로서의 국어를 통해 작용할 터이며, 이와 비슷하게 김동인과 염상섭 역시 근대 소설을 담당할 보편어로서의 조선어=국어를 특정 민족어로써 추구했기 때문이다. 이상이 "예지의 탐구"를 위해 "천치와 같은 자연어"[59]가 아닌 일본어(인공어)를 활용했다면, 김동인과 염상섭도 "예지의 탐구"를 위해 조선어(인공어)를 추구했다. 그들이 번역과 표준어를 휘두르며 타자(일본어, 사투리)에 맞선 것은 그 때문이다.

그리고 이렇게 "예지" 탐구의 도구로 일본어와 조선어 중 하나를 선택하는 문제로 환원되고 마는 두 경우 모두에서 보편의 자격을 획득하는 것은 언어만이 아니다. "예지"를 탐구하거나 "예지"와 동일시되는 강력한 문법 주체로서의 국가나 민족이야말로 보편적인 것으로 승격된다. 따라서 이러한 의미의 보편어(일본어) 사용은, (다)의 인용문과 똑같이 일본어로 기술된 다음과 같은 "국어 상용"의 주장과 크게 다르지 않은 것이 될 수도 있다.

> 日本語は優秀な日本精神を包藏して居り，日本文は今や世界文化を全部包攝して居る．だから日本語を學ぶことは日本精

---

[56] 김동인, 「약한 자의 슬픔」, 『창조』 1호, 1919.2. p. 70.
[57] 김동인, 「문단 30년의 자취」, 『김동인전집 15』, 조선일보사, 1988, p. 327.
[58] 염상섭, 「<이 년 후>와 <거츠른 터>」, 『개벽』, 1924.3. p. 121.
[59] 김윤식, 앞의 책, p. 297.

神を學び同時に世界文化の庫の鍵を握ることである. しかも
日本語は今や一躍アジア諸民族に共通な國語となりつゝあ
る. だから朝鮮人は須らく國語に精通すべきである.[60]

그러나 이상 텍스트의 일본어가 "특정 국가의 말"을 넘어서는 것은, 그것이 "과학"의 언어로 "예지"를 탐구하거나 "세계 문화를 전부 포섭" 했기 때문이 아니다. 다시 말해 "13 + 1 = 12"[61]를 주장하는 "수수께끼 같은 글씨"가 "오늘날에도 지속적인 매력"을 발휘하는 것은, 그것이 "근대로 표상되는 유클리드 기하학과 비유클리트 기하학(무한대, 극소 극대)의 교차점"[62]에 있기 때문이기보다는 "예지"나 로고스를 추구하는 일과 대립하고 있기 때문이다. 이를테면 이상의 텍스트는 투명한 "영도의 글쓰기(l'écriture au degré zéro)"[63]에 맞선다.

예컨대 이상은 "현미경 / 그 아래에서는 인공도 자연과 똑같이 현상되었다"[64]라고 쓰면서 현미경이 주장하는 자연(유리, 투명함)의 인공성(렌즈, 배율)에 전율했다. 그리고 자기의 속성을 숨기면서 대상을 드러내는 현미경과 반대로, 그는 "극유산호─(郤遺珊瑚─) 요 다섯 자 동안에 나는 두 자 이상의 오자(誤字)를 범했는가 싶다. 이것은 나 스스로 하늘을

---

[60] 이광수,「반도의 형제자매에게 보냄(半島の弟妹に寄す)」, 『신시대』, 1941.10. p. 35. 인용문의 한국어 번역은 다음과 같다. "일본어는 우수한 일본 정신을 담고 있으며, 일본문은 이제 바야흐로 세계 문화를 전부 포섭하고 있다. 그러므로 일본어를 공부하는 것은 일본 정신을 배우는 동시에 세계 문화의 창고 열쇠를 잡는 것이다. 더욱이 일본어는 바야흐로 일약 아시아 제(諸) 민족의 공통된 국어가 되고 있다. 따라서 조선인은 마땅히 국어에 정통해야 할 것이다." (이경훈 편, 『춘원 이광수 친일문학 전집 2』, 평민사, 1995, p. 306.)
[61] 이상,「一九三一(作品第一番)」, 『현대문학』, 1960.11. p. 167.
[62] 김윤식, 앞의 책, p. 293.
[63] Roland Barthes, *Le degré zéro de l'écriture* (Paris : Éditions de Seuil, 1972), p. 56.
[64] 이상,「異常ナ可逆反應」, 『朝鮮と建築』, 1931.7. p. 15.

우러러 부끄러워할 일이겠으나 인지(人智)가 발달해 가는 면목(面目)이 실로 약여(躍如)하다."⁶⁵라고 말했다. 즉 그는 부정확한 인용과 더불어 텍스트의 "인공"(오자)과 배율을 스스로 폭로했을 뿐 아니라, 다음과 같이 프랑스어와 중국어 등 일본어 이외의 여러 인공어들도 표나게 사용함으로써 "그의 하는 일들"이 무엇인지를 오히려 숨겼다.

(라) 너무나의미를 잃어버린그와 그의하는일들을 사람들사는사람들틈에서 공개하기는 끔찍끔찍한일이니까 그는피난왔다 이곳에있다 그는고독하였다 세상어느틈사구니에서라도 그와관계없이나마 세상에관계없는짓을하는이가있어서 자꾸만자꾸만의미없는 일을 하고있어주었으면 그는생각아니할수는 없었다
JARDIN ZOOLOGIQUE
CETTE DAME EST-ELLE LA FEMME DE MONSIEUR LICHAN?
앵무새당신은 이렇게지껄이면 좋을것을그때에 나는
OUI!⁶⁶

(마) 죽음이묵직한것이라면 나머지얼마안되는시간은 죽음이하자는대로하게내어버려두어 일생에없던가장위생적인시간을향락하여 보는편이 그를위생적이게하여 주겠다고그는생각하다가 그러면그는죽음에 견디는세음이냐 못 그러는세음인것을자세히알아내이기 어려워괴로워한다. 죽음은평행사변형의법칙으로 보이르샤아르의 법칙으로그는 앞으로 앞으로걸어나가는데도왔다. 떼밀어준다.

活胡同是死胡同 死胡同是活胡同⁶⁷

---

⁶⁵ 이상, 「종생기」, 『전집 2』, p. 375.
⁶⁶ 이상, 「지도의 암실」, 『전집 2』, p. 168.

요컨대 이상의 삶과 텍스트는 인형조종술자나 과학자(의사)처럼 깨끗이 닦은 유리창(지식 체계, 언어, 인식 패러다임, 영도의 글쓰기) 너머로 소외시킨 타자를 문학과 지식의 대상으로 다시 전유(재현, 구성)하는 명징하고 초월적이며 위생적인 주체(자기, 우리, 국가)의 위치에 있지 않다. 또한 그것은 "생활과 행동 이후에 오는 순의식의 세계"[68]를 통해 "리얼리즘을 일보 심화"[69]시켰다거나, "일본적 서정을 일본어로 쓰고 조선적 서정을 조선어로 썼다"[70]는 식으로 평가될 수도 없다. "그 분들이 모르는" 뒷골목을 헤매면서 "그 분들이 모르는" "글자만을 골라서"[71] 배웠던 이상의 삶과 문학은 이광수가 민족의 적으로서 그토록 경계했던 "결핵균" 및 "매독균"에 육체로써 '접촉'했으며, 그로써 김동인이 조롱해 마지않던 "인형"을 넘어 "박제"조차 되었다. 앞서 말했던 것처럼 "조감도"에서 "오감도"로 나아가는 실명(失明)과 함께, 달리 말해 "안구(眼球)에 아무리 해도 보이지 않는 것은 안구(眼球)뿐"[72]이라는 사실을 깨달음과 함께, "이상"은 "촉각(觸角 = 觸覺)이 이런 정경(情景)을 도해(圖解)"[73]하는 아이러니, 즉 "파편(破片)의 경치(景致)"(『조선과 건축』, 1931.7.)에 이르렀다. 요컨대 그는 주체와 타자 사이에 놓인 온갖 유리를 깨뜨렸다.

---

[67] 이상, 「지도의 암실」, 『전집 2』, p. 170.
[68] 최재서, 「리얼리즘의 확대와 심화-<천변풍경>과 <날개>에 관하여」, 『조선일보』, 1936.11.6.
[69] 최재서, 위의 글, 1936.11.7.
[70] 김수영, 「시작 노우트 6」, 『김수영전집 2』, 민음사, 1991(7판), p. 302.
[71] 이상, 「슬픈 이야기」, 『전집 3』, p. 63.
[72] 이상, 「유고」, 『전집 1』, p. 234.
[73] 이상, 「동해」, 『전집 2』, p. 259.

외국어 사용, 한자 유희, 여러 곳에서 주워온 조각난 인용들로 구현된 상호텍스트성, 그리고 띄어쓰기 무시 등의 문법적 일탈은 "축음기와 같은 국어"74를 넘어서는 "감염"의 등가물이자 타자와의 무수한 관계를 통해 "형상 없는 모던 보이"75에 이른 주체의 "흔적"이거나 "흔적"으로서의 주체 자체였다. 그리고 이런 식의 독백적이면서도 다성적인 "개인적 발화(personal utterance)"76로써 이상은 자신의 독특한 사소설적 "에크리튀르"로 나아갔다. 따라서 다음의 서술은 이상 문학의 글쓰기(독서) 지침으로도 읽힌다.

> 나 – 라는 정체는 누가 잉크 짓는 약으로 지워 버렸다. 나는 오직 내 – 흔적일 따름이다.77

4. 찢어진 French Letter

그러므로 「지도의 암실」로 대표되는 이런 텍스트들은 손쉽게 읽히고 소비될 수 없다. 그것들은 독자의 적극적이고 능동적인 활동에 의해 다시 씌어야 한다. 이를테면 이상의 문학은 "읽히는 것(le lisible, the readerly)"이기보다는 "쓰이는 것(le scriptible, the writerly)"78이며, 이는

---

74 이상, 「지도의 암실」, 『전집 2』, p. 174.
75 이상, 「동해」, 『전집 2』, p. 264.
76 Susan Sontag, "Preface," in *Writing degree Zero* (New York : Hill and Wang, 1995.), p. xiii. "A more helpful translation of what Barthes means by *écriture* might be 'personal utterance'."
77 이상, 「실화」, 『전집 2』, p. 369.
78 Roland Barthes, trans., Richard Miller, *S/Z* (New York : Hill and Wing, 1974), p. 4.

그것이 "오늘날에도 지속적인 매력"을 지니는 한 이유다. 그것은 독자의 "생산 활동 속에서만 경험"[79]되는, 그야말로 "텍스트"다. 이때 인형을 조종하는 김동인의 경우와는 달리, 등장인물이나 묘사 대상과의 거리를 잃고 촉각(접촉, 감염)으로 "정경을 도해"하게 된 저자의 추락한 위치(박제로서의 "이상"의 위치)는 독자에게까지 미친다. 「날개」의 주인공이 미스코시[三越] 백화점 옥상에서 "날자, 날자, 날자"라고 외친 것처럼 오랫동안 오독된 일이 웅변하듯이, 이상은 자신뿐 아니라 독자마저 텍스트에 휘말려들게 하는 인간(독자)조종술을 발휘한다. 독자는 적극적이고 능동적인 의미의 생산을 넘어, "얼빠진 사람처럼 그저 이리 갔다 저리 갔다"[80]했던 「날개」의 주인공과 마찬가지로 텍스트 속에서 헤매기조차 한다. 그런 식으로 다성적이거나 혼성적인 이 인간(독자)조종술은 "문학 제도가 텍스트의 생산자와 그 사용자, 그 주인과 고객, 저자와 독자 사이에 유지시키는 무자비한 분리"[81]를 넘어서고자 하는 듯하다. 이와 관련해 필자는 다음과 같이 논한 바 있다.

> 이렇게 「날개」는 독자들을 향해서도 설계된다. 텍스트는 그 외부를 끌어들이는 생산적인 경계로서 작용한다. 따라서 역설적으로 독서의 맹목은 작품의 매력과 호소력을 증진했으며, 그 의미를 풍요롭고도 복잡하게 하는 데에 기여했다. 이것이 「날개」가 그려낸 미스코시의 '오감도'다. (중략) "끝없이 발을 절뚝거리는" 것이야말로

---

[79] Roland Barthes, "From Work to Text," op.cit., p. 157. "the Text is experienced only in an activity of production."
[80] 이상, 「날개」, 『전집 2』, p. 342.
[81] Roland Barthes, trans., Richard Miller, op.cit., p. 4. "Our literature is characterized by the pitiless divorce which the literary institution maintains between the producer of the text and its user, between its owner and its customer, between its author and its reader."

사실과 오해의 교섭뿐 아니라 텍스트의 안과 밖을 넘나드는 소설적 의사소통과 문학적 의미작용을 그야말로 암시(暗示)하기 때문이다.[82]

하지만 다시 한 번 강조하건대, 이러한 독서의 생산성(착각과 오독을 포함하여)이 발생하는 것은 이상의 텍스트가 작가나 사회와 무관한 자율적 구성체이기 때문이 아니다. 그것은 작가의 삶 및 식민지 사회에 대한 사소설적인 (반)서술이, 즉 그 드러냄과 감춤의 곡예가 하나의 글쓰기 스타일에 이를 만큼 고도로 작용하고 있기 때문이다. 롤랑 바르트의 말을 흉내 내어 표현하면, 그는 "부재의 스타일(un style de l`absence)"[83]이 아닌 '흔적의 스타일(un style de la trace)'을 획득했다. 그것은 폭로와 은폐, 반영과 구성, 작품과 텍스트를 동시에 도입(폐기)했다.

따라서 이상의 말은 도구나 매체로 기능하지 않는 단순한 "구조"[84]가 아니다. 또 다시 바르트를 인용하면, 이상은 "타동사적 인간들(des hommes 'transitifs')"[85]에 속하는 "작가(écrivant, writer)"로서 손쉽고 순진한 커뮤니케이션(반영)을 계획하지 않았다. 그러나 그의 문학에는 자기의 삶을 재현(은폐)한다는 과제가 결부되어 있었다. 그 점에서 이상은 오직 "자동사적인(intransitif)" 글쓰기만을 수행하는 "저자(écrivain, author)"[86]도

---

[82] 이경훈, 「박제의 조감도」, 『사이間SAI』 8호, 2010.5. p. 202.
[83] "Cette parole transparente, inaugurée par l`Étranger de Camus, accomplit un style de l`absence qui est presque une absence idéale du style…"(Roland Barthes, *Le degré zéro de l`écriture*, op. cit., p. 56.)
[84] Roland Barthes, "Écrivains et Écrivants," *Essais critiques* (Paris : Éditions de Seuil, 1964), p. 149. "La parole n`est ni un instrument, ni un vehicule : C`est une structure…"
[85] *Ibid.*, p. 151. "Les écrivants, eux, sont des hommes 'transitifs'… Car ce qui définit l`écrivant, c`est que son projet de communication est naïf…"
[86] *Ibid.*, "pour l`écrivain, écrire est un verbe intransitif…".

아니었다. 이상의 말은 자동사적인 구조였던 동시에 타동사적인 도구이자 매체였으며, 그와 동시에 그 둘 다가 아닐 수 있기를 지향했다. 그리고 이렇게 자동사와 타동사를 계속 접촉/분리(감염)시키는 한 가지 방법은, 현실 세계를 명백히 재현하거나 텍스트의 치밀한 구성에 몰입하는 대신 (바)와 같은 문장을 파편적으로 제시함으로써, 독자로 하여금 인용문 (라) 등과 관련된 여러 요소와 문맥을 탐색하게 하는 것이었다.

> (바) 鸚鵡　※　　二匹
> 　　　　　　　　二匹
> 　　　　※　鸚鵡는哺乳類에屬하느니라.
> 내가二匹을아는것은내가二匹을아알지못하는것이니라.
> 勿論나는希望할것이니라.
> 鸚鵡　　　二匹
> 『이小姐는紳士李箱의夫人이냐』『그렇다』[87]

이미 논의된 바 있듯이,[88] (바)는 (라)의 프랑스어 문장을 한국어로 번역한 것이며, 이 둘은 공통적으로 "앵무"를 언급한다. 이때 (라)의 프랑스어 문장은 프랑스어 'ampoule'(전등)[89]를 한글로 표기한 (가)의 "암뿌으르" 및 (다)의 "POUDRE VERTUEUSE", "ADIEU"와도 관련된다. 한편 (나)의 "봉투"는 (가)의 "봉투"와 의미를 주고받으면서 그것이 "음란한 편지"를 담은 것임을 알려주며, "트렁크"는 (다)에 서술된, "광녀"의 "트렁크 속에는 千 갈래 萬 갈래로 찢어진 POUDRE VERTUEUSE가

---

[87] 이상, 「오감도 시 제6호」, 『전집 1』, p. 30.
[88] 이에 대해서는 이경훈, 『이상, 철천의 수사학』, 소명출판사, 2000, pp. 58~89을 참고할 것.
[89] 'ampoule'은 이 단어가 지닌 또 다른 뜻인 피부의 물집으로 볼 수 있다는 비판도 제기되었지만, 필자는 ampoule을 계속 전등으로 해석하며 논의를 진행할 것이다.

複製된 것과 함께 가득 채워져 있다. 死胎도 있다."는 구절과 함께 성적(性的)인 의미 맥락을 형성한다. 그리고 이 모든 것들은 제임스 조이스(James Joyce)의 다음 서술들(타자)과 접속(대립, 분열)된다.

> And Kissed my hand when I gave her the extra two shillings. **parrots**. Press the button and the bird will squeak. Wish she hadn`t called me sir. Oh, her mouth in the dark! And you a married man with a single girl! That`s what they enjoy. Taking a man from another woman. Or even hear of it. Different with me. Glad to get away from other chap`s wife. Eating off his cold plate. Chap in he Burton today spitting back gumchewed gristle. **French letter** still in my pocketbook. Cause of half the trouble. But might happen sometime, I don`t think. Come in. All is prepared. I dreamt.[90]
>
> Yes, Pious had told him of that land and Chaste had pointed him to the way but the reason was that in the way he fell in which a certain whore of an eyepleasing exterior whose name, she said, is Bird-in-the-Hand and she beguiled him wrongways from the true path by her flatteries that she said to him as, Ho, you pretty man, turn aside hither and I will show you a brave place, and she lay at him so flatteringly that she had him in her grot which is named **Two-in-the-Bush** or, by some learned, Carnal Concupiscence.
> This was it what all that company that sat there at commons in Manse of Mothers the most lusted after and if they met with this whore **Bird-in-the-Hand** (which was within all foul plagues, monsters and a wicked devil) they would strain the last but they would make at

---

[90] James Joyce, *Ulysses* (New york : Vintage International, 1990), p. 370.

her and know her. For regarding Believe-on-Me they said it was nought else but notion and they could conceive no thought of it for, first, Two-in-the-Bush whither she ticed them was the very goodliest grot and in it were four pillows on which were four tickets with these words printed on them, Pickaback and Topsyturvy and Shameface and Cheek by Jowl and, second, for that **foul plague Allpox** and the monsters they cared not for them, for Preservative had given them **a stout shield of oxengut** and, third, that they might take no hurt neither from Offspring that was that wicked devil by virtue of this same shield which was named **Killchild**.[91] (강조는 인용자)

논의의 편의를 위해 다시 한 번 설명하면, 이상 텍스트에 등장하는 "포유류" 앵무새 두 마리(二匹)는 조이스의 "parrots", "Two-in- the-Bush", "Bird-in-the-Hand"(whore, 매춘부)와 연결된다. 그리고 "암뿌우르"에 씌운 "봉투" 및 "음란한 편지(letter)"는, "foul plague Allpox"(성병, 매독)을 방지하고 "killchild"(피임)을 수행하는 "a stout shield of oxengut"(황소 창자로 만든 튼튼한 방패)로서의 "French letter", 즉 "한번 읽어 지나가면 도무 소용인 글자(letter)의 고정된 기술"[92]로서의 콘돔을 의미한다. 이는 "CETTE DAME EST-ELLE LA FEMME DE MONSIEUR LICHAN?"이라 는 프랑스 글자로 된 질문이 바라(지 않)는 대답(정답/ 오답)이다.

이때 핵심은 프랑스 문장의 의미가 아니라 "MONSIEUR LICHAN"이라 는 "French letter", 즉 프랑스 문자 자체다. 따라서 (다)의 "千 갈래 萬 갈래로 찢어진 POUDRE VERTUEUSE(프랑스 글자라는 점에서 POUDRE VERTUEUSE 역시 콘돔이다)"는, "위생", "죽음", "보이르샤아르의 법칙"

---

[91] *Ibid.*, pp. 395~396.
[92] 이상, 「지도의 암실」, 『전집 2』, p. 165.

등과 함께 등장한 (마)의 "活胡同是死胡同 死胡同是活胡同"(뚫린 골목이 막힌 골목이며 막힌 골목이 뚫린 골목이다)과 함께 콘돔이 파열된 사태를 암시한다.

 그렇다면 이는 "막다른 골목"과 "뚫린 골목" 모두가 "적당"할 수밖에 없게 된 "무서워하는 아해"[93]의 공포를 설명해 준다. "제 1의 아해"는 "13인의 아해" 중 첫 번째 아이며, "제 2의 아해"는 "13인의 아해" 중 두 번째 아이, 그리고 "아해"는 "도로로 질주"하는 주체, "도로"는 "아해"가 "질주"하는 곳, "질주"는 "아해"가 "도로"에서 하거나 하지 않는 행위, "막다른 골목"은 "뚫린 골목"과 대립하는 것으로 해석될 수 있다는 점에서 「오감도 시 제 1호」는 반영되고 재현될 텍스트 외부의 "다른 사정은 없는" 일종의 자동사적인 텍스트이지만,[94] 황소 창자 방패로 철저히 봉쇄한 이 구조 속에는 "막다른 골목"과 "뚫린 골목"이 뒤바뀔 가능성 및 그 일을 두려움과 함께 실현시킨 파열의 실제 경험이 내재되어 있는 듯하다. 다시 말해 여기에는 "무서워하는 아해" 및 "무서운 아해"의 공포와 짝을 이룬다는 점에서 「오감도 시 제 1호」에 보이지 않게 음각(陰刻)되어 있는 안심(방심)으로 인해(박태원의 「악마」를 상기하자!) "그다지 명예롭지 못한 그러나 생각해보면 또 그렇게까지 불명예라고까지 할 것도 없는 질환"[95]을 발생시킨 매춘의 사실이라는 강력한 타동사적 텍스트가 어른거린다. 이렇게 매끈한 자동사적 텍스트(은폐, 구조)의 내부에 타동사적 텍스트(폭로, 지시)가 맹렬한 압력으로 팽창하는 것이야말로 콘돔이 찢어지는 일에 필적하는 이 시의 아슬아슬한 구조다.

---

[93] 이상, 「오감도 시 제 1호」, 『전집 1』, p. 17.
[94] 이경훈, 「이상, 이십 세기의 스포츠맨」, 『문학과사회』 90호, 2010.5. p. 369 참조.
[95] 이상, 「추등잡필」, 『전집 3』, p. 83.

따라서 「지도의 암실」은 소설로 제시된 「오감도 시 제1호」다. 한국어의 진행을 단절시킨 "MONSIEUR LICHAN"의 프랑스어 조각들은 이 소설을 『율리시즈』에 접촉(감염)되도록 한 텍스트의 "틈사구니"[96]였다. 그리고 이렇게 "사차원 세계의 테마를 불란서 말로 회화"[97]함으로써, "세균처럼 꿈틀"거리는 그 "음란한 외국어"[98]와 더불어 텍스트는 작가 자신 및 그의 특수하고 한정된 경험 세계를 초과했다. 이 "거지적 존재"의 언어는 작가의 삶을 넘어, 그리고 동서양의 바다와 대륙을 넘어, 타자를 초대하는 근대 문학의 상호 텍스트적이고 수행적인 콘텍스트 속에서 널리 나뒹굴게 되었다.

이렇게 이상 텍스트의 언어는 개인의 사생활을 폭넓은 참조관계와 복잡한 재현(은폐) 체계(탈체계) 속에 흩뿌림으로써, 그 사적 체험을 작가 및 사건 자체에서 소격시킬 뿐 아니라 텍스트의 처음과 중간과 끝(아리스토텔레스)에 무수한 구멍(균열)을 내어 텍스트를 그 내부로부터 벗어나게 한다. 접촉의 절정에서 분열(거리와 시각)이 회복되며, 동시에 그 반대 방향의 운동이 시작된다. 외연적 의미와 내포적 의미는 상호 전화(轉化)되거나 끊임없이 얽힌다. 그야말로 뚫린 골목은 막힌 골목이 되며 막힌 골목은 뚫린 골목이 되는 것이다. 바로 이것이 이상 텍스트의 독특한 "구성력"이자 그가 자신의 사생활로 습득(상실)한 "전등형(全等形) 체조의 기술"[99]이다.

그러므로 당연히 텍스트는 위와 같은 읽기에 머물지 않는다. 수많은 사람과 다양하게 관계 맺는 것이야말로 "상당히 발전하였던 외입장이"의

---

[96] 이상, 「사신(7)」, 『전집 3』, p. 235.
[97] 이상, 「실화」, 『전집 2』, p. 369.
[98] 이상, 「파첩」, 『전집 1』, p. 206.
[99] 이상, 「선에 관한 각서 5」, 『전집 1』, p. 158.

텍스트가 작용하는 원리이자 독자를 유혹하는 이유이기 때문이다. 사실 이 글이 수행한 독서는 이상의 글쓰기처럼 텍스트를 대상화하는 동시에 텍스트 스스로가 말하게 한, 다시 말해 타동사적이고 자동사적인 방식으로 텍스트의 의미를 맥락화한(부스러뜨린) 한 가지 사례에 불과한 것이다. 따라서 이 점은 이상이 스스로를 일러 "건전한 신으로부터 버림받은 인간"[100]이라 한 사실과 더불어 바르트의 다음 논의도 상기시킨다.

> 작품에는 일원론적 철학을 교란시키는 것이 없다. 그러한 철학에서 복수(plural)는 악(Evil)이다. 따라서 작품에 대항해 텍스트는 그 모토로서 여러 귀신(demons)에 들린 사람의 다음과 같은 말(「마가복음 5:9」)을 사용할 수 있을 것이다. "내 이름은 군대(다수)다. 우리는 많기 때문이다 (My name is Legion : for we are many)."[101]

그렇다면 그 찢어짐으로써 내부와 외부, 자기와 타자, 접촉과 균열, 위생과 감염, 「지도의 암실」과 『율리시즈』를 매개한 "French letter"는 결코 "사상을 엄호"하기에 급급한 "초라한 포장"[102]이 아니었다. 또 그것은 "글자의 고정된 기술 방법을 채용하는 흡족치 않은 버릇"[103]도 아니었다. 오히려 그것은 "삼족오(三足烏)"에서 "삼모묘(三毛猫)"[104]로 나아감으로써 "전등을 삼등 태양"[105]으로 생각할 수밖에 없게 된 "1/W"짜리 "▽"(암쁘우르)의 소유자 이상이 획득한 지극히 "성애적(érotique)"[106]인 "AMOUREUSE"

---

[100] 이상, 「어리석은 석반」, 『전집 3』, p. 125.
[101] Roland Barthes, "From Work to Text," op.cit., p. 160.
[102] 이상, 「황의 기」, 『전집 3』, p. 319.
[103] 이상, 「지도의 암실」, 『전집 2』, p. 165.
[104] 이상, 「眞晝」, 『朝鮮と建築』, 1932.7. p. 27. 이와 관련해서는 이경훈, 「단발, '아해'의 수사학」, 『이상 리뷰』 1호, 2001.9.를 참고할 것.
[105] 이상, 「▽의 유희」, 『전집 1』, p. 103.

(French letter)¹⁰⁷였다. 그 "환희의 텍스트(text de jouissance)"¹⁰⁸는 공포와 쾌락을 동시에 주재하며 "마르세이유의 봄을 출범(出帆)시킨 코티 향수가 맞이한 동양의 가을(マルセイユ春を解纜したコテイの香水の迎へた東洋の秋)"¹⁰⁹을 만끽했다.

그리고 그 점에서 이상이 말하는 "방정식"¹¹⁰의 근(根 = ▽ = 남근)을 구하는 일은 여전히 진행 중이다. 지금도 그의 텍스트에는 "해병(海兵)이 범람(汎濫)"하고 있으며 "군함(軍艦)이 구두 짝처럼 벗어 던져져"¹¹¹ 있다. 아직도 그의 텍스트에서는 알 카포네(Al Capone = Scar Face)가 "볼의 상흔을 신축(頰の傷痕を伸縮)"¹¹²시키며 수많은 사람들에게 입장권을 팔고 있다. 그 찢어진 "환희의 틈(l'interstice de la jouissance)"¹¹³은 계속 자동하고 타동하면서 여러 번 읽히고 쓰일 것이다.

---

¹⁰⁶ Roland Barthes, *Le Plaisir du Text* (Paris : Éditions de Seuil, 2000.), p. 88. "c'est l'intermittence, comme l'a bien dit la psychanalyse, qui set érotique."
¹⁰⁷ 이상, 「파편의 경치」, 『전집 1』, p. 100. 이와 관련해서는 이경훈, 「<1931년(작품 제 1번)>에 대한 몇 가지 주석」, 앞의 책, pp. 177~179을 참고할 것.
¹⁰⁸ Roland Barthes, *Le Plaisir du Text*, op,cit., p. 92. "즐거움의 텍스트(texte de plaisir) : 행복감을 담아서, 채우고 전하는 텍스트; 문화에서 나와, 그것과 충돌하지 않고, 안락한 독서를 행하는 것과 연결된 텍스트. 환희의 텍스트(text de jouissance) : 상실감을 부여하는 텍스트, (아마도 조금은 지루함을 느낄 정도로) 마음을 불편케 하여, 독자의 역사적, 문화적, 심리학적 전제들, 그들의 기호, 가치, 기억들의 일관성을 뒤흔들어, 언어와 그 사이의 관계를 위기로 몰고 가는 텍스트" (김명복 역, 『텍스트의 즐거움』, 연세대학교 출판부, 1990), p. 15.
¹⁰⁹ 이상, 「AU MAGASIN DE NOUVEAUTES」, 『朝鮮と建築』, 1932.7.
¹¹⁰ 방정식의 미지수를 근(根)이라고 한다는 점에서, 이상이 말하는 "방정식"은 남근(男根)과 관련된다. 이경훈, 「<1931년(작품 제 1번)>에 대한 몇 가지 주석」, 『이상 시 작품론』, 역락출판사, 2009, p. 180.
¹¹¹ 이상, 「與田準一」, 『전집 1』, p. 246.
¹¹² 이상, 「二人 1」, 『전집 1』, p. 118.
¹¹³ Roland Barthes, *Le Plaisir du Text*, op.cit., p. 91.

참고문헌

1. 자료

김동인, 「글 동산의 거둠」, 『창조』 5호, 1920.3.
김동인, 「문단 30년의 자취」, 『김동인전집 15』, 조선일보사, 1988.
김동인, 「비평에 대하여」, 『창조』 9호, 1921.5.
김동인, 「약한 자의 슬픔」, 『창조』 1호, 1919.2.
김동인, 「자기의 창조한 세계」, 『창조』 7호, 1920.7.
김동인, 「제월 씨에게 대답함」, 『동아일보』, 1920.6.12.
김동인, 「제월 씨의 평자적 가치」, 『창조』 6호, 1920.6.
김수영, 「시작 노우트 6」, 『김수영전집 2』, 민음사, 1991.
박태원, 「이상의 편모」, 『조광』, 1937.6.
염상섭, 「<이 년 후>와 <거츠른 터>」, 『개벽』, 1924.3.
이광수, 『무정』, 문학동네, 2003.
이광수, 「너는 청춘이다」, 『창조』 8호, 1921.1.
이광수, 「문사와 수양」, 『창조』 8호, 1921.1.
이광수, 「반도의 형제자매에게 보냄(半島の弟妹に寄す)」, 『신시대』, 1941.
   10. (이경훈 편, 『춘원 이광수 친일문학 전집 2』, 평민사, 1995.)
이광수, 「소년에게」, 『이광수전집 17』, 삼중당, 1962.
이상, 「AU MAGASIN DE NOUVEAUTES」, 『朝鮮と建築』, 1932.7.
이상, 「狂女の告白」, 『朝鮮と建築』, 1931.8.
이상, 「異常ナ可逆反應」, 『朝鮮と建築』, 1931.7.
이상, 「一九三一(作品第一番)」, 『현대문학』, 1960.11.
이상, 『이상문학전집 1』, 문학사상사, 1989.
이상, 『이상문학전집 2』, 문학사상사, 1991.
이상, 『이상문학전집 3』, 문학사상사, 1993.
James Joyce, *Ulysses* (New york : Vintage International, 1990).

2. 논문 및 단행본

가라타니 고진, 박유하 역, 『일본 근대문학의 기원』, 도서출판 b, 2010.
가라타니 고진, 이경훈 역, 『유머로서의 유물론』, 문화과학사, 2002.
吉田精一, 『近代日本文學槪說』, 秀英出版, 1973.
김영민, 『한국근대문학비평사』, 소명출판사, 1999.
김윤식, 『기하학을 위해 죽은 이상의 글쓰기론』, 역락출판사, 2010.
롤랑 바르트, 김명복 역, 『텍스트의 즐거움』, 연세대학교출판부, 1990.
小林秀雄, 「私小說論」, 『Xへの手紙, 私小說論』, 新潮文庫, 1987.
이경훈, 「<1931년(작품 제1번)>에 대한 몇 가지 주석」, 『이상 시 작품론』, 역락출판사, 2009.
이경훈, 「박제의 조감도」, 『사이間SAI』 8호, 2010.5.
_____, 「식민지의 돈 쓰기」, 『현대문학의 연구』, 2012.2.
_____, 「육체, 이상의 유리창」, 『오빠의 탄생』, 문학과지성사, 2003.
_____, 「이상, 이십 세기의 스포츠맨」, 『문학과사회』 90호, 2010.5.
_____, 「춘원과 <창조>」, 『대합실의 추억』, 문학동네, 2007.
_____, 『이상, 철천의 수사학』, 소명출판사, 2000.
_____, 「단발, '아해'의 수사학」, 『이상 리뷰』 1호, 2001.9.
임화, 『문학의 논리』, 서음출판사, 1989.
최재서, 「리얼리즘의 확대와 심화 - <천변풍경>과 <날개>에 관하여」, 『조선일보』, 1936.11.3.~11.7.

Mikhail Bakhtin, trans., Caryl Emerson, *Problems of Dostoevsky`s Poetics* (Minneapolis : University of Minnesota Press, 1984).
Roland Barthes, "Écrivains et Écrivants," *Essais critiques* (Paris : Éditions de Seuil, 1964).
Roland Barthes, *Le degré zéro de l`écriture* (Paris : Éditions de Seuil, 1972).
Roland Barthes, *Le Plaisir du Text* (Paris : Éditions de Seuil, 2000).
Roland Barthes, trans., Richard Miller, *S/Z* (New York : Hill and Wing, 1974).

Roland Barthes, trans., Stephen Heath, "From Work to Text," *Image Music Text* (New York : Hill and Wang, 2001).

Roland Barthes, trans., Stephen Heath, "The Death of the Author(La Mort de l'auteur)," *Image Music Text* (New York : Hill and Wang, 2001).

Susan Sontag, "Preface," in *Writing degree Zero* (New York : Hill and Wang, 1995).

저자, 텍스트, 독자
– 문학에 관한 해석학적 고찰

이 기 언 (연세대)

1. 머리말

해석학자 폴 리쾨르는 「텍스트란 무엇인가?」라는 글에서 "독자는 글쓰기에 부재하고, 작가는 읽기에 부재한다"(TA, 139)[1]라고 했다. 이 경구는 글쓰기 행위와 읽기 행위 사이에 접점이 없음을 강조하고 있는데,[2]

---

[1] 리쾨르와 가다머의 텍스트의 경우, 참고문헌의 서지정보 끝에 괄호 안의 굵은 글씨로 표기된 약호와 쪽수만을 인용문 직후 괄호 안에 표기하기로 한다. 프랑스어 병기는 부득이하거나 예외적인 경우에 한해 최소한으로 한다. 그리고 인용문의 굵은 글씨는 모두 원저자의 강조이다.

[2] 리쾨르는 글쓰기 행위와 읽기 행위의 관계를 다음과 같이 설명하기도 했다. "읽기는 작품을 매개로 한 저자와의 대화라고 하는 것만으로는 충분치 않다. 독자와 책과의 관계는 전혀 다른 성질의 것이라고 해야 한다. 대화는 문답이 오고가는 것인데, 작가와 독자 사이에는 이런 유의 교환이 없다. 작가는 독자에게 응답하지 못한다. 책은 오히려 글쓰기 행위와 읽기 행위를 두 측면으로 분리하는데, 이 두 행위 사이에는 의사소통이 없다."(TA, 139)

아마도 이처럼 단순한 진리도 없을 것이다. 작가는 글을 쓰는 자이고, 독자는 글을 읽는 자이므로, 작가와 독자는 서로 다른 행위의 주체로서 서로 다른 시간과 공간 속에 위치해 있는 일종의 평행 존재이니 말이다. 다시 말해서, 작가와 독자는 나란히 달리는 두 선 위의 맞은편에 거리를 두고서 각각 자리 잡고 있는데, 그들 사이에는 오로지 빈 공간만이 있을 뿐이다. 그래서 리쾨르는 "텍스트야말로 정녕 거리 속에서 거리에 의한 소통매체이다"(TA, 51)라고 했다. '원격 소통(communication à distance)' 또는 '부재적 소통(communication in absentia)'. 이런 점에서 보면, 위 인용문의 두 절을 가르는 쉼표는 마치 이러한 특성을 상징하는 거대한 크레바스처럼 느껴지기도 한다.

아무튼, 리쾨르의 경구는 작가와 독자의 관계를 근본적인 '부재'의 관계로 보는 해석학의 시각을 오롯이 반영하고 있다. 즉, 독자는 작가의 의도를 모르고, 작가는 독자의 해석에 관여할 수 없다는 게 이 '부재'의 관계에 담겨 있는 해석학적 함의이다. 리쾨르의 '부재론'이라고나 할까. 그런데 뭔가 이상하다. 그리고 보니, 리쾨르의 문장에는 있어야 할 뭔가가 없다. 바로 작품이라는 낱말이다. 하지만 이 낱말의 부재를 언뜻 실감하지 못한다. "글쓰기"라는 낱말과 "읽기"라는 낱말에 공히 내포되어 있어서이다. 부재의 현전(présence absente). 이러한 현상학적 직관의 판단에 근거해서 리쾨르의 '부재론'을 다시 해석해보면, 작품은 작가와 독자를 빨아들이는 블랙홀처럼 보인다. 마치 '숨은 신'처럼 부재의 신비를 현시하고 있다고나 할까.

작가, 작품, 독자. 문학을 구성하는 세 요소이다. 이 요소들이 맺고 있는 삼각관계에 대해서는 생트-뵈브 이후 이폴리트 탠을 거쳐 귀스타브 랑송에 이르기까지, 그리고 1920년대의 러시아 형식주의와 1930년대 미국의 신비평에서부터 1960년대 프랑스의 구조주의 비평과 1970년대 독일의 수용미학을 거쳐 오늘날에 이르기까지 수많은 이론가들에 의해 다루어져 왔는데, 거시적 차원에서 보면, 의도주의(intentionnalisme)와 반의도주의(anti-intentionnalisme)의 대립과 갈등으로 요약할 수 있다. 아마도 이 문제는 '닭이 먼저냐, 달걀이 먼저냐' 식의 결코 해결할 수 없는 아포리아일지도 모른다. 물론 그렇다고 해서, 논의의 장이 닫혀 있는 것은 아니지만, 적어도 이에 대한 논의 자체가 공허한 메아리에 그칠 가능성이 있다는 것만은 분명하다. 따라서 반대론자들의 신랄한 역공을 무릅쓰면서라도, 명확한 관점과 확고한 주관을 가지고서, 그리고 이를 뒷받침할 수 있는 인식론적이고 철학적인 토대 위에서 논의를 전개해야 할 것이다. 이를 위해서 우리는 의도주의와 반의도주의의 대립에 초점을 맞추기보다는 해석학적 관점에서 문학의 세 요소에 대한 인식론적 고찰에 중점을 두고자 한다.

위에 언급한 논쟁과 관련하여 앙투안 콩파뇽은 그의 저서 『이론의 악마(Le Démon de la théorie)』(1998)에서 역사를 넘나드는 방대한 양의 독서에 근거해서 치밀한 분석들을 제시한 바 있다. '이론이라는 악마'의 뜻을 함의하고 있는 책 제목 자체에서도 고스란히 드러나듯이, 프루스트 전문가로 널리 알려진 앙투안 콩파뇽은 롤랑 바르트를 비롯한 수많은 이론가들이 제시했던 현학적인 이론들에 대한 근본적인 불신을 극단적으로 표명했다. "이론의 목적은 결국 상식을 와해시키는 것이다."[3] 위 책의 결론이다. 이 결론은 왜 굳이 『이론의 악마』의 저자가 "문학과 상식(Littérature et sens commun)"이라는 다소 엉뚱한(?) 표현을 부제로 선택했는지를 충분히 가늠케 하고도 남는다. 과연 "상식"이 "이론"을

---

[3] Antoine Compagnon, *Le Démon de la théorie. Littérature et sens commun*, Paris, Seuil, 1998, p. 277.

무시하거나 뛰어넘어서 문학 연구의 주춧돌로 자리매김할 수 있는가에 대해서는 논란의 여지가 있지만, 의도주의도 반의도주의도 부정하는 콩파뇽의 양비론은 충분히 고려할 만한 가치가 있다.[4] 하지만, "그러기에 나는 어느 특정 이론이나 상식을 두둔하려 한 게 아니라, 상식에 대한 비판을 포함해서 모든 이론들에 대한 비판을 하고자 한 것이다. 난처함(perplexité)이 문학의 유일한 모럴이다"[5]라는 콩파뇽의 최후 진술은 우리를 '난처하게' 한다는 점 또한 부인할 수 없다.

문학 작품이 시대와 상황에 따른 역사적 산물이듯이, 문학 연구 또한 시대의 사상적 조류와 함께 변천해왔음은 주지의 사실이다. 이 글에서 다루고자 하는 주제인 작가-작품-독자의 삼각관계에 관련된 논의 역시 마찬가지이다. 우리가 보기에, 프랑스의 경우, 19세기와 20세기 전반까지 생트-뵈브를 계승한 랑송주의의 영향 아래 작가 중심적 사고가 지배했다고 한다면, 1960년대 중반 프랑스 비평계에서 벌어졌던 신구논쟁과 구조주의의 등장으로 텍스트 중심적 사고가 대두했고, 이어서 해석학적 사고가 문학 연구에 도입된 1990년대를 전후로 독자의 역할과 위상이 한층 강화되었다고 판단된다. 간단히 말해서, 작가에서 텍스트로,

---

[4] 폴 드 만도 양비론의 입장인데, 장경렬은 다음과 같이 분석하고 있다. "신비평에 대한 드 만의 비판은 문학 텍스트에서 작가의 의도를 배제하고 있다는 데 초점이 맞추어지고 있지만, 그렇다고 해서 작가의 의도에 따라 텍스트를 읽어야 한다는 논리를 펴기 위한 것은 아니다. 말할 것도 없이, 드 만의 논리 어디에서도 작가의 의도가 텍스트 읽기의 준거로 상정되고 있지는 않다. 그렇다면 신비평에 대한 드 만의 비판이 겨냥하는 것은 무엇인가. 어찌 보면, 드 만은 의도를 부정하기 위해 의도를 상정하고 있는 것처럼 보인다. 다시 말해, 신비평이 객관적이고 안정된 의미를 확립하기 위해 의도를 부정하고 있다면, 드 만은 어떤 의미도 객관적이고 안정된 것으로 확립될 수 없다는 점을 보이기 위해 의도를 상정하고 있는 것처럼 보인다."(장경렬, 『매혹과 저항』, 서울대학교출판부, 2007년, pp. 139~140)

[5] Antoine Compagnon, Le Démon de la théorie, op. cit., p. 283. 인용문은 이 책의 마지막 두 문장이다.

텍스트에서 독자로 중심 이동이 이루어졌다는 것이다. 이러한 진단에서 출발하고 있는 이 글은 해석학적 관점에서 저자의 위상에 대해서, 텍스트의 자립에 대해서, 그리고 독자의 주체에 대해서 비판적 고찰을 하고자 한다.

2. 저자의 위상

2.1. 의도주의 또는 동일성 이론

저자의 의도가 작품의 의미를 결정한다는 주장을 흔히 의도주의 또는 동일성 이론(thèse de l'identité)이라 통칭한다. 이 이론에 따르면, 모든 작품에는 "단일하고 일의적인"[6] 의미가 있는데, 이 의미는 바로 저자의 의도에 근거한다. 따라서 저자의 의도를 파악하고 입증하는 것만이 작품의 의미를 파악하는 유일한 방법이 된다. 이러한 방법론의 원조는 생트-뵈브로 알려져 있다.

> 내 생각에, 문학은 인간과 그 삶의 흔적과 구별되지 않거나, 적어도 분리될 수 없다. 온갖 방법들과 온갖 방편들을 동원해서 착수한다 해도, 우리는 한 인간을, 즉 순수 영혼과는 다른 것인 인간을 파악하지 못할 것이다. 어느 작가에 관해서 상당수의 질문들을 제기하지 않는 한, 그리고 그 질문들에 대답하지 않는 한(비록 오로지 자신만이 알아들을 정도로 아주 낮은 목소리로라도 말이다), 그 작가를

---

[6] Axel Bühler, "La fonction de l'intention de l'auteur dans l'interprétation", in *Herméneutique contemporaine : comprendre, interpréter, connaître*, textes réunis par Denis Thouard, Paris, Vrin, 2011, p. 232.

전적으로 파악했다고 확신하지 못한다. 설령 그 질문들이 그의 글들의 성격과 가장 무관한 질문이라 하더라도 말이다. 이를테면, 그는 종교에 대해서 어떤 생각을 했던가? 자연경관을 보고 어떤 충격을 받았던가? 여성 문제에 대해, 돈 문제에 대해 어떻게 처신했던가? 그는 부자였던가? 가난했던가? 그의 식단은 무엇이던가? 그의 일상생활 방식은 어떠했던가? 그의 악덕은 무엇이고, 그의 약점은 무엇이던가? 이런 질문들에 대한 대답들 가운데 어느 하나도 한 작품의 저자와 그 작품 자체를 판단하는 데에 무관한 게 없다. 그 책이 순수 기하학 책이 아닌 한 말이다. 특히나, 저자의 모든 면이 조금씩 들어 있는 문학 작품의 경우에는 말이다.[7]

생트-뵈브의 이론은 단순하다. 「비평이란 무엇인가?」(1963)의 저자인 롤랑 바르트의 표현을 빌리면, "작품의 세부사항들이 삶의 세부사항들과 닮아야 하고, 등장인물의 영혼이 저자의 영혼과 닮아야 한다는 유사 결정론"[8]에 근거한 "실증주의 심리학"[9]이 생트-뵈브가 주장하는 방법론의 핵심이다. 그러므로 생트-뵈브의 이론에 따르면, 작품을 설명하기 위해서는 우선 먼저 작가의 삶을 비롯해서 그의 감수성과 지적 성향, 가치관과 인생관 등을 속속들이 알아야 하고, 이런 고증작업을 토대로 작가의 심리 속으로 전이해서 작가가 말하고자 했던 것을 파악하는 작업이 곧 비평의 사명이다.

이처럼, 작가의 의도는 실증주의 비평, 즉 대학 비평의 금과옥조이고 신성한 터부이다. 따라서 유구한 역사와 전통을 잇는 이 전기 비평에 비수를 들이댄 신비평(해석 비평)의 기수 롤랑 바르트에게 역공을 펼치기

---

[7] Cité par Marcel Proust, *Contre Sainte-Beuve*, Paris, Gallimard, 1954, p. 136.
[8] Roland Barthes, *Essais critiques*, Paris, Seuil, 1964, pp. 253~254.
[9] *Ibid.*, p. 247.

위해서, 레이몽 피카르가 구비평의 대변자로 나서서 신구논쟁에 불을 지핀 것은 당연한 처사였다. 저 유명한 책자『새로운 비평인가? 아니면 새로운 사기인가?』(1965)의 저자인 레이몽 피카르는 "위태로울 만큼 **무기력한** 문학창작론"[10]에 입각해서 작품을 "무의식의 산물"[11]이나 "저자의 강박관념의 배출구"[12]로 간주하는 "**신비평**"[13]의 "무분별(imprudence)"과 "파렴치(impudence)"[14]에 혀를 내두르면서, "작품을 탄생케 한 의도적이고 명철한 의도(intention volontaire et lucide)"[15]를 파악하는 작업이 작품의 의미를 밝히는 비평의 과제라고 일갈했다.

1960년대 중반에 벌어졌던 신구논쟁 이후 프랑스에서는 텍스트 중심적 사고에 기초한 구조주의 비평이 대세를 이루었지만, 영미의 문학 이론에서는 지난 세기말에 이르기까지도 여전히 의도주의를 주장하는 이론가들이 등장해서 논쟁의 대상이 되곤 했다. 그 대표적인 예가 E. D. 허쉬인데, 그는 "일련의 말은 누군가가 그 말에 어떤 의미를 부여하거나, 아니면 누군가가 그 말을 통해 무언가를 이해하기 전에는 어떤 특정한 의미를 지니지 않는다"[16]면서, "의미는 텍스트가 표상하는 것으로, 특수한 일련의 기호들을 빌어 저자가 말하는 것이다"[17]라고 단정했다. 허쉬에 따르면, "의미는 의식의 문제이지 말 그 자체의 문제가 아니기"[18]

---

[10] Raymond Picard, *Nouvelle Critique ou nouvelle imposture*, Jean-Jacques Pauvert, 1965, p. 142 ; souligné dans le texte.
[11] *Ibid.*, p. 123.
[12] *Ibid.*, p. 142.
[13] *Ibid.*, p. 10 ; souligné dans le texte.
[14] *Ibid.*, p. 149.
[15] *Ibid.*, p. 123.
[16] Eric D. Hirsch Jr, *Validity in Interpretation*, New Haven-Londres, Yale UP, 1967, p. 4.
[17] *Ibid.*, p. 8.

때문에, "의미를 '결정하는' 것은 작가"[19]이고, "영구적인 의미는 다름 아닌 작가의 의미"[20]이다. 이와 같은 맥락에서 P. D. 쥴은 "문학작품의 의미는 저자의 의도에 의해 결정된다"[21]고 주장했고, W. 어윈 역시 "텍스트는 저자가 명시하는 의미 이외에 그 자체로 다른 어떤 의미도 지니고 있지 않다. 소위 문자적 의미라는 것은 없고, 오로지 저자의 의미, 즉 저자가 의도하는 의미만이 있을 뿐이다"[22]라고 강변했다.

이러한 의도주의의 주창자들에게 독일의 이론가 악셀 뷔흘러는 「해석에 있어서 작가의 의도의 기능」이라는 글에서 다음과 같이 반문한다. "의도라는 개념은 일상심리학에서 나온 것이다. '인지과학'의 발달과 더불어 일상심리학은 시효가 지난 게 아닌가? 일상심리학의 불완전한 개념들을 보다 더 적절한 다른 개념들, 즉 이를테면 신경생리학에서 빌려 온 개념들로 대체해야 하지 않을까? 따라서 결국 의도라는 개념은 심리 상태 기술에 적합하지 않은 게 아닌가?"[23] 뷔흘러의 지적대로, 설령 작가의 의도가 있다고 하더라도, 생트-뵈브 식의 "일상심리학"에 입각해서 작품의 의미를 작가의 의도에 대입하거나 국한시키려는 심리주의적 발상은 오늘날 이론적인 근거나 논증의 준거가 되기에 충분하지 못하다고 할 수밖에 없다. 이런 관점에서 보면, 작가이자 비평가인 장 프레보의

---

[18] *Ibid.*, p. 4.
[19] *Ibid.*, p. 23.
[20] *Ibid.*, p. 216. 허쉬의 이론의 한계에 대해서는 다음 책을 참조할 것. 장경렬, 『매혹과 저항』, pp. 22~27.
[21] Peter D. Juhl, *Interpretation. An Essay in the Philosophy of Literary Criticism*, Princeton[NJ], Princeton UP, 1980, p. 9.
[22] William Irwin, *Intentionalist Interpretation. A philosophical Explanation and Defence*, Westport-Londres, Greenwood Press, 1999, p. 60.
[23] Axel Bühler, "La fonction de l'intention de l'auteur dans l'interprétation", *op. cit.*, p. 245.

적절한 비유는 시사하는 바가 크다. "이제 우리는 어느 작가를 그의 삶을 빌어 설명할 수 있다고 생각하지 않는다. 그건 조개로 진주를 설명하는 것일 테니까."[24] 진주를 낳은 조개껍데기는 버려지는 게 아닌가.[25]

게다가 다음과 같은 일련의 반문들도 제기될 수 있다. 작고한 작가들의 경우, 저자의 의도를 어떻게 확인할 것인가? 게다가 작자 미상의 작품의 경우에는 어떻게 할 것인가? 생존 작가의 경우, 저자에게 직접 확인할 수 있다 치더라도, 과연 그 작품의 의미가 저자의 의도에만 국한되어야 하는가? 작가의 의도에만 국한될 경우, 그 작품은 그야말로 '가난한' 작품이 아니겠는가? 더 나아가 작가는 자신의 의도를 정확한 언어로 표현할 수 있는가? 과연 언어가 인간의 사고를 곧이곧대로 오롯이 표현할 수 있는가? 자서전 속의 '나'는 현실의 '나'와 일치하는가? 그리고 작가의 의도를 어디까지로 볼 것인가에 관련된 물음들도 제기될 수 있다. 작가가 생각조차 하지 못했던 의미를 어느 비평가가 발견해냈을 경우, 그 의미를 작가의 의도에 포함시킬 수 있는가? 또한 출판 과정의 현실을 감안할 때, 지인이나 출판사의 조언에 따라 어쩔 수 없이 수정한 부분도 작가의 의도에 포함되는가? 가령, 셰익스피어의 극작품에서 오늘날의 독자들이 읽는 어휘나 표현들이 셰익스피어 자신이 선택한 것인지, 아니면 공연에 참여했던 연출가나 배우에 의해 선택된 것인지는 확인 불가능한 게 아닌가? 등등.

위와 같은 의문들에 대한 하나의 대답으로 작가 앙드레 지드의 일갈보다 더 적절한 대답은 없을 것 같다. "좋은 감정을 가지고 나쁜 문학을

---

[24] Cité par Claude Bonnefoy, *Panorama critique de la littérature moderne*, Paris, Belfond, 1980, p. 93.
[25] 앙투안 콩파뇽은 바로 이런 점에서 반의도주의를 "텍스트학의 안티휴머니스트 슬로건"(Antoine Compagnon, *Le Démon de la théorie*, *op. cit.*, p. 52)으로 간주한다.

하는 법이다. […] 흔히 최선의 의도가 최악의 예술작품을 낳고, 예술가는 교훈적 의지 때문에 자신의 예술을 타락시킬 가능성이 크다."[26] 지드에 따르면, "시인의 관점"은 "사제나 사단장의 관점"[27]과는 전혀 다르기에, 한 편의 시가 그 저자인 시인의 "교훈적" 의도에 합치할 경우, 그 작품은 졸작이라는 말이다.[28] 왜냐하면 저자의 종교적인 신념이나 계도적인 주장을 담고 있어서 오로지 단 하나의 의미만을 지닌 소위 '논문작품(oeuvre à thèse)'일 테니까. 그래서 작가 알베르 카뮈는 "논증하는 작품인 논문소설(roman à thèse)은 모든 작품들 중에서도 가장 혐오스러운 작품으로 거의 대부분의 경우 **배부른** 사고에서 나온 작품이다"[29]라고 했으며, 모리스 블랑쇼도「사르트르의 소설들」에서 논문소설을 "가장 부도덕한 소설"[30]이라고 지적한 바 있다.

이와 관련하여, 프루스트의 촌철살인을 떠올리지 않을 수 없다.『잃어버린 시간을 찾아서』의 작가는 "내가 야심 차게 내 책에 별명을 붙인다면, 나는 감히 성당이라 하지 않고, 아주 단순하게 옷이라 할 것이다"[31]면서 "이론이 들어 있는 작품은 여전히 가격표가 붙어 있는 물건과도 같다"[32]고 힐난했다. 물건을 사긴 샀는데, 거들떠보지도 않고 방구석에

---

[26] André Gide, *Journal* 1939~1949, Paris, Gallimard, "Bibliothèque de la Pléiade", 1972, p. 52.
[27] *Ibid.*
[28] 이런 이유로 지드는 "그토록 자주 인용되는" 샤를 페기의 시집『이브』에 실린 시들을 "형편없는 졸작(그마저도 봐주면서 말해서)"(*ibid.*)으로 평가했다.
[29] Albert Camus, *Le Mythe de Sisyphe*, Paris, Gallimard, "Idées", 1982, p. 154 ; souligné dans le texte.
[30] Maurice Blanchot, *La Part du feu*, Paris, Gallimard, 1987, p. 190. 블랑쇼는 이 "논문소설"의 예로 사드의『쥐스틴』을 들고 있다.
[31] Marcel Proust, *Le Temps retrouvé*, Paris, Gallimard, "Folio", 1992, p. 338.
[32] *Ibid.*, p. 189.

처박아 놓았을 테니까. 게다가, "가격표"가 물건의 실질적인 효용가치를 결정하는 것도 아니다. 어떤 이에게는 그 값어치 이상의 값을 하고, 어떤 이에게는 정반대의 경우일 수도 있다. 또한 소비자가 필통을 사서 수저통으로 쓴다고 한들, 생산자가 필통으로만 쓰라고 개입할 수도 없는 노릇이다. 결국 의도주의의 치명적인 결함은 작품을 "옷"이 아니라 "성당"으로 여기는 데에, 즉 저자의 주체를 절대적 주체, '신적인' 주체로 상정하는 데에 있다.

그러나 헤겔이 설파했듯이, 작품은 "개별적인 의식(conscience particulière)이 아니라 **보편적인** 의식(conscience *universelle*)"[33]의 산물이기에 다양한 독자들을 만날 수 있는 것이고, 더 근본적으로는 "다른 개인들을 위해서 **존재하는**"[34] 것이지 저자 자신을 위해서 존재하는 게 아니다. 그래서 시인 엘리엇은 『신성한 숲』에서 "시는 개성의 표현이 아니라, 개성으로부터의 탈출이다"[35]라고 했고, 폴 발레리도 "어떤 작품이든 한 '저자'가 아니라 수많은 다른 것들의 산물이다"[36]라고 했다. 이처럼, 작품을 '비개인성'이나 '탈개인성'의 표현으로 보는 시각은 문학적 사고의 오랜 전통에 그 뿌리를 두고 있다.

의도주의에 대한 반론은 무엇보다도 시인 발레리의 문학에 대한 명철한 성찰들에서 그 핵심적인 논거들을 찾을 수 있다.[37] 발레리는 "작품과

---

[33] G. W. F. Hegel, *La Phénoménologie de l'esprit*, traduit par Jean-Pierre Lefebvre, Paris, Aubier, 1991, p. 278 ; souligné dans le texte.
[34] *Ibid.*, p. 279 ; souligné dans le texte.
[35] T. S. Eliot, *The Sacred Wood*, New York, Methuen, 1986, p. 58.
[36] Paul Valéry, *Oeuvres*, Paris, Gallimard, "Bibliothèque de la Pléiade", t. II, 1971, p. 629.
[37] 물론, 「삐에르 메나르, 『돈키호테』의 저자」를 쓴 보르헤스의 반론도 떠오르지 않을 수 없다. 왜냐하면 이 단편은 의도주의의 오류에 일침을 가한 작품으로 20세기 신비평 이론의 선구적인 텍스트로 통하기 때문이다. 다음의 인용문은 동일한 텍스

저자와의 관계는 가장 신기한 사태들 중의 하나이다. 작품은 실제 저자에게로 거슬러 올라가는 것을 결코 허락하지 않는다. 단지 가상의 저자에게만"[38]이라고 했는데, 다음의 인용문에서도 이를 확인할 수 있다.

'작가' : 작가는 언제나 자신이 생각하는 것보다 더 그리고 덜 말한다.
그는 자기 생각을 제거하기도 하고, 자기 생각에 덧붙이기도 한다.

트가 시대에 따라 달리 해석될 수 있음을 보여주는 대표적인 예이다.

"세르반테스의 텍스트와 삐에르 메나르의 텍스트는 언어상으로는 단 한 자도 다른 게 없다. 그러나 삐에르 메나르의 것은 전자보다 거의 무한할 정도로 풍요롭다. […] 메나르의 『돈키호테』와 세르반테스의 『돈키호테』를 비교해 보면 그것은 확실히 드러난다. 예를 들어 세르반테스는 이렇게 적고 있다.

… 진리, 진리의 어머니는 시간의 적이고, 사건들의 저장고이고, 과거의 목격자이고, 현재에 대한 표본이며 충고자이고, 그리고 미래에 대한 상담관인 역사이다.
−『돈키호테』 제1부 9장

17세기의 <평범한 천재>인 세르반테스에 의해 편집된 이러한 열거형 문장은 역사에 대한 단순한 수사적 찬양에 불과하다. 반면 메나르는 이렇게 적는다.

… 진리, 진리의 어머니는 시간의 적이고, 사건들의 저장고이고, 과거의 목격자이고, 현재에 대한 표본이며 충고자이고, 그리고 미래에 대한 상담관인 역사이다.

역사는 진리의 <어머니>이다. 이러한 생각은 놀라운 것이다. 윌리엄 제임스와 동시대 사람인 메나르는 역사를 현실에 대한 탐구가 아닌 현실의 원천으로 정의한다. 메나르에게 있어 <역사적 진실>이란 일어난 사건이 아니라 사건이 일어났을 것이라고 판단하는 행위를 가리킨다."(호르헤 루이스 보르헤스, 『픽션들』, 황병하 옮김, 민음사, 2012년, pp. 84~86)

특히, 위 인용문의 마지막 문장, 즉 "메나르에게 있어 <역사적 진실>이란 일어난 사건이 아니라 사건이 일어났을 것이라고 판단하는 행위를 가리킨다"는 '저자의 의도'라는 게 결국 '저자의 의도일 거라고 추정하는 것'에 지나지 않음을 명쾌하게 적시하고 있다.

[38] Paul Valéry, *Cahiers*, Paris, Gallimard, "Bibliothèque de la Pléiade", t. II, 1974, p. 1194.

> 그가 쓰는 글은 결국 그 어떤 실제적인 생각과도 일치하지 않는다. 훨씬 더 풍부하기도 하고, 훨씬 덜 풍부하기도 하다. 훨씬 더 장황하기도 하고, 훨씬 더 간략하기도 하다. 훨씬 더 명료하기도 하고, 훨씬 더 애매하기도 하다.
>
> 바로 이렇기 때문에 저자를 그의 작품으로부터 재구성해내려는 자는 반드시 가상의 인물을 조작해낸다.[39]

사고와 언어의 불일치를 꿰뚫어본 시인의 혜안에서 나온 명민한 통찰이다. 생트-뵈브를 겨냥한 비수의 칼끝이다. 글을 쓰는 '나'와 작품 속의 '나'는 서로 다른 '나'이기 때문이다. 다시 말해서, 문학 작품은 근본적으로 허구이므로, 작품 속의 '나'는 "가상의 인물(personnage imaginaire)"이지 결코 "실제 저자(vrai auteur)"가 아니기 때문이다. 그래서 발레리는 **"작품은 그 저자가 창조한 것과 전혀 다르게 보일 때만 비로소 작품으로서 오래간다"**[40]고 논파했다. 작가와 작품의 관계에 대한 시인의 사유 속으로 좀 더 들어가 보기로 하자.

> 작품이 출간되면, 저자의 해석은 어느 누구의 전혀 다른 해석보다 더 많은 가치를 지니는 게 아니다.
>
> 만일 내가 피에르의 초상화를 그렸는데, 누군가가 내 작품이 피에르보다는 자크와 더 닮았다고 해도, 나는 그에게 어떤 반론도 제기할 수 없다. 그의 주장은 나의 주장만큼이나 일리가 있다.
>
> 나의 의도는 나의 의도일 뿐이고, 작품은 작품이다.[41]

---

[39] Paul Valéry, *Oeuvres, op. cit.*, t. II, p. 569.
[40] *Ibid.*, p. 561 ; souligné dans le texte.
[41] *Ibid.*, p. 557.

비록 자신의 작품이라 할지라도, 저자의 해석이 다른 사람의 해석보다 더 우월하다거나 더 정당하다고 주장할 수 있는 어떤 객관적이고 논리적인 근거도 없다는 게 발레리의 지론이다. 왜냐하면 바로 이것이 문학의 본질이자 존재론적 진리이기 때문이다. 그러므로 "나의 의도는 나의 의도일 뿐이고, 작품은 작품이다"라는 시인의 사유는 아무리 곱씹어도 지나침이 없을 것이다. 작가의 의도와 작품의 의미와의 괴리에 대해서는, 아래에 인용하는 발레리의 두 가지 비유보다 더 상징적이고 더 웅변적인 논거도 찾아보기 힘들 것 같다.

> 새가 자신이 노래하는 게 무엇인지, 왜 그걸 노래하는지, 그리고 자기 안의 **무엇이** 노래하고 있는지를 안다면, 새는 노래하지 않을 것이다.[42]

> **자신의 작품을 바라보는 저자의 시각에 대하여.**
> 때로는 오리알을 품었던 백조, 때로는 백조알을 품었던 오리.[43]

"새는 노래하는 의미도 모르면서 자꾸만 노래를 한다"라는 노랫말이 있듯이, 작가란 "결코 붓을 내려놓지 못하는, 붓을 내려놓을 수 없는 '병든' 손"[44]일 뿐, 그는 이 "병든 손"에서 나온 작품이 미운 오리새끼가 될지, 아니면 사랑받는 백조가 될지 알 수 없다. 물론, 사랑받는 백조가 되기를 바라긴 하겠지만, 그건 그저 그의 바람일 뿐이다. 게다가 자신은 백조를 그렸다고 여기는데, 정작 독자들은 오리로 보는 경우도 허다하다. 바로

---

[42] *Ibid.*, p. 484 ; souligné dans le texte.
[43] *Ibid.*, p. 483 ; souligné dans le texte.
[44] Maurice Blanchot, *L'Espace littéraire*, Paris, Gallimard, "Essais", 1988, p. 19.

이런 게 문학의 현실이다. 요컨대, 발레리의 알레고리가 암시하는 것은 작가의 의도와 작품의 의미 사이에는 언제나 단절 가능성이 존재한다는 사실이다.

20세기 프랑스 화단을 대표하는 인물들 가운데 하나인 화가 장 바젠은 정신분석학자 미셸 르두의 "결국 당신이 표현하는 게, 당신이 창조하는 게 당신 자신이라고 생각하는가?"라는 질문에 "내가 모르는 나 자신이라고 생각한다. 당신네들이 무의식 또는 잠재의식이라고 부르는 것인데, 그것인지는 모르겠다"[45]고 대답했다. 모리스 블랑쇼가 작품을 "타자가 되어버린 나 자신"[46]이라고 한 것도 같은 맥락이다. 끝으로, 사뮈엘 베케트의 고백은 의도주의 이론에 경종을 울리는 죽비소리처럼 들린다. 베케트는 『고도를 기다리며』의 진정한 의미가 무엇이냐는 질문에 다음과 같이 아주 우아하게 대답했다고 한다.

내가 그걸 안다면, 당신에게 말해줄 텐데.[47]

---

[45] Michel Ledoux, *Corps et création*, Paris, Les Belles Lettres, 1992, p. 27.
[46] Maurice Blanchot, *De Kafka à Kafka*, Paris, Gallimard, "Idées", 1985, p. 27.
[47] Cité par Werner G. Jeanrond, *Introduction à l'herméneutique théologique*, Paris, Cerf, 1995, p. 117. 흔히 부조리극으로 알려진 『고도를 기다리며』에 대해서는 여러 가지 해석들이 있지만, 그 중의 하나가 주인공 이름을 영어의 '신(God)'과 프랑스어 속어에서 쓰이는 '‒ot'('cheminot'와 'godillot'의 경우에서 보듯이 '‒ 하는 자'를 뜻함)의 합성어로 해석해서 이 작품에 형이상학적 의미를 부여한 것이다. 그런데 베케트 자신은 "내가 그런 의미를 부여하려 했다면, 나는 고도(Godot)가 아니라 신(Dieu)이라고 명명했을 것"이라고 하면서 상기의 해석을 늘 부인했다고 한다. 베케트는 "하기야 고도라는 길 이름도 있고, 고도라는 사이클 선수도 있다"면서 "보다시피 해석의 가능성은 거의 무한하다"고 덧붙이기도 했다. 베케트에 따르면, 프랑스어 속 'godillot'(맹목적으로 추종하는 자)와 'godasse'(신발)라는 낱말이 떠올라 고도라는 이름을 붙이게 되었다는 게 전부이다. 그리고 베케트는 미셸 폴락에게 보낸 편지(1952년 1월)에서 다음과 같이 명시하기도 했다. "나는 이 작품에 대해서 주의 깊게 읽는 독자보다 더 아는 게 없다. 나는 고도가 누구인지 모른다.

2.2. 반의도주의 또는 "저자의 죽음"

모리스 블랑쇼는 1955년에 발표한 『문학 공간』에서 "작품이 존재하는 순간부터 작가는 이미 죽어 있는 게 아닐까?"[48]라고 반문하면서, "작품은 작가를 해고해버리는 선고 그 자체이다"[49]라고 덧붙였다. 왜냐하면 "해고당한 자"[50]인 작가는 "작품 곁에서 살 수도, 머물 수도 없기"[51] 때문이다. 블랑쇼에게 작품은, 앞서 인용한 프루스트의 표현을 빌리자면, "성당"이 아니라 "옷"이나 다름없다. 옷을 만드는 데에 참여했던 디자이너나 재봉사가 구매자에게 그 옷의 소유권을 주장할 수는 없는 법이니까 말이다. 기껏해야 그들은 구매자가 최대한 즐겨 입기만을 바랄 수 있을 뿐이다. 게다가, 구매자가 여름옷을 겨울에 입는다고 해도 어쩔 수 없는 노릇이다. 바로 이런 게 '문학이라는 공간'에서 벌어지는 현실이고, 어쩌면 문학의 고유한 현상학일지도 모른다.

블랑쇼가 "작가는 작품 곁에 머물 수 없다. 작가는 오로지 작품을 쓸 수 있을 뿐이다"[52]라고 누누이 역설했던 이유도 바로 이러한 문학의 특성, 즉 작가는 작품을 '내버리고' 작품은 작가를 '해고해버린다'는 사실을 어느 누구보다도 냉철하고 명철하게 인식했기 때문일 것이다. 그래서 블랑쇼는 '해고된' 작가와 '버림받은' 작품이 겪어야 할 숙명적인 고독을

게다가 특히, 나는 그가 존재하는지조차 모른다. 이 모든 것에서 훨씬 더 넓고 훨씬 더 고상한 의미를 찾아내려는 데 대해서 말하자면, 나는 그럴만한 가치가 있는지 알 수 없다. 하지만 그건 가능한 일이다." 이처럼, 작품의 의미는 저자의 의도와 무관하고 늘 무궁무진한 해석의 가능성이 있다는 게 베케트의 지론이다.

[48] Maurice Blanchot, *L'Espace littéraire*, op. cit., p. 16.
[49] *Ibid.*, p. 17.
[50] *Ibid.*, p. 14.
[51] *Ibid.*, p. 17.
[52] *Ibid.*

"본질적인 고독"⁵³이라 지칭했다. 하지만 블랑쇼에 앞서 이미 말라르메가 "순수한 작품은 낱말들에 주도권을 양도해버린 시인의 웅변적인 사라짐을 초래한다"⁵⁴며 '저자의 죽음'을 선고했던 사실은 잊지 말아야 할 것이다. 시인은 사라지고 시만 남는다는 평범한 진리이다. 이 진리에 따르면, 시인이 아니라 시의 언어 자체가 의미 생산의 주체이다. 말라르메의 입장에 전적으로 동조하는 바르트는 "언어가 말하는 것이지 저자가 말하는 게 아니다"⁵⁵라고 하면서, 현대적 의미의 텍스트⁵⁶에는 "모든 차원에서 저자가 부재한다"⁵⁷고 단언했다.

『생트-뵈브에 대한 반론』의 저자 프루스트는 "작품은 우리의 습관이나 악덕 또는 우리가 사회생활에서 보여주는 나와는 다른 **나**의 산물이다"⁵⁸라고 했다. 문학 작품은 "사회적인 나와는 다른 나, 즉 의식적인 의도(intention consciente)로 귀착될 수 없는 심오한 나의 산물"⁵⁹이므로, 이 텍스트의 의미는 작가의 개인적인 삶이나 가치관과 연관될 수 없다는 게 프루스트의 주장이다. 이와 관련하여, 의도주의 또는 동일성 이론에

---

[53] "본질적인 고독(solitude essentielle)"은 『문학 공간』의 제1장의 제목이다.
[54] Stéphane Mallarmé, *Oeuvres complètes*, Paris, Gallimard, "Bibliothèque de la Pléiade", 1945, p. 366.
[55] Roland Barthes, "La mort de l'auteur", Roland Barthes, *Le Bruissement de la langue*, Paris, Seuil, 1984, p. 64.
[56] 롤랑 바르트는 「작품에서 텍스트로」라는 글에서 "작품은 손에 들어 있고, 텍스트는 언어에 들어 있다"(Roland Barthes, "De l'oeuvre au texte", in Roland Barthes, *Le Bruissement de la langue, op. cit.*, p. 73)고 구분하면서 일곱 가지 점에서 '작품'과 '텍스트'의 특성을 구분하고 있는데, 아주 흥미로운 분석들을 제시하고 있다. 하지만 이 논문에서는 바르트의 구분을 전적으로 따르는 게 아니라, 문맥에 따라 작품 또는 텍스트라는 용어를 선택하고 있음을 밝혀둔다.
[57] Roland Barthes, "La mort de l'auteur", *op. cit.*, p. 66.
[58] Marcel Proust, *Contre Sainte-Beuve, op. cit.*, p. 137 ; souligné dans le texte.
[59] Antoine Compagnon, *Le Démon de la théorie, op. cit.*, p. 51.

반대하는 이론가들이 내세우는 논거를 앙투안 콩파뇽은 다음과 같이 두 가지로 요약했다. 첫째로 "저자의 의도는 타당성이 없으며", 둘째로 "작품은 저자의 의도를 넘어서서 존속한다."[60] 한편으로 보면, 누구든지 하나의 텍스트를 쓸 때 자신이 하고 싶은 말이 있긴 하지만, 실제로 완성된 텍스트의 의미와 자신이 하고 싶었던 말이 반드시 일치한다는 그 어떤 보장도 없으며, 다른 한편으로 보면, 특히 문학 텍스트의 경우, 예를 들어 위고나 괴테의 작품들이 시대와 사회를 초월해서 끊임없이 새로운 해석들이 나온다는 사실은 의도주의의 한계를 반증하는 결정적인 논거이다.

아마도 문학의 역사에서 반의도주의의 선구자는 프랑수아 라블레일 것이다. 라블레는 『가르강튀아 / 팡타그뤼엘』의 서문에서 "여러분은 서두를 이렇게 시작하는 것이 무슨 의도라고 생각하는가?"[61]라고 독자들에게 물으면서 "문자 그대로의 의미로는 재미있는 것이고 제목과 내용이 일치한다고 생각되는 경우에도 세이렌의 노래를 들은 것처럼 거기에 머무르지 말고, 혹시 경박한 기분으로 이야기했다고 여겨지는 것이라도 보다 심오한 의미로 해석해야 한다"[62]고 주문했다. 문자적 의미가 아니라 상징적 의미를 파악하라는 주문인데, 이 주문은 독자에게 해석의 권한을 부여하면서도 "보다 심오한 의미"에 저자의 의도가 담겨 있다는 의미로 이해될 가능성도 있긴 하다.

그러나 이어지는 글에서 "여러분은 진정으로 과거에 호메로스가 『일리아스』와 『오디세이아』를 썼을 때 플루타르코스와 헤라클리데스 폰티쿠스, 에우스타티우스, 코르누투스가 그것에 관해서 잔뜩 주석을 달았고,

---

[60] *Ibid.*, p. 83.
[61] 프랑수아 라블레, 『가르강튀아 / 팡타그뤼엘』, 유석호 옮김, 문학과지성사, 2004, p. 16.
[62] 같은 책, p. 17.

이들로부터 폴리지아노가 도용한 알레고리들을 생각했다고 믿는가? 그렇게 믿는다면, 여러분은 내 의견의 발치에도 미치지 못한 것이다. […] 호메로스도 이 알레고리들을 생각해본 적이 없었다고 생각한다"[63]고 적시한 것을 보면, 라블레는 저자의 의도를 부정하면서 다양한 해석의 가능성을 열어주고 있음을 알 수 있다.[64] 그래서 라블레는 위 서문의 결어에서 다음과 같이 주문했다. "나의 모든 행동과 말을 가장 완벽한 쪽으로 해석하라. 이 멋지고 무의미한 말들을 여러분에게 양식으로 제공하는 이 치즈 덩어리 모양의 머리에 존경심을 갖고, 능력이 닿는 한 언제나 나를 즐겁게 해주기 바란다."[65] 저자가 독자에게 부여한 재량권을 가지고, "비방하기 위한"[66] 목적에서 악의적으로 왜곡된 해석이 아니라, "멋지고 무의미한 말들"에서 저자가 생각하지 못했던 "완벽한" 해석들을 내놓을 때, 독자는 비로소 저자를 즐겁게 해줄 수 있다는 게 라블레의 '의도'라면 의도이다.

한편, 문학비평 이론 차원에서 반의도주의가 널리 퍼지게 된 데에는 1930년대에 영미 비평계에 등장한 신비평의 이론가들, 즉 시인 엘리엇을 위시해서 워렌, 엠슨, 랜섬, 브룩스, 비어즐리, 웜새트 등에 힘입은 바가 크다. 특히, 웜새트와 비어즐리가 공동 집필해서 1946년에 발표한 글

---

[63] 같은 책, p. 18.
[64] 『가르강튀아 / 팡타그뤼엘』의 역자인 유석호에 따르면, 『가르강튀아』의 마지막 장인 제58장 「예언 형식의 수수께끼」는 "멜랭 드 생 즐레(Mellin de Saint-Gelais)라는 시인이 쓴 당시 유행하던 수수께끼 시를 옮겨놓은 것이다. 원래는 정구 경기의 모습을 장중한 문체로 묘사한 것이지만, 라블레는 첫 두 행과 마지막 열 행을 추가해서 원래의 시와 다른 의미로 해석될 수 있는 가능성을 제시한"(같은 책, p. 256, 역주 456) 것이라고 한다. 말하자면, 라블레는 「삐에르 메나르, 『돈키호테』의 저자」를 쓴 보르헤스의 원조인 셈이다.
[65] 같은 책, p. 19.
[66] 같은 책, p. 483.

「의도의 오류」는 반의도주의 이론을 창시한 텍스트로 정평이 나 있는데, 두 필자는 "저자의 의도나 구상은 문학 작품의 성공 여부를 판단하는 기준으로서는 유용하지도 바람직하지도 않다"[67]라고 선언했기 때문이다. 이들에 따르면, 저자가 자신의 의도를 구현하는 데에 실패했을 경우, 작품의 의미는 저자의 의도와 일치할 수 없기 때문에, 저자의 증언은 아무런 가치가 없고, 또한 설령 저자가 작품 속에 자신의 의도를 훌륭하게 구현해서 작품의 의미가 저자의 의도와 일치할 경우, 이미 저자의 의도가 구현되었기 때문에, 여기에서도 저자의 증언은 아무런 가치가 없다는 논리이다. 요컨대, 저자는 자신의 작품에 대해서 왈가왈부할 수도, 또한 왈가왈부해서도 안 된다는 것이다.

반의도주의를 논할 때, 롤랑 바르트가 1968년에 발표한 저 유명한 글「저자의 죽음」을 언급하지 않을 수 없다. 레이몽 피카르와 이미 한 차례 격전을 치른 바르트는 이 글에서 "**저자**는 문학사 개론서들이나 작가의 전기들 그리고 잡지의 인터뷰들에서 여전히 군림하고 있다. […] 일상의 문화에서 우리가 찾아볼 수 있는 문학의 이미지는 압도적으로 저자, 저자의 인격, 저자의 내력, 저자의 취향, 저자의 정념에 집중되어 있다"고 진단하면서, 작품 설명에 대한 유일한 준거로 "자신의 '속내 이야기'를 털어놓는 **저자**"[68]의 의도, 즉 "**저자** – **신**(神)의 '메시지'"[69]를 "유일한

---

[67] William K. Wimsatt et Monroe Beardsley, "The Intentional Fallacy", in Monroe Beardsley, *The Verbal Icon. Studies in the Meaning of Poetry*, Lexington, University of Kennedy Press, 1954, p. 3.

[68] Roland Barthes, "La mort de l'auteur", *op. cit.*, p. 64 ; souligné dans le texte. 바르트는 '저자'를 'auteur', '*auteur*', 'Auteur'로 구분해서 표기하는데, 이러한 구분을 반영하기 위해서 'auteur'는 '저자'로, '*auteur*'는 '**저자**'로, 'Auteur'는 '**저자**'로 표기한다.

[69] *Ibid.*, p. 67 ; mis en majuscule dans le texte.

의미"⁷⁰로 단정하는 실증주의 전통비평을 가차 없이 비판했다. 반면에, 바르트는 프랑스의 문학적 전통에는 이 "**저**자의 제국"⁷¹을 무너뜨린 작가 말라르메도 있다면서, "말라르메의 시학은 오로지 글을 위해 저자를 지워버리는 데에 있다"⁷²며 상징주의 시인을 칭송했다.

바르트에 따르면, "글을 쓴다는 것은, 탈개인성(어떤 경우에도 사실주의 소설가들의 특질인 객관성과 혼동해서는 안 될 것이다)을 전제로, '나'가 아니라, 오로지 언어가 활동하고, 언어가 '성공하는' 경지에 도달하는 것"⁷³이므로, "글쓰기는 중성이고, 합성이고, 우리의 주체가 달아나는 사선(斜線)이고, 무엇보다도 먼저, 글을 쓰는 자의 정체성 자체를 위시해서 모든 정체성이 소멸되는 흑백지대이다."⁷⁴ 바르트가 "다중의 글쓰기(écriture multiple)"⁷⁵라 부르는 이러한 글쓰기 자체의 고유한 속성으로 인해, "말은 그 기원을 상실하고, 저자는 자신의 죽음으로 들어가고, 글쓰기가 시작된다."⁷⁶ 따라서 "일단 **저**자가 제외되면, 하나의 텍스트를 '해독한다'는 주장은 전적으로 무용하다. […] 글쓰기는 끊임없이 어떤 의미를 제시하지만, 그것은 언제나 그 의미를 증발시켜버리기 위한 것이다."⁷⁷ 바르트는 『텍스트의 즐거움』에서도 "권위자로서의 저자는

---

⁷⁰ *Ibid.*
⁷¹ *Ibid.*, p. 64 ; mis en majuscule dans le texte.
⁷² *Ibid.*, pp. 64~65.
⁷³ *Ibid.*, p. 64.
⁷⁴ *Ibid.*, p. 63.
⁷⁵ *Ibid.*, p. 68. "다중의 글쓰기"에 대해서는 발레리가 이미 언급한 바 있다. "한 편의 작품은 **저**자의 주도하에 수많은 '에스프리들'과 사건들(선조들, 상황들, 우연들, 선배작가들)에 의해 만들어진다."(Paul Valéry, *Oeuvres*, *op. cit.*, t. II, p. 566 ; mis en majuscule dans le texte)
⁷⁶ *Ibid.*, p. 63 ; souligné dans le texte.
⁷⁷ *Ibid.*, p. 68 ; mis en majuscule dans le texte.

사망했다. 시민 개인, 정념의 개인, 전기적인 개인은 사라졌다. [권위를] 박탈당한 이 개인은 더 이상 자기 작품에 저 무시무시한 부권(formidable paternité)을 행사하지 못한다"[78]고 거듭 역설했다.

바르트에 이어 미셸 푸코도 1969년 2월 콜레지 드 프랑스에서 행한 강연 「저자란 무엇인가?」에서 "저자는 작품을 가득 채워줄 의미들의 무한한 원천이 아니다"[79]라고 선언했다. 특히, 푸코는 "글쓰기와 죽음의 유사성"에 주시했는데, "이 글쓰기와 죽음의 관계는 글을 쓰는 주체의 개성들이 사라진다는 데에서도 드러난다. 글을 쓰는 주체는 자신과 자신의 글 사이에 온갖 갈지자형 장애물들을 설치함으로써 자신의 독특한 개인성의 모든 기호들이 추적당하지 못하도록 한다. 자신의 부재라는 기이함만이 작가의 흔적이다. 글쓰기 놀이에서 작가는 사자(死者)의 역할을 담당해야 한다. 이 모든 것은 익히 알려진 사실이다. 이미 오래전에 비평과 철학은 이러한 저자의 사라짐 혹은 죽음을 선언했다"[80]고 상기시키면서, "저자는 담론에 고유한 존재 양식들을 위해서 스스로 자기를 지우거나 지워져야만 한다"[81]고 주장했다. 자크 데리다가 지적했듯이, 글쓰기는 흔적들을 남기지만, 결국 그 흔적들은 지워져버리기에, 글쓰기에는 "늘 어조가 없다(toujours atonal)".[82] 요컨대, 푸코의 요지는 "**작품**의 불확실성

---

[78] Roland Barthes, *Le Paisir du texte*, Paris, Seuil, 1973, p. 39.
[79] Michel Foucault, "Qu'est-ce qu'un auteur?", in Michel Foucault, *Dits et écrits I 1954~1975*, Paris, Gallimard, 2012, p. 839.
[80] *Ibid.*, p. 821.
[81] *Ibid.*, p. 845.
[82] Jacques Derrida, *De la grammatologie*, Paris, Minuit, 2011, p. 424. 데리다는 "글쓰기에서는 주체의 자리를 타자가 차지해버린다. 주체의 자리가 도둑질당했다"면서 "발화된 문장은 단지 한 순간[발화되는 순간]에만 유효하고, 오로지 '현재 있는 곳에서만 고유한 성질'을 지니므로, 글이 된 순간부터 그 출생지와 고유한 의미를 상실한다"(*ibid.*)고 강조한다.

(incertitudes de l'*opus*)"⁸³이라는 표현에 오롯이 담겨 있는데, 그가 「저자란 무엇인가?」의 끝말로 인용한 베케트의 경구 "누가 말을 하든 무슨 상관이랴"라는 "무관심의 뭇소리(bruit d'une indifférence)"⁸⁴가 이를 온새미로 대변하고 있다.

한스-게오르그 가다머와 폴 리쾨르가 대표하는 현대 해석학이 저자의 의도보다는 텍스트의 의도를 중시한다는 것은 주지의 사실이다. 가령, 폴 리쾨르는 「텍스트란 무엇인가?」에서 다음과 같이 에두르는 표현으로 '저자의 죽음'을 선고했다. "나는 이따금 다음과 같이 말하길 좋아한다. 즉, 책을 읽는다는 건 그 저자를 이미 고인으로 간주하고, 그 책을 유작(遺作)으로 간주하는 것이라고 말이다. 사실, 작품과의 관계가 온전하게 되고, 어떤 점에서 보면, 흠이 없게 되는 것은 오로지 저자가 사망했을 때이다."(TA, 139) 리쾨르는 한 해석학자와의 인터뷰에서도 "나는 작품들이 스스로 말을 한다고 생각한다. 작품의 힘은 그 저자가 죽어도 살아남는다는 데에 있다. 따라서 어떤 점에서 보면, 저자는 자신의 작품에 의해서 지워져버린 것이나 다름없다"(EPR, 229)고 대답한 바 있다. 문학적 현실을 현상학적 존재론의 시각에서 바라본 결과이다.

가다머의 입장도 이와 다를 바 없다. 가다머에 따르면, "누군가의 말을 이해한다는 것은 말해진 것에 대해 합의하는 것이지, 타자에게 전이해서 그의 지나온 삶을 다시 사는 게 아니기"(VM, 229) 때문에, 그 말의 의미는 "말하는 자에게가 아니라 말해진 그것에 귀속된다."(VM, 345) 게다가 문학 텍스트의 경우, 일상의 대화에서와는 달리 대화상대자가 없다. 텍스트 자체가 아니라면 말이다. 그러므로 "글의 형식으로 전해진 모든

---

⁸³ Michel Foucault, "Qu'est-ce qu'un auteur?", *op. cit.*, p. 818.
⁸⁴ *Ibid.*, p. 840.

것은 모든 현재와 동시대적이기"(VM, 236) 때문에, 텍스트를 이해한다는 것은 "과거의 무엇인가를 되풀이하는 게 아니라 현재적 의미에 참여하는 것이다."(VM, 239) 요컨대, "이해의 문제는 텍스트의 기원을 재구성해내는 '역사적인 이해'가 결코 아니라, 그와 반대로 우리가 **이해**하려고 하는 것은 **바로 텍스트 그 자체이다**"(VM, 234)는 게 해석학자 가다머의 일관된 지론이다.

이상에서 보듯이, 작품에 대해 저자의 권한을 인정하는 의도주의 이론을 부정하는 작가와 이론가들은 저자와 작품의 분리를 필연적인 사태로 인식하고 있다. 이것은 마치 어머니의 뱃속에서 나오는 순간, 탯줄을 잘라야만 아이의 삶이 보장되고, 또한 비록 모자지간이긴 하지만, 아이와 어머니는 각자가 독자적인 인격체를 가진 별개의 인간으로 존재하는 것과도 마찬가지이다.[85] 굳이 비유하자면, 소위 '마마보이'라고 불리는 이들의 삶이 그다지 가치 있는 삶이 아닐 경우가 허다하듯이 말이다. 결국 저자의 의도가 있느냐 없느냐의 문제가 아니라, 또한 저자의 의도의 존재 자체를 부정하는 것이 아니라, 설령 저자의 의도가 있다 하더라도, 작품의 의미가 저자의 의도에 국한될 수 없다는 게 반의도주의 이론의 핵심이다.

블랑쇼의 표현을 빌리면, "**나를 읽지 마라**(*Noli me legere*)"[86]는 작품이 작가에게 내리는 명령이고, 작가는 이 절대명령에 따를 수밖에 없다. 왜냐하면 작가에게 작품은 "읽을 수 없는 것", 즉 "하나의 비밀"이기 때문인데, 비밀이 될 수밖에 없는 까닭은 "그에게서 이미 떨어져 나갔기

---

[85] 바르트가 「저자의 죽음」에서 저자와 작품과의 관계를 "부자지간"(Roland Barthes, "La mort de l'auteur", *op. cit.*, p. 66)에 비유하고 있듯이, 프랑스에서는 작가들이 자신의 작품을 흔히 "내 아이(mom enfant)"라고 부르기도 한다.

[86] Maurice Blanchot, *L'Espace littéraire*, *op. cit.*, p. 17.

때문이다."[87] 그러기에 "작가는 작품 곁에 체류할 수 없다."[88] 하지만 이것은 결코 "순전히 부정적인" 사태가 아니라, 그보다는 오히려 "우리가 작품이라고 부르는 것에 대해 저자가 취할 수 있는 유일하게 현실적인 접근법"[89]이다. 지극히 역설적이게도, 작가가 작품 곁에 머물지 않을 때, 비로소 작품은 무한한 가능성을 지닌 존재로 거듭 태어나고, 작가는 작품의 은총을 누리는 게 아닐까?

알베르 카뮈는 사망 직전의 인터뷰에서 자신의 작품들을 어떤 시각으로 바라보느냐는 질문에 "나는 재독하지 않는다. 그 모든 게 내겐 죽어있는 것이다"[90]라고, "나는 종종 실망하고, 아주 진정으로 비평의 판단에 맡겨버린다"[91]고 스스럼없이 대답했다. 실제로, 카뮈는 사르트르의 비평 「『이인』 해설」을 읽고 난 뒤, 장 그르니에에게 보낸 편지에서 "여러 번에 걸쳐 사르트르는 내가 말하고자 했던 것에 대해 내게 명확한 설명을 해주고 있다. 나는 또한 대부분의 그의 비판들이 정당하다는 것을 알고 있다"[92]며 비평가가 제시한 해석의 정당성을 기꺼이 인정하기도 했다. 그래서 카뮈는 "한 편의 문학작품은 늘 여러 가지 해석들이 가능하다"[93]고 했다.

---

[87] *Ibid.*

[88] *Ibid.*

[89] *Ibid.*

[90] Albert Camus, *Essais*, Paris, Gallimard, "Bbibliothèque de la Pléiade", 1984, p. 1922.

[91] *Ibid.*, p. 1926.

[92] Albert Camus et Jean Grenier, *Correspondance* 1932~1960, Paris, Gallimard, 1981, p. 88.

[93] "Table ronde sur *L'Etranger*", in L'Etranger *cinquante ans après*, sous la direction de Jacqueline Lévi-Valensi, Paris, Lettres modernes, "Albert Camus 16", 1995, p. 206.

3. 텍스트의 자립

저자의 의도를 부정하는 발레리가 작품의 주권을 전적으로 옹호했던 것은 필연적인 이치이다. "창작된 한 작품의 진정한 의미란 없는 법이다. 그리고 저자가 다른 누구보다 더 정당하고 확실하게 그 의미를 드러낼 수 있는 것도 아니다. 그럴 경우엔, 다른 작품이 될 것이다. 저자에게로 눈을 돌려서는 안 된다. 그럴 게 아니라, [독자는] 작품에 머물면서, 작품의 도움으로 자기 자신이 캐낼 수 있는 모든 의미들을 그 작품에 돌려주려고 노력해야 한다."[94] 작품의 배후에서 저자가 말하는 게 아니라, 작품 자체가 스스로 말을 한다는 통찰이다. 어쩌면 발레리의 시가 오늘날에도 독자들의 사랑을 받는 이유는 바로 여기에 있는 게 아닐까. 아무튼, 오늘날 해석학이 주장하는 텍스트의 자립이 시인의 사고 속에 이미 움트고 있었던 것만은 분명하다.

말라르메, 발레리, 카뮈, 블랑쇼, 바르트, 푸코 등 위에 거론된 작가들은 해석학의 이론가가 아니다. 그러나 그들의 문학론이 언어 자체의 시위를 인정하면서 텍스트의 자립을 주장하는 현대 해석학의 입장과 맞닿아 있다는 사실은 주목할 만하다. 이러한 사실은 현대 해석학의 대표주자인 가다머의 글 「철학과 문학」에서 어렵지 않게 확인할 수 있다. "모든 '문학'의 공통점이란 명백하게도 어쨌거나 작가가 사라진다는 것이다. 왜냐하면 작가는 언어의 시위에 자신이 아무것도 덧붙일 수 없다는 생각에 따라 아주 전적으로 언어의 시위를 받아들이기로 작정했기 때문이다. 모든 게 텍스트의 낱말들에 담겨 있다. 그 낱말들이 텍스트로서 시위하는 그대로 말이다. 바로 이것을 우리는 글쓰기 예술이라고 부른다."

---

[94] Paul Valéry, *Cahiers*, op. cit., t. II, p. 1203.

(E II, 179) 굳이 말하자면, 상기 작가들의 문학론과 해석학의 행복한 만남은 문학의 보편성, 더 나아가 해석학의 보편성에서 기인한 사태라고 할 수도 있지만, 기존의 문학 이론들이 관심을 두지 않았던 글쓰기 자체에 대한 새로운 인식과 탐구에서, 그리고 언어의 본성에 대한 현상학적이고 존재론적인 성찰에서 비롯된 것임을 상기할 필요가 있다.

오늘날 해석학은 흔히 '이해의 예술' 또는 '해석의 이론'이라 불린다. 그렇다면 이해와 해석의 대상은 무엇인가? 텍스트이다. 「텍스트란 무엇인가?」의 저자인 폴 리쾨르는 텍스트를 "글쓰기로 고정된 모든 담화"(TA, 137)라고 정의한다. 이 정의에 따르면, "글쓰기에 의한 고정"(TA, 137)은 텍스트를 구성하는 필수요건이다. 그렇다면, 글쓰기에 의한 고정이 가져오는 결과는 무엇인가? 다시 말해서, 말이 글이 될 때, 담화에 어떤 일이 벌어지는가? 리쾨르의 대답은 명료하다. "무엇보다도 글쓰기는 저자의 의도로부터 텍스트를 자립시킨다. 텍스트가 의미하는 것은 더 이상 저자가 말하고자 했던 것과 일치하지 않는다. 언어적 의미, 즉 텍스트의 의미와 정신적 의미, 즉 심리적 의미는 이제 서로 다른 운명을 안고 있다."(TA, 111) 이처럼, 글쓰기에 의한 고정이 가져오는 가장 근본적인 결과는 텍스트가 "자기소외적 거리두기(distanciation aliénante)"(TA, 101)를 한다는 데에 있다. 가다머도 다음과 같이 말한다. "글쓰기에 의한 고정은 해석학적 현상의 핵심에 해당한다. 글쓰기로 인해 작가나 저자로부터 독립된, 또한 수신인이나 특정하게 지명된 독자로부터 독립된 실존이 구현된다는 한에서 말이다."(VM, 239) 가다머는 글쓰기에 의해 비롯된 이러한 현상을 "자기소외(auto-aliénation (*Selbst-Entfremdug*))"(VM, 237)라 지칭한다.

좀 더 구체적으로 말하자면, "글쓰기 덕분에 담화는 삼중의 의미 자립을 획득한다. 즉, 발화자의 의도로부터, 원래 청자의 수용으로부터, 그리고 담화 발생 시의 경제적, 사회적, 문화적 상황으로부터"(TA, 31) 분리되어 독립된 존재로서 자립하는데, 이러한 현상학적 존재론적 사태를 가다머와 리쾨르는 "거리두기"라는 개념으로 통칭한다. 다시 말해서, "텍스트를 텍스트로서 존립케 하는 공통적인 특질"인 "거리두기"로 인해, "텍스트에 담겨 있는 의미가 저자의 의도로부터, 담화의 원래 상황으로부터, 그리고 최초의 수신인으로부터 이미 **자립해** 있다"(TA, 48)는 것이다. 그래서 리쾨르는 "글로 된 담화와 더불어, 저자의 의도는 텍스트의 의도와 더 이상 일치하지 않는다. […] 텍스트가 말하는 것은 저자가 말하고자 했던 것보다 훨씬 더 중요하다"(TA, 187)라고 판단한다. 저자의 의도를 부정하는 게 아니라, 저자의 의도가 텍스트 자체의 의미를 제한하거나 규정하지 못한다는 것이다. 텍스트의 자립이 가져오는 결과를 한마디로 요약하면 다음과 같다. "한 편의 작품은 그 자체에 내부적인 문제의식을 담고 있으며, 자신의 질문들에 대한 자신의 대답들을 가지고 있다."(EPR, 235) 리쾨르의 시각에 따르면, 작품에 담겨 있는 질문들을 활성화해서 텍스트로 하여금 이 질문들에 대답하도록 하는 것이 곧 '이해의 예술'이다.[95]

글쓰기에 의한 고정이 가져오는 결과인 텍스트의 자립에 대해서는 리쾨르에 앞서 가다머가 명확하게 설명한 바 있다. 현대 해석학의 범전으로 통하는 『진리와 방법』의 저자에 따르면, "언어가 그 진정한 영성(spiritualité)을 획득하는 것은 바로 글쓰기에서이다."(VM, 238) 그 이유는 다음과 같다. "글로 고정된 것에서는 말해진 것의 의미가 대화 시의 표현의 감성적 요인들로부터 전적으로 분리되어 있기에, 그 의미는 오로지

---

[95] 발레리도 비평의 과제를 다음과 같이 규정한다. "진정한 비평가의 연구 대상은 저자가(그걸 알면서든 모르면서든 간에) 자신에게 어떤 문제를 제기했는지를 알아내어서 그 문제를 해결했는지 못했는지를 찾아내는 것이 되어야 할 것이다."(Paul Valéry, Oeuvres, op. cit., t. II, p. 558)

말해진 것 자체에만 현전한다. 텍스트가 바라는 것은 삶의 표현으로서가 아니라, 바로 그 텍스트가 말하는 것 안에서 이해받는 것이다."(VM, 239) 간단히 말해서, 텍스트의 자립이 언어에게 "진정한 영성"을 안겨준다는 말이다. 왜냐하면 글쓰기에 의해 고정된 언어가 "막중하고 특별한 권위 요인"(VM, 110)을 부여받아 저자로부터 분리되어 독립된 존재로 거듭 나기 때문이고, 이로 인해 텍스트의 언어를 이해하려는 자는 그만큼 "전적인 주권"(VM, 238)을 누릴 수 있기 때문이기도 하다. 그래서 가다머는 "글쓰기는 언어의 순수한 이상향이다"(VM, 239)라고 했다.

하지만, "순수한 이상향"이 구현되어 "진정한 영성"을 얻은 언어도 현재로서는 침묵의 언어에 불과하다. 독자가 텍스트에게 말을 걸지 않는 한, 텍스트는 말이 없는 침묵의 언어, 소외된 언어에 지나지 않기 때문이다. 따라서 이 침묵의 언어를 깨우는 것은 바로 독자이다. 가다머의 설명을 들어보자. "글은 자기소외의 한 형식이다. 텍스트 읽기를 통해서 이 자기소외를 허무는 것, 바로 이것이 이해의 숭고한 사명이다."(VM, 237) 다시 말해서, "모든 글은 일종의 소외된 담화이고, 기호를 담론이나 의미로 재전환해야 한다. 글쓰기로 인해 의미가 일종의 자기소외를 겪게 되었다는 사실 때문에, 이러한 재전환은 해석학의 진정한 사명이 된다."(VM, 240) 글쓰기로 인해 말(언어)이 글로 고정되면, 그 글은 "자기소외(auto-aliénation)"를 감수하면서 스스로 자립하게 되므로, 이제 "해석이 텍스트를 언어로 옮겨내야 한다."(VM, 245)

리쾨르는 해석이 개입하기 이전의 텍스트와 그 이후의 텍스트가 지닌 성질을 "의미(sens)"와 "의미효과(signification)"라는 개념으로 구분해서 다음과 같이 명료하게 설명한다. "텍스트는 단지 의미, 즉 구조라는 내적 관계만을 가지고 있었다. 하지만 이제 텍스트는 의미효과, 즉 읽는 주체의 고유한 담론 안에서의 실행효과(effectuation)를 얻는다. 의미에서는 텍스트가 단지 기호학적 차원에 머물러 있었지만, 이제 의미효과에서는 텍스트가 의미론적 차원에 도달한다."(TA, 153) 한마디로, 해석은 "의미"가 "의미효과"를 발산하도록 하는 작업이다. 그래서 리쾨르는 "텍스트 자체 안에서 찾아낸다"(TA, 32)는 전제 하에 해석학의 과제를 다음과 같이 두 가지로 설정하고 있다. 첫째는 "작품의 구조를 관장하는 내부 역학"을 '설명'하는 것이고, 둘째는 작품이 "작품 밖으로" 기투(企投)하는 "내가 거주할 수도 있는 세계의 표상"(TA, 32)을 '이해'하는 것이다. 리쾨르는 "내부 역학(dynamique interne)과 외부 기투(projection externe)는 내가 텍스트의 작업(travail du texte)이라 부르는 것을 구성한다"면서, "이 이중의 텍스트의 작업을 재구성하는 것이 해석학의 과제이다"(TA, 32)라고 부연했다. 간단히 말해서, 기호학적 읽기(설명)와 의미론적 읽기(이해)를 수행하는 작업이 곧 해석학의 사명이다. 따라서 딜타이가 주장했던 설명과 이해의 대립 관계에서 벗어나, 설명과 이해를 "하나의 **해석학 궁자**(un unique *arc herméneutique*)"(TA, 155) 위에 재배치하면, 더 많은 설명이 더 나은 이해를 부른다(expliquer plus, comprendre mieux). 바로 이것이 "설명과 이해의 변증법"(TA, 33)인데, 여기에서 변증법이라 함은 "설명과 이해가 배타적 관계에 있는 두 축을 이루는 게 아니라, 해석이라는 복합적인 과정에 관련된 계기들을 구성한다"(TA, 162)는 의미이다. "결국 설명과 이해 그리고 이해와 설명의 상관관계가 '해석학적 순환'을 구성한다"(TA, 211)는 것이 리쾨르의 해석학과 딜타이의 해석학을 구분 짓는 근본적인 차이점이라고 할 수 있다.

그렇다면, 자기소외로 인한 텍스트의 자립이 가져오는 존재론적 결과는 무엇인가? 가다머의 대답은 명쾌하다.

글의 형식으로 전달된 모든 것은 모든 현재와 동시대적이다. 따라서 글쓰기는 과거와 현재의 공존이 이루어지는 유일한 장이다. 현재의 의식이 글로 된 모든 전통에 자유로이 접근할 수 있다는 한에서 말이다.(VM, 236)

독서를 통해 이해한다는 것은 과거의 것을 반복하는 게 아니라, 현재의 의미에 참여하는 것이다.(VM, 239)

이처럼, 글쓰기에 의한 고정이 이해하는 독자를 진리 주장의 변호사로 옹립하는 까닭은 바로 말해진 것과 말하는 사람을 완전히 떼어놓기 때문이다. […] 이해는 심리적인 전이가 아니다. 이해의 의미 지평은 저자가 염두에 두었던 것에 의해서도, 텍스트의 원 수신인의 지평에 의해서도 제한될 수 없다.(VM, 242)

모든 텍스트는 매 시대, 매 순간, 현재적 의미를 품고 있다는 시각이 현대 해석학의 근본 원리이다. 이와 같은 해석학적 원리에 따르면, "텍스트의 의미 의도는 명백하게도 그 저자가 염두에 두었던 것을 넘어선다. 이해의 사명은 무엇보다도 텍스트의 의미 자체와 관련되어 있다."(VM, 219) 이런 입장은 후설의 현상학과 하이데거의 존재론을 수용한 현상학적·존재론적 해석학이 취해야 할 필연적인 결과이다. 왜냐하면 현대 해석학은 텍스트의 현재성을 중시하기 때문이다. 따라서 "저자의 사고를 재구성하는 것은 전혀 다른 사명이다"(VM, 219)라는 가다머의 주장은 당연한 논리에 속한다. 리쾨르도 "자신의 텍스트에 부재한 저자의 의도 자체가 해석학의 문제가 되어버렸다"(TA, 31)고 지적한다. 바로 이 점에서 가다머와 리쾨르의 현상학적·존재론적 해석학은 심리적 전이에 의해 저자의 의도를 파악할 수 있다는 슐라이어마허와 딜타이의 낭만주의적 해석학과 대립한다. 요컨대, "작품은 언제나 자기만의 현재를 지니고 있다. […] 실제로, 작품은 저자의 의도와는 전혀 일치하지 않는 진리의 표현이다. […] 예술작품은 스스로 자신의 말을 전한다."(E II, 139~140)

텍스트의 자립을 받아들인 해석자에게는 이제 통과해야 할 마지막 관문이 남아 있다. 언어의 "진정한 영성"을 어떻게 생화(生化)할 것인가의 문제이다. 즉, 자립한 텍스트와 마주한 해석자는 어떻게 하면 텍스트의 언어, 즉 침묵의 언어 또는 소외된 언어로 하여금 언어로서의 기능을 다할 수 있도록 할 것인가? 가다머의 대답은 이렇다. "텍스트를 이해한다는 것은 다름이 아니라 이 텍스트로 하여금 무엇인가를 말하도록 내버려둘 각오가 되어 있다는 것이다. 해석학의 가르침을 받은 의식은 애초부터 텍스트의 타자성에 마음의 문이 열려 있어야만 한다."(VM, 107) 텍스트의 주체는 다른 무엇도 어느 누구도 아니라 바로 텍스트 자체이기 때문에, 해석자는 텍스트라는 주체의 "타자성"을 인정하지 않을 수 없다. 이러한 해석학적 태도를 지향할 때, 해석자의 지평과 텍스트의 지평이 만나 "지평의 융합"(VM, 147)이 이루어지고, 바로 그 때 '의미 사건(événement du sens)'이 벌어지면서 '의미 발현(avènement du sens)'이 일어나게 된다.

이상에서 보듯이, 가다머와 리쾨르는 텍스트의 자립과 텍스트의 현재성을 해석학의 근본 원리로 삼고 있다. 그렇다면, 텍스트의 자립과 텍스트의 현재성을 인정할 때, 이해의 실질적인 대상은 무엇인가? 리쾨르의 대답은 다음과 같다. "한 편의 이야기에서 이해해야 할 것은 무엇보다도 텍스트 뒤에서 말하는 자가 아니라, 텍스트가 말하는 것, 즉 **텍스트의 것**, 다시 말해서 그 작품이 텍스트의 전면에서 펼쳐 보이는 그런 세계이다."(TA, 168) 다른 표현으로 말하자면, "결국 하나의 텍스트에서 해석해내야 할 것은 **세계에 대한 어떤 제안**이다. 나의 가장 고유한 가능성들 중의 하나를 기투하기 위해서 내가 거주할 수도 있는 그런 세계에 대한 제안이다. 바로 이것이 내가 텍스트의 세계라 부르는 것이다, 즉 이 유일한 텍스트에 고유한 세계 말이다."(TA, 115) 리쾨르가 명시하고 있듯이, 해석의 구체적인 대상은 "텍스트의 세계" 또는 "텍스트의 것"이다. 여기에서 "텍스트의 것"이라는 개념은 가다머의 용어인데, 가다머는 "말해진 것(une chose dite)"(VM, 341) 또는 "진술된 그것(la chose qui est énoncée)"(VM, 345) 또는 아주 단순하게 "그것(la chose)"(VM, 229)이라고 지칭하면서, 저자의 의도가 아니라 "그것, 즉 텍스트의 의미(la chose-le sens du texte-)"(VM, 320)로 명확하게 규정하고 있다. 리쾨르의 해석에 따르면, "텍스트의 것"이란 "더 이상 저자에게 속하지 않고, 아직 독자에게 속하지도 않은 **텍스트의 것**"(TA, 100)이다. 결국 "텍스트의 것"과 "텍스트의 세계"는 동일한 개념으로, 텍스트가 말하고자 하는 것 또는 텍스트가 제안하는 세계, 즉 "우리가 거주할 수 있고, 우리의 가장 고유한 잠재력을 펼칠 수도 있는 세계"(TR III, 149)를 지칭한다. "텍스트의 세계"라는 개념은 다음의 설명에서 더욱 구체화되고 있다.

> 텍스트의 심층적 의미는 저자가 말하고자 했던 게 아니라, 텍스트가 **다루고 있는** 것(ce sur quoi porte le texte), 즉 겉으로 드러나지 않은 지시대상들이다. 그리고 이 드러나지 않은 텍스트의 지시대상은 텍스트의 심층적인 의미가 열어 보이는 그런 세계이다. 그렇기 때문에 우리가 이해해야 하는 것은 텍스트 뒤에 숨겨진 무엇인가가 아니라, 텍스트의 전면에 노출된 무엇인가이다. 이해는 저자나 저자의 상황과 관련되지 않는다. […] 텍스트를 이해한다는 것은 의미에서 지시대상으로, 즉 텍스트가 말하는 것(ce qu'il dit)에서 텍스트가 언급하고 있는 것(ce sur quoi il parle)으로 이동하는 것이다.(TA, 208)

위 인용문에 따르면, "텍스트의 것"이나 "텍스트의 세계"란, 프레게의 용어로는, *Sinn*이 아니라 *Bedeutung*에 해당한다. 그러므로 해석의 궁극적인 대상은 "텍스트가 말하는 것"이 아니라 "텍스트가 언급하고 있는 것", 즉 '의미(sens)'가 아니라 '지시대상(référence)'이다. 리쾨르는 이 지시대상이라는 개념을 좀 더 구체적으로 설명하기 위해서 "텍스트의 의도(intention du texte)"[96]라는 용어를 사용하고 있는데, 그 내용은 다음과 같다. "텍스트의 의도 또는 텍스트의 목적은, 우선적으로, 추정되는 저자의 의도나 우리가 전이할 수 있을지도 모르는 작가의 체험이 아니라, 텍스트가 바라는 것, 이 텍스트의 바람에 응하는 이에게는, 텍스트가 말하고자 하는 것이다. 텍스트가 바라는 것은 우리가 텍스트의 의미(sens),

---

[96] 앙투안 콩파뇽은 "텍스트의 의도"라는 개념을 "오류어법(solécisme)"이라고 지적하면서, "텍스트에는 의식이 없기 때문에 '텍스트의 의도'라고 말하는 것은 곧 해석의 최후의 보루로 저자의 의도를 슬그머니 재도입하는 것이다"(Antoine Compagnon, *Le Démon de la théorie, op. cit.*, p. 87)라고 리쾨르를 신랄하게 비판했는데, 과연 이런 비판이 가능한가는 독자들의 판단에 맡기는 게 상책일 것이다. 하지만, "의식이 없기 때문에" 텍스트를 돌이나 흙과 같은 무생물로 단정하는 것은 곧 문학 텍스트의 '언어'를 일종의 사자(死者)로 보는 게 아닌가? 문학 언어야말로 온갖 조화(造化)를 부리는 생체(生體)가 아닌가? 하이데거는 "언어는 존재의 집이다"라고 했는데, 콩파뇽의 논리대로라면, 언어에 존재가 머물 수 있는 물리적 공간이 있는가? "존재의 집"이 사자(死者)가 머무는 무덤이라는 말인가? 콩파뇽 자신이 프루스트의 "다른 나"를 "의식적인 의도(intention consciente)로 귀착될 수 없는 심오한 나"(*ibid.*, p. 51)라 지칭하고 있지 않은가? 역설적이게도, 콩파뇽은 프루스트의 "다른 나"를 '무의식적인 의도'의 주체로 보는 게 아닌가? 라캉은 무의식을 언어에 비유하지 않았던가? 어쩌면, 언어 구조에 들어 있는 무의식적인 속성이 언어의 무한한 가능성의 원천이 아닌가? 그래서 가다머는 "우리가 사용하는 언어의 무의식적인 특성"(VM, 105)을 강조하지 않았던가? 게다가 아주 단순하게 말해서, 콩파뇽이 무수히 언급하고 있는 바르트의 표현 "저자의 죽음"도 오류어법이 아닌가? 왜냐하면 여기에서 '죽음'은 문자적인 의미가 아니라 상징적인 의미이니까 말이다. 하기야, 콩파뇽 자신이 다음과 같이 이를 분명하게 지적하고 있다. "저자의 죽음이라고? 하지만 이것은 하나의 메타포일 뿐이다. 하기야 이 메타포의 효과는 자극적이었다. 이 메타포를 문자 그대로 받아들여서 그 추론들을 극단적으로 밀고나가는 건 지독한 근시안이거나 기이한 청각장애임을 드러내는 것이다."(*ibid.*, p. 279)

다시 말해서 이 의미라는 낱말의 다른 어의에 따르면, 같은 방향(direction)으로 나아가는 것이다."(TA, 156) 한마디로, "텍스트의 의도"는 "텍스트가 바라는 것(ce que veut le texte)"으로 "텍스트가 말하고자 하는 것(ce que le texte veut dire)"을 추적하라는 것이지, 텍스트 뒤에 숨어 있는 "저자가 말하고자 했던 것(ce que l'auteur a voulu dire)"이나 "저자가 말하고자 했을지도 모르는 것(ce que l'auteur aurait voulu dire)"을 추정하라는 게 아니다. 그래서 리쾨르는 "텍스트**에 대한** 행위(acte *sur* le texte)로서의 해석의 주관적인 작업을 넘어서서, 텍스트**의** 행위(acte *du* texte)라 할 수 있는 해석의 객관적인 작업을 추구하는 것"(TA, 156)이 해석학의 궁극적 과제라고 명시했다.[97]

결론적으로, "텍스트의 세계"라는 개념은 텍스트의 자립에서 나온 것이고, 또한 텍스트의 자립은 글쓰기에 의한 고정에서 나온 결과이므로, 결국 글쓰기에 대한 새로운 인식이 현대 해석학의 토대라고 할 수 있다. 따라서 "글쓰기 덕분에, **텍스트**의 '세계'는 **저자**의 세계를 해체해버릴 수 있다"(TA, 111)는 현대 해석학의 원리는 문학 연구에 새로운 지평을 열어주었다는 점에서 결코 간과될 수 없을 것이다. 어쩌면, "시어는 그 시어가 말하는 것 이상을 의미한다"[98]고 했던 몽테뉴가 텍스트의 자립을 통찰했던 해석학의 선구자일지도 모른다.

---

[97] 가다머도 "진정한 해석학적 사건"은 "텍스트의 것에 대한 우리의 행위가 아니라, 텍스트의 것 그 자체의 행위"(VM, 318)라고 적시한다. 바로 이 점에서 해석학은 한스-로베르 야우스와 볼프강 이저의 콘스탄츠 학파가 1970년대에 주창한 수용미학과 근본적으로 다르다. 왜냐하면 수용미학은 텍스트에 대한 독자의 우월성을 주장하는 주관적 읽기를 추구하는 반면에, 해석학은 "텍스트**의** 행위"라 할 수 있는 객관적 읽기, 즉 "텍스트의 것"을 중시하는 탈주관적 읽기를 지향하기 때문이다.

[98] Cité par Antoine Compagnon, *Le Démon de la théorie*, op. cit., p. 40.

4. 독자의 주체

"능력 있는 독자는 흔히 타인의 글에서 저자가 그 글에 담았고 인지했던 장점들과는 다른 장점들을 발견해내고, 또한 그 글에 훨씬 더 풍부한 의미들과 양상들을 부여한다"[99]고 생각했던 몽테뉴는 실제로 자신의 『수상록』을 재독하면서 자신이 몰랐던 의미들을 새삼스럽게 발견해냈다고 한다.[100] 『수상록』의 저자이자 독자였던 몽테뉴는 저자로서가 아니라 독자로서 자신의 작품을 읽었을 때 더 많은 의미들을 발견했던 것이다. 그 자신이 "능력 있는 독자"였던 셈이다. 몽테뉴의 후예답게 발레리도 저자와 독자의 양자대결에서 독자를 승자로 선언했다. "저자는 앞서 생각했다는 점에서 독자보다 이점을 가지고 있다. 그는 준비했고, 먼저 실행했다. 하지만 독자가 이 이점을 빼앗아버린다면? 독자가 그 주제를 알고 있었다면? 저자가 자신의 이점을 살려서 더 심화시키고 더 멀리 나아가지 못했다면? 독자가 명민한 에스프리를 지니고 있다면? 그때 모든 이점은 사라지고, 양자대결만이 남게 된다. 하지만 이 대결에서 저자는 벙어리이고 술수를 부리는 게 금지되어 있다. 저자는 패자이다."[101] 독자의 몫을 내다본 몽테뉴와 발레리의 선지자적인 사유이다.

「저자란 무엇인가?」에서 미셸 푸코는 "저자의 죽음" 이후에 독자가 "해야 할 일은 저자의 사라짐이 남긴 빈자리를 제대로 찾아내어, 그 틈과 균열들의 배치를 직시하면서 그 자리를 차지하려고 호시탐탐 노리고, 이 저자의 사라짐이 출현케 한 자유로운 활동들을 노리는 것"[102]이라고

---

[99] Michel de Montaigne, *Oeuvres complètes*, Paris, Gallimard, "Bibliothèque de la Pléiade", 1980, p. 126.
[100] Voir Antoine Compagnon, *Le Démon de la théorie*, op. cit., p. 60.
[101] Paul Valéry, *Oeuvres*, op. cit., t. II, p. 629.

했다. 한편, 푸코에 앞서「저자의 죽음」을 선언했던 롤랑 바르트는 "다양한 문화에서 비롯된 다중의 글쓰기들"의 산물이 텍스트이고, 이러한 다양성이 집결하는 곳은 저자가 아니라 바로 독자라고 규정하면서, "글쓰기에 미래를 안겨주기 위해서" 그리고 "전통비평이 도외시했던 독자"의 역할을 중시하기 위해서, "독자의 탄생은 어느 정도 <u>저</u>자의 죽음을 그 대가로 치러야만 한다"[103]라고 진단했다. 그런데 문제는 푸코와 바르트가 저자의 죽음을 선언하면서 독자의 몫을 중시하긴 했으나, 정작 독자의 "자유로운 활동"에 대해서는 구체적인 언급이 없다는 데에 있다.

---

[102] Michel Foucault, "Qu'est-ce qu'un auteur?", *op. cit.*, p. 824.
[103] Roland Barthes, "La mort de l'auteur", *op. cit.*, p. 69 : "la naissance du lecteur doit se payer <u>de la</u> mort de l'Auteur."(mis en majuscule dans le texte ; mais souligné par nous-même) 이 문장을 읽을 때 반드시 유의해야 할 점은 'se payer'의 통사구조가 'se payer qch'이기 때문에 부분관사 'de la'의 의미를 최대한 살려서 읽어야 한다는 것이다. 즉, 위 문장은 "독자의 탄생은 저자의 죽음을 그 대가로 치러야 한다"가 아니라, 반드시 '어느 정도'를 삽입해서 "독자의 탄생은 <u>어느 정도</u> 저자의 죽음을 그 대가로 치러야 한다"로 읽어야 한다. 왜냐하면「비평이란 무엇인가?」에서 문학작품의 의미를 "'하나의 의미(un sens)'"가 아니라 "'어떤 의미(du sens)'"라고 구분해서 강조했듯이, 지극히 섬세한 글쓰기의 달인으로 소문난 바르트는 저자의 '온전한' 죽음을 선언한 게 아니기 때문이다. 바르트가『텍스트의 즐거움』에서 "권위자로서의 저자는 사망했다"고 선언하면서도, 곧바로 "하지만 어찌 보면, 나는 텍스트에서 저자를 갈망한다(mais dans le texte, d'une certaine façon, *je désire* l'auteur)"(Roland Barthes, *Le Plaisir du texte, op. cit.*, p. 39)라고 덧붙일 수 있는 이유도 바로 여기에 있다는 사실을 명심해야 할 것이다. 말하자면, 바르트는 "권위자로서의 저자", 즉 '텍스트 의미의 유일한 권위자로서의 저자'에게 사망선고를 내린 것이지, 저자의 주체 자체를 부정했던 것은 결코 아니다. 이를테면, "권위자로서의 저자"이기를 포기한 말라르메나 발레리에게 사망선고를 내린 것은 아니라는 말이다. 그렇기 때문에 바르트는 "어찌 보면(d'une certaine façon)"이라는 단서를 명시하고서 "저자를 갈망한다"라고 말할 수 있었던 것이다. 굳이 덧붙이자면, 앞서 언급한 부분관사 'de la'와 이 'd'une certaine façon'라는 두 언어기호는 서로 밀접하게 연결되어 있는 것이나 다름없다. 만일 이러한 바르트의 섬세한 글쓰기를 제대로 인지하지 못할 경우, '바르트는 저자의 죽음을 선언하면서도, 정작 자신은 저자를 갈망한다고 하지 않았는가?'라는 엉뚱한 반론을 들이댈 수 있다. 실제로, 바르트의 모순을 지적하는 이런 반론을 심심치 않게 듣곤 한다.

그렇다면, 과연 독자는 무엇을 어떻게 해야 하는가? 이 근본적인 물음에 대해서는 바르트의 「비평이란 무엇인가?」라는 글에서 그 실마리를 찾을 수 있다. 왜냐하면 바르트는 이 글에서 "비평은 작품에 대한 비평이자 자기 자신에 대한 비평이다"면서, 폴 클로델의 말놀이를 빌려, "비평은 타자 알기(connaissance de l'autre)이자 자기 자신이 세상에 함께 태어나기(co-naissance de soi-même au monde)이다"[104]라고 정의했기 때문이다. 바르트에 따르면, 독자는 작품 읽기를 통해서 타자 이해와 자기 이해를 동시에 수행한다는 것이다.

이러한 바르트의 입장은 작가 비톨드 곰브로비치에게서도 발견할 수 있다. 곰브로비치는 자신의 일기에서 비평의 역할에 대해 논하면서 다음과 같이 토로했다. "문학 비평은 한 인간이 다른 인간을 심판하는 게 아니다. 도대체 어느 누가 당신에게 그런 권리를 부여했는가? 그보다는 서로가 절대적으로 동등한 권리를 가진 두 인격체 간의 갈등이다. 그러니 심판하지 마라. 당신의 반응들을 기술하는 데 그치라. 저자에 대해서도, 그의 작품에 대해서도 말하지 마라. 당신 자신에 대해서, 작품과 마주한 그리고 저자와 마주한 당신 자신에 대해서 말하라. 당신이 언급해야 할 것은 바로 당신에 대해서이다. 하지만 당신에 대해 말하되, 당신의 자아가 살찌고, 중시되고, 살아나도록, 그리고 당신의 자아가 당신의 결정적 논거가 되도록 당신에 대해서 말하라."[105] 시쳇말로, '너나 잘하세요'라는 말이다. 하지만 이 우스갯소리에는 심오한 진리가 담겨 있다. 그 안에 소크라테스의 지혜가 들어 있으니 말이다. 요컨대, '너 자신을 알라'가 곰브로비치의 고언(苦言)이다. 독서를 통해 자아를 키우라는,

---

[104] Roland Barthes, *Essais critiques*, op. cit., p. 254.
[105] Witold Gombrowicz, *Journal* 1953~1958, Paris, Gallimard, t. I, 1995, p. 174.

즉 더 원대하고 더 심오해진 자아로 거듭나라는 주문이다. 그러고 나서야, 작가든 작품이든, 새롭고 달라진 자아의 눈으로 바라보라는 것이다. 간단히 말해서, 맹목적인 타자 비판에 몰두하지 말고, 타자 이해를 통해 자기를 발견하고, 자기 발견을 통해 타자를 이해하라는 주문이다.

프루스트도 독자들에게 곰브로비치와 똑같은 주문을 했다.『잃어버린 시간을 찾아서』의 대미를 장식하는『되찾은 시간』의 말미에서 화자 마르셀은 자신의 입장을 다음과 같이 피력하고 있다. "하지만 나 자신으로 되돌아오자면, 나는 내 책에 대해 훨씬 더 겸허하게 생각했다. 내가 이 책을 읽을 사람들, 내 독자들을 떠올리며 말한 것이라고 하는 건 정확하지 않을 것이다. 왜냐하면 내 생각에 그들은 나의 독자들이 아니라, 그들 자신의 독자일 것이기 때문이다. 내 책은 콩브레의 안경사가 구매자에게 내민 돋보기와 같은 그런 유의 돋보기에 지나지 않으니까 말이다. 내 책 덕분에 나는 그들에게 그들 자신을 읽어내는 수단을 제공한 것일 테니까."[106] 마르셀은 자신의 이야기를 "돋보기" 삼아 독자들이 자기 이해에 나서라고 독자들에게 주문하고 있다. 이런 시각에서 보면,『되찾은 시간』의 마르셀과『전락』의 클라망스는 이종사촌지간이다. 남들을 심판하기 위해 자기 자신을 고발하는 클라망스는 "자신의 모습이 비친 거울",[107] 즉 자신의 자화상을 그린다. 그러고는 마지막 날 최후의 고백에서 다음과 같이 실토한다. "저는 하나의 초상화를, 우리 모두의 초상화이자 어느 누구의 초상화도 아닌 초상화를 만들어내고 있는 거지요. 요컨대,

---

[106] Marcel Proust, *Le Temps retrouvé, op. cit.*, p. 338. 리쾨르 자신이「이야기 정체성」이라는 글에서 밝히고 있듯이, 이 인용문은 리쾨르가 즐겨 인용하는 "멋진 텍스트"(IN, 303)이다.

[107] Albert Camus, *Théâtre, récits, nouvelles*, Paris, Gallimard, "Bibliothèque de la Pléiade", 1985, p. 2015.

하나의 가면이랄까. […] 오늘 저녁처럼 초상화가 완성되면, 저는 너무나도 침통한 마음으로 그걸 보여주지요. '자! 가슴 아프게도, 바로 이게 접니다.' 검사의 논고가 끝난 것이지요. 하지만 그와 동시에 제가 제 동시대인들에게 내미는 이 초상화는 하나의 거울이 되지요."[108] 한마디로, 마르셀과 클라망스는 "치밀한 거울놀이"[109]의 대가들이다.

프루스트는 『생트-뵈브에 대한 반론』에서도 "작품을 생산하는 나",[110] 즉 현실의 '나'와는 "다른 나"에 대해 언급하면서 다음과 같이 강조했다. "이 다른 나, 우리가 이 나를 이해하려 노력하고자 한다면, 우리가 거기에 도달할 수 있는 것은 바로 우리 자신의 깊은 곳에서이고, 우리 안에서 이 나를 재창조하려고 애쓰면서이다. 그 무엇도 우리 마음의 이러한 노력을 막을 수 없다."[111] 프루스트의 "다른 나"는 독자인 우리에게 타자이다. 우리가 이 타자를 이해하기 위해서는 우리 자신의 내면 세계에서 재창조해내야 하는데, 이것은 곧 타자를 우리 자신에게 대입하고 견주어보면서 "우리 마음"의 거울에 비친 타자를 들여다보는 것과 같다. 해석학의 용어를 빌리자면, "적용하기(application)"[112]와 "자기 것으로 만들기(appropriation)"[113]이다. 프루스트는 이러한 재창조 과정을 "진리"라고 하면서, "우리가 하나에서 열까지 온통 만들어내야 하는 진리"이기 때문에, "이 진리가 어느 화창한 날 아침, 우리의 우편함에 들어

---

[108] Albert Camus, *La Chute*, Paris, Gallimard, "Folio", 1983, pp. 145~146.
[109] Albert Camus, *Théâtre, récits, nouvelles*, op. cit., p. 2015.
[110] Marcel Proust, *Contre Sainte-Beuve*, op. cit., p. 137 ; souligné dans le texte.
[111] *Ibid.*
[112] 가다머는 "하나의 텍스트를 이해한다는 것은 무엇보다도 그 텍스트를 우리 자신에게 적용해보는 것이다"(VM, 245)라고 했다.
[113] 가다머는 "해석이란 텍스트에 말해진 것을 진정으로 자기 것으로 만드는 것"(VM, 235)이라 했고, 리쾨르도 "해석한다는 것은 텍스트의 의도를 지금 여기에서 우리 것으로 만드는 것"(TA, 155)이라 했다.

있는 미공개 편지 형식으로 우리에게 다가오리라고 생각하는 건 너무나 안이한 처사이다"[114]라고 덧붙이는 걸 잊지 않았다. 각고의 노력을 기울여야 나를 이해하고, 타자를 이해할 수 있다는 함의이다.

위에 거론된 작가들은 모두 독자의 주체와 독자의 위상을 중시하면서 독자의 주체적 읽기 행위를 권장하고 있을 뿐만 아니라, 더 나아가 타자 이해를 통한 자기 이해를 독자의 사명으로 설정하고 있다. 이러한 시각은 리쾨르의 해석학적 지평과도 맞닿아 있다. 우선, 독자의 위상에 관한 리쾨르의 시각을 보기로 하자. "작품의 의미(sens)를 만들어내는 것은 바로 독자이다. 왜냐하면 작품의 의미효과(signification)는 곧 그 작품에 대한 온갖 읽기의 역사이기 때문이다. 작품은 독자와 더불어 성장한다."(EPR, 232) 작품이 풍부한 의미를 가지게 되는 것은, 몽테뉴의 예에서도 보듯이, 독자의 다양한 읽기의 덕택이다. 이를테면, 라신이나 셰익스피어의 작품들은 상징 분석이나 기호학적 읽기 또는 정신분석학적 읽기를 통해서 새로운 의미들이 발견됨으로써 그만큼 작품의 의미가 풍부해진 것이다. 작가가 아니라 독자가 작품을 키운다는 반증이다.

한편, 독자의 입장에서 보면, 독자에게도 그만한 반대급부가 없는 게 아니다. 이와 관련하여, 리쾨르는 다음과 같은 반문으로 우리의 상식을 일깨운다. "사랑이나 증오와 같은 윤리적 감정들에 대해서, 그리고 일반적으로는 우리가 **자기**라고 부르는 모든 것에 대해서, 만일 그것들이 문학에 의해 언어로 옮겨지고 진술되지 않았다면, 우리는 뭘 알고 있겠는가?"(TA, 116) 사실, 문학이야말로 인간과 세계의 온갖 얼굴들을 전시하는 박람회장이 아니겠는가? 그래서 리쾨르는 문학을 "사고 경험의 거대한 실험실"(SA, 188)이라 했다.[115] 우리는 이 "실험실"에서 '생각하는

---

[114] Marcel Proust, *Contre Sainte-Beuve, op. cit.*, p. 137.

청개구리'가 되어 타자에게서 나를 발견하기도 하고, 나에게서 타자를 발견하기도 하면서 우리 자신을 더 많이 알게 된다. 가다머의 표현을 빌리면, "우리들 자신의 성숙(enrichissement de nous-mêmes)"(LV, 144)이다. 문학의 힘, 문학의 미덕은 바로 여기에 있는 게 아닐까? 아무튼, 리쾨르는 "해석학적 반성에서는, 또는 반성적 해석학에서는, **자기** 형성과 **의미** 형성이 동시에 벌어진다"(TA, 152)고 했다.

리쾨르의 자기해석학에 따르면, 모든 자기 이해는 기호와 텍스트의 매개를 통한 이해이다. 즉, 모든 자기 인식은 텍스트의 매개를 거치는 간접적인 인식이지, 결코 직접적인 인식이 아니다. "자기는 직접적으로 자기를 인식하는 게 아니라, 온갖 종류의 문화 기호들을 통해 오로지 간접적으로만 자기를 인식한다. […] 이야기에 의한 매개는 자기 인식이란 곧 자기 해석이라는 이 현저한 특성을 부각시킨다. 독자가 허구작품의 인물의 정체성을 자기 것으로 만드는 것은 그러한 자기 해석 형식들 중의 하나이다."(IN, 304) 아마도 '까막눈'이 아닌 한, 이런 독서 경험을 해보지 않은 독자는 없을 것이다. 왜냐하면 "독서는 **에고**의 상상적 변이형들 속으로 나를 이끌어들인다"(TA, 117)는 사실을 잘 알고 있는 독자는 기꺼이 독서의 유희에 빠져들어 일종의 '역할놀이(jeu de rôle)'에 탐닉하기 때문이다. 이를테면, 최인훈의 『광장』을 읽을 때, 우리는 비극적이고 숙명적인 삶에 맞선 이명준을 나의 경우에 대입하거나, 아니면 나 자신을 이명준으로 간주하면서, 삶과 인간에 대해서 그리고 부조리한 세계에 대해서, 더 나아가 나 자신에 대해서, 이전보다 더 많이 그리고 더 깊이 알게 되고, 이전과는 다른 나를 발견한다. 적어도 우리는

---

[115] 프루스트도 『되찾은 시간』에서 다음과 같이 말했다. "진정한 삶, 마침내 드러나고 밝혀진 삶, 결과적으로 완벽하게 체험된 유일한 삶은 곧 문학이다."(Marcel Proust, Le Temps retrouvé, op. cit., p. 474)

『광장』을 읽고 나서 비록 막연하게나마 "무엇인가 달라졌다"(LV, 145)고 짐짓 느끼고서 또 다시 『광장』 속으로 들어가곤 한다.

이러한 일상의 독서 경험에 비추어 보면, 독서는 나를 들여다보는 거울이고, 나에게 삶의 방향을 제시해주는 일종의 나침반이라고 할 수 있다. 달리 말해서, 텍스트의 매개로 자기를 발견하고 자기를 이해하면서 자신의 주체를 세우려는 독자의 노력이 곧 독서 행위의 본질이라고 할 수 있다. 한마디로, "텍스트는 우리가 우리 자신을 이해하게 해주는 매개물이다."(TA, 115) 그래서 리쾨르는 "기호와 상징 그리고 텍스트에 의해 **매개되지** 않은 자기 이해란 없다. 자기 이해는 궁극적으로 이 매개물에 대한 해석과 일치한다"(TA, 29)면서, "자기에게서 자기에게로 가는 가장 짧은 길은 타자의 말, 즉 기호들이 열어젖힌 공간을 편력하는 것"(TA, 29)이라고 했다. 직접적인 자기 인식이란 불가능하기 때문에, 즉 "자기에게서 자기에게로 가는" 지름길 자체가 애당초 없기 때문에, 텍스트의 세계라는 먼 길을 에둘러 가는 게 곧 가장 빠른 길이라는 뜻이다. 그러므로 "독자의 입장에서 보면, 자기를 이해한다는 것은 곧 텍스트 앞에서 자기를 이해하는 것이고, 텍스트로부터 나와 다른 자기, 즉 독서가 부추기는 이 나와 다른 자기의 출현 조건들을 받아들이는 것이다."(RF, 60) 그런데 여기에는 한 가지 조건이 있는데, "에고이스트적인 나가 사라져야 독서의 산물인 자기가 탄생한다."(CI, 24) 성경의 가르침에 "나를 버려야 나를 구원한다"고 하듯이, "나를 버려야 나를 만난다."(CI, 24) 그래서 리쾨르는 "독자인 나는 나를 버릴 때에만 나를 만난다"(TA, 117)고 거듭 역설했다. 가다머도 「자기 이해의 문제」라는 글에서 "이해에는 늘 자기 상실의 순간이 있는 법이다"(LV, 138)라고 했다. 리쾨르에 따르면, 이 "자기 상실의 순간"은 "자기 것으로 만들기 자체에 내재되어" 있는 특성으로 "이해의 비판적 순간"에 나타나는 "**자기가 자기에게 거리두기**

(*distanciation de soi à soi*)"(TA, 54)이다. 그러므로 "자기 것으로 만들기"는 곧 "거리를 통한 이해(compréhension par la distance), 즉 원격 이해(compréhension à distance)"(TA, 54)인데, "이 해석학적 거리를 준수할 줄 아는"(VM, 178) 자만이 자기 이해에 도달할 수 있다.

바로 여기에서 해석학의 핵심 개념들 중의 하나인 "자기 것으로 만들기"가 개입된다. 독자는 무엇을 자기 것으로 만드는가? 리쾨르의 대답은 이렇다.

> 자기 것으로 만들기의 대상은 가다머가 '텍스트의 것'이라 부르고, 내가 여기에서 '텍스트의 세계'라 부르는 것이다. 결국 내가 내 것으로 만드는 것은 [텍스트가] 제안하는 세계이다. 이 세계는 [작가의] 감춰진 의도처럼 텍스트 **뒤에** 있지 않고, 작품이 전개하고, 드러내고, 보여주는 것으로서 텍스트 **앞에** 있다. 따라서, 이해한다는 것은 **텍스트 앞에서 자기를 이해한다는 것이다**. 텍스트에다 자신의 유한한 이해 능력을 억지로 주입하는 게 결코 아니라, 텍스트에 자신을 맡기고서 텍스트로부터 더 원대한 자기를 받아들이는 것이다. [⋯] 그때 이해는 주체가 그 열쇠를 쥐고서 자기를 구성하는 것과는 정반대이다. 이런 점에서 보면, **자기**는 텍스트의 '것'에 의해 구성된다고 말하는 게 훨씬 더 정확하다.(TA, 116~117)

우선, 위 인용문은 "텍스트의 것"이나 "텍스트의 세계"를 자기 것으로 만드는 독서 행위가 곧 "절대적 주체의 은밀한 귀환"(TA, 54)을 의미하는 게 아님을 명확하게 밝혀주고 있다. 왜냐하면 "자기 것으로 만든다는 것은 남의 것이던 것이 내 것이 되게 하는 것"이므로, "한편에서 보면 자기 것으로 만들기이지만, 다른 편에서 보면 자기 것을 버리는 것"(TA, 54)이기 때문이다. "그런데 텍스트의 것은 내가 나 자신의 것을 버리고 텍스트의 것이 되도록 할 때에만 비로소 나의 것이 된다. 그때 나는 나 자신의 **주인**인 **나**를 텍스트의 **제자**인 **자기**와 교환한다."(TA, 54) 이런 점에서 보면, "이해란 자기 것으로 만들기인 만큼이나 자기 것을 버리기이기도 하다."(TA, 117) 결국 독자의 주체는 "독서의 산물(l'oeuvre de la lecture)이자 텍스트의 선물(le don du texte)"(TA, 31)이라는 결론에 도달한다.[116] "따라서 해석자가 타자 이해를 통해서 추구하는 것은 자기 자신에 대한 이해의 확장이다. 그러므로 모든 해석학은, 명시적으로든 암묵적으로든, 타자 이해의 에두르기를 통한 자기 자신에 대한 이해이다."(CI, 20) 데카르트의 코기토가 주장하는 직접적인 자기 인식의 불가능성을 인지하고서 "상심한 코기토(*Cogito* brisé)"(SA, 22)에 머물기를 거부하고 "각성한 코기토(*Cogito* désabusé)"[117]로 거듭난 현대적 주체에게는 타자 이해를 에두르는 머나먼 길 이외에 다른 길은 없다. 그래서 리쾨르는 "자기는 머나먼 여행 끝에라야 집으로 돌아온다. 그리고 바로 '타자처럼' 돌아온다"(RF, 77)고 했다. 바로 이런 점에서, "타자 이해의 에두르기"를 통해서 자기 이해를 추구하는 리쾨르의 자기해석학을 우리는 "에두르기 철학"(SA, 28)이라 부를 수 있다.

결론적으로, "에고이스트적인 나"를 버리고 "텍스트의 것"을 자기 것으로 만들어서 "더 원대한 자기" 또는 "나와 다른 자기"로 거듭난 독자의 주체는 "독서의 산물이자 텍스트의 선물"일 수밖에 없다. 바로 이것이 리쾨르의 자기해석학이 독자인 우리들에게 설파하는 삶의 지혜이다.

---

[116] 리쾨르는 해석학적 독자의 주체가 "텍스트의 것"에 의해 형성되는 주체, 즉 "독서의 산물이자 텍스트의 선물"이기 때문에, 독자의 주체를 텍스트보다 절대적으로 우선시하는 수용미학은 해석학과 근본적으로 다르다면서, 수용미학의 경우 "**의도의 오류**(*intentional fallacy*)를 **감성의 오류**(*affective fallacy*)로 대체하는 것"(TA, 31)에 지나지 않다고 비판한다.

[117] Kie-Un Lee, "L'herméneutique du soi chez Paul Ricoeur", 『불어불문학연구』, 99집, 2014년 9월, p. 299.

이런 점에서 해석학은 "철학의 철학"(VA, 23)이 아니라 행동철학이자 실천철학이다.[118] 한마디로, '실천지(*phronesis*)'라고 할 수 있다.

5. 맺음말

지금까지의 논의를 정리해보면, 1) 문학 작품의 의미 지평은 저자의 의도에 귀속되거나 제한되지 않고, 2) 글쓰기에 의한 고정으로 인해 텍스트의 자립이 이루어지고, 3) 독자는 텍스트의 매개로 "더 원대한 자기" 또는 "나와 다른 자기"를 발견하게 된다는 논지가 문학에 대한 현대 해석학의 성찰이다. 물론, 이러한 해석학적 시각이 문학에 관련된 모든 문제를 해결해주는 데우스 엑스 마키나는 결코 아니다. 하지만 적어도 해석학적 사고가 해석학 이론가들의 전유물이 아니라는 것만은 사실이다. 위에서도 보았듯이, 말라르메, 발레리, 프루스트, 카뮈, 블랑쇼, 바르트, 푸코 등 이 글에서 거론된 많은 작가와 비평가들이 현대 해석학 이론이 정립되기 이전에 이미 나름대로 해석학적 사고를 실천하는 문학론을 개진했다는 사실은 적이 놀라운 일이 아닐 수 없다. 아마도 이것은 문학의 보편성을, 더 나아가 해석학의 보편성을 반증하는 사례일 것이다. 이런 점에서, 우리는 "언어 현상과 이해 현상은 존재와 모든 인식의 보편적 모델"(VM, 345)이라고 주장하는 가다머의 입장에 기꺼이 동조하고자 한다. 이처럼, 보편성을 지향하는 해석학적 사고가 문학 연구에 다르고

---

[118] 리쾨르는 카를로스 올리베이라와의 대담에서 "자기 반복적인 철학의 철학"이 되지 않기 위해서 "철학은 철학의 바깥에 한 발을 내딛고 있어야 한다"(VA, 23)고 강조하면서, 자신의 한 발을 내디딘 곳은 바로 "인간이 시간과 세계와 맺을 수 있는 여러 관계들에 대한 상상적 변이형들이 들어 있는 소설"(VA, 29)이라고 한 바 있다.

새로운 지평을 열어줄 수 있다는 점에서 볼 때, 해석학적 관점에서 문학에 대한 고찰(비록 다소 부분적이긴 하지만)을 시도해본 것 자체만은 무의미한 일이 아닐 것이다.

문학은 문학이다. 프랑스어의 표현을 빌려 말놀이를 하자면, '철학의 돌'은 '철학의 돌'이다.[119] 문학은 욕망[120]이다. 그러기에, 문학은 무한(l'infini)이다. 가다머는 『진리와 방법』에서 **"우리가 이해할 수 있는 존재는 언어이다"**(VM, 330)라고 했다. 현대 해석학의 범전인 그의 명저를 아우르는 화두이다. 친절하게도 가다머 자신이 훗날 독자들에게 화두풀이를 제시했다. "존재하는 것은 결코 완벽하게 이해될 수 없다"는 뜻이고, "언어가 나르는 모든 것은 늘 언표 그 자체 이상을 지시한다"(E II, 199)는 의미라고 했다. 이러한 현상은 "우리가 사용하는 언어의 무의식적인 특성"(VM, 105)으로 인해 빚어지는 결과이다. 그래서 가다머는 "이해한다는 것은 늘-다르게-이해한다는 것이다"(E II, 17)라고 정의했다. 그는 텍스트 해석과 관련해서도 "해석은 해석된 작품의 자리를 차지할 수 없다"(VM, 248)면서, "해석이 그렇게 사라질 준비가 되었을 때, 비로소 그 해석은 정당하다"(VM, 246)고 덧붙였다.[121] 해석이 사라져야 하는 것은 다르고 새로운 해석에 자리를 내주기 위해서이다.

헤겔은 『정신 현상학』에서 "작품은 **존재한다.** 다시 말해서, 작품은

---

[119] 첫 번째는 "화금석"이라는 본래적 의미에서, 그리고 두 번째는 "캐낼 수 없는 비밀" 또는 "매우 어려운 문제"라는 은유적 의미에서. 물론, 프랑스어 표현 'pierre philosophale'을 '철학의 돌'로 옮기는 것은 난센스이다. 하지만 말놀이의 특성을 감안하고 어원의 의미를 반영해서 문자적 의미인 '철학의 돌'로 옮길 수도 있을 것이다.
[120] 욕망은 곧 '무한'이라는 시인 르네 샤르의 의미에서.
[121] 하이데거는 횔덜린에 대한 연구에서 작품과 비평의 관계를 허공에 걸려 있는 '종'과 하늘에서 떨어져 이 종을 울리고서는 끝내 사라지는 '눈'에 비유한 바 있다.

다른 개인들을 위해 존재한다"¹²²고 했다. 헤겔에 이어 블랑쇼도 "작품-예술 작품, 문학 작품-은 완성도 미완성도 아니다. 작품은 존재한다. 작품이 말하는 것은 오로지 이것뿐이다. 즉, 작품이 존재한다는 것, 오로지 그뿐이다"¹²³면서 "작품은, 느닷없이 별안간(이것은 작품의 고유한 속성이다), '존재하다'라는 낱말을 발음할 때에만 작품이다"¹²⁴라고 역설했다. 그렇다. 문학의 가장 근본적인 본질은 작품이 "**존재한다**"는 데 있다. 그리고 작품이 존재하는 한, 문학은 존재한다. 아마도 오래도록 존재하는 작품만큼 문학의 존재 가치에 기여하는 작품도 없을 것이다. 발레리는 이런 말을 했다. "최고의 작품은 가장 오랫동안 그 비밀을 간직하는 작품이다. 오랫동안 사람들은 이 작품에 비밀이 있다고는 짐작조차 하지 못한다."¹²⁵ 끝으로, 이 글의 결론은 카뮈의 단상을 인용하는 것으로 갈음하기로 하겠다. 카뮈는 『이인』을 출간한 지 십여 년이 지난 뒤, 이 작품의 미국판 서문을 쓰다가 다음과 같은 메모를 남긴 바 있다. "한 편의 문학작품은 늘 그 의미를 찾고 있는 중이다."¹²⁶

---

[122] G. W. F. Hegel, *La Phénoménologie de l'esprit*, *op. cit.*, p. 279 ; souligné dans le texte.
[123] Maurice Blanchot, *L'Espace littéraire*, *op. cit.*, pp. 14~15.
[124] *Ibid.*, p. 15.
[125] Paul Valéry, *Oeuvres*, *op. cit.*, t. II, p. 562.
[126] "Table ronde sur *L'Etranger*", *op. cit.*, p. 206. 카뮈 사망 직후 *NRF*지가 특집호로 기획한 1960년 3월호 『알베르 카뮈에게 바치는 헌사』의 대표집필자인 모리스 블랑쇼는 권두언 「알베르 카뮈」에서 "카뮈 작품에 고유한 비밀스러운 의미(sens secret)"를 언급하면서 다음과 같이 짧지만 뜻 깊은 문장으로 글을 마무리했다. "비밀스러운 작품이니까."(Maurice Blanchot, "Albert Camus", *La Nouvelle Revue Française*, mars 1960, p. 404)

참고문헌

I. Ecrits de Gadamer et de Ricoeur

Hans-Georg Gadamer, *Vérité et méthode*, Paris, Seuil, 1976.(VM)
　　　　　　　　　, *L'Art de comprendre. Ecrits II*, Paris, Seuil, 1991.(E II)
　　　　　　　　　, *Langage et vérité*, Paris, Gallimard, 1995.(LV)
Paul Ricoeur, *Le Conflit des interprétations*, Paris, Seuil, 1969.(CI)
　　　　　　, *Temps et récit III*, Paris, Seuil, 1985.(TR III)
　　　　　　, *Du texte à l'action*, Paris, Seuil, 1986.(TA)
　　　　　　, *Soi-même comme un autre*, Paris, Seuil, 1990.(SA)
　　　　　　, *Réflexion faite, Autobiographie intellectuelle*, Paris, Seuil, 1995.(RF)
　　　　　　, "L'identité narrative", *Esprit*, juillet-août 1988.(IN)
　　　　　　, « De la volonté à l'acte », un entretien avec Carlos Oliveira, in Temps et récit *de Paul Ricoeur en débat*, Paris, Cerf, 1990.(VA)
　　　　　　, "Un entretien avec Paul Ricoeur : Soi-même comme un autre", propos recueilli par Gwendoline Jarczyck, *Rue Descartes*, n° 1, Albain Michel, avril 1991.(EPR)

II. D'autres ouvrages et articles

Roland Barthes, *Essais critiques*, Paris, Seuil, 1964.
　　　　　　　, *Le Paisir du texte*, Paris, Seuil, 1973.
　　　　　　　, "La mort de l'auteur", in Roland Barthes, *Le Bruissement de la langue*, Paris, Seuil, 1984.
　　　　　　　, "De l'oeuvre au texte", in Roland Barthes, *Le Bruissement de la langue*, Paris, Seuil, 1984.

Maurice Blanchot, *L'Espace littéraire*, Paris, Gallimard, "Essais", 1988.

_____, *De Kafka à Kafka*, Paris, Gallimard, "Idées", 1985.

_____, *La Part du feu*, Paris, Gallimard, 1987.

_____, "Albert Camus", *La Nouvelle Revue Française*, mars 1960.

Claude Bonnefoy, *Panorama critique de la littérature moderne*, Paris, Belfond, 1980.

Axel Bühler, "La fonction de l'intention de l'auteur dans l'interprétation", in *Herméneutique contemporaine : comprendre, interpréter, connaître*, textes réunis par Denis Thouard, Paris, Vrin, 2011.

Albert Camus, *Le Mythe de Sisyphe*, Paris, Gallimard, "Idées", 1982.

_____, *La Chute*, Paris, Gallimard, "Folio", 1983.

_____, *Essais*, Paris, Gallimard, "Bibliothèque de la Pléiade", 1984.

_____, *Théâtre, récits, nouvelles*, Paris, Gallimard, "Bibliothèque de la Pléiade", 1985.

Albert Camus et Jean Grenier, *Correspondance* 1932~1960, Paris, Gallimard, 1981.

Antoine Compagnon, *Le Démon de la théorie. Littérature et sens commun*, Paris, Seuil, 1998.

Jacques Derrida, *De la grammatologie*, Paris, Minuit, 2011.

T. S. Eliot, *The Sacred Wood*, New York, Methuen, 1986.

Michel Foucault, "Qu'est-ce qu'un auteur?", in Michel Foucault, *Dits et écrits I* 1954~1975, Paris, Gallimard, 2012.

André Gide, *Journal* 1939~1949, Paris, Gallimard, "Bibliothèque de la Pléiade", 1972.

G. W. F. Hegel, *La Phénoménologie de l'esprit*, traduit par Jean-Pierre Lefebvre, Paris, Aubier, 1991.

E. D. Jr Hirsch, *Validity in Interpretation*, New Haven-Londres, Yale UP, 1967.

W. Irwin, *Intentionalist Interpretation. A philosophical Explanation and Defence*, Westport-Londres, Greenwood Press, 1999.

Werner G. Jeanrond, *Introduction à l'herméneutique théologique*, Paris, Cerf, 1995.

P. D. Juhl, *Interpretation. An Essay in the Philosophy of Literary Criticism*, Princeton[NJ], 1980.

Michel Ledoux, *Corps et création*, Paris, Les Belles Lettres, 1992.

Stéphane Mallarmé, *Oeuvres complètes*, Paris, Gallimard, "Bibliothèque de la Pléiade", 1945.

Michel de Montaigne, *Oeuvres complètes*, Paris, Gallimard, "Bibliothèque de la Pléiade", 1980.

Raymond Picard, *Nouvelle Critique ou nouvelle imposture*, Jean-Jacques Pauvert, 1965.

Marcel Proust, *Contre Sainte-Beuve*, Paris, Gallimard, 1954.

_____, *Le Temps retrouvé*, Paris, Gallimard, "Folio", 1992.

William K. Wimsatt et Monroe Beardsley, "The Intentional Fallacy", in Monroe Beardsley, *The Verbal Icon. Studies in the Meaning of Poetry*, Lexington, University of Kennedy Press, 1954.

Paul Valéry, *Oeuvres*, Paris, Gallimard, "Bibliothèque de la Pléiade", t. II, 1971.

_____, *Cahiers*, Paris, Gallimard, "Bibliothèque de la Pléiade", t. II, 1974.

"Table ronde sur *L'Etranger*", in L'Etranger *cinquante ans après*, sous la direction de Jacqueline Lévi-Valensi, Paris, Lettres modernes, "Albert Camus 16", 1995.

Kie-Un Lee, "L'herméneutique du soi chez Paul Ricoeur", 『불어불문학연구』, 99집, 2014.9

프랑수아 라블레,『가르강튀아 / 팡타그뤼엘』, 유석호 옮김, 문학과지성사, 2004.
호르헤 루이스 보르헤스,『픽션들』, 황병하 옮김, 민음사, 2012.
장경렬,『매혹과 저항』, 서울대학교출판부, 2007.

저자 / 저자성의 문제
- 바르트와 푸코의 영향을 중심으로

고 규 진 (전북대)

1. 들어가는 말

롤랑 바르트(R. Barthes)가 "이제 우리는 글쓰기에 그 미래를 되돌려 주기 위해 글쓰기의 신화를 전복시켜야 한다는 것을 안다. 독자의 탄생은 **저자**의 죽음이라는 대가를 치러야 한다"(바르트 1997, 35)고 선언한 때는 1968년이었고, 미셸 푸코(M. Foucault)가 「저자란 무엇인가?(Was ist ein Autor?)」라는 강연에서 "누가 말을 하건 무슨 상관인가?"(Foucault 2000, 227)라는 도발적인 답을 내린 때는 그로부터 1년 후의 일이다. 오늘날 저자 / 저자성 연구에서 저자의 부활과 귀환을 소망하는 이론가들은 바르트와 푸코의 저자 비판의 과격성을 68운동의 학문 정책적 분위기로 환원시키려는 경향을 보인다. 그들은 방법론적인 세부문제를 고려하지 않고 학문의 엄격한 규칙과 대립하고자 했으며, 특히 20세기 초부터 프랑스의 학교와 대학에서 텍스트 해석이 국가에 의해 헤게모니적 방법론으로 통용되었기 때문에 이러한 대항 담론을 통해 파괴력을 얻을 수 있었다는 것이다. 요컨대 저자에 대한 후기구조주의적 비판이 큰 반향을 얻을 수 있었던 것은 사회와 학문 관계의 변화에 힘입은 바가 크며, 바르트와 푸코의 저자 비판은 논증적인 학문적 반론이라기보다는 지식사회학적으로 설명이 가능한 문학과 문예학의 환경 변화에 대한 징후에 불과하다고 단정되기도 한다. 실제로 저자의 죽음 선언 후 40년도 더 지난 오늘날 문예학(문학이론, 작품해석, 텍스트비평, 문학사 서술, 문학 사회학 등)에서 저자의 개념이 계속 사용되고 적용되는 방식을 놓고 보면, 저자에 대한 통념적 이해를 포기할 수는 있어도 문예학적 논증에 내재된 저자의 기능까지 포기될 수 없다는 것은 자명해 보인다.

그러나 저자/저자성이라는 개념과 그것에 대한 비판의 역사도 그만큼 길다는 사실을 고려하면 바르트와 푸코의 주장을 시대적 환경에서 파생된 돌출적 선언으로만 간주할 수는 없다. 역사적으로 볼 때 저자/저자성에 대한 비판은 두 가지 측면에서 제기되어 왔다. 하나는 의사소통의 역설이다. "어떠한 전달내용(문학텍스트)과 전달자(작가)가 지극히 개인적이고 독창적이라면 다른 사람(독자)이 이러한 내용을 이해할 수 있을까?"라는 질문이 당연히 제기될 수 있다. 달리 말하자면 절대적 창조성과 텍스트에 대한 절대적 권위라는 이념은 그 자체 내에 모순을 지닌다. 개인적이고 독창적인 것이 언어의 규칙과 인습의 외부에 위치한다면 그것은 소통 불가능하다. 사실 천재적 개인으로서 저자라는 논거의 심급도 증명 불가능하다. 어떤 개인에 의해 독창적인 것으로 제시되는 것도 실은 그 개인의 자기기만일 수도 있기 때문이다.

다른 하나는 텍스트가 고정불변의 확고한 의미를 지닌다는 것에 대한 비판인데, 이러한 비판도 저자 개념에 대한 회의와 결부되어 있다. 폴 발레리(P. Valéry)는 한번 출판된 텍스트는 누구나 자신의 능력에 따라 자기 방식대로 이용할 수 있는 장비와 같아서, 그 장비를 만든 사람이 다른 사람보다 그것을 더 잘 이용하는 것은 아니라고 비유한 바 있다 (Vgl. Valéry 1987, 188~189.). 발레리가 저자를 탈신비화한 맥락에서 많은 작가도 스스로를 "표절자"(로트레아몽(C. de Lautréamont)), "필사자"(퐁쥬(F. Ponge)) "단순한 비서"(보르헤스(J. L. Borges)), "번역가"(아이히(G. Eich)), "아류"(브로드스키(J. Brodsky))로 폄하한 바 있었다.

20세기 중반부터는 문학이론 분야에서도 저자/저자성에 대한 근본적인 회의가 대두되었는데, 다음과 같은 일련의 질문과 답을 통해서였다. 첫째, 독자가 왜 저자의 의도에 관심을 가져야 한단 말인가? 독자에게 결정적인 파트너는 텍스트이며, 저자의 의도가 아니라 실제로 말해진 것이 중요하다. 문학텍스트를 전기 자료가 아니라 의미가 텍스트 내적으로 중재 되는 미적 생산품으로 보는 형식주의와 신비평이 여기에 해당한다. 둘째, 도대체 독자가 저자로부터 경험할 수 있는 것이 무엇인가? 카이저(W. Kayser)와 슈탄첼(F. K. Stanzel)의 서술이론은 이에 대해 독자는 자신에게 말을 건네는 서사 텍스트의 서술자와 관계를 맺을 뿐이므로 서술자와 저자를 결코 혼돈해서는 안 되며 저자의 의도를 직접적으로 추론하는 것은 불가능하다는 답을 내놓는다. 셋째, 텍스트가 텍스트를 통해 자신을 드러내는 저자로 환원될 수 있다고 가정한다면, 독자는 어떤 권리로 텍스트의 이 저자를 특정한 경험적 인물과 동일시할 수 있을까? 저자는 이러한 텍스트와 함께 새로 태어나는 것이 아닌가? 텍스트는 말하자면 "내포된 저자(der implizite Autor)"에 귀속되는 것이므로 실제 저자와 "내포된 저자"는 범주적으로 구분되어야 한다. 그리고 "내포된 저자"는 텍스트에 의해 생산된 구성물이기 때문에 텍스트 해석에서 실제 저자의 중요성은 약화될 수밖에 없다. 넷째, 저자라는 개념은 특정한

동인과 관습에서 저자들에 대해 말을 하는 것의 단순한 구성물이 아닌가? 바르트와 푸코의 저자 비판은 이러한 원론적인 질문에 대한 하나의 대답이다(Vgl. Hoffmann / Langer 2007, 131 이하.).

바르트와 푸코의 텍스트는 독일 문예학계에서 90년대 말 이후 활발해진 저자 / 저자성 연구에서 생산적으로 수용되거나 비판적으로 수정되고 있다. 이 글의 목적은 이러한 연구 상황을 토대로 바르트와 푸코 텍스트의 현재성을 분석하는 것이다. 이를 위해 먼저 2장과 3장에서는 바르트와 푸코 텍스트의 이론적 시의성을 도출하고, 4장에서는 그들의 이론적 착안점이 문예학의 저자 / 저자성 연구 분야에서 수용 및 적용되는 방식을 살펴본 다음, 문학연구에서 바르트와 푸코의 텍스트가 지니는 의의를 최종적으로 진단하고자 한다.

2. 바르트 : 「저자의 죽음」

바르트의 「저자의 죽음」은 텍스트에 대한 구조주의적 패러다임을 진일보시킨 것이고, 다른 한편으로는 니체의 주체비판 철학과 "신은 죽었다"라는 선언을 첨예화한 것이다. 또한 문예학의 측면에서는 저자 / 저자성 개념에 획기적인 이론적 전기를 제공한 크리스테바(J. Kristeva)와 맥을 같이 한다. 바흐친의 산문이론에 천착했던 크리스테바는 저자를 담론들의 단순한 교차점으로 정의한 바 있다. 바르트는 저자가 낯선 언술을 상호텍스트적으로 복습시키는 사람에 불과하다는 크리스테바의 생각을 공유하는 한편, 한 걸음 더 나아가 '작가 – 신(神)'을 단순한 글의 연결자로 규정하며 급진적으로 세속화한다.

바르트에게 텍스트는 "그 중 어느 것도 근원적이지 않은 여러 다양한 글쓰기(글쓰기방식)들이 서로 결합하며 반박하는 다차원적 공간"(바르트 2002, 32)[1]이다. 이러한 텍스트에서 "작품의 설명은 언제나 작품을 만들어 낸 쪽에서 모색"되는 "저자의 제국"(바르트 2002, 28)은 설 자리를 잃는다. 바르트가 보기에 저자는 언어의 소유주가 아니라 "글을 쓰는 사람 외에 다른 아무것도 아니다."(바르트 2002, 30) "수많은 문화의 온상에서 온 인용들"(바르트 2002, 32)을 짜깁기하는 사람에 불과한 것이다. 저자는 현대적인 "필사자(scripteur)"로서, "하나의 거대한 사전을 가지고 있어, 거기서부터 결코 멈출 줄 모르는 글쓰기(글)를 길어올"(바르트 2002, 32)린다. 이 과정을 통해 생산된 "책 자체도 기호들의 짜임, 상실되고 무한히 지연된 모방"(바르트 2002, 33)일 뿐이다. 또한 글쓰기는 초현실주의의 자동기술(écriture automatique)이라는 의미에서 무의식적인 것을 쓰는 행위이다. 바르트에게 문학텍스트는 다른 텍스트들과의 다양한 연관 하에서 자율적이고 자체의 동력을 가진 것이기 때문에 문학이라는 명칭도 이제 글쓰기로 대체되어야 한다. 요컨대 바르트가 정의하는 글은 언어의 독자성이라는 후기구조주의적 테제의 실험 장소이자 다양한 영향과 인용의 상호텍스트적인 공간이다(Vgl. Hoffmann / Langer 2007, 147).

바르트가 전통적인 저자의 권리를 빼앗은 것은 글을 읽는 의미의 중요성을 강조하기 위해서였다. 이제 글의 다양함이 서로 만나는 장소는 저자가 아니라 독자이다. "독자는 글쓰기(글)를 이루는 모든 인용들이 하나도 상실됨 없이 기재되는 공간"이자, 텍스트가 통일될 수 있는

---

[1] 프랑스어 écritures가 우리말 번역본에서는 "글쓰기"로 통일되어 어색한 부분이 있으나 독일어 번역본에서는 문맥에 따라 글쓰기방식(Schreibweise), 글(Schrift), 글쓰기(Schreiben) 등으로 세분화되어 있다. 이 글에서 바르트 인용은 우리말 번역본을 이용하되, 번역본의 "글쓰기"를 달리 표현할 때는 괄호를 통해 차이를 표시한다.

목적지이다. 그렇지만 이 목적지는 하나의 인물이라기보다는 저자 대신 의미를 구성하는 장소로 이해되어야 한다. 바르트의 독자는 "역사도 전기도 심리도 없는 사람이다. 그는 쓰인 것들을 구성하는 모든 흔적들을 하나의 동일한 장 안에 모으는 **누군가**일 뿐이다."(바르트 2002, 35) 바르트에게는 능동적인 독자의 탄생이 절실한 만큼 독자의 탄생을 위한 대가로 "저자의 죽음"은 불가피했다고 할 수 있다.

오늘날 바르트의 「저자의 죽음」에서 쓰이는 "논쟁적이고 혁명적‒유토피아적인 수사(polemische, revolutionär-utopische Rhetorik)"(Jannidis / Lauer / Martinez / Winko 2000, 181)는 모순적이고, 생산성이 없는 슬로건으로 격하되기도 한다. 우선 모순적이라는 비판은 바르트가 글을 규정할 때 오스틴(John. L. Austin)의 언어행위이론의 수행문(Performativ) 개념을 잘못 이해했다는 점에서 출발한다. 오스틴에 따르면 어떤 실상을 (진실하게 또는 거짓으로) 기술하는 "서술적 발화(die konstative Äußerung)"와 달리 "수행적 발화(die performative Äußerung)"는 발화 행위를 통하여 (성공할 수도 있고 실패할 수도 있는) 어떤 행동을 수반하게 한다. 그러므로 수행적 발화의 성공 여부는 필연적으로 원래 발화의 상황이나 말하는 사람의 권위와 밀접한 관계가 있다. 반면 바르트는 수행문으로서 글이 텍스트를 작가의 의도뿐만 아니라 원래의 생성 맥락으로부터 분리시킨다고 주장함으로써 수행문의 개념을 잘못 적용했다는 것이다(Vgl. Jannidis / Lauer / Martinez / Winko 2000, 182).

다른 한편에서는 바르트의 저자의 죽음 선언이 경제적 논리나 대중추수주의로 극단화되어 오용될 수 있다는 점을 들어 바르트 텍스트의 비생산성을 지적하기도 한다. 예컨대 90년대 이후의 예술경제학에서 경제학자들은 무엇을 예술로 보는지는 개개인이 스스로 결정할 문제이며, 예술이 무엇인가라는 질문은 관객의 소망을 바탕으로 답해져야 한다고 강변한다. 경제적 논리를 앞세워 관객과 독자의 독재가 가능한 시대를 부추기는 셈이다. 특히 오늘날 미국의 문화연구에서 소비자는 소비행위를 통하여 해석, 상징적 행위, 상징적 창조성을 보여준다고 미화되기도 한다. 하지만 프랑크푸르트학파의 시각에서 보면 이러한 견해는 소비자나 고객을 왕인 양 대접하면서도 그들을 철저하게 객체로 만드는 문화산업의 자본논리일 뿐이다. 텍스트 저자의 사라짐은 인간 주체의 사라짐이라는 위협적인 현상까지 초래할 수 있다. 그래서 프랑크푸르트학파의 후예인 한 문화사회학자는 저자와 생산자의 해체 그리고 고객, 소비자, 관객의 평가절상에 투자한 엄청난 에너지의 일부만이라도 이제는 수용자의 해체에 쏟아야 하며, 전략적으로 문화생산자의 위상을 높여야 한다고 주장한다(Vgl. Wuggenig 2004). 바르트가 필사자 개념을 통해 저자를 매장했다면 오늘날에는 바르트와 정반대로 "저자의 죽음을 매장하자(den Tod des Autors begraben)"는 구호가 등장한다.

실제로 저자는 후기구조주의가 가두어 놓은 좁은 울타리에 갇혀 있는 존재가 아니다. 동시대의 경험적 현실에서 문화적으로 확고한 지위를 차지한 채, 시장에 텍스트를 제공하고 저작권을 개인의 소유로 요구하는 저자의 존재는 부정할 수 없다. 에른스트 윙거(E. Jünger)나 움베르토 에코(U. Eco) 같은 작가는 경제적 이해타산의 견지에서 저자성이 살아 남아있음을 본다. "저자에게도 주식 시세가 있으며, 이러한 상황을 받아들여야 한다."(Vgl. Jünger 1984, 20)는 것이다. 저자는 또한 탈구성주의의 끝없는 해체작업을 비웃기라도 하듯이 늘 그 자리에서 버티고 있다. 클라이스트와 휠덜린, 릴케나 카프카라는 이름은 까다롭고 비교(秘敎)적인 독해의 대상이어서, 그들의 이름은 탈구성주의에서도, 탈구성주의에 의해 비판되는 해석학에서도 늘 분석의 준거가 되는 작가 정전의 위상을 잃지 않는다. 그렇다고 "저자의 귀환(Rückkehr des Autors)"(Jannidis /

Lauer / Martinez / Winko 1999)과 더불어 저자의 죽음이 용도 폐기되는 것은 아니다. 바르트의 재독해를 통해서 바르트 수용에서 등한시된 부분을 찾아내면, 저자/저자성에 대한 바르트 텍스트의 생산성을 이해할 수 있는데, 대략 다음과 같은 세 가지 측면에서이다.

첫째, 바르트 수용의 가장 큰 빈자리는 「저자의 죽음」을 비롯한 바르트 텍스트가 갖고 있는 간섭주의(Interventionismus)[2]와 같은 형식을 간과한 데서 비롯된다. 바르트는 문학연구와 예술학의 헤게모니적인 담론에 개입하여 휴머니즘 이데올로기의 핵심인 모든 형태의 권위와 자기동일성을 공격 목표로 삼고 해체하고자 한다(Schiesser 2007, 22~23.). 바르트의 텍스트에서는 지방 분권화된 서로 다른 분과학문들의 담론, 예컨대 코페르니쿠스의 물리학, 니체의 신, 마르크스의 사회, 프로이트의 개인, 소쉬르의 언어 등에 관한 담론을 생산적으로 결합시킴으로써 지금까지와 다른 새로운 디스포지티브(Dispositiv)를 만들어내는 것이 중요한 일로 여겨진다. 푸코적 의미에서 이러한 디스포지디브가 수행되는 글에서는 기존의 개념들과 생소하거나 익숙지 않은 개념들을 새롭게 배열하고 배치하여 관련을 맺게 할 수 있다. "이성, 과학, 법칙을 거부"하고 "텍스트에 하나의 '비밀'을, 최종적인 의미를 부여하기를 거부하면서, 이른바 반신학적이라고 할 수 있는 활동을, 진정으로 혁명적인 활동을 분출"(바르트 2002, 34)하려는 글쓰기는 새로운 인식영역을 가공하려는 사고의 출발점이자 수단이다. 그래서 바르트의 텍스트에 내포된 간섭과 공격의 형식을 진지하게 고려하지 않고 바르트를 읽을 경우, 글쓰기의 절대화, (「저자의 죽음」에서와 달리 저자의 귀환의 필요성을 개진하는 바르트의

---

[2] 간섭주의는 일반적으로 외국이나 사적 경제 영역의 사건에 정치적, 군사적으로 개입하는 것을 말한다.

다른) 텍스트들 간의 모순성, 인식론적 단절을 이끌어낸 인물에 대한 상찬 등을 그 자체로 진리로 간주하는 우를 범할 수 있다.

둘째, 이러한 맥락에서 바르트의 "저자의 죽음"이라는 표현이 저자의 완전한 용도폐기인 것처럼 선정적으로 사용되는 것을 경계할 필요가 있다. 『텍스트의 즐거움(Die Lust am Text)』에서도 저자에 대한 종속성에서 벗어나 자발적으로 문학의 소통에 참여하는 독자의 존재가 가정되어 있다. 텍스트는 에로스처럼 독자를 유혹해야 하기 때문에 저자는 독자를 유혹하는 글쓰기를 실행해야 한다. 문제는 독자를 유혹할 수 있는 저자의 글쓰기 역량이다. 문학텍스트가 독자에게 즐거움을 제공하는 텍스트가 되어 소통과 글 읽기의 장을 확장하기 위해서는 당연히 저자의 존재와 그의 능력이 필수적이다. 바르트는 「저자의 죽음」에서 "저자의 제국"을 붕괴시키려고 한 예로 말라르메, 발레리, 프루스트의 글쓰기를 들고 있다. "말라르메의 모든 시학은 글쓰기를 위해 저자를 제거"하는 데에 있었는데 그 이유는 "독자의 자리를 회복"시키기 위한 것으로 해석된다. 발레리의 경우 "자신의 활동의 언어학적이고 '모험적인' 성격을 강조하였으며, 전 산문 저술을 통하여 문학의 본질적인 언술적 조건을 위해 투쟁"한 것으로 설명된다. 바르트는 또한 프루스트를 "화자를 보고 느끼고 쓰는 자가 아니라, 이제 글을 쓰려고 하는 자"로 만들었다고 평가하면서 프루스트는 "그의 삶을 소설 속에 투여한 것이 아니라, 그 자신의 삶을 작품으로, 그가 쓰는 책이 그 작품의 모델이 되는 그러한 작품"(바르트 2002, 29)을 썼다고 강조한다. 이런 맥락에서 보면 말라르메, 발레리, 프루스트처럼 현대적 글쓰기를 실행할 수 있는 새로운 저자의 탄생은 독자에게 커다란 소통 공간을 제공하는 문학의 전제조건이다. "저자의 죽음"은 "수많은 문화에서 온 복합적인 글쓰기(글)들로 이루어져 서로 대화하고 풍자하고 반박"(바르트 2002, 34)하는 텍스트를 쓸 수 있을 정도로 수준 높은 저자의 도래를 기대하는 역설적 표현인 것이다. 미적 고갈상태에 처한 문학의 위기 상황을 타파하고 문학의 질적 고급화를 위해서 저자가 수행해야 하는 임무와 기능은 더욱 가중되며, 문학 생산과 수용은 밀접한 상호관계를 가져야 한다.

셋째, 바르트는 한편으로 문학텍스트에는 언제나 저자가 없어야 한다고 주장한다. 문학적인 것은 문학의 원작자로부터 분리될 때 비로소 정확하게 인식될 있기 때문이다. 다른 한편으로 바르트는 근세를 불가피하게 저자가 필요했던 시기로 여기고, 우리의 현재는 옛날처럼 저자가 없이도 가능한 텍스트가 귀환하기 시작하는 과도기로 본다. 중세에 저자가 없는 텍스트가 가능했던 것처럼 새로운 중세인 오늘날에도 문학텍스트가 글이 될 수 있기 위해서는 저자로부터 해방되어야 한다는 것이다. 그런 점에서 바르트의 텍스트에는 "저자의 죽음에 관한 역사적이고 체계적인 테제(eine historische und eine systematische These über den Tod des Autors)"(Jannidis / Lauer / Martinez / Winko 2000, 182)가 제시되어 있음에 주목할 필요가 있다.

3. 푸코:「저자란 무엇인가?」

푸코의 저자 이해에서 가장 큰 의미는 바르트와 마찬가지로 저자를 역사적으로 상대화했다는 것이다. 저자 개념은 체계적, 초시대적 범주가 아니라 역사적으로 상이하게 적용된다. 푸코에게 저자 개념은 시시때때로 변화하는 시학적, 미학적, 때로는 신학적 논증의 귀결인데, 어느 경우에나 다소간 규범적인 것처럼 보이게 채색된 이데올로기적 논증의 귀결이다(Vgl. Scholz 1999, 324).

푸코에게는 저자에 대한 질문과 텍스트의 의미에 대한 질문이 서로 밀접하게 연관되어 있다. 「저자란 무엇인가?」에서는 다음과 같이 논구되면서 전통적인 저자의 해석학적 의미가 파괴된다. 첫째, 텍스트는 더 이상 텍스트의 저자로 환원되지 않고, 저자는 구성물로 간주된다. 둘째, 저자라는 구성물이 역사적으로 특정한 기능을 가졌지만, 그 구성물로서의 성격에 초점을 맞추어보아야 한다. 셋째, 저자성이라는 구상과 함께 텍스트의 정체성이라는 이념도 비판적 해체의 대상이며, 텍스트가 더 이상 작가의 의지의 표현으로 읽히지 않으면 더 많은 것과 상이한 것을 의미할 수 있다. 넷째, 작품의 토대가 작가라는 이념과 더불어 완결된 작품이라는 이념도 진부해졌고, 텍스트를 통해 더 많은 것과 더 많은 사람이 이야기할 수 있다면 그 텍스트는 모자이크나 조각들의 모음으로서 경계가 열려 있다(Vgl. Foucault 2000, 199~211).

푸코 텍스트의 출발점을 이와 같이 조망해보면 언뜻 저자와 텍스트에 대한 바르트와 푸코의 이론적 입장이 합치되어 있는 듯이 보인다. 하지만 푸코는 바르트를 거명하지는 않지만 "오늘날 저자의 특권을 제거해야 하는 일련의 개념들이 오히려 그것을 막고 근본적으로 제거되어야 마땅한 것을 피해간다"(Foucault 2000, 204)[3]고 바르트를 비판한다. 이 개념들은 작품과 글쓰기이다. 작품은 저자의 개성만큼 애매한 것으로, 글쓰기라는 개념은 미묘한 방식으로 소멸 직전에 있는 저자의 존재를 보존하는 것으로 비판된다(Vgl. Foucault 2000, 205~206.). 나아가 푸코는 저자의 죽음이라는 공허한 구호를 되풀이하는 대신 저자의 소멸로 인해 자유로워진 공간을 찾아내고, 틈새와 균열의 분포를 추적하고, 이

---

[3] 또한 푸코는 바르트에 의해 강조되는 글쓰기가, 글쓰기의 신성함이라는 신학적 주장과 글쓰기의 창조성이라는 비평적 주장을 초월적인 위치로 옮겨놓는다고 비판한다. 즉 선험적인 것의 보호 아래 저자의 특권들이 유지될 수 있다는 것이다.

소멸로 인해 자유로워진 빈자리와 기능을 논구한다. 푸코에게 문제는 저자의 기능이다.

푸코에 따를 때 저자의 이름은 텍스트들의 세계에서 통일성을 형성하고 달리 개관할 수 없는 텍스트들의 세계에 전형적인 질서를 부여하는 데에 이용된다. 텍스트들의 그룹화, 구분, 배제, 다른 텍스트와의 대조, 텍스트 상호 간의 관련짓기 등의 소위 "분류 기능(klassifikatorische Funktion)" (Foucault 2000, 210)에서 저자의 존재는 필수적이다. 그러나 저자의 이름은 일차적으로 담론과 관계가 있다. 저자의 이름이 담론의 특징을 부여하고 담론(일군의 텍스트)을 분류하지만 분류된 텍스트가 모두 동일한 저자에게서 유래할 필요는 없다.[4] 말하자면 프로이트적인 텍스트와 프로이트의 텍스트는 차이가 있고, 마르크스적 담론에서 네오마르크시즘 텍스트와 마르크스·엥겔스의 텍스트 그리고 마르크스의 텍스트와 엥겔스의 텍스트는 차이가 있지만, 각각 프로이트적 담론과 마르크시즘 담론으로 분류될 수 있다. 푸코에게는 창조적이고 천재적인 개인으로서의 마르크스와 프로이트가 아니라 그들의 텍스트에서 어떤 테마가 어떤 방식으로 취급되고 어떤 취급방식과 테마가 배제되어 있는지가 문제인 것이다(Vgl. Niefanger 2002, 524). 여기서 『공산당 선언』과 『자본론』의 저자 마르크스와 『꿈의 해석』의 저자 프로이트는 인용의 보고(寶庫)일 뿐만 아니라 다른 텍스트가 쓰일 수 있는 가능성과 텍스트의 구성 원칙을 제공한다는 점에서, 즉 담론의 무한한 가능성을 창조한다는 점에서 디스포지티브의 창시자이자 근원텍스트로 간주된다(Vgl. Foucault 2000, 219). 이렇게 보면 푸코는 담론의 질서 안에서 저자의 기능을 비판적으로 분석하고자 한 것이지

---

[4] 한 저자와 그의 텍스트가 통일체로 간주되고, 저자의 특정한 사고방식이 개인사적으로 이 저자에게 귀속된다면 그의 텍스트에서 말해지는 것은 제한적이다.

이러한 담론의 질서로부터 저자의 사라짐을 주장한 것은 아님을 알 수 있다(Vgl. Japp 1988, 232~233.).

마지막으로 푸코는 언젠가 저자의 기능이 나타나지 않는데도 담론들이 유포되고 수용되게 될 문화, 즉 저자 기능이 무력화되는 문화에서는 텍스트 수용에서 자유로움이 구가될 것으로 기대한다. 저자와 저자 기능은 "담론의 우연을 제한하기 위한 목적에서(den Zufall des Diskurses in Grenzen zu halten)"(Foucault 1974, 20) 의미의 선택과 제한 그리고 배제에 이용되며, 저자는 "픽션의 자유로운 순환, 자유로운 조작, 자유로운 구성과 탈구성 그리고 재구성을 방해하는 기능원칙"(Foucault 2000, 228)에 불과하다. 푸코의 저자 비판과 저자 기능 개념의 영향사적 의미와 매체학적 시의성은 다음과 같이 정리될 수 있다.

첫째, 텍스트 해석의 범주로서 저자 비판은 경험주의 문예학의 변형인 구성주의적 착안점에서도 수용된다. 문학은 의도가 아니라 행위로 이루어지기 때문에, 행위만이 사회학적, 심리학적 관점에서 경험적으로 분석될 수 있다. 저자는 특권화된 위상을 지니지 못하며, 텍스트라는 소통체의 독자에 불과하다. 나아가 구성주의에서 문학은 주체에 종속된 것으로 분석된다. 의미는 끊임없이 변하는 의식상태, 즉 글을 쓰는 동안 작가의 의식과 독서하는 동안 독자의 의식에 종속되어 효력을 나타내기 때문에 어떠한 작가도 하나의 텍스트에 불변의 의미를 기호화할 수 없다.

둘째, 지식사회학적으로 볼 때 푸코의 저자비판은 문학연구가 의미 제공의 한계에 직면하고 상징적 자본으로서의 위상을 점차 상실해가는 비관적 상황에 대한 해결책인 측면도 있다. 해석이라는 실천행위를 냉혹하게 순진한 것으로 깎아내리고 작가도 이와 같은 방식으로 다룸으로써, 즉 작품과 작가를 다루는 방식을 완전 개방함으로써 문학의 효력 상실이 점차 가시화되는 상황을 개혁하려 했다고 볼 수 있다. 푸코는 특별히 문학 담론의 경우에서는 작가의 기능을 유동적인 것으로 파악한다. 물론 푸코의 이론이 문학연구에서 그대로 실천된 것은 아니다. 그러나 현 연구 상황은 작가에 대한 이론논쟁과 문예학적 실천이 병행되고 있음을 보여준다.

셋째, 푸코는 구체적으로 저자라는 가설이 통일적으로 생기는 네 가지 경우를 ① 항구적인 가치수준(어떤 텍스트가 다른 것에 비해 질적으로 떨어지면 저자의 작품목록에서 제외), ② 개념적, 이론적으로 일관성 있는 관련성(어떤 텍스트가 다른 텍스트와 모순관계일 때 제외), ③ 문체론적 단위(문체가 다른 텍스트는 제외), ④ 한정된 역사적 계기나 여러 사건이 마주치는 접합점(저자 사후의 사건이나 인물이 언급되는 텍스트는 제외)에서 찾는다(Vgl. Foucault 2000, 215). 저자의 귀환을 타진하는 문예학적 실천에서 푸코의 이론적 영향이 가장 생산적인 분야는 이와 같은 저자 기능의 상이한 역사적 분석에 대한 연구에서이다.

마지막으로 저자에 대한 푸코의 유토피아적 진단은 매체학적 측면에서 논의가 활발하다. 인쇄문화의 환경에서 탄생되어 통용된 저자와 저작권의 개념은 디지털 문화의 대두와 함께 엄청난 도전에 직면해 있다. 인터넷 공간에서 저작권을 둘러싼 논쟁이 가열되면서 "저자의 죽음"에 대한 이론은 다시 소생한다. 인터넷이 의사소통의 새로운 시대를 개척한 혁명적 현상이라는 것을 인정한다면, 혁명 이전의 낡은 의사소통 방식의 소산인 저자나 저작자의 권리 주장은 시대착오적으로 보일 수 있다. 저자의 권리를 부정하는 논리는 계몽주의 이후 서구철학에서 가장 자극적인 논쟁, 즉 주체의 개념을 둘러싼 논쟁과 연결된다. 주체는 과연 비물질적인 정신 활동의 소유권을 주장할 자격이 있는 존재인가? 비판적 주체철학의 최고봉에 있는 선구자는 니체이다. 니체에 의하면 근대적 주체는 자만하거나 스스로를 과시할 이유가 전혀 없는 존재이다. 근대적 주체는 전혀 주체적이거나 성숙한 심급이 아니기 때문이다. 니체의 애독자였던 하이데거에게도 스스로를 규정하는 존재로서 주체는 눈엣가시와 같은 개념이었다. 언어철학적인 견지에서 하이데거는 "언어는 스스로 말한다"라고 선언하면서 언어의 주인으로서 전통적인 인간 주체 개념을 공격한다. 개체는 말없이 말들의 중얼거림 속으로, 전통과 세계상 속으로 던져진 존재이다. 니체와 하이데거의 주체 개념은 저자가 정신적 소유권을 요구할 자격이 없는 언어유희의 매개체일 뿐이라는 사실을 확인해준다. 또한 개인의 자기 성찰을 역사적 삶이라는 폐쇄된 전기회로 속에서의 깜빡임과 비교하는 가다머의 악명 높은 진단에 이르면, 마치 가다머가 오늘날과 같은 인터넷 시대를 직접 체험하고 주체를 정의한 것 같은 생각이 들 정도이다. 저명한 매체 철학자 키틀러(F. Kittler)의 주체 정의는 하이데거의 사고를 디지털화한 것처럼 보인다. 하이데거의 주체가 언어의 전류에 감전되어 무의미한 신호를 발신하는 상태라면, 키틀러가 보는 인간은 컴퓨터가 생산하는 지식, 즉 코드와 기호와 자료의 전류 속에 갇힌 존재이다. 컴퓨터 지식이 세계를 작동시키며, 인간은 기술적 진보가 펼쳐 놓은 그물망 속에서 허우적거리는 존재이다.

이렇듯 디지털 매체 시대에서 근대의 강한 주체라는 신화는 더 이상 설 곳을 잃는다. 강한 주체의 대명사인 저자는 기껏해야 정보의 여과지이며, 능동적인 독자는 이제 스스로를 저자로 만든다. 저자로서 주체와 독자로서의 공동체 간의 차이는 소멸되고 저자와 독자는 똑같은 복사자 내지는 정보전달자일 뿐이다. 어찌 보면 컴퓨터가 작동시키는 세계는 텍스트의 저자와 필사자, 주석자 간의 차이가 없었던 중세시대와 같다. 중세에는 개인의 모든 독창성은 공허한 개념이었으며, 세계에는 단 하나의 원작자, 즉 신만 존재했다. 그렇다면 중세의 저자, 필사자, 주석자와 같이 저자/독자에게 모방과 반복을 가능하게 만드는 컴퓨터가 우리

시대의 유일한 신일 수도 있다.

매체 이론가 볼츠(N. Bolz)는 저자의 익명성을 예언한 푸코의 착안점을 계승하고 있다. 볼츠는 사회의 주도적 매체가 책에서 컴퓨터로 대체되고 구텐베르크 은하계는 사이버 스페이스가 된다는 진단에서 출발한다. 정보는 육체를 가진 전달자와 더 이상 관련이 없어지면서 탈인간화된다. 책은 인간에게 정보를 직접 전달할 수 있었지만, 오늘날 정보를 전달하는 코드는 직접 조작할 수 없으므로 오늘날의 인간은 정보를 위한 인터페이스로서 도구 사용이 불가피하다. 구텐베르크 은하계의 종말 이후에는 작품이 하이퍼 자료로 변환되고 작품의 원작자는 익명이자 복수로 남기 때문에 저자성의 종말은 필연적이다. 인터넷 공간에는 텍스트의 모든 부분이 하이퍼링크를 통해서 다른 장소로 이동되고 다른 자료로 결합되거나 또 다른 텍스트의 구성 요소로 보완될 수 있는 파일이 넘쳐 흐르는데, 이때 이 파일을 다루는 사용자는 독자이자 저자가 된다(Vgl. Bolz 1994, 9).[5] 볼츠는 이러한 과정을 통해서 읽으면서 쓰이는 텍스트, 환언하면 저자 없는 텍스트의 생산방식에 주목한다.

> 이런 식으로 '저자란 무엇인가?'라는 질문은 문서의 우주에서 해결된다. 쓰인 모든 것이 데이터뱅크에 저장되고 거기서 글을 쓰는 다른 사람에 의해 다시 사용될 수 있다면 저자로부터 허가되지 않은 저자 없는 텍스트가 생기는데, 이 텍스트는 말하자면 읽히면서 쓰이는 것이다.
> So löst sich die Frage 'Was ist ein Autor?' im Dokuvers auf. Wo

---

[5] 볼츠의 유토피아적인 진단은 저자라는 범주가 정신과학의 텍스트 분석에서만 제한적으로 사용된다는 잘못된 판단에 근거한다고 비판을 받기도 한다. 책 시장은 엄연히 존재하며 법체계는 저자권법을 통해 우리 사회의 저자를 지킬 것이라는 위안에 대해서도 얼마든지 동의할 수 있다.

alles Geschriebene in Datenbanken aufgeht und dort von anderen Schreibern wieder gebraucht werden kann, entstehen unautorisierte, nämlich autorlose Texte, die sich gleichsam im Lesen schreiben. (Bolz 1993, 223)

요컨대 푸코가 "허구적인 것이 완전히 자유로운 상태에서 작동할 수 도 있을"(Foucault 2000, 229), 저자의 이름이 없는 문화를 꿈꾸었다면 볼츠는 인터넷 시대가 구축한 자료의 고속도로에서 저자의 사라짐을 진단하는 것이다.

4. 바르트, 푸코와 저자 / 저자성 연구의 최근 경향

독일어권 문예학에서 저자 / 저자성 논쟁의 초점은 상당 부분 '저자의 귀환'에 맞추어져 있다. 2001년에는 저자성을 주제로 DFG의 독문학자 심포지엄이 개최되었고,[6] 시대적으로도 점차 포스트구조주의에 거리를 취하게 됨에 따라 저자의 죽음이라는 구호를 비판적으로 수정하려는 다양한 분석틀이 모색되었다. 여기서 "저자 기능(Autorfunktionen)", "저자성 모델(Autorschaftsmodelle)", "실제 저자(der reale Autor)"라는 차별화된 개념이 저자 / 저자성 연구의 주도적인 전문용어로 등장한다(Vgl. Hoffmann / Langer 2007, 133).

---

[6] 이 심포지엄의 결과는 『저자성. 입장과 수정』이라는 제목으로 집대성되었다. 이 책에서는 바르트의 "저자의 죽음"을 니체의 "신은 죽었다"라는 선언과 같이 하나의 세계관으로 간주하고, 텍스트와 주체, 신과 세계에 대한 질문 대신 문학 담론의 구체적 관심사에 부응하는 의미에서 역사적이고 체계적으로 차별화할 수 있는 저자성 모델의 복원을 목표로 삼고 있다.

저자 기능 연구에서는 우선 다양한 학문적 착안점을 통해 저자에게 부여되는 의미가 무엇인지 묻고자 하는데, 특히 문예학에서는 방법론적, 이론적 측면과 실제의 작품해석에서 작가를 어떻게 볼 수 있는지 규명하고자 한다. 이와는 반대로 저자성 모델에서 저자성은 역사적으로 우발적이고, 문학적으로 연출되고, 시학적으로 고안된 구성물이다. 그래서 저자성 모델에서는 저자들이 어떠한 문학적 원천을 바탕으로 삼아 어떤 목표를 가지고 무엇을 관철하려는지 분석하여 저자에 대한 특정한 상(像)을 그려내고자 한다. 저자를 필사자로 정의한 바르트의 구상은 "아직까지 영향력이 큰 가장 현대적인 저자성 모델"(Hoffmann / Langer 2007, 133)의 하나로 자리매김할 수 있다. 마지막으로 실제 저자는 저자를 사회사적으로 관찰하는 방식을 통해 포착하고자 한다. 사회에서 저자의 위치나 위상, 문학 활동을 하면서 책을 출판할 수 있는 역사적 조건 등이 실제 저자의 본래 모습을 좌우한다. 또한 실제 저자라는 개념하에서는 비실재적 저자, 요컨대 익명이나 가명의 저자와 허구적, 집단적 저자도 관심의 대상이다.

4.1. 바르트와 저자성모델

바르트의 「저자의 죽음」은 무엇보다도 저자성 모델과 관련하여 수용되고 있다. 저자성은 저자가 자신의 글쓰기 행위와 관련하여 자신의 역할을 어떻게 이해하고 있는지, 또한 자신과 사회의 관계를 어떻게 설정하고 있는지에 따라 모델화될 수 있다. "영감으로 고취된 시인(poeta vates)", "학식을 갖춘 시인(poeta doctus)", 예술의 자율성이라는 구상과 관련된 천재로서의 시인과 원작자 등이 전형적인 저자성 모델이다. 그런데 바르트는 저자의 죽음을 대가로 독자의 탄생을 제시했다는 점에서 저자성 모델의 역사에서 획기적인 전환점으로 간주된다.

바르트의 글은 저자에 대한 푸코의 테제와 더불어 문예학적 범주로서의 저자 개념을 현격히 약화시키는 결과를 초래했다. 이런 의미에서 「저자의 죽음」은 저자성의 부정적 모델을 제시한 것으로 평가된다. 바르트는 저자들의 자율성에 대한 요구를 비판하면서 20세기 모더니즘에서 수용된 타율적 관점의 글쓰기와 필사자 모델을 긍정적으로 평가한다. 바르트는 필사자의 글쓰기를 자동기술이라는 의미에서 무의식적인 것을 쓰는 것, 언어의 자주성이라는 포스트구조주의적 테제 하에서의 글쓰기, 다양한 영향과 인용의 상호텍스트적 공간에서의 글쓰기 등으로 집약하고 있다. 이런 점에서 바르트가 제시한 필사자 모델은 전통적인 다른 세 개의 저자성 모델과 본질적인 차이가 있다. 먼저 필사자 모델에서는 글을 쓰는 주체가 글쓰기 과정에서 주도적인 역할을 수행하지 못하고 글을 쓰는 동안에 구성되어 전적으로 글 속에서 나타나기 때문에 원작자의 자율성을 인정하는 천재 미학의 글쓰기와 상반된다. 다음으로 "영감으로 고취된 시인"과 필사자 모델의 차이는 글쓰기가 영감이나 예견력에 의해 수행되는 것이 아니라 독자적인 언어가 우선권을 행사하는 가운데 무의식적인 행위로 수행된다는 점에 있다. 마지막으로 "학식을 갖춘 시인" 모델에서 저자는 의식적으로 문학적 전통을 수용하고 진전시키는 반면, 바르트의 모델에서는 무의식적으로 상호텍스트성을 생성하는 것은 글쓰기 자체이지 학식을 가진 저자가 이러한 상호텍스트적 공간을 창출하는 것이 아니다.

헤르만(B. Hermann)은 바르트의 이러한 필사자 모델이 천재 미학의 저자에 대한 구상, 즉 "강한(stark)" 저자성과 본질적으로 대립되는 "약한(schwach)" 저자성의 특징을 드러내는 것으로 보고 있다(Vgl. Hermann 2002, 483~484.). 또한 헤르만은 "약한" 저자성이 20세기에 들어 비로소 관찰되는 현상으로 보는 것은 오류라고 지적하면서 낭만주의 시인 노발리스의 다양한 저자 구상을 바르트와 푸코의 구상과 관련지어 이해하고자 한다. 요컨대 저자가 창작과정에서 소외되고, 자발적인 언어와 텍스트에 의해 뒷전으로 밀릴 뿐만 아니라 담론과 강한 독자에게 주도권을 상실하는 것은 이미 1800년경의 저자에 대한 논의에서 관찰할 수 있다는 것이다(Vgl. Hermann 2002, 490).[7] 헤르만에 따를 때 노발리스는 포스트구조주의에서 구체화된 "약한" 저자성 모델의 세 가지 특징을 선취한 것으로 평가된다. "필자를 매개로 스스로 말하는 언어(die sich durch das Medium des scriptors selbst sprechende Sprache)"와 "확장된 저자로 등장하여 독서를 통해 텍스트를 새롭게 조직할 수 있는 독자(der Leser, der als erweiterter Autor auftritt und dessen Lektüre den Text potentiell neu formiert)" 그리고 "독자이자 상호텍스트적 프로젝트의 일부인 저자(der Autor als Leser und Teil eines intertextuellen Projekts)" (Vgl. Hermann 2002, 490)는 모두 바르트가 논구하는 "저자의 죽음"과 평행관계에 있다.

4.2. 푸코와 저자 기능

푸코는 저자 기능이 의미의 선택과 제한에 이용되는 원칙에 불과하므로 저자 기능을 단념해야 픽션을 자유롭게 순환, 조작, 구성, 탈구성, 재구성할 수 있다고 주장한다. 하지만 저자로부터 해방된 독서라는 푸코의 비전에 대한 반대논리도 만만치 않다. 진화생물학이나 인지 생물학적으로

---

[7] 헤르만의 경우처럼 영문학자 아스만(Aleida Assmann) 또한 저자성을 매체사적으로 분석하는 가운데, 저작권이 도입되기 이전인 18세기 영국의 저자들에게서 볼 수 있는 '약한' 저자성의 특징을 나열하고 있다. 예컨대 '약한' 저자는 스스로를 독자로 연출하고, 자신이 쓰는 것을 언젠가 읽었던 것으로 치부하거나 특정 텍스트에 의존하고 있다고 밝히기도 한다(Vgl. Assmann 2008, 73~74.).

보면 독서를 할 때 저자가 필요한 것은 꼭 소통의 전제여서일 뿐만 아니라 저자에게는 발생학적으로 고착된 기질이 있기 때문이다. 따라서 저자 기능을 단념하는 것은 있을 수 없는 일일뿐더러 바람직스럽지도 않다는 것이다(Vgl. Eibel 1999, 47~60). 이런 이유에서 최근의 문예학 연구는 저자 기능이라는 푸코의 구상과 관련되어 있긴 하지만 푸코의 의도와 정반대의 목표를 추구하는 경향이 있다. 더 이상 저자로부터의 해방이나 저자와의 단절을 분석할 것이 아니라, 문예학적 이론이나 실천에서 저자의 관련성이 어떤 부분에서 어떻게 적용될 수 있는지 연구해야 한다는 것이다. 이때 저자 기능은 경우에 따라 상이하게 정의된다. 첫째, 문화적이고 인식론적으로, 즉 시대와 담론에 따라 특수하게 나타나는 원작자라는 심급을 기술하는 용어로 쓰이며, 둘째, 독자의 독서와 구성능력과 관련해 쓰이기보다는 실제 저자와 저자의 연출(Autorinszenierungen)을 분석할 때[8] 사용되기도 한다.

문예학에서 보다 일반적인 것은 실제의 작품해석에서 저자 기능이 적용되는 경우이다. 저자가 예외 없이 작품해석의 필수 조건이라거나 저자 없이는 모든 의미부여가 애당초 불가능하다는 전통적 입장을 곧이곧대로 대변하는 것은 아니지만, 작품해석과 저자의 관련성에 대한 최근의 이론에서는 한 텍스트의 형성과 형태 그리고 의미를 파악하는 데에서 저자 기능이 기본적으로 가정된다. 작품해석에서 거의 언제나 전제되는 이러한 최소한의 가정은 구체적으로 다음과 같다(Vgl. Hoffmann /

---

[8] 실제 저자에 대한 연구는 주로 루만(N. Luhmann)의 체계이론과 부르디외(P. Bourdieu)의 문화사회학적 착안점을 통해 이루어지는데, 이러한 연구는 저자성 모델을 유형화하는 데에도 도움이 될 수 있다. 또한 저자의 연출을 주제로 삼는 연구에서는 푸코적 의미에서 저자 기능에 대한 논쟁보다는 부르디외의 아비투스 개념과 장이론을 지주로 삼아 저자들이 스스로를 연출하거나 매체 등을 통해서 연출되는 구체적 형식을 연구한다(Vgl. Künzel / Schönert 2007, pp. 9~10.).

Langer 2007, 137 이하). 첫째, 실제 저자는 한 텍스트의 원작자이다. 말하자면 실제 저자는 물질적 토대로서의 텍스트를 생산한다. 둘째, 텍스트는 나름대로 어떤 특징을 지니고 있는 바, 이러한 특징들이 선택된 것은 저자를 통해 설명된다. 저자는 의식적이든 무의식적이든 텍스트에 포함되는 것과 그렇지 않은 것을 결정하며, 텍스트가 어떤 문학적 모범을 계승할 것인지도 저자에 의해 결정된다. 셋째, 한 텍스트의 언어적이고 형식적인 형태, 요컨대 텍스트의 형상화 기능도 저자에 의한 것이다. 이때의 저자는 작품해석방법론에 따라 서술자 또는 내포된 저자라는 개념으로 등치 될 수 있다. 넷째, 작품해석의 실제에서 저자를 의미생산의 기능과 연관시킬 수 있는 폭은 넓다. 하지만 저자가 의도한 의미가 텍스트의 해석에서 어느 정도까지 필요하고 중요한지는 여전히 논란거리이다.[9] 이러한 네 가지 저자 기능 외에도 야니디스(F. Jannidis) 같은 학자는 저자의 분석을 위한 푸코의 제안을 광의로 수용하여 저자를 통한 "인식기능(Erkenntnisfunktion)"과, 텍스트의 내용과 형식의 새로움을 추구하는 저자의 "혁신기능(Innovationsfunktion)"을 저자 기능에 포함시키기도 한다(Vgl. Jannidis 1999, 387~388.).

저자 기능에 대한 이러한 여섯 가지 기본 전제는 작품해석의 다양한 전략으로 이용될 수 있다. 예를 들어 빙코(S. Winko)같은 학자는 조합 가능한 이러한 여섯 가지 전제를 의식적으로나 무의식적으로 실제 저자와 구성된 저자(서술자, 내포된 저자)의 기능 분석에 활용하는 전략을 제시하고 있다(Vgl. Winko 1999, 343~344.). 첫째, 어떤 텍스트의 저자를 전제할 경우 우선 텍스트를 시간적·공간적으로 확정할 수 있다. 따라서

---

[9] 텍스트 해석을 저자의 역사적이고 개인적인 의도를 읽어내는 과정으로 보는 문예학자도 있지만, 직접 당사자인 저자들은 자신의 텍스트 생산을 비의도적인 행위로 설명하기도 한다.

이 텍스트에서 사용되는 언어의 역사적이고 지역적인 특수성을 이해할 수 있기 때문에 작품해석의 맥락에 정당성이 부여될 수 있다. 둘째, 어떤 텍스트를 그 텍스트를 쓴 작가에게 귀속시키면 동일하거나 동질적인 일련의 문학적 현상들을 구분할 수 있기 때문에 저자는 차이를 형성하는 기능을 한다. 예컨대 괴테의 『파우스트』에 묘사된 파우스트, 다시 말해 괴테적인 파우스트는 다른 작가가 그려낸 파우스트적 인물과 차별화된다. 빙코가 제시하는 세 번째 전략은 부분적으로 푸코의 저자 기능과 일치하는데, 저자가 자신의 전체 작품의 통일성을 보장한다는 측면에서이다. 예컨대 "이러한 인물 구도는 클라이스트 작품에 전형적이다."라는 흔히 접하는 표현에서 볼 수 있듯이, 한 작가의 모든 작품은 그 자체로 완결된 통일체로 간주된다. 하지만 빙코에 따를 때 어떤 작가의 모든 텍스트가 문체적, 주제적, 구조적 통일성을 형성한다는 것은 특히 많은 텍스트가 전거로 활용될 수 없을 경우에는 증명될 수 있는 것이 아니라 그렇게 주장될 수 있을 뿐이다. 이 경우 작품의 통일성과 동질성을 보장하는 것은 특별한 특징들이 아니고 실제로는 저자의 이름과 인물로서의 저자인 것이다. 나아가 저자의 이름은 환유로 사용되어 그 저자의 텍스트를 대변한다. "릴케의 경우에는"이라고 말하는 사람은 릴케의 시의 특성들을 지칭하는 것이다(Vgl. Hoffmann / Langer 2007, 138). 넷째, 저자에 대한 지식은 특히 연관텍스트(Bezugstext)나 병행텍스트(Paralleltext)를 확정하는 데에 자주 이용된다. 어떤 텍스트나 텍스트 문구는 동일한 저자가 다른 작품들, 예컨대 편지나 일기 그리고 인터뷰(연관텍스트)에서 비슷한 것을 주제화함으로써 그 의미가 비로소 분명하게 납득될 수 있다. 또한 어떤 저자가 명시적으로나 함축적으로 끌어들인 다른 작가의 입장이나 텍스트(병행텍스트)도 텍스트의 의미를 규명하는 척도로 활용할 수 있다. 다섯 번째로 저자 기능은 작품해석에 포함시킬 수 있는 맥락을 확정하는 데에 필수적이다. 저자가 자신이 잘 알고 높이 평가하는 철학적, 정치적, 종교적, 학문적 이념과 인식 그리고 역사적인 사건들을 작품에서 의도적으로 수용하고 변형하며 진척시키는 것은 흔한 일이거니와, 이러한 맥락은 작품 이해의 중요한 척도가 된다. 마지막으로 언급할 수 있는 저자 기능은 아주 포괄적이고 논란의 여지가 많은 것으로, 작품해석의 테제를 세우거나 증명하고자 할 때 어느 정도까지 저자와의 관련성이 있는가의 문제이다. 이때 저자의 의도를 분명한 증표로 내세우지 못하고 저자의 의도에 대한 가정에만 의지할 경우 해석의 오류를 낳을 수도 있기 때문이다.

5. 나가는 말

문예학에서 저자를 다루는 방식이 매우 모순적인 것은 사실이다. 단적인 예로 페미니즘 문예학을 들 수 있다. 페미니즘 문예학에서는 남성적으로 부가 의미화된 저자의 죽음은 필요충분조건이다. 저자의 유희공간을 남성적 전형으로 환원시킨 역사적, 문화적 제약을 재구성하여 관습적인 저자 범주를 극복하지 않으면 페미니즘 문예학은 존재할 수 없기 때문이다. 그러나 다른 한편으로 페미니즘 문예학의 구체적 작업에서는 그때마다 해당 여성 작가에 대한 지식이 매우 본질적으로 작용할 수밖에 없다(Vgl. Lauer 1999, 164~165.).

같은 맥락에서 바르트가 저자의 죽음을 선언했다고 해서 저자/저자성의 용도가 폐기되고 저자가 없는 텍스트라는 새로운 패러다임이 들어선 것은 물론 아니다. 저자의 자기 이해나 저자에 대한 연구에서는 여전히 전통적인 저자성 모델이 낭만주의, 바르트, 푸코에게서 볼 수 있는 타율적이고 부정적인 저자성 모델과 교차되고 혼합되어 존재하기 때문이다. 주체비판을 통하여 "나"라는 존재를 순전한 말장난의 산물로 선언함으로써 바르트의 저자의 죽음이라는 구호를 태동시킨 포스트구조주의의 선구자 니체가『이 사람을 보라(Ecce homo)』라는 자신의 전기를 썼고, 롤랑 바르트가『롤랑 바르트가 쓴 롤랑 바르트(Roland Barthes par Roland Barthes)』를 통해 저자의 복귀를 선언한 것은 의미심장하다. 저자성의 폐기에 대한 모범이 되어야 할 이론가들조차도 저자와 저자성을 피해갈 수 없는 바, 이들의 텍스트를 이해하기 위해서는 여전히 니체와 바르트라는 저자는 중요한 심급으로 작용한다. 그럼에도 바르트의 「저자의 죽음」은 저자를 한편으로는 체계적인 현상으로, 다른 한편으로는 역사적인 현상으로 논구한 획기적인 저작이다. 따라서 문예학에서 저자성에 대한 개별적인 구상과 역사적으로 구체화된 저자성 구상에 대한 연구가 불가피한 이상 바르트의 「저자의 죽음」은 지속적으로 영향을 끼칠 것이다.

푸코의 경우도 마찬가지이다. 푸코의 저자 기능 구상을 바탕으로 빙코에 의해 제시된 여섯 가지 작품해석 전략이 모두 정당한지 아니면 개별적으로만 논리적으로 명확한 것인지에 대해서는 평가가 다양하다. 하지만 대부분의 전문적인 작품해석에서는 밀도의 차이는 있지만 이러한 전략이 수행되고 있으며, 작품해석의 문제를 해결하는 데에 유용한 것으로 간주된다. 따라서 문예학에서 작품을 저자와 관련지어 해석할 때는 위에서 언급된 다양한 저자 기능을 염두에 두지 않을 수 없다. 이것은 곧 작품해석의 핵심적인 목표가 저자의 의도를 재구성하는 것에 그쳐서는 안 된다는 것을 의미한다. 푸코의 시의적 의미는 이러한 저자의 의도주의라는 도그마의 포기와 매체학 연구에서의 생산성에 있다.

참고문헌

1. 1차 문헌

바르트, 롤랑(2002), 「저자의 죽음」. 『텍스트의 즐거움』(김희영 역). 동문선, pp. 27~35.

푸코, 미셀(1989), 「저자란 무엇인가」(장진영 역). 『미셀 푸코의 문학비평』(김현 편). 문학과지성사, pp. 238~275.

Barthes, Roland(2000), Der Tod des Autors. In : F. Jannidis / G. Lauer / M. Martinez / S. Winko(Hrsg.) : Texte zur Theorie der Autorschaft. Stuttgart, pp. 185~193.

Foucault, Michel(2000), Was ist ein Autor? In : F. Jannidis / G. Lauer / M. Martinez / S. Winko(Hrsg.) : Texte zur Theorie der Autorschaft. Stuttgart, pp. 198~229.

Foucault, Michel(1974), Die Ordnung des Diskurses. München.

Valéry, Paul(1987), Zur Theorie der Dichtkunst. Frankfurt a. M.

2. 2차 문헌

Assmann, Aleida(2008), Einführung in die Kulturwissenschaft. Berlin.

Bolz, Norbert(1993), Am Ende der Gutenberg-Galaxis. Die neuen Kommunikationsverhältnisse. München.

Bolz, Norbert(1994), Computer als Medium(Einleitung). In : N. Bolz / F. Kittler / G. C. Tholen(Hrsg.) : Computer als Medium. München.

Detering, Heinrich(Hrsg.)(2002), Autorschaft. Positionen und Revisionen. Stuttgart / Weimar.

Eibl, Karl(1999), Der "Autor" als biologische Disposition. In : F. Jannidis / G.

Lauer / M. Martinez / S. Winko(Hrsg.) : Rückkehr des Autors. Tübingen, pp. 47~60.

Hermann, Britta(2002), "So könnte dies ja am Ende ohne mein Wissen und Glauben Poesie sein?". Über 'schwache' und 'starke' Autorschaften. In : H. Detering(Hrsg.) : Autorschaft. Positionen und Revisionen. Stuttgart, pp. 479~500.

Hoffmann, Thorsten / Langer, Daniela(2007), Autor. In : Thomas Anz (Hrsg.) : Handbuch Literaturwissenschaft, Bd.1 : Gegenstände und Grundbegriffe. Stuttgart, pp. 131~170.

Jannidis, F. / Lauer, G. / Martinez. M. / Winko, S.(Hrsg.)(1999), Rückkehr des Autors. Zur Erneuerung eines umstrittenen Begriffs. Tübingen.

Jannidis, F. / Lauer, G. / Martinez. M. / Winko, S.(Hrsg.)(2000), Texte zur Theorie der Autorschaft. Stuttgart.

Jannidis, Fotis(1999), Der nützliche Autor. Möglichkeiten eines Begriffs zwischen Text und historischem Kontext. In : F. Jannidis / G. Lauer / M. Martinez / S. Winko(Hrsg.) : Rückkehr des Autors. Tübingen, pp. 353~390.

Japp, Uwe(1988), Der Ort des Autors in der Ordnung des Diskurses. In : J. Fohrmann / H. Müller(Hrsg.) : Diskurstheorien und Literaturwissenschaft. Frankfurt a. M., pp. 223~234.

Jünger, Ernst(1984), Autor und Autorschaft. Stuttgart.

Künzel, Christine / Schönert, Jörg(Hrsg.)(2007), Autorinszenierungen. Autorschaft und literarisches Werk im Kontext der Medien. Würzburg.

Lauer, Gerhard(1999), Einführung : Autorkonzepte in der Literatur- wissenschaft. In : F. Jannidis / G. Lauer / M. Martinez / S. Winko (Hrsg.) : Rückkehr des Autors. Tübingen, pp. 159~166.

Niefanger, Dirk(2002), Der Autor und sein Label. Überlegungen zur function classificatoire Foucaults. In : H. Detering(Hrsg.) : Autorschaft. Positionen und Revisionen. Stuttgart, pp. 521~539.

Schiesser, Giaco(2007), Autorschaft nach dem Tod des Autors. Barthes und Foucault revisited. In : Hans Peter Schwarz(Hrsg.) : Autorschaft in den Künsten. Konzepte - Praktiken - Medien. Zürich, pp. 20~33.

Scholz, Bernhard F.(1999), "Alciato als emblematum pater et princeps". Zur Rekonstruktion des frühmodernen Autorbegriffs! In : F. Jannidis / G. Lauer / M. Martinez / S. Winko(Hrsg.) : Rückkehr des Autors. Tübingen, pp. 321~351.

Werber, Niels / Stöckmann, Ingo(1997), Das ist ein Autor! Eine polykontexturale Wiederauferstehung. In : Henk de Berg / Matthias Prangel(Hrsg.) : Systemtheorie und Hermeneutik. Tübingen, pp. 233~262.

Winko, Simone(1999), Autor-Funktionen. Zur argumentativen Verwendung von Autor-Konzepten in der gegenwärtigen literaturwissenschaftlichen Interpretationspraxis. In : F. Jannidis / G. Lauer / M. Martinez / S. Winko (Hrsg.) : Rückkehr des Autors. Tübingen, pp. 334~354.

Wuggenig, Ulf(2004), Den Tod des Autors begraben, republicart.net (http://www.republicart.net/disc/aap/wuggenig03_de.htm)

자서전의 저자: 자아, 어머니, 공동체

윤민우 (연세대)

1. 머리말

 자서전은 어떤 사람에 의해, 어떤 의도로, 어떤 포맷을 갖추어 씌어지는가? 대체로 전통적 의미의 자서전은 개인의 삶에 대한 정돈된 질서 부여의 의도를 가진 글쓰기일 것이다. 일찍이 중세 성(聖) 어거스틴의 전범이 그러하기도 하지만, 18세기의 합리적 주체로서 데카르트, 낭만적 주체인 루소와 워즈워스의 자전적 글쓰기는 높은 단계의 성장을 향해 나아가는 개별 주체가 겪는 시행착오의 정연한 기록이다. 자서전은 새롭게 태동하는 개인주의의 담론으로서 계몽시대의 프로젝트라 말할 수 있으며, 내가 역사의 중심에 있고 시대의 거울임을 자처하는 경우가 많다. 그리하여 자서전은 '나'를 씀에 있어, 우리가 포용하고 재생산하는 권력에 연루된 담론에 참여하는 글쓰기이다(Gilmore, 125, 127~128). 물론, 개별 주체 형성은 때때로 기존 질서와 엇박자를 낼 수도 있다. 제한된 인지의 영역을 넘어서며 변화하는 세계에서 번뇌하는 개별 주체의 담론이

'나'의 형성에 기여할 수도 있기 때문이다. 이런 점에서, 방탕적인 삶에서 벗어나 교회 권위에 순응하는 어거스틴의 중세 종교적 고백록과 자발적이고 전복적이기까지 근대 낭만적 주체로서의 루소 식의 고백록은 차이가 있다. 그럼에도, 어거스틴의 자서전은 개인의 오류와 신에 관한 지식의 권위를 인정하면서, 하나님을 향한 질서정연한 자기계몽의 수순을 밟기 때문에, 18세기 이후의 자서전과 크게 달리 구분하여 생각할 필요가 없었다. 어거스틴의 자서전에 내재하는 개별주체의 종교적 계몽이나 기독교의 텔로스적인 여정이 낭만적 주체 개념이나 진보의 근대 역사관과 잘 어울리기 때문이다.

자서전이 대체로 남성에 의해 씌어져 왔다면, 이는 개체 미분화의 어머니의 영역에서 이유(離乳)하여 아버지의 이성으로 나아간다는 개인의 성장구조가 근대의 계몽, 합리적 주체, 그리고 텔로스 지향의 이데올로기에 잘 부합하였기 때문이다. 그런데 포스트모던 이론가의 분석에 의하면, 통합적 자아 건설과 이에 호응하는 자서전은 자주 본질적인 허구성을 드러내면서 빈 구석과 막다른 골목에 다다른다. 근대 주체는 타자의 욕망과 뒤섞이는 상징계에 처해 있으며, 이러한 환경에서 정돈되고 독립적인 자아를 구축하려는 것 자체가 환상인 것이다. 아버지의 세계로 나아가는 계몽의 내러티브는 사실상 많은 아포리아(aporia)를 감추고 있으며, 통합된 주체를 말하는 모든 자서전적 시도는 자크 라캉이 말하는바 '거울상' 단계(the mirror image)에 놓여 있다. 자서전은 질서정연한 성장의 전개를 보여주는 주체 개념에 잘 어울리지 않는 갈등이나 혼란을 생략하거나 무마하는 글쓰기이며, 파편화하기 시작한 몸을 정돈된 몸으로 되돌리려는 나르시시즘적 경향을 포함한다.

자기 이미지를 재구성하는 자전적 글쓰기에서 저자는 '나'를 이야기하지만, 타자에게 보이는 나를 완성하는 것이다. 그럼으로써, 나는 지금

이 순간의 나를 인정하려 한다. 그런데 그것이 전부인가? 나의 이야기를 읽는 타자의 존재, 그리고 나의 형성에 필수 불가결했으나 배제되고야만 타자적 요소는 어떻게 생각되어야 하는가? 어떤 측면에서 보면, 자서전은 내가 서명하는 순간에 그 효력이 발생하는 것이 아니라, 내가 죽고 난 후 그것을 확인하는 타자가 더 중요하다고 말할 수 있다. 더불어, 거의 모든 자서전은 어머니의 회상을 포함한다. 어머니의 임종에 직면하여 롤랑 바르트는 어린 시절의 어머니 사진을 보게 되고, 어머니를 간호하면서 어머니가 자식이 됨을 경험한다. 자서전적 성찰이 이성과 사회에서 배제된 어머니의 존재를 그 상징적 죽음의 영역에서 나의 의식 속에 살아 있는 존재로 복귀시키는 것이다. 자크 데리다도 비슷한 맥락에서 자전적 글쓰기를 시도한 바 있다. 그에 의하면, 할례(circumcision)가 아들이 어머니에게서 물려 받은 '몸'의 일부를 희생하여, 아버지의 '이름'을 이어받는 제의라고 말한다. 그런데 자식이 노년의 어머니의 몸이 소멸하는 것을 보는 것은 할례 때에 아들이 입는 상처를 어머니가 보는 것과 크게 다를 바 없다. 몸의 의식을 통하여 아들과 어머니의 동일화가 비로소 복원되는 것이다. 바르트와 데리다에 의하면, 아버지의 영역에서 온전한 자아 유지를 의도하는 자전적 글쓰기가 사실상 어머니를 되불러오는 장르가 되고 아버지의 이름을 무화한다는 것이다. 요컨대, 타자의 승인과 어머니의 존재가 통합적 자아의 개념을 깨뜨리기 때문에, 자서전은 자아보존을 강화하고자 하지만, 그 목적을 이탈하여 타자의 영역이 된다.

자서전의 저자와 연관하여, 근래에 양산되는 여성 및 인종적 소수자의 자전적 글쓰기를 고찰하는 것은 의미가 깊다. 언어의 주인공이 되어 본 적이 없는 변두리 주체로서의 이들은 자신들의 목소리를 되찾기 위하여, 남성 글쓰기와 다른 양태의 글쓰기를 시도한다. 그들의 자서전은 합리적이고 통합적인 주체로 성장하는 개인의 독자적 인생행로가 아니라, 잔존하는 결핍과 고통을 견뎌내는 정신적 외상의 기록일 때가 많다. 이는 문제를 해결하고 극복하는 발전의 과정보다, 그 갈등의 경험을 온전히 드러내는 '증언'의 양태를 띠게 된다. 그런데 증언이 언제나 쉬운 것은 아니다. 홀로코스트나 원폭 피해 등의 극단적 고통은 물론이거니와, 사사로운 개별적 고통이라 하더라도, 그것들이 경험되는 당시에는 온전한 형태로 경험되지 않기 때문이며, 트라우마는 언제든 원치 않은 시간에 되돌아오는 성격의 고통이기 때문이다. 그러한 삶을 드러내는 것은 트라우마를 다시 사는 것이기 때문에 생존자들이 이야기를 꺼리는 것은 당연하다. 제대로 인식되지 않은 파편화한 경험의 기억들을 온전한 경험으로 되돌리기 위하여 내러티브라는 수단이 동원되어야 하고, 그 내러티브 생성을 돕기 위하여 주위의 배려가 반드시 필요하다. 여성 혹은 소수자의 자전적 글쓰기는 결핍된 존재들의 경험의 공통성에 호소하기 때문에 개별 이름은 지워진다.

2. 나의 이야기: 어거스틴과 루소

자서전의 고전적 모델은 단연 어거스틴과 루소의 『고백록』이다. 개별적 주체를 확립하는 이들의 삶의 전개과정은, 그러나, 매우 대조적이다. 어거스틴은 개종과 세례에 이르는 삶의 과정에서 영적 오류를 하나씩 소거하면서, 마침내 극적으로 그 종착점에 도달한다. 루소는 자신의 급진적 자유사상이 무르익는 과정을 정연하게 설명하는 전략이 아니라, 오히려 자신을 '앙팡 떼러블'로 재현하면서, 계속적으로 왕따가 되는 과정을 통해 만들어지는 자율적 개체를 제시한다. 어거스틴은 성장하면서 장애가 되는 타자적 요소를 제거하여 홀로서기에 성공하는 주체를 제공한다. 루소는 이웃과 오래 교류할 수 없는 자신의 까다롭고 독특한 성품과 사유 때문에, 이웃을 타자로 배제하고 반복적으로 대체하면서, 홀로 됨을 두려워하지 않는다. 이 둘은 다르면서도 같다.

어거스틴(354~430년)의 『고백록』에서, 화자는 마치 교양소설의 주인공처럼, 혼란스런 세상에서 시행착오를 거치면서 단계적으로 성장하여 삶의 보편적 의미를 성취한다. 어거스틴은 방탕한 아들로부터 초월적인 주체로 성장하는데, 불량한 친구들과 어울려 배(pears) 서리를 하는 에피소드(2권)가 『고백록』 전체를 읽는 하나의 이정표가 될 수 있다. 그가 배를 훔친 것은 굶주려서라든가 소유하기 위해서가 아니라, 친구들과 어울려 나쁜 행위를 그저 재미로 했기 때문인데, 바로 이 점이 그의 양심을 괴롭힌다. 선한 행위를 향해 마음이 기꺼이 따르지 않고, 악한 행위를 재미로 하는 것, 바로 이것이 죄성(罪性)의 본질이라는 것이다.

> 훔친 일 자체는 아무 것도 아닌데, 바로 그 사실 때문에 내가 더 초라하게 느껴진다. 나 혼자서는 그런 일을 하지 않았을 것인즉, 기억컨대, 그것이 당시의 나의 마음 상태였었다. 홀로는 결코 그런 짓을 하지 않았을 것이다. 그러므로 그 행위에서 나는 그 짓을 함께 했던 친구들과 어울리는 것을 좋아했던 것이다…. 나의 즐거움은 배 과일에 있지 않았다. 그것은 친구들이 떼 지어 함께 죄를 짓는 그 악한 행위 자체에 있었다…. 아, 우정을 배반하는 우정이여! 그건 깊이를 잴 수 없는 마음의 유혹자이며, 재미나 놀이를 위해 해를 입히는 탐욕이고, 다른 이의 상처를 향한 욕구이다. 이는 이득이나 앙갚음을 위해서가 아니고, 단지 누군가 "가서 그 일을 하자!"고 할 때 벌어지는 것으로서, 이를 대수롭지 않게 여기지 않는 것이 오히려 수치이다! (2.8~2.9)[1]
>
> For the theft itself was nothing, and by that very fact I was all the

more miserable. Yet alone, by myself, I would not have done it-such, I remember, was my state of mind at that time-alone I would never have done it. Therefore, I also loved in it my association with the others with whom I did the deed···. But my pleasure lay not in the pears : it lay in the evil deed itself, which a group of us joined in sin to do···. O friendship too unfriendly! Unfathomable seducer of the mind, greed to do harm for fun and sport, desire for another's injury, arising not from desire for my own gain or for vengeance, but merely when someone says, "Let's go! Let's do it!" and it is shameful not to be shameless!

어거스틴은 이 사건에서, 여럿이 어울려 행동했으므로 수치스러움이 경감되고 뉘우침이 없다는 것이 문제이며, 따라서 죄는 친구들과 어울리는 데서 발생한다는 인식에 도달한다. 개종으로의 여정에서, 이와 같은 놀이의 그룹 활동은 우회로이며 시간 낭비에 불과하다. 이 사소한 사건이 부여하는 바로 이 인식이 어거스틴의 자서전의 의도와 방향을 결정하였다. 개종을 위해서는 바깥에서 안으로의 전환이 먼저 필요하였다. 『고백록』의 최종목적지인 개종에 이르기까지, 어거스틴으로 하여금 쾌락의 외적 행위와 자기취향의 사유에서 벗어나 진정한 믿음의 근원을 분간하게 한 것이 바로 내적 성장이었던 것이다.

나아가, 배 서리 사건에의 통찰은 어거스틴이 오랫동안 경도하였고, 빠져나오기 위해 혼신의 힘을 다 하였던 매니키언적 사유(Manichaeism)의

---

[1] 어거스틴의 『고백록』에서의 인용은 다음의 책에서 취했다. Augustine of Hippo, *The Confessions of St. Augustine*, trans., John K. Ryan (New York: Image Books, 1960). 어거스틴의 『고백록』 인용출처는 권(卷)과 절(節)의 수로 표기한다. 이로부터의 인용을 포함한 다른 원전의 인용구절과 여타 참고문헌 인용문의 한글번역은 모두 필자의 것이다.

문제점을 지적한다고 볼 수도 있다. 배를 훔친 것은 어떤 이기적이거나 탐욕스런 목적 때문이 아니라, 그것에서 오는 즐거움 자체를 즐긴 것인데, 그렇다면 악 자체를 주도하는 어떤 실체가 따로 존재한다고 볼 수 있기 때문이다. 그러나 매니키이즘에 대항하여 어거스틴이 궁극적으로 내어놓은 성찰은 악의 실체는 부재하며, 따라서 악의 추구는 선에의 의지의 결핍 때문이라는 것이다. 배 서리의 즐거움은 진정한 즐거움의 왜곡된 형태이다. 나쁜 행동은 악에의 의지에서 비롯하는 것이 아니며, 결함이 있는 의지의 결과이다(Abramson, 129~130). 또한, 배 서리 사건은 아담과 이브의 에덴동산 사건과 연관될 수 있다. 아담이 이브 때문에 선악과를 먹었듯이, 어거스틴이 친구 때문에 배를 훔쳤다면, 어거스틴의 배 열매는 바로 선악과이다. 왜곡된 의지에 의거하여, 금지된 하위의 즐거움을 위해 상위의 선을 희생하는 것, 이것이 바로 원죄였으며 후대의 모든 악의 원천이다. 그리하여, 악의 실체가 악의 행동을 주관하기 때문에, 행위자는 그만큼 책임이 덜하다는 매니키이즘에게서 위안을 찾던 어거스틴은 비로소 자신의 인간적 죄성을 직면하게 된다. 선이 빠져 나간 주체가 문제의 핵심이며, 이는 바로 그 자신이었던 것이다(Abramson, 131). 물론 어거스틴의 이런 성찰은 그가 후에 자서전을 집필할 때 만들어진 것이다. 『고백록』에 전개되는 그의 개종의 궤적에서 볼 때, 어릴 적 배 서리 사건이 이와 같은 중대한 의미를 띠고 나타난다.

 세속 학문과 문학 및 연극에의 탐닉도 마찬가지로 어거스틴이 오랫동안 떨쳐 버리지 못했던 매니키이즘과 연관이 있다. 어거스틴은 일찍이 버질의 서사시 『에네이드』를 읽으며, 디도(Dido)를 애도한 바 있다. 디도 읽기의 즐거움은 문자(letter)의 즐거움이었다. 이는 오랜 기간 어거스틴이 그리스어 문법 및 수사학 교사였다는 사실과도 통한다고 말할 수 있는데, 문법 및 수사학(시학) 등, 세속 학문을 배운다는 것은 그에게 있어 문자의 구속에 스스로를 속박시키는 일이었다. 이는 구약성서, 즉 모세의 '율법' 읽기와 같은 문자의 속박이었고, 이는 사도 바울이 해석한 바, 육체의 속박이기도 하였다. 버질의 서사시와 모세의 율법은 문자와 육체의 향락이라는 점에서 동일하다. 사도 바울은 성서 읽기가 문자에서 영적 의미를 읽어내는 것이라고 말하였으며, 육체성 및 문자성에 매여 있는 것은 매니키이즘의 물질성과 밀접한 연관이 있다. 후에 암브로시우스가 가르친바, 문자의 영역에서 영적 의미를 읽어 냄으로써 어거스틴은 매니키이즘의 속박에서 놓여나게 된다(Vance, 624~628).

어거스틴은 자신의 문학과 연극 취미를 육체, 즉 성애의 탐닉과 동일시하여 궁극적으로 파기했지만(1.13), 그의 자서전은 문학적 영향으로부터 자유롭지 않다. 자서전도 재구성되는 내러티브이기 때문이다. 『고백록』의 개종의 궤적에는 직선로를 지향하는 고전 서사시의 플롯이 존재한다. 버질의 주인공 에네아스가 트로이가 멸망한 후 아버지와 신들의 명을 받들어 로마로 가던 중 디도의 카르타고를 경유했듯이, 어거스틴의 여정도 카르타고와 로마를 거친다. 어거스틴은 태어나 교편을 잡고 살던 북아프리카 타가스테에서 그가 "부질없는 곳"이라 불렀던 카르타고로 갔다. 거기서 마니교(Manichaeism) 주교인 파우스투스를 만난 이후(3권), 19세에서 29세까지 거의 10년간 선과 악의 실체가 따로 독립적으로 존재한다는 마니교 교리의 수렁에 빠져 있었다. 어거스틴은 물질론의 경향을 가지고 있는 마니교가 가르치는 바의 일부였던 점성술에도 탐닉하게 되는데, 이는 해와 달의 운행 같은 문제에 관해서 기독교가 알려주지 않았기 때문이었다고 회고한다. 29세에 육욕과 향락의 도시 카르타고를 떠나 로마를 경유하여 곧 밀란으로 가는데, 여기서 암브로시우스(Ambrosius)에게 감화를 입어, 오래 경도하였던 마니교에 회의를 느끼기 시작하고 영적 각성의 단초를 마련한다(384년; 5권). 암브로시우스는 어거스틴의 지성적 인식에 있어 물질에서 영혼, 문자에서 영적 의미로의 전환을 이룩하여, 선악의 이분법에서 일원론으로 회귀하는 데에 필요한 결정적 발판을 마련해 주었고, 이는 궁극적으로 어거스틴의 개종과 세례로 이어진다(387년). 그 후 어거스틴은 고향인 타가스테에 다시 잠시 머물다가, 교황의 명을 받들어 히포(Hippo)의 주교직에 취임하여 수많은 저서를 남기게 되는데, 이것은 그의 삶의 나머지 반에 해당할 만큼 긴 기간이었으나, 이 과정은 『고백록』에 기록되지 않는다. 개종이 그의 『고백록』의 정점이자 목적지였기 때문이다.

어거스틴의 이러한 텔로스적 영적 여정은 대체로 이분법적 각성과 선택 과정에 의해 만들어진 것이라고 말할 수 있다. 방탕한 어거스틴에서 참회하는 어거스틴, 문학과 극장에서 경전(經典)으로, 물질적 확실성의 마니교로부터 추상적인 신플라톤주의로, 점성술로부터 은총과 섭리로, 파우스투스로부터 암브로시우스로, 문자적 의미에서 영적 해석으로, 수사학을 포함하는 교과과정(trivium and quadrivium)에서 영적 지혜로의 전환이 어거스틴의 양자택일적 선택을 재현하고 있다. 어거스틴이 개종이라는 목적지에 도달한 것은 이러한 각 단계의 시행착오의 우회로를 거쳐서인데, 이 과정에서 그에게 최종적 목적지의 표지인 세례가 몇 회에 걸쳐 지연된 바 있다. 어거스틴은 태어날 때에도(1권),[2] 로마에서 열병을 앓아 거의 죽을 지경에 이르렀을 때도(5권), 모두 세례를 미뤘다. 존 스터록(Sturrock)은 이를 "연기(延期)의 전략"이라 부르거니와(21), 『고백록』에서 어거스틴이 세례를 받고 개종한 시간은 암브로시우스의

---

[2] 초기기독교에서는 성인세례가 관행이었다. 어거스틴이 후기에 받아들인 원죄설 이전에는 아이가 아담의 죄를 타고난다고 믿지 않았으므로, 유아세례를 시행하지 않았다는 것이다(Stark, Introduction, p. 11). 히포의 주교가 된 후에 어거스틴은 원죄를 믿지 않는 펠라기우스(Pelagius)를 반박하는 논저를 출판한 바 있다.

가르침과 어머니 모니카(Monica)의 눈물어린 기도가 합쳐지는 극적인 지점에 맞춰지기 때문에(9권), 마치 세례를 클라이맥스의 순간까지 늦춘 듯한 인상을 준다는 것이다.

그런데 이 지연의 단계에 있어 중요하게 고찰되어야 할 것은, 암브로시우스를 만난 후에도 어거스틴이 진정한 개종의 의식에 이르기까지는 3~4년에 걸친 또 다른 양상의 깨달음, 즉 또 하나의 우회로를 필요로 하였다는 사실이다. 암브로시우스를 만난 후 어거스틴은 마니교와 결별하고 악의 근원에 관한 재고찰을 시도하였으며, 당연히 세속학문 및 천문학에의 관심도 버렸으나, 그것만으로는 아직 부족하였다. 말하자면, 어거스틴은 암브로시우스로부터 개종에 있어 결정적으로 중요한 영적 의미의 해석법을 전수받아 올바른 것이 무엇인가에 관한 앎에는 도달하였으나, 아직 넘어야 할 단계가 남아 있었다. 7권(「철학을 통한 해명」)에는 다음과 같은 의미로운 구절들이 있다.

> 그리하여 나는 점진적으로 나아갔다. 육체계로부터 시작하여 육체를 통하여 감각하는 영혼으로, 거기로부터 육체적 감각이 외적 사물을 영혼의 내적 능력에게 제시하는 데까지, – 짐승 또한 이 정도는 할 수 있는데, – 그리고 거기로부터 다시 육체적 감각에 의해 이해된 바가 판단되어지기 위해 위탁되는 추론적 능력에 까지 나아간 것이다…. 이에 실로 나는 "피조물에 의해 이해되는 바, 당신의 불가시적 존재를 명확하게 보았다." 그러나 나는 그것을 확고하게 응시할 수 없었다. 나는 연약하므로, 뒤로 넘어져 이전의 습관으로 되돌아오고 말았던 것이다. 내가 지닌 것은 오직 기억, 말하자면 내가 냄새를 맡았으나, 아직 먹을 능력이 없었던 것에 대한 애정과 갈망뿐이었다. (7.17)
> Thus I gradually passed from bodies to the soul, which perceives by means of the body, and thence to its interior power, to which

the bodily senses present exterior things – beasts too are capable of doing this much – and thence again to the reasoning power, to which what is apprehended by the bodily senses is referred for judgment…. Then indeed I clearly saw your "invisible things, understood by the things which are made." But I was unable to fix my gaze on them. In my frailty I was struck back, and I returned to my former ways. I took with me only a memory, loving and longing for what I had, as it were, caught the odor of, but was not yet able to feed upon.

어거스틴은 육체에서 영혼으로 한 단계씩 올라가 하나님을 보려 했으나, 영적 연약함이 그를 가로막아 일단 후퇴할 수밖에 없었다. 어거스틴은 이를 주님이 주시는 음식의 냄새를 맡았으나 먹을 수는 없었다고 표현하고 있다. 여기에서의 음식의 비유는 지혜를 뜻하는 "sapientia"가 먹다, 맛보다는 뜻의 "sapere"라는 동사에서 유래된 것과 연관이 있다. 맛보지 못한다는 것은 세속적 앎(scientia)이 기독교적 앎, 즉 지혜에 이르지 못했다는 것이고, 이는 앎이 '입맛' 혹은 기호(appetite)라 표현되는 '습성'(habitus)으로 체득(體得)되지 못했다는 것을 의미한다.

이를 다르게 표현하면, 지금 어거스틴은 본향에 이르는 길은 알았으되, 아직 마음이 감화를 입지 않아, 그의 발이 움직여 주지 않았다는 것이다(Ferguson, 851). "moving"이라는 단어는 감화와 동작을 동시에 가리킨다. 발-마음이 움직여 주지 않아, 어거스틴은 아직 '타향'("a region of unlikeness," *regio dissimilitudiness*)에 머물러 있다. 다음의 두 인용문이 이 지리적 표현을 잘 설명하는데, 여기에도 음식의 비유가 포함되어 있다.

내가 처음 당신을 알았을 때, 당신은 내가 보아야 할 것이 있으나, 아직은 볼 수 없음을 알게 하시려고 나를 치켜 올리셨다. 나에게 가장 강력하게 당신의 빛을 보내시어 나의 연약한 시력을 물리치셨기에, 나는 사랑과 경외감으로 떨었다. 나는 당신에게서 멀리 떨어져 이형(異形)의 지역에 있는 나 자신을 발견했다. 마치 저 높은 곳에서 들려오는 당신의 음성을 듣는 것처럼 : "나는 성인(成人)의 음식이다. 자라나라! 그리하면 네가 나를 먹을 것이다. 네가 음식을 너의 육신으로 변화케 하는 것처럼, 나를 너 자신으로 변화시키는 것이 아니라, 네가 나로 변화하여야 할 것이다." (7.10)

When first I knew you, you took me up, so that I might see that there was something to see, but that I was not yet one able to see it. You beat back my feeble sight, sending down your beams most powerfully upon me, and I trembled with love and awe. I found myself to be far from you in a region of unlikeness, as though I heard your voice from on high : "I am the food of grown men. Grow, and you shall feed upon me. You will not change me into yourself, as you change food into your flesh, but you will be changed into me."

숲이 우거진 고지(高地)에서 화평의 땅을 바라보고도 가는 길을 찾지 못하고, 도망자와 탈주병들이 사자와 용의 두목과 함께 터를 잡고 매복하고 있어 통과할 수 없는 길에서 헛되이 애쓰는 것이 하나의 경우이다. 이는 천상의 통치자의 보호로 인도되어 그 땅에 이르는 길을 굳게 지키며 나아가는 것과 전혀 다른 경우이다. (7.21)

It is one thing to behold from a wooded mountain peak the land of peace, but to find no way to it, and to strive in vain towards it by unpassable ways, ambushed and beset by fugitives and deserters, under their leader, the lion and the dragon. It is a different thing to keep to the way that leads to that land, guarded by the protection of the heavenly commander,

문자적으로 예루살렘을 가리키는 "화평의 땅," 그리고 상징적으로 하늘의 본향을 가리키는 그 땅에 이르기 위해서는 앎이 지혜로 바뀌어야 하고, 마음이 감화됨을 경험해야 한다. 그래야 선의 의지가 움직이기 시작하고, 그것이 나의 입맛 혹은 습성이 된다. 영혼은 지적 영역(intellectus)과 감성적 영역(affectus), 두 가지 측면이 모두 충족되어야 변화하기 시작한다.³ 8권(「생의 선례와 의지의 투쟁」)에서 어거스틴은 인간은 두 개(혹은 그 이상)의 의지의 갈등으로 분열된 존재가 아니라 하나의 의지만을 가지고 있으며, 의지는 지적 능력이 올바르다고 알게 된 바를 갈망하고 실행함이라는 인식에 도달한다. 이 깨달음의 단계에서, 지적 영역을 계몽한 이는 암브로시우스이지만, 마음의 감화로 개종을 선택하게 한 이는 어머니 모니카였다. 올바른 앎은 암브로시우스로부터 왔고, 이를 행하게 하는 몫은 어머니의 것이었다. 어거스틴은 33세가 되던 해 밀란의 어느 정원에서 마음의 감화를 입어 개종하고 세례를 받았는데, 이는 일생 동안 지속된 어머니의 눈물의 기도라는 감성적 자극이 없이는 불가능했으며, 개종으로부터 일 년 반 후에 찾아온 어머니의 죽음의 순간도 아들이 진정한 기독교인으로 성장하기를 고무하는 감성적 자극의 연장선상에 있었다(9권).

감성이 큰 몫을 하는 개종의 결정적 계기는 밀란의 어느 정원에 있는 무화과나무 아래에서 도래하였다. 올바름이 무엇인지를 알고서도 과거의 어긋난 습관에서 벗어나지 못하는 자신에 대하여 눈물을 흘리며 애통하던 그 순간에, 어거스틴은 옆집 어디선가 아이들이 "집어라, 읽어라"(tolle lege)라고 노래하는 소리를 듣는다. 이에 곧바로 어거스틴이

---

³ 이 점에 관해서 필자의 졸고를 참조할 수 있다. "The Figural and Affective Journey of Will in *Piers Plowman* : A Pattern of Conversion." 『영어영문학』, 제47권 제4호 (2001년 겨울): pp. 1041~1062.

펼쳐 읽은 성경 구절은 젊음의 방탕을 꾸짖는 바울 서신(로마서)의 한 구절이었다(8.12). 아이들의 노래는 하나님의 목소리였던 것이다. 분화된 자유의지의 불안정성 속에서 애통하는 한 죄인이 우연히 무화과나무 아래에 서 있게 되고, 거기서 감성의 중심을 강타하는 하나님의 말씀을 듣게 된 것이다. 무화과나무는 창세기에서 아담과 이브가 죄를 지은 이후 자신들의 헐벗은 몸에 수치를 느끼고, 그 이파리로써 몸을 가렸던 바로 그 나무이다. 즉 자신의 죄성(罪性)을 처음으로 자각하는 순간이었다. 어거스틴은 여기서 자신의 행위와 사유의 책임을 독립된 악의 원천이라는 매니키언적 외부, 즉 '영원한 타자'(the eternal Other)에 떠맡기지 않고, 온전히 자신 내부로 불러온다(O'Brien, 54~56). 이와 같은 어거스틴의 감성적 계몽에는 아들이 매니키이즘에서 벗어나 세례를 받고, 그 후에도 진정한 기독교인으로 성숙하기를 갈망하는 어머니의 감성적 호소가 저변에서 작용하였다. 그의 성장 과정에서 어머니의 눈물의 기도가 배어 나오지 않는 구석은 없으며, 그것이 없었더라면 그의 개종이 가능치 않았을 것이다. 암브로시우스가 촉발한 올바른 지성에의 영적 계몽은 어머니 모니카로 대표되는 감성적 성찰에 의해 본 궤도에 오른다.

그런데, 『고백록』에서, 어거스틴이 읽는 성경 구절의 에피소드는 바로 앞 순간 그를 방문한 폰티키아누스라는 사람이 들려준 이야기에서 『안토니우스의 삶』을 읽은 어느 궁정인이 개종하게 되었다는 것이나, 바로 이 은둔 수도자 안토니우스 자신이 우연히 펼쳐 읽은 성경 한 구절로 인해 개종하게 되었다는 사실과 동일한 맥락을 형성한다(8.6). 수도자 안토니우스 성경 읽기, 『안토니우스의 삶』이라는 성인전을 읽은 궁정인, 그리고 이 두 이야기를 듣고 난 후의 어거스틴 자신의 성경 읽기는 모두 책으로 연결되어 있다. 감화의 순간은 모두 책을 매개로 한다. 세 겹으로 텍스트가 텍스트로 이어지고, 개종이 개종을 뒤따른다. 『고백록』은 개인 삶에 관한 책을 매개로 한 동일성의 모방("an identificatory mimesis"; Rothfield, 221)의 전략에 의존하고 있다. 그런데 이 책들은 성인전이나 성서(로고스)이므로, 개인의 삶에 관한 이야기(autobiography)로 시작하였던 어거스틴의 『고백록』은 '말씀'에 입각한 보편적 기독교 삶의 이야기(logobiography)를 향하면서 끝맺게 된다(Rothfield, 222). 어거스틴의 개종 이야기는 로고스의 영역으로 진입하여, 『고백록』의 나머지 부분은 영원, 초월, 침묵의 종교적 의미를 고찰하는 데에 바쳐진다.

  어거스틴이 선대의 책에서 영향을 받은 것처럼, 후대의 작가들도 어거스틴의 책에서 영감을 얻는다. 물질에서 영혼으로, 시간과 역사에서 영원과 초월로 향하는 어거스틴의 개종의 삶, 그리고 바깥에서 안으로, 그리고 위로 향하는 영혼의 궤적은 중세 이후 기독교의 명상 및 영적 자서전의 주요한 패턴이 되었다. 어거스틴의 성장, 지연, 절정의 플롯이 버질의 텍스트에서 영향을 받은 것일 수 있는 것처럼, 후대에 이름을 남긴 많은 자서전 작가들이 어거스틴의 텔로스적인 자서전에서 영향을 받는다. 내러티브로서의 자서전은 상호텍스트의 산물인 경우가 많다. 그러나 상호텍스트성은 반드시 '동일성의 모방'만은 아니다. 어거스틴에 의한 자전적 글쓰기의 전범은 후대에 수정되거나 도전받아야 했다. 바로 아래에서 살펴볼 루소의 『고백록』이 아마도 어거스틴의 『고백록』에 대한 최초의 대담한 저항의 텍스트이고, 좀 더 뒤에서 토론할 데리다는 자전적 자아 재현 자체에 관하여 근본적인 의문을 제기한다.

  이제 장 자크 루소(Jean-Jacques Rousseau, 1712~1778년)의 『고백록』을 읽어보자. 루소의 자서전은 무신론적이고 자유사상적인 저작물 때문에 학계와 사교계에서 배척되어 유럽 전역에서 갈 곳을 찾지 못하고 은둔생활을 택하는 삶에서 종지부를 찍는다. 그 이전에도, 일생에 걸쳐 숱한 인물을 만나며 우정과 연애가 변덕과 배신으로 바뀌는 사건의 연속에서,

홀로 그 중심에 서 있는 것은 바로 루소 자신이었으며, 모든 것이 그의 입장에 의거하여 해석된다. 『고백록』에는 루소의 감정의 변덕이나 독단적인 성찰이 자주 나타나고, 그것의 내적 근원도 루소 자신의 손에 의해 해부된다. 자서전 저자로서 루소는 독자가 영향이나 감화를 받을 필요가 없을 인물로 스스로를 재현하였다. 이런 유별난 자서전은 루소 자신의 의도였다. 흉허물을 드러내는데 전례 없이 솔직하고 자연적 진실에 가장 충실한 자가 있다면, 그가 바로 자기 자신일 것이라고 말하는 것으로 『고백론』이 시작된다.

> 나는 전례가 없고, 앞으로도 누군가가 흉내 낼 수 없을 일을 시도하고 있다. 나와 같은 인간들에게 완전히 자연 그대로의 모습으로 한 인간을 보여 주려 한다. 그리고 그 인간은 바로 나 자신이다. (1권, 5)[4]
> I am forming an undertaking which has no precedent, and the execution of which will have no imitator whatsoever. I wish to show my fellows a man in all the truth of nature; and this man will be myself.

루소는 유일한 인간상이다. 진솔하기 위해 발가벗으니, 세상에 하나밖에 없는 '내'가 드러난다. 루소의 관심사는 보편적 진리의 추구나 세상에서의 성취와 성공의 기록보다, 내적 존재의 삶을 구성하는 것이 무엇인지의 탐구이다. 그는 인간의 본성이 무엇이고, 무엇이 인간의 행동을

---

[4] 루소의 『고백록』에서의 인용은 다음의 책에서 취했다. Jean-Jacques Rousseau, *The Confessions and Correspondence Including the Letters to Malesherbes. Collected Writings of Rousseau*. Vol. 5. Ed. and trans., Roger D. Masters and Christopher Kelly (Hanover, NH: U of New England P, 1995). 루소의 『고백록』의 인용출처는 권과 쪽 수로 표기한다.

제어하는지에 대한 나름대로의 답을 구하려는 시도를 한다(Dent, 197). 『고백록』은 - 과장된 형태의 - 낭만주의적 자서전의 전형이랄 수 있다.

　루소는 자서전 집필을 권유받았을 때 어거스틴의 『고백록』을 당연히 알고 있었을 것이나, 그가 고백록을 쓰는 것은 죄의 용서를 구함이 아니라, 수치를 느꼈던 일들을 고백하고 합리화하기 위함이었다. 어거스틴이 죄를 짓고도 수치를 느끼지 않는 것이 가장 큰 수치라고 뜻하는 곳에서, 루소는 수치스러울 까닭이 뭐 있느냐, 다 그럴만한 사정이 있어서 자연스레 그런 행동과 말이 나왔던 건데 라고 말하는 듯하다. 루소는 어거스틴을 자서전 쓰기의 라이벌로 생각했을 가능성이 높다(Kelly, 305~306). 어거스틴이 배 서리를 회고할 때 중시되었던 죄의식이나 벌의 두려움이 루소의 궁극적 관심사는 아니다. 루소에게는 진리보다 진실성이 중요했으며, 이것은 종교영역과 분리되는 영역이다. 나만이 아는 나의 의도와 감정을 독자에게 알리는 것이 그의 고백의 목적이었다. 루소는 수줍고 사적인 인물이고 고국을 떠나 떠도는 신분이었으므로, 자신의 진정한 마음을 표출하기 힘든 경우가 자주 있었을 것을 짐작하기가 어렵지 않다. 그렇게 생긴 오해에 대한 해명의 기회를 갖기 위해 그는 글쓰기가 필요했다. 예컨대 장 베르시에 양의 빗을 망가뜨린데 관한 누명을 썼다고 억울함을 호소하는 경우(1권, 16)는 분명히 그러하다.

　그런데 루소의 해명은 정당한 호소가 아닌 경우가 많다. 그는 되도록 진실을 말하겠노라고 여러 차례 다짐하는데, 독자는 그것이 자기중심적인 방어이거나 억지 변명의 수준을 넘지 못함을 쉽게 간파한다. 부끄러운 것을 숨김없이 드러내 보인다는 미명 아래, 속마음을 그대로 토로하면서, 루소는 오히려 이를 변명의 기회로 삼는 것은 아닌가? 그 변명이 속마음을 여과 없이 드러내기는 하기 때문에, 그로서는 이른바 진실성의 이름으로 자신을 말할 정당한 기회를 얻는 데에 성공한 것이다. 그 중에서 가장 극단적인 예가 마리용(Marion)에 관한 것인데, 그는 자신이 훔친 리본을 가련한 하녀인 그녀가 훔쳐 자신에게 주었다고 말하며 죄를 그녀에게 덮어씌운다. 그 이유를 다음처럼 늘어놓는다.

> 나는 나의 고백에서 요점으로 곧바로 나아갔고, 나의 가증스러운 범죄의 비열함을 가벼이 처리했다고 사람들이 생각지는 않을 것이다. 그러나 동시에 내가 나의 내적 성향을 드러내지 않거나, 내가 진실과 상응하는 가운데 내 자신을 변명하는 것을 두려워한다면, 나는 이 책의 목적을 다 한 것이 되지 않을 것이다. 실상 그 잔혹한 순간만큼 악의가 나로부터 멀리 있었던 적은 없었다. 그리고 그 불행한 처녀에게 죄를 씌웠을 때, 이상하게 들릴지 모르나 사실인즉, 그녀에 대한 나의 호의가 있었기에 그런 일이 벌어졌다. 나는 언제나 그녀를 생각했었고, 제일 먼저 머리에 떠오르는 것을 핑계 삼아 변명을 했다. 내가 하고 싶던 일을 그녀가 했다고, 다시 말해서 나의 의도가 그녀에게 리본을 주는 것이었기에, 그녀가 내게 주었다고 그녀에게 죄를 덮어씌웠다. 후에 그녀가 불려 나오는 것을 보았을 때 내 마음은 몹시 아팠지만, 많은 사람들이 지켜본다는 사실이 나의 뉘우치는 마음을 압도하고 말았다. 나는 벌을 매우 많이 두려워하지는 않았다. 단지 수치가 두려웠다. 죽음보다도, 죄보다도, 세상의 그 무엇보다도 그것이 무서웠다. 할 수만 있다면 나는 땅 속에 들어가, 그 중앙에서 질식해 버리고 싶었다. 극복할 수 없는 수치가 모든 것을 이겼고, 수치만이 나를 뻔뻔스럽게 만들었다. 범죄의 혐의가 짙어지면 질수록, 그것을 인정하는 두려움 때문에 나는 점점 더 대담해졌다. (2권, 72)
>
> I have proceeded straight to the point in the confession I just made, and it will surely not be found that I have palliated the foulness of my heinous crime. But I would not fulfill the goal of this book if I did not expose my internal inclinations at the same time, and

if I feared to excuse myself in what agrees with the truth. Never has wickedness been farther from me than in that cruel moment, and when I accused that unfortunate girl, it is bizarre but true that my friendship for her was the cause. She was present to my thought, I excused myself on the first object that offered itself. I accused her of having done what I wanted to do and of having given me the ribbon because my intention was to give it to her. When I saw her appear afterwards my heart was torn apart, but the presence of so many people was stronger than my repentance. I did not fear the punishment very much, I feared only the shame; but I feared it more than death, more than crime, more than everything in the world. I would have wished to bury myself, suffocate myself in the center of the earth : invincible shame outweighed everything, shame alone caused my impudence, and the more criminal I became, the more intrepid I was made by the fear of acknowledging it.

부조리한 행동 뒤에 자리 잡은 은밀한 내적 동기, 즉 오명의 두려움, 극도의 혼란, 그리고 어린 나이의 정신적 연약함이 위 구절에 덧붙여져, 모두 나열된다. 나아가 루소는 여기서 개인 행위의 책임이 사회제도와 같은 외적 조건에 지배될 수밖에 없는 인간 본성의 나약함에 있다는 것을 보이려는 듯하다. 그가 거짓으로 행동하게 된 것은 사회제도, 현실생활의 속박, 그리고 타인의 시선이 그로 하여금 수치감을 느끼게 하였고, 이 때문에 그가 자아를 상실할 수밖에 없었다는 것이다. 루소의 사회이론에 비추어, 그의 변명의 진정한 이유가 여기에 있다고 해석할 수도 있을 것이다(Kelly, 313~316). 그렇다고 하더라도, 그의 변명이 자주 억지이거나 궤변처럼 보인다는 인상을 지우기는 어렵다. 이와 관련하여, 또 하나의 중요한 예는 자식에 관한 루소의 결정이었다. 원래 하녀였으나 나중에 아내가 되는 떼레즈(Therese) 사이에서 그는 다섯 명의 아이를 얻었으나, 이들은 모두 고아원에 보내졌고, 후에 되찾기 위해 추적했으나 허사였다. 이에 관한 루소의 변명은 구차하지만, 어떤 근사한 이론에 근거한 합리화처럼 들린다. 아이들을 고아원에 보낸 그의 결정은 자신의 경제조건이나 아이들을 돌볼 아내 가족의 불비한 상황에 비추어 보면, 그러한 교육기관이 아이들에게 더 나을 것이기 때문이었으므로 주저할 바 없는 합리적 선택이었다는 것이다. 루소가 머문 그 지역의 관례 상, 곤궁에 빠진 이들 중에서 고아원에 아이를 많이 보낸 사람이 언제나 칭찬을 가장 많이 받았다는 것이다(7권, 289). 그럼에도 아이들을 마치 사생아처럼 취급한 그의 행동은 무책임하고 이기적인 동기에서 비롯된 것이 분명하므로, 루소는 후에 디드로(Diderot) 등 친구들의 비난에 시달리게 된다.

그리고 또 하나의 억지스러운 변명의 예로서, 우드또 백작부인(Mme d'Houdetot)과의 연애 에피소드를 들 수 있다. 우드또 백작부인과 그녀의 애인 쌩 랑베르 사이에 끼어들어, 우드또에게 구애했다가 그것이 문제가 되자, 루소는 다음처럼 변명을 늘어놓는다.

> 지나간 일들에 대하여 내게 과실이 있다고 해도, 그것은 극히 사소한 것이었다. 그의 애인을 쫓아다녔던 것이 나였던가? 그녀를 내게로 보낸 것이 그가 아니었던가? 나를 찾아다닌 것은 그녀가 아니었던가? 내가 그녀를 맞아들이는 것을 피할 수 있었을까? 내가 무엇을 할 수 있었단 말인가? 그들만이 해를 끼쳤으며, 피해를 입은 것은 바로 나이다. 그가 나의 처지였다면 그도 내가 했던 정도의 일을, 아마도 더 심한 짓을 했을 것이다. 왜냐하면, 결국 아무리 정숙하고 아무리 존중할 만한 사람이라 하더라도 우드또 부인은 역시 여자였다. 애인인 그는 부재했었다. 그런 때가 많았으므로, 유혹이

활개를 쳤다. 그러므로 나보다 대담한 남자에게 걸렸다면, 그녀가 그렇게 성공적으로 언제나 자신을 지켜가기가 매우 어려웠을 것이다. 그런 상황에서 우리들 사이에 한계를 정하고, 넘는 것을 결코 허용치 않은 것은 부인에게나 내게 있어서 분명 행운적인 일이었다. (9권, 387~388)

If I was at fault in everything that had passed, I was very little so. Was I the one who had sought out his mistress, was he not the one who had sent her to me? Was she not the one who had sought me out? could I have avoided receiving her? What could I have done? They alone had done the harm, and it was I who had suffered it. In my place he might have done as much as I had, perhaps worse : for in the end, however faithful. however estimable Mme d'Houdetot might be, she was a woman; he was absent; the occasions were frequent, the temptations were lively, and it might have been very difficult for her always to defend herself with the same success against a more enterprising man. In such a situation it was certainly a lot for her and for me to have been able to impose limits that we never allowed ourselves to pass.

애인이 있는 여자의 사랑을 얻기 위해 통사정하다시피 하며 간청해 놓고, 이제 와서 그것이 자기 잘못이 아니고, 오히려 자신이 희생자였다고 말하는 것이다. 이보다 더 뻔뻔스러운 합리화를 찾기란 쉽지 않을 것이다.

위에서 든 예들을 종합해 보면, 루소는 스스로를 기이한 존재로, 왕따로 만드는 위험을 무릅쓰고라도, 그가 그 순간 그렇게 생각했었던 것을 너희가 아느냐고, 그리고 그것을 아는 것보다 인간 이해에 있어 더 중요한 것이 있는가라고 묻는 것 같은 것이다. 그런데 그의 변명은 아마도 매우 친밀한 관계에서만 양해될 수 있을 성질의 것들이며, 나아가 그 변명의 이면에는 그가 심한 피해망상증을 겪는 인물형이라는 혐의가 짙게 배어 나온다. 그의 눈에는 주위에 음모, 중상, 질시가 상존하고 있고, 따라서 그는 줄곧 극단적 방어기제의 심리현상을 내보인다. 밝은 햇살 너머에는 어두운 먹구름이 도사리고 있고, 인생의 상승곡선 다음에는 언제나 하강 곡선이 따라온다는 불길함의 예감이 그의 정서를 전체적으로 지배하고 있다. 그는 항상 그렇게 생각하였다. 15세 때 고향인 제네바 바깥으로 나갔다가 야간 통행금지 시간에 늦어 도개교(跳開橋)가 들려 올라가는 것을 보며, 루소는 이를 "이 순간 나에게 시작되는 피할 수 없는 운명의 끔찍하고 불길한 치명적인 전조"로 파악하였다고 말하며(1권, 35), 이후 그러한 숙명적 전환의 예감을 반복하여 기록한다. 이웃의 박해는 거의 숙명적이라 여겨질 정도이고, 그는 언제나 이의 희생물이라고 생각한다. 그리하여 존 스터록은 루소를 "제 일의 파국론자"(arch catastrophist)라 부른다(142). 그리고 특히 2부에 있어, 루소는 자신이 선택한 자유사상의 대담함을 즐기지 못하고, 가히 편집증적 과대망상증(paranoia)의 심리 상태가 되어 동료와 이웃에 모든 혐의를 두고, 어쩔 수 없이 쫓겨 다니거나 칩거하지 않으면 안 되었다. 루소는 이러한 심리적 증후를 스스로 간간이 인정하고 있는데, 2부에서는 아마도 그의 증세가 이전의 피해망상에 대한 공격적 반작용으로서의 가학증에 이른 듯하다. 그는 그림(Grimm)이란 인물을 가장 견디기 힘든 위선과 음모의 장본인으로 매도하며, 특히 데이비드 흄의 선의에도 불구하고, 그에게 박해의 혐의를 두었는데, 이것은 사실이 아니었음이 역사적으로 증명된다. 전 유럽에서 미움을 사, 『고백록』의 마지막까지 쫓겨 다니는 신세였던 루소는 스스로를 '박해 콤플렉스'(Dent, 195)에 걸린 '사회 부적응 인물'(a social misfit)로 재현하였다(Kelly, 303).

루소의 대표적 평자 중의 한 명인 스타로빈스키(Starobinski)는 『고백록』이 고백인 만큼이나, 루소 자신의 "알리바이"의 증언이라고 말한다(Anderson, 47에서 재인용). 루소는 왜 이런 주체인가? 왜 이런 것들을 연이어 자세히 기록하는가? 그는 왜 자신의 변명이 억지주장처럼 들릴 수 있다는 것을 자기성찰을 통하여 알지 못하는가? 이를 다시 물어볼 필요가 있다. 남의 이목 때문에 수치감을 느껴, 그때 그런 부당한 행위를 할 수밖에 없었노라고 후대 독자들에게 변명해야겠다는 것이지만, 수치감이라는 명분이 진정 어디에 위치하는가의 문제인 것이다. 진정 남들의 이목 때문에 수치를 느껴 그렇게 행동했다는 것인가, 아니면 이 수치라는 것이 단지 표현됨에 대한 구실 찾기의 수단, 즉 그의 고백적 글쓰기를 승인하는 하나의 책략인가의 문제이다. 폴 드 만(de Man)은 후자의 편을 들어, 이 변명의 기회를 어떤 다른 욕망의 기표로 해석한다. 그는 루소의 진정한 욕구가 숨기고 드러냄의 반복적인 자기현시(exhibitionism)에 있고, 그의 『고백록』은 그러한 모욕당함을 드러내어 쓰게 하는 무대 장치라고 해석한다(285~286). 더욱이, 고백의 당사자가 불명예를 자발적으로 노출하기 때문에, 그에게 변명의 기회는 언제든 확장되고 반복될 수 있다. 이런 점에서, 루소의 내러티브는 인지적 발화가 아니고 수행적(performative) 발화이다(281~282). 즉, 사건을 있는 그대로 묘사하고 열거하는 것만이 아니고, 모순될 수 있는 내적 감정을 여과 없이 토로함으로써, 고백하는 사건의 의미가 확증되지 못하고 항상 열려 있게 된다는 것이다. 그리하여 루소의 『고백록』은 절정이나 결말의 플롯이 없는 내러티브가 되어 있다. 이 점에서도 루소는 어거스틴과 크게 다르다. 루소의 자서전은 삶에 대한 깊은 회한이라든가 발전 및 성장을 꾀하지 않으면서, 주변 상황에 휘몰리며 좌충우돌하는 인생편력을, 변명이라는 주석을 붙여, 연대적 서술의 형태로 제공하는 데에 그치고 있기 때문이다.

데리다의 『그라마톨로지』도 많은 부분을 루소의 자서전에 할애하고 있다. 루소에게 어머니가 언제나 부재했었던 것처럼, 그가 추구했던 문명 이전의 자연-목소리는 유토피아적 이상(理想)으로서, 사실상 '언제나 이미' 부재 상태이다. 데리다에 의하면 이러한 자연, 목소리, 기원의 결핍을 메우기 위해 글쓰기가 대리보충(supplement)으로 요청된다는 것이다. 위에서 토론한 드 만의 관점이 의미가 있는 것은 바로 글쓰기 자체에 대한 루소의 욕구가 자연 상태의 진실 혹은 어머니와 목소리 찾기의 시도가 허구임을 드러내고, 이 허구에 의해 그의 글쓰기 욕구가 동기를 부여받았다는 점을 시사하기 때문이다. 자연적 목소리의 대척점에 위치하는 글쓰기와 마찬가지로, 루소에게 수음(手淫)은 자연을 기만하는 또 하나의 수단이었고, 자연스러운 성(性)의 대리보충물이었다("that dangerous supplement that fools nature"; 3권, 91). 그런데 자위가 자연을 거스르는 보조수단으로서 사이비 만족을 줄 뿐이라고 하더라도, 그로서는 어쨌든 이로부터 만족을 얻었으므로 잦은 유혹을 받았다고 고백하며, 그것이 더 편리하다고 말하기도 하였다(*Grammatology*, 152~157). 같은 맥락에서 - 뒤에서 더 자세히 토론하겠지만, - 『고백록』에서 루소의 어머니가 죽어 사라졌을 때, 그에게 글에 의한 어머니의 대체가 가능했었다는 에피소드가 있다. 루소의 어머니는 그를 낳다가 산고(産苦)로 죽고, 소설들로 구성된 장서(藏書)를 남긴다. 어머니 자연을 문명의 글쓰기가 대신한 것이다.

　어떤 의미에서 루소의 생애 전체가 대체 혹은 대리보완의 연속이었다. 그가 고향을 떠나 편력생활을 시작하자, 그에게 어머니의 대체하는 후견인격의 여성인물들이 줄이어 등장한다. 루소는 엄마의 대용물이자 연인이기도 하였던 바랑 부인(Mme de Warens), 바질르 부인, 그의 아내가 된 하층민 출신의 떼레즈, 떼레즈와 동거하면서도 그녀의 보충물로 사귀었던 -

그의 소설 『쥴리』(Julie)의 모델이 되었던 - 우드또 백작부인 등 여러 차례 여자를 교체하였다. 또한, 그는 캘빈주의에서 가톨릭으로, 그리고 다시 캘빈주의로 옮겨 갔다. 친구 혹은 동료와의 교제에서도 디드로, 볼테르, 흄 등을 차례로 교체하였고, 생계수단 및 거처(혹은 피난처)도 그러하였다. 드 만이나 데리다가 말하듯, 루소에 의한 변명의 텍스트는 이와 같은 후원자와 은신처의 대리보충의 텍스트이다. 그의 삶, 그의 텍스트가 대리보충이었다.

루소가 『고백록』을 씀에 있어 천명한 의도는 사는 동안 가려졌던 자연 상태의 '나'를 진솔하게 재현하는 일이었다. 그는 자연으로 돌아감으로써, 아니 돌아갈 수 없기에 자연의 대리보충물, 즉 목소리보다는 텍스트, 자연성애보다는 자기성애, 어머니보다는 대리 어머니를 끊임없이 찾음으로써, 이러한 자연 상태를 지향하고자 한다. 그런데 루소의 의도와 달리, 이 대리보충은 이미 문명의 영역이다. 자연 상태, 잃어버린 어머니의 현전(presence)은 복원될 수 없으며, 이의 대리보충만이 가능하다. 글쓰기는 현전을 복원하는 대리보충물의 역할을 하지만, 텍스트는 목소리와 달리, 자기를 끊임없이 복제할 수 있어 그 자연적인 '기원'에서 점점 멀어진다. 더욱이 루소의 고백은 결국 자기변명과 합리화로 자신을 즐겁게 하였기 때문에, 그의 『고백록』은 자기성애적 글쓰기와 다름이 없다고 말할 수 있다.

요약하자면, 루소는 어거스틴의 '영향에의 고뇌'에 시달렸을 수 있다. 이 두 개의 남성 자서전은 죄의 문화와 수치의 문화, 내적 영혼의 성찰과 외적 환경의 영향, 별 문제시되지 않는 외양 속에 감춰진 죄악성의 동기와 추한 외양 속의 의도의 순수성의 양극단을 달리고 있다. 어거스틴의 『고백록』은 인간이 타고나는 '신의 이미지'(imago dei)에서 스스로를 소외시킨 인간 존재가 그 본향의 '기원'으로 되돌아가는 여정을 그린다.

반면, 사유하는 자아가 모든 것의 '기원'이라는 데카르트나 자기숭엄적 (ego-sublime)인 낭만주의자들처럼, 루소는 자연주의적 자율성으로 향하는 계몽적 주체이다(Rothfield, 212~222). 그럼에도, 그들이 공유하는 바는 분명하다. 참회하는 자신과 변명하는 자신으로서의 이 두 자서전 쓰기의 거장에 있어, 차이는 내러티브를 구성하는 두 가지 다른 전략에 있을 뿐이다. 어거스틴은 불안정한 인간 의지의 반쪽을 잘라 냄으로써 신앙의 완성을 추구하고, 루소는 모든 것들과 각 단계에서 결별하고 이의 대체물을 끊임없이 추구하였다. 어거스틴의 『고백록』은 모든 것을 선과 악, 영적인 것과 물적인 것으로 환원하고, 그 한쪽을 계속 소거하면서 개종의 완성에 이르는 '연기'의 글쓰기이다. 이는 어거스틴의 플라톤주의적 이분법 사유, 즉 "regio similitudinis"와 "regio dissimilitudinis," 신의 사랑(caritas)과 자신의 사랑(cupiditas), 신의 나라와 인간의 나라의 대조를 반영하기도 한다. 이에 반해, 루소의 『고백록』은 자신의 수치감과 속마음을 드러내는데 가장 솔직하고, 주변의 모든 요소를 위선과 악의와 음모의 적대적 대상으로 제시하면서, 자신에만 충실한 외톨이가 되어 세상에 하나밖에 없는 자아가 된다. 루소는 자서전을 친구, 후견인, 처소 등을 계속적으로 대체할 수밖에 없었던 그의 온 생애를 합리화하는 기회로 삼았다. 여기에는 소거로서 종교생활의 절정을 맛본 어거스틴과는 달리, 인간됨이 성숙되는 계기가 없는 반복적 대체가 있을 뿐이다. 두 개의 자서전 내러티브는 각기 다른 자기재현의 전략을 구사하지만, 그것들이 공히 창출하는 것은 정돈되고 통합된 일관적 주체의 이미지이다. 물론 이는 진정한 자아와는 다분히 거리가 있을 수 있다.

3. 어머니 이야기: 바르트와 데리다

　자서전은 저자를 과거로 데리고 가서, 숨겨진 그러나 더없이 친숙한 사적 영역을 추적하는 장치가 된다. 근래의 자서전 이론은 개인의 성장 과정에서 지워지고 감춰진 어머니의 존재를 새로운 변수로 상정하는 경향이 짙다. 정돈된 자아로의 성장은 어머니를 제거하고 아버지의 법률을 받아들여, 몸의 영역에서 언어의 세계로 진입하는 것이다. 그런데 아버지의 영역에 진입한 이후 나이든 저자가 최초로 과거를 되돌아보며 쓰게 되는 자서전은 자주 어머니의 회상을 포함하게 된다. 고백이나 자서전 글쓰기는 온전한 자아의 이미지를 염두에 두는 이른바 '거울상' 단계에 의존하고 있고, 이는 사실상 대타자를 의식하는 상징계 내에서의 불안정한 자아 구축이지만, 노년에 이르러 쓰게 되는 자서전은 소외된 어머니의 상상계로 회귀하는 가능성을 자연스레 포함하게 되는 것이다. 자전적 글쓰기에서 이루어지는 진솔한 어린 시절의 회상은 어머니와 아들의 동일화를 다시 경험하는 것이며, 이로써 어머니는 자서전 속에서 살아남게 된다. 위에서 토론한 어거스틴이나 루소에게도 어머니의 존재는 필수불가결하였다. 그러나 정돈된 자율적 자아 형성을 표방하는 주체의 자서전에 나타나는 어머니의 모습과 기능은 여기서 살펴보려는 롤랑 바르트나 자크 데리다 등의 탈구조주의 저자들의 어머니의 관념과 크게 다르다. 먼저, 루소와 어거스틴의 어머니를 간략히 살펴보자.

　루소의 어머니는 그가 태어날 때 해산열로 사망하는데, 루소는 이를 "나의 불운의 시작"이라 부른다(1권, 6). 그녀가 죽은 후에 로맨스 모험 이야기를 모은 작은 장서(藏書)가 그녀를 한동안 대신하였다. 아버지와 루소는 이를 읽느라 매일 밤을 보낸다. 어떤 때는 밤새워 함께 읽다가 새벽에 아버지가 "이제 자야지, 내가 너보다 더 아이가 된 것 같구나"라고 말하기도 했다는 것이다. 어머니가 남긴 자신의 대용물은 바로 책이었고, 그녀의 장서가 소진되자 루소는 외할아버지의 장서(주로 플루타르크 등의 위인전과 역사서)를 탐독하며, 아버지의 세계를 본뜨기 시작했다고 기술하고 있다(1권, 7~8). 어머니가 남긴 로망스 모험이야기, 그리고 할아버지가 남긴 역사서 및 전기는 각각 상상계와 상징계에 속한다고 말할 수 있고, 이는 루소가 단계적으로 어머니를 대신하는 언어의 세계, 즉 아버지의 영역에 발을 내디디고 있음을 가리킨다. 이것이 정신분석학 이론이 말하는 성장의 실제이다. 루소에게서 어머니의 욕망은 글의 욕망으로 변환하였다. 위에서도 토론했듯이, 자연 및 어머니가 문명으로, 목소리가 텍스트로 대체되는 것이다.

그 후에도 하인, 견습생, 가정교사, 비서, 집사 등의 위치를 거치는 동안, 루소는 어머니의 대체 인물을 찾아 헤매야 했다. 특히 귀부인들과의 관계에서 그러했는데, 대표적으로 그는 바랑 부인을 "엄마"(Mamma; 불어로는 마망(Maman))라 불렀고, 자신은 "아가"(Little one)라 불렸다(3권, 89). 그녀와의 육체적 관계가 있은 적이 있는데, 루소는 이를 그저 근친상간과 같은 행위로 느꼈을 뿐(5권, 165), 아무런 욕망이 생기지 않았다는 것이다. 루소는 그녀와 결별하고도 상당한 기간 동안 그녀의 흔적을 지우지 못했다. 바랑 부인은 루소에게 대표적으로 죽은 어머니의 대리보충이었다. 어떤 의미에서 그의 아내가 되었던 떼레즈는 그가 필요로 하였던 "Mamma"의 "후계자"이자 "대리보충물"이다("a successor to Mamma," "the supplement"; 7권, 278). 루소는 연상의 바랑 부인과는 다른 종류의 모성을 연하의 떼레즈에게서 찾을 수 있었다. 그는 어머니의 대용물을 끊임없이 찾는 '나이든 아이'였던 것이다(*Grammatology*, 152~153, 156). 그러나 성장하면서 루소가 진정 죽은 어머니를 그리워한다고 말한 적은 없다. 그는 사실상, 아버지의 영역에서 논쟁하고 창안하고 집필하며(새로운 기보법(記譜法)이나 식물도감 등), 사귀고 불화하는 삶을 살았다. 요컨대, 루소는 어머니를 대체할 수단을 독서 및 집필에서 찾아 살아가는 문명사회의 일원이었다. 모성을 대체할 인물을 찾는 그의 시도는 그의 심리적 생존을 위한 어려운 방책이었다고 보아야 하지만, 어머니적 자연의 중요성을 부각하는 그의 시도는 주로 집필을 통해서 나타난 것이었다. 루소는 어머니, 목소리, 자연 자체를 온전히 복원하거나 거기로 되돌아갈 수 없었다.

어거스틴의 『고백록』도 어머니를 회상하는 장면으로 유명하다. 개종에 이르는 그의 여정에서 어머니의 존재는 매 순간 드러나 있으며(3.11; 3.12; 5.9; 6.2; 8.12; 9.12), 특별히 9권 8장에서 13장까지는 어머니 모니카의 생애로 채워져 있다. 루소도 그러했고, 아래에서 살펴볼 데리다와 바르트의 경우도 그러한데, 어거스틴은 특별히 어머니의 죽음을 상세히 기록한다. 세례를 받은 직후 맞게 된 어머니의 죽음에는 아들의 눈물이 중요하다. 어거스틴은 어머니의 장례를 치르는 동안 겉으로는 눈물을 흘리지 않았지만, 사실상 속마음에서는 슬픔이 몰려오므로 자신의 연약함을 질책한다. 혼자 있을 때는 어머니와 자기 자신을 위해 울고 싶었고, 남몰래 실컷 울 수밖에 없었다. 그리하여 그는 이를 "이중의 슬픔"이라 불렀다. 하나는 어머니의 죽음에 대한 인간적 슬픔이고, 다른 하나는 자신의 눈물이 가리키는 영적 연약성에 관한 슬픔이다.

> 남들은 그것을 몰랐다. 그들은 나를 주의 깊게 살폈고, 내가 아무 슬픔도 느끼지 않는다고 생각하였다. 그러나 아무도 듣지 못하나 당신의 귀에만 들리도록 연약한 마음을 나무랐고 밀려오는 슬픔을 억제했더니, 얼마쯤은 괜찮았다. 그러다가, 눈물을 흘리거나 얼굴에 드러나지는 않을 정도였지만, 나는 다시 슬픔에 휩쓸렸다. 나는 내가 마음속에 눌러두고 있는 것이 무언지 알고 있었다. 당연한

이치와 타고난 인간 조건에 따른 것으로서, 인간적 감정이 나를 압도한다는 것이 나를 매우 괴롭혔기 때문이었다. 슬픔에 더해진 슬픔 때문에 슬퍼하여, 이중의 슬픔으로 나는 괴로워했다. (9권, 12)

The others knew nothing of it; they listened attentively to me, and they thought that I was free from all sense of sorrow. But in your ears, where none of them could hear, I upbraided the weakness of my affection, and I held back the flood of sorrow. It gave way a little before me, but I was again swept away by its violence, although not as far as to burst into tears, nor to any change of expression. But I knew what it was I crushed down within my heart. Because it distressed me greatly that these human feelings had such sway over me, for this needs must be according to due order and our allotted state. I sorrowed over my sorrow with an added sorrow, and I was torn by a twofold sadness.

이미 토론했듯이, 어머니의 기억에서 오는 눈물에 의해 어거스틴의 지성적 눈이 흐려지고 가려지지 않았다면, 개종은 뒤따르지 않았을 것이다. 그의 개종에 있어 지성의 눈과 감성의 눈물은 분리되어서는 안 된다. 어떤 측면에서, 아들을 향한 모니카의 눈물은 막달레 마리아의 참회의 눈물 혹은 성모 마리아의 아들에 대한 눈물을 연상케 하며, 어머니를 향한 어거스틴의 눈물은 그가 애독했던 버질의 서사시에서의 디도의 슬픔에 대한 세속적 눈물로부터 진정한 신앙의 눈물로 전환됨을 가리킨다고 볼 수 있을 것이다. 그럼에도, 어머니의 죽음 후에, 어거스틴은 그녀와 함께 머물 수 없었다. 그것은 그의 신앙이 허용치 않는 바이다. 그는 슬픔을 극복하고 하나님의 영역으로 되돌아와, 영적 삶의 진보와 사명을 완수해야 한다. 어머니의 죽음이 개종의 중요한 수단이 되기는 했지만, 그곳이 그가 멈추어야 할 곳은 아니다. 단테의 연인 베아트리체가 궁극적으로 그러했던 바처럼, 어머니 모니카는 하나님 아버지로 대체되고, 또다시 어머니는 억압된다. 그들에게 여성은 영적 존재이거나, 적어도 그들이 절대적 주체에게 나아가는 것을 돕는 인물이 되었다. 이런 점에서 낸시 밀러(Nancy Miller)는 어거스틴의 경우를 남성적 "자서전의 젠더화"의 대표적 예로 꼽는다(Anderson, 26~27에서 재인용).

어거스틴이나 루소에게도 어머니의 존재는 중요하였다. 어거스틴에게 어머니의 죽음은 아들의 영적 재생을 낳았고, 어머니의 삶의 끝이 아들의 '새 삶'의 시작이 되었다. 루소에게 어머니는 자연, 목소리, 기원에 관한 그 자신의 사유의 동의어이다. 그들에게 어머니는 모두 남성적 자아실현을 위한 도구적 역할에서 멈춘다. 아래에서 고찰할 롤랑 바르트나 자크 데리다의 어머니는 그들의 경우와 사뭇 다르다. 그들이 자전적 사유에 눈뜨는 것은 어머니가 죽음을 맞이하는 순간에서였고, 그 과정에서 가장 중요한 것은 어머니의 재발견이다. 앞선 두 저자와 달리, 노년이 된 그들에게 몸의 시대가 복귀하였고 아버지의 법률은 보류된다. 이를 아래에서 살펴본다.

바르트의 자서전이랄 수 있는 저서는 『롤랑 바르트가 쓴 롤랑 바르트 (Roland Barthes par Roland Barthes)』이다. 이 책의 특이한 인식은 자서전이라 할 텍스트가 결코 과거의 나에 관한 최종적 평결이 될 수 없으며, 나의 과거를 다스리고 관리하고 총괄하는 것은 결코 현재의 내가 아니라는 것이다.

> 이것은 '고백'의 책이 아니다. 이 책이 불성실하기 때문이 아니라, 우리들이 오늘 소유하고 있는 지식이 어제와 다르기 때문이다. 이 지식은 다음과 같이 요약할 수 있다. 내가 나라는 자아에 대하여 글 쓰고 있는 것은 결코 그 자아에 대한 '최후의 응답'이 아니다. 내가 '성실'하면 할수록 나는 그만큼 더 다양한 해석의 여지를 갖는다….

이 텍스트도 하나의 '덧붙여진' 텍스트, 계열의 가장 최근의 것 이외의 다른 것이 아니며, 의미의 마지막 형태가 아니다. 텍스트에 대한 '텍스트'는 그 무엇 하나 명백하게 밝혀내지 못한다.
　나의 현재는 나의 과거에 대하여 이야기할 어떤 권리가 있는가? 나의 현재는 나의 과거에 대해 지배권을 가질까? 어떤 '은총'이 나를 비춰줄 수 있을 것인가? 단지 흘러가는 시간이라는 은총, 아니면 내가 노상에서 우연히 만난 어떤 대의명분이라는 은총? (188~189; 이상빈 옮김)

그리하여 바르트는 이 책에서 정돈된 주체의 자서전 개념에 도전하기 위해 파편적인 글쓰기를 시도한다. 바르트는 평생 쓰고 생각해 온 것, 자신의 취미 등을 서술하면서, 자신을 we, he, you, R.B. 등으로 지칭하고 있으며, 챕터를 잘게 나눠 내러티브의 계속성을 끊임없이 파기한다. 그러나 이 전략도 성공할 수 없음을 그는 잘 안다. 정돈된 자아를 재현하는 상상적 거울상 단계의 글쓰기나, 그렇게 하여 만들어지는 정돈된 글쓰기를 해체하는 글쓰기도, 언어에 의존하는 한, 어느 쪽도 진정한 '나'를 재현하지 못하기 때문이다(Anderson, 75~76). 그리하여 자전적 회상과 연관하여, 약 오 년 후 바르트가 사진의 위력에 사로잡히는 계기가 찾아온다.
　롤랑 바르트의 『카메라 루시다(*Camera Lucida*)』는 사진에 관한 에세이이며 동시에 자전적 텍스트이다. 사진은 과거 기억을 되살리는 수단이므로, 자서전과 밀접하게 연관된다. 그런데 바르트에게 사진은 죽음의 예술이다. 사진기 혹은 사진사가 주역이고, 피사체인 우리가 오히려 구경꾼이다. 사진은 나를 타자로, 주체를 객체로 만들기 때문에, 나는 일회적 순간의 대상, 즉 죽음의 존재로 남게 된다. 사진의 피사체는 '죽은 자'이며, 그리하여 모든 사진에는 '죽은 자의 복귀'(*Camera*, 9~15)가 있다. 바르트는 어머니가 죽은 며칠 후, 그녀의 어린 시절 사진을 보면서, 사진 속에 화석화한 어린 소녀를 만난다. 마치 꿈속에 나타나는 지기(知己)가 자주 그러한 것처럼, 사진 속의 어머니 모습이 곧바로 실제의 어머니는 아니다. 사진은 역사 속의 이미지와 같은 낯섦을 가지고 있다. 그 낯섦을 연구하면서, 아들은 비로소 그가 알고 있는 어머니의 친밀한 본질에 다가간다(Camera, 63~72). 이제 그는 어릴 적 어머니와 죽기 전 어머니를 연결시킬 수 있다. 사진 속에서 죽어 있는 대상을 살아 있는 존재로 조우하게 되는 것이다. 그리하여, 이제 그가 노쇠한 어머니를 손수 간호하고 음식을 떠먹여 줄 때, 사진 속의 어린 소녀를 연상하여, 그는 어머니가 아이가 되고 아들이 어머니가 됨을 경험한다. 사진을 매개로 하여 역전되는 시간에 의해서, 바르트는 어머니와 하나가 된다.

> 그녀가 편찮은 동안, 나는 그녀를 간호하였다…. 그녀는 나를 위해 그녀의 첫 번째 사진 속의 그 본질적인 어린아이와 하나가 되면서, 나의 어린 딸이 되었다…. 그녀가 아무리 강인했다 하더라도, 나는 궁극적으로 그녀를, 나의 내적 법률을 나의 여자아이로서 경험하였다. 그것이 내가 죽음을 해결하는 방식이었다. 수많은 철학자들이 말해 왔듯이, 죽음이 종(種)의 냉혹한 승리라면, 특정 개체는 보편의 만족을 위해 죽는다면, 개인이 그 자신이 아닌 다른 이로 재생산된 후 죽음으로써 자신을 부정하고 초월한다면, 자손을 생산하지 않은 나는 바로 그녀의 병에서 나의 어머니를 생겨나게 했던 것이다. 어머니가 돌아가신 후, 나는 더 이상 우월한 생명력(종족, 인류)의 진행에 나 자신을 맞출 하등의 이유가 없었다. 나의 개별성은 결코 다시 그 자체를 보편화할 수 없었다…. 이제부터 나는 나의 총체적이고 비(非) 변증법적인 죽음을 기다릴 뿐이다. (*Camera*, 71~72)
> During her illness I nursed her, … she had become my little girl, uniting for me with that essential child she was in her first photograph…. Ultimately I experienced her, strong as she had been, my inner

law, as my feminine child. Which was my way of resolving Death. If, as so many philosophers have said, Death is the harsh victory of the race, if the particular dies for the satisfaction of the universal, if after having been reproduced as other than himself, the individual dies, having thereby denied and transcended himself, I who had not procreated, I had, in her very illness, engendered my mother. Once she was dead I no longer had any reason to attune myself to the progress of the superior Life Force (the race, the species). My particularity could never again universalize itself … From now on I could do no more than await my total, undialectical death.

아들이 어머니의 죽음을 겪기 전까지 – 사진 속에서 죽어 있는 어린 어머니를 보기 전까지 – 어머니는 담론의 바깥에 있었다. 내가 주체가 되고 언어영역에 진입할 수 있기 위해, 어머니는 '상징적 죽음'을 당해야 했기 때문이다. 어머니의 실제 죽음이 가져다준 과거의 회상에서 촉발되는 자전적 성찰이 어머니를 상징적 죽음의 영역에서 나의 의식 속의 존재로 복귀시킨다. 그 동안 어머니는 나의 "내적 법률"로 머물러 있었다. 이제 나는 사회, 이성, 언어의 아버지 영역에서 몸과 이미지의 어머니 영역으로 회귀하는 것이다(Anderson, 77~78). 아이러니하게도, 어머니의 실제 죽음의 계기가 아들의 자서전 속에서 그녀의 흔적을 복귀하게 하는 촉매가 되어, 그녀를 상징적 죽음에서 상징적인 삶의 영역으로 되불러 온다. 이 순간 회복된 그녀의 존재는 아들의 나머지 삶 속에서 영속적이 된다. 이제 바르트는 개별성의 부정, 즉 개체의 죽음이 보편의 삶으로 나아가는 변증법적 문명질서에 자신을 맡길 이유가 없다. 어머니와 몸이 속한 자연 질서인 "총체적이고 비변증법적인 죽음"만이 그를 기다리고 있다. 그것만이 삶과 몸을 지배하는 비(非) 문명과 비이성으로서의 자연 질서이다.

어머니가 자전적 사유와 만나는 방식에 관한 바르트의 명상은 자크 데리다도 비슷한 차원에서 탐색한 문제였다. 『자크 데리다』라는 텍스트에는 제프리 베닝튼이 쓰는 "데리다베이스(Derridabase)"와 데리다 자신이 쓰는 "할례-고백(Circumfession)" 부분이 함께 존재한다. 이 책의 모든 페이지에서, 데리다가 주창해 온 철학 자료의 논리적 모체가 만들어지고, 그 아래에 작은 글씨로 – 마치 긴 각주처럼 – 어머니의 죽음을 포함하는 할례-고백의 자전적 내러티브가 끊이지 않고 적혀진다. 상단의 본문은 타인이 분석하는 데리다의 사유이고, 아랫부분은 데리다가 말하는 자신의 삶인데, 데리다는 이 아랫부분의 내러티브를 할례와 고백이 합쳐진 단어, "Circumfession"라는 부제로써 칭하였다. 유대교 풍습인 할례는 어머니적 '몸'의 파괴를 통한 아버지적 '이름' 얻기이다. 아들에게 몸을 준 어머니는 아들에게 할례의식을 치르게 하면서, 그 몸의 일부를 상실케 하여 아버지를 받아들이게 한다. 할례는 어머니의 눈물과 기도가 아들의 피와 섞이는 순간이고, 아들의 육체적 고통은 아들을 위한 어머니의 심적 고통과 맞먹는다. 할례는 어머니가 기꺼이 아들을 사회에 바치는 제식이며, 나의 몸, 즉 어머니의 몸의 대가가 아버지의 '이름'이다.

어머니의 몸과 아들의 몸은 사실상 동일한 것이었다. 어머니의 임종을 맞아, 그녀의 몸이 아들의 눈앞에서 소멸하는 것을 보는 것은 할례 때에 아들이 입는 상처를 어머니가 보는 것과 다르지 않다. 아들의 몸이 분쇄될 때처럼, 어머니의 몸이 분해될 때 아들은 어머니의 위치에서 보고 말하는 것이다(Circumfession, 137). 이렇게 하여, 어머니와 아들이 다시 하나가 된다.

> 내가 올바로 읽었다면, 어머니를 제외하고는 어떠한 여인 혹은 여인의 흔적도 없다. 이는 이해되어 온 바이다. 그러나 이는 체제의 일부이다. 어머니는 형상을 만드는 자의 얼굴 없는 형상, 즉 하나의

여분이다. 그녀는 한 명의 익명의 퍼소나처럼, 장면의 배경에서 자신을 잃음으로써 모든 형상을 태어나게 한다. 삶과 함께 시작한 모든 것이 그녀에게로 되돌아오며, 그녀에게 말을 걸고 그녀에게로 향한다. 그녀는 바닥에 머무는 조건으로 살아남았다. (*Ear*, 38)
No woman or trace of woman, if I have read correctly – save the mother, that's understood. But this is part of the system. The mother is the faceless figure of a *figurant*, an extra. She gives rise to all the figures by losing herself in the background of the scene like an anonymous persona. Everything comes back to her, beginning with life; everything addresses and destines itself to her. She survives on the condition of remaining at bottom.

아들의 성장 동안, 어머니는 얼굴을 드러내지 않은 채 의식의 바닥에서 여분의 존재처럼 생존해 있었음을, 그리고 그것이 바로 영속적인 생명의 원천임을 아들은 자서전을 쓰면서 깨닫게 된다. 어머니의 죽음, 즉 그녀의 몸의 파괴를 목격하며 쓰는 자서전은 어머니 되불러 오기이며, 이는 어릴 때의 할례의 고통과 흘린 피를 재연하는 일과 통한다(Circumfession, 10~12). 아들의 살이 뭉개져 피와 뒤섞이는 몸의 파괴를 회상함은 제도권에서 확립된 자신의 주체를 해체하는 일이고, 이 비체화(abjection)의 의식을 통하여 아들과 어머니의 몸은 다시 하나가 되어, 어머니의 몸은 주권을 회복한다. 자서전을 쓰는 펜은 보이지 않는 내부를 끌어낸다. 데리다는 펜이 피를 뽑아내는 일종의 주사기(syringe)와 같다고 말한다(Circumfession, 10). 어머니의 몸이 파괴됨을 계기로 어머니를 기억하는 것은 아버지의 이름에 의해 죽은 존재를 살아있는 여성으로 소생시키는 것이며, 이는 어머니의 언어 문법이 몸을 통해서 되돌려지는 일이 된다(*Ear*, 15, 26).

그리하여, 『자크 데리다』의 텍스트에서, 즉 몸과 글을 가리키는 두 개의 대조적 내러티브에서 데리다의 확립된 자아는 공히 해체를 겪는다.

데리다 자신이 할례 때에 몸이 분쇄되면서 얻은 아버지의 이름을 파기하듯이, 베닝튼은 데리다의 저서의 바탕이 되는 아버지의 언어영역을 해부하는 '할례'를 가한다. 두 개의 텍스트에서 아버지의 이름과 언어가 각기 해체되는 것이다.

> 나는 숨 쉬면서 사후를 산다, 그것은 매우 그럴 듯하지 않는 일인데, 내 인생의 그럴듯하지 않음, 그것이 내가 따르려는 규칙이고, 종국에는 내가 쓰는 것과 G.(제프리 베닝튼)가 상단에 쓰게 될 것의 대결을 중재할 것이다…. 이러한 엄격한 할례에 의해서, 그는 나의 몸, 기본적으로 "논리" 또는 "문법"을 생산하는 나의 글의 몸, 즉 모든 과거, 현재, 그리고 혹시라도 미래의 진술을 생산하는 법률의 관여 없이, 작업해 나가기로 작정하였다. (Circumfession, 26, 28)
>
> I posthume as I breathe, which is not very probable, the improbable in my life, that's the rule I'd like to follow and which in the end arbitrates the duel between what I am writing and what G. will have written up there, … [H]e has decided, by this rigorous circumcision, to do without my body, the body of my writings to produce, basically, the "logic" or the "grammar," the law of production of every past, present, and why not future statement.

할례를 통하여 몸이 분쇄되고 그 몸이 가진 독립적 생산권이 상실된 결과로 얻은 것이 그의 저술이라면, 출판을 통해 언어화된 그 사유는 이제 베닝튼의 분석에 의해 또 한 번의 '할례'를 거쳐 해체된다. 코퍼스 (corpus)라는 낱말이 몸과 글을 동시에 뜻하듯이, 데리다의 몸과 베닝튼의 글이 병치되면서 해체를 겪는다. 그러므로 전체로서의 『자크 데리다』 텍스트는 '논리적인 것에서 생물적인 것으로의 통로를 개방'한다. 상단의 이성적이고 논리적인 데리다 자료는 타자의 손에 의해 해체되어, 결국 열정, 의례, 기억을 통해 되살아나 방랑하는 하단의 몸의 사유와 하나가

된다. 여기서 물론 아버지의 이성적 영역이 완전히 삭제되지는 않으나, 어머니의 혼돈의 질서 아래서 재조명을 겪게 된다. 이로써『자크 데리다』의 두 개의 내러티브는 서로의 자리를 넘나들게 된다고 말할 수 있다. 본질적으로는 이성의 논리성과 몸의 우연성이었던 두 개의 이질적 질서가 서로 자리를 바꾸는 것이다(Smith, 42). 그러나 전체의 텍스트는 합작이 아니고, 아버지와 어머니는 공동저자가 아니다. 이는 로벗 스미쓰가 칭하듯이, 헤겔의 변증법과 달리, '비 종합적 같음'(non-synthetic same)의 질서이다(Smith, 43). 두 가지의 전기적 텍스트가 공존하는『자크 데리다』는 하나의 주제를 재현하는 작업이 이처럼 처음부터 스스로를 공격하고 훼손하는 글쓰기임을 보여주는 글쓰기이다. 이는 어쩌면, 화성학인 하모니가 아니라 대위법적인 상호작용이라 말할 수 있을 것이다. 그것은 주 음조와 종속음조의 수직적 관계에서의 하모니가 아니라, 수평적으로 펼쳐지며 상호 대응하는 개별적인 관계이다. 적어도 노년이 되어 쓰는 자전적 글쓰기의 순간에 있어 하나의 주체의 본질은 아버지와 어머니가 합쳐지는 주체의 조합이 아닌 것이다. 아래에서 좀 더 상세히 토론할 터이지만, 자서전은 죽음과 연관되어 있고, 아버지의 이름 및 언어의 해체 후에 살아남는 것은 오로지 어머니의 몸의 우연성이다. 이는 앞서 토론한바, 바르트의『카메라 루시다』가 말하는 "비변증법적인 죽음"과도 연관이 있다. 우주의 궁극적 질서는 헤겔의 목적론적인 발전이 아니라, 우연에 맡겨진 미래이다. 원래 해체된 것과 다름없는 것이 어머니의 몸이라면, 바로 그것이 비예기적인 자연의 영속적 실체이자, 하나의 주체의 궁극적 본질이다.

두말할 나위도 없이, 자서전의 저자는 자신의 이름을 남기기 위해 글을 쓴다. 그런데 정작 나의 이름은 내가 소유하는 것인가? 자서전은 부재하는 시간, 부재하는 사람을 기억하기 위해 읽히는 경우가 훨씬 많지 않은가?

내가 자서전에 서명하는 순간, 그 서명이 유효한 것이 아니라, 후에 타자가 그것을 확인하는 순간이 더욱 중요하다. 다르게 말하면, 내가 내 자신을 말하는 것은 타자의 귀가 그것을 듣고 말할 때이다. 그리하여 타자의 귀가 중간에 개입하지 않는 한, 나의 현존은 그만큼 지연되거나 상실된다. 고유명사, 자필서명, 자서전은 주체의 죽음 후에야, 타자로 하여금 그것을 지칭하고 기억하게 할 것이기 때문이다. 그리하여, 나의 '이름'과 나의 자서전은 상반된다. 저자는 이름을 통하여 자아보존을 보장받고 강화하고자 하지만, 자서전은 그 목적을 이탈하여 죽음에 의해 추월당한다(Anderson, 80~81). 이런 점에서, 데리다에게 자서전은 "bio-graphy"가 아니라, 죽음을 가리키는 "thanatos"에서 유래하는 "thanato-graphy"이며, 자신(auto)이 아니라 타자의 글(allo-graphy)이 된다. 데리다는 이를 "자서전의 차연"이라 부른다. 차이와 지연을 동시에 뜻하는 그의 조어(造語) "différance"를 자서전 글쓰기에 적용하여, 자아의 죽음 후에 일어나는 타자의 승인에 의해서만이 자서전의 효력을 발생한다고 말하는 것이다.

이와 연관하여, 데리다는 프리드리히 니체의 『이 사람을 보라(Ecce Homo)』를 토론한다. 이 책에서 니체는 자신의 전 생애에 걸친 저술들을 간략하게 요약하며 소개한다. 『롤랑 바르트가 쓴 롤랑 바르트』와 달리, 그리고 「데리다베이스」와 달리, 니체는 그의 이 자전적 저술의 서문에서, 이 저술의 현재 시점이 자신의 전체 삶을 평가하고 찬양하는 기념비적 순간이라 공포한다. 가치의 끊임없는 재평가가 자신의 기본 사유임에도 불구하고, 니체는 이 저서를 쓰는 바로 이 순간에 그의 사유의 결과물로서의 모든 저작물을 허풍스레 결정(結晶)화하려는 것이다. "나의 말을 들어라! 왜냐하면, 나는 그런 어떤 사람이기 때문이다. 무엇보다도, 나를 다른 어떤 이로 오인하지 말지어다"(217). 그런데 데리다에 의하면, 나의 이름인 고유명사는 사실상 타자와의 관계, 예컨대 신용이나 계약 따위에 근거하며, 나의 여러 개의 마스크 중의 하나에 불과하다(*Ear*, 9, 11). 뿐만 아니라, 니체의 역사관은 시작에서 끝으로 나아가는 진보의 직선로가 아니라 영원한 반복과 회귀이므로, 어느 지점에서 자신의 삶을 고정시켜 고찰하는 것이 타당치 않다. 니체는 자신이 회귀하는 시점을 현재로 못 박아, "나는 나의 이야기를 나 자신에게 한다"(and so I tell my life to myself; 221)고 말하지만, 데리다의 입장에서 보면, 지금 이 순간 니체 자신이 자서전의 첫 번째이고 유일한 수신인일 수는 있으나, 이것으로써 자서전이 고착화하는 것은 아니다. 자전적 주체의 서명이 자서전의 존재와 의미를 현재에 고정시키는 것이 아니다. 즉, "서명하고 날인하는 것은 영원한 회귀이다"(*Ear*, 13). 그러면 자서전의 주인공인 내가 회귀하는 것은 언제인가? 이미 말한 것처럼, 서명이 궁극적으로 유효한 것은 나의 이야기가 다른 사람의 귀를 통해 들려져, 그들이 나에 대해 말할 때이다.

> 서명하는 것은 타자의 귀이다. 타자의 귀가 나에게 나에 대해서 말하고, 나의 자서전의 자기 자신적인 요소를 구성한다. (*Ear*, 51)
> It is the ear of the other that signs. The ear of the other says me to me and constitutes the autos of my autobiography.

나를 말하는 것은 역설적이게도 나의 입이 아니라 타인의 귀이다. 여기서 데리다에 의한 또 하나의 조어, "otobiography"가 성립한다. 그리스어 "oto"는 "ear"를 뜻한다. 나(auto)의 입이 타자의 귀(oto)로 바뀐 것이다.

그런데 니체는 아버지가 이미 돌아가셨고, 그 자신은 어머니처럼 늙어가는데, 모성 혹은 여성성이 자기 자신보다 오래 살아 있을 것이라고 말하기도 하였다.[5] 죽은 아버지의 이름, 죽은 법률에 대조적으로, 몸을 통하여, 귀를 통하여 살아 있는 것은 어머니이다(*Ear*, 38). 아들의 삶의 증인이 될 사람은 그의 양육을 담당했던 어머니이고, 또한 그녀의 생명력은 무한하기 때문이다. 자서전을 통하여 자아는 죽음을 겪지만, 그 글은 후세를 살아가는 어머니적 존재를 통해서, 스스로에게 우연적인 무한 회귀를 허용한다. 나의 자서전에 서명하는 귀는 살아있는 여성성의 존재이고, 영원히 회귀하는 것은 우연적인 어머니의 '이름'이다(*Ear*, 14). 그러므로 니체의 입, 즉 그의 글과 이름 및 서명이 니체의 아버지에 해당한다면, 이를 듣는 니체의 귀는 니체의 어머니이다. 따라서, 로벗 스미쓰가 지적하듯이, 어거스틴이나 니체의 자서전을 후세에 듣게 되는 데리다의 귀가 결국 어거스틴 및 니체의 어머니 위치에 놓이게 된다(Smith, 80~81). 어머니적인 우연의 귀에 의해서 자서전의 자아는 완성되고 공유되어 영원히 산다. 자서전을 통한 자아의 영원회귀는 결국 어머니적 존재의 영원회귀이다.

이런 각도에서 보면, 데리다의 「할례-고백」에 사용된 G.라는 약어, 즉 「데리다베이스」에서 데리다의 저작물을 읽고 해석하는 비평가 제프리 베닝튼(Geoffrey Bennington)을 지칭하는 이 약어는 데리다의 어머니인 "Georgette"를 가리키기도 할 것이다. 데리다의 독자 "Geoffrey"와 어머니 "Georgette"는 본질적으로 같은 존재이다(Vessey, 198). 자전적 글에서 어머니의 귀환이 아버지에 의해 완성된 자아를 해체하듯이, 마찬가지로 독자의 귀는 저자의 목소리를 해체한다. 우연한 순간에 권리가 복원된 어머니적 존재는 미래에 올 우연한 독자인 것이다. 독자는 저자가 바라는 대로 읽어주지 않으며, 새롭게 복원되는 우연적인 독자의 권리에 의해 저자의 존재가 실현된다. 나아가 데리다의 약어 G.는 하나님(God)일 수도 있다(Caputo and Scanlon, Introduction, 4). 즉 정돈된 텔로스의

---

[5] 이는 '영원한 여성성(das Ewig-Weibliche)이 우리를 이끈다'라는 괴테의 『파우스트』의 한 구절을 연상케 한다.

종착점으로서의 어거스틴의 하나님과는 거리가 있는 '타자'로서의 신의 관념, 즉 인간이 그 섭리의 미스터리를 해독할 길이 없는 우연성의 존재로서의 하나님, 이른바 유명론(唯名論)이 말하는 하나님을 가리킬 수도 있다. 그러므로 앞서 토론하였던 어거스틴의 어머니 모니카는 데리다의 어머니 "Georgette"와 다르다(Vessey, 197). 이 두 사람은 모두 유대인이고 알제리(Algiers) 출신이기도 하지만, 모니카는 아들의 개종의 여정에서 충실한 도우미로 봉사하다가, 아들의 개종을 최종적으로 확인하고, 아들의 영적 성장의 무대에서 사라진다. 이제부터는 어거스틴에게 하나님 아버지의 영역만이 남은 것이다. 반면, 데리다의 어머니는 할례 후에 사라졌지만, 자전적 회상의 순간에 다시 복권되어, 우연성의 존재로 영속적으로 살아남아 있게 된다. 그녀는 "Geo"라고 불리기도 했는데, 이는 하늘나라가 아니라 대지를 가리키는 단어이다.

바르트와 데리다를 종합해 보면, 그들의 자서전은 아버지의 이름을 물러 받은 온전한 자아를 해체하고 어머니를 되불러오는 장르이다. 이는 어머니와 아들이 함께 하였던 원래 상태를 재상정하는 것이다. 통합된 "I"의 건설이 어머니의 상실을 통해 이루어진다면, 이 온전한 자아 속에 감춰진 구멍, 할례의 상처가 바로 어머니의 공간이다. 그리하여 어거스틴이나 루소의 정돈된 허구적 자아와 달리, 바르트와 데리다에게 자서전은 아포리아를 닫는 것이 아니라, 할례의 상처를 열어 죽은 어머니를 그들의 글 속에 보존하는 작업이다. 고백은 건설된 자아를 해체하는 '두 번째' 할례이며, 이로써 고백자는 다시 피동적이 된다(Caputo and Scanlon, Introduction, 5). 또한, 어떤 의미에서 자서전에서의 고백은 타자, 즉 고백자의 내부에 있는 다른 이를 고백하는 일이 된다. 어거스틴의 『고백록』은 어거스틴 자신의 성찰이자 고백이 아니라, 하나님과 어머니 모니카를 고백하고 있으며, 데리다와 바르트는 그들이 아버지의 영역에서 성장한 후 처음으로 어머니를 회상하며 그녀를 고백하고 있다. 더불어 지적할 것은 어거스틴이나 루소의 고백록은 헤겔의 변증법적 과정을 보장하는 내러티브라는 점이다. 기독교 고해성사가 그러하듯이, 죄와 수치로 인한 삶의 부정은 고백을 통하여 합(合)의 명제를 지향하여, 자서전적 주체는 합리적인 존재로 재탄생하고 기존 사회로의 재편입을 허락받게 된다. 이것이 이른바 '고백적' 성격의 자서전이다. 반면, 바르트나 데리다의 자전적 글쓰기 개념은 우연적이고 해체적인 미래 독자의 귀에 의해 그 존재를 보장받기 때문에, 이러한 텔로스적 변증법의 역사관과 대결을 벌인다고 말할 수 있다(Smith, 46~47).

4. 우리의 이야기: '증언'과 스토리텔링

어떤 의미에서, 여성은 고전적 정의의 자서전 저자가 되어 본 적이 없다고 말할 수 있다. 17, 18세기에 핵가족이 생기면서 역사상 처음으로 전업주부라는 사적 영역을 가지게 된 여성들은 일기, 저널, 편지, 혹은 메모 등을 통하여 자신의 경험과 내밀한 생각을 토로하는 수단을 가지게 되었다. 이러한 18세기적 여성 글쓰기는 본격적인 계몽의 남성 자서전과 다르고, 유기적인 성장이나 천재적 독특성을 자랑하는 19세기의 그것과도 다르게 씌어졌다. 이성적 주체에 의한 공적 영역화는 남성의 몫이었고, 언어가 남성의 전유물로 여겨졌으므로, 여성적 글쓰기가 제대로 대접을 받을 여유가 없었다. 이런 점에 비추어, 최근의 자전적 글쓰기에서 여성과 더불어 공적 언어영역을 보장받지 못했던 인종적 소수자, 성적 소수자, 트라우마적 주체에 의한 글쓰기가 증가하였다는 것은 확실히 주목할 만한 현상이다.

자서전을 통한 아들의 어머니 되불러오기와는 달리, 여성 자서전은 아버지적 자아 성취의 삶에서 배제된 어머니를 향한 회한의 내러티브이어야 할 필요가 없다. 여성은 아버지의 영역에 완전히 진입하지도 않거니와, 어머니와 완전히 분리되지도 않기 때문이다. 프로이트를 신뢰한다면, 여자 아이는 남근 신망(penis envy) 때문에 아버지 및 남자친구에게로 다가간다고 말할 수는 있지만, 낸시 초도로(Chodorow)가 지적하듯, 딸은 자아정립을 위하여 어머니와의 분리를 시도함과 동시에, 어머니에의 애착과 동일시를 포기하지 못하기 때문에, 남성과 여성을 동시에 사랑하는 양성애적 삼각관계에 있게 된다(126~129, 136~138, 140). 또한, 라캉 등의 정신분석학은 아버지가 어머니에게 결핍을 안겨준다는 입장인데 반해, 멜라니 클라인(Klein)은 어머니가 결핍이 아니라 여전히 풍부함(plenitude)의 존재여서 딸을 숨 막히게 하기 때문에, 딸은 어머니와의 경계 짓기를 통하여 여기서 벗어나려 한다고 분석한다. 그러면서도 딸은 어머니가 가진 과잉의 풍부함을 완전히 벗어나지는 못한다. 아들이 거세 공포로 인해 어머니를 벗어난다면, 딸은 어머니를 해체하면서도 복원하는 일을 동시에 한다(Doane and Hodges, 11). 도로시 디너스타인(Dinnerstein)에 의하면, 딸은 쾌감과 고통을 동시에 지닌 어머니의 무한하고 무질서한 힘을 피해 자신을 조절 혹은 관리해 줄 남성을 찾지만, 그러면서도 남성에게서 성적 쾌감을 얻는다면, 어머니와의 관계를 저버린 것처럼 죄의식을 느낀다는 것이다. 그러므로 어머니를 대체할 만큼 친밀한 이성(異性)과의 성적 관계가 아니라면, 여성은 그 관계를 피하려 한다(Tong, 150~151).

여성이 어머니와 분리되지 않았다면, 언어로부터는 완전히 소외되고 있었다. 언어는 아버지의 영역인 것이다. 그리하여, 여성은 자신에게 제시하지 못하는 자신의 이야기를 가지고 있다. 그들에게는 이야기로 만들어져야 하는 이야기가 있다. 소수자들의 경우와 마찬가지로, 여성의 뇌리에는 잔존하는 고통, 소외, 박해의 집단적 기억들이 점철되어 있으며, 극단적 고통의 경험은 트라우마로 남게 된다. 트라우마의 기억은 일반 기억과 달리 쉽게 이해에 흡수되지 않으며, 오히려 청해지지 않을 때 꿈이나 기억의 플래쉬백으로 되돌아온다. 이와 같이 트라우마 생존자는 거듭 뇌리에 되살아오는 정신적 외상을 견디며 살아야 하기 때문에, 삶과 죽음의 경계에 위치한다고 말할 수 있다(Caruth, 6~7). 더욱이, 트라우마 사건은 당시에도 경험자에게 온전히 동화된 것이 아니며, 되찾아온 지금에도 완전히 이해된 것이 아니다. 트라우마적 경험은 부분적 기억상실(amnesia)의 이야기일 때가 많다(Felman, 16~17). 그리하여 트라우마 경험의 텍스트는 글쓴이의 의식과 일치하지 않는다. 이는 제대로 형체를 갖추지 못하고, 틈새나 막다른 곳을 허용하는 내러티브이다.

바로 내러티브의 이러한 허점이 청자가 들어올 수 있는 공간을 만든다. 청자는 화자가 성취하지 못한, 성취할 수 없는 어떤 것을 회복할 수 있도록 빈 구멍을 메워주고 막다른 곳을 뚫어 주어야 한다. 예컨대, 홀로코스트처럼 극단적인 고통의 경험인 경우, 다른 생존자의 음성 및 사진 자료 등 기록물의 보관 작업이 필요한 까닭이 여기에 있다. 동료 생존자의 증언이 다른 생존자의 기억을 되살리는 데에 도움이 되기 때문이다(Felman & Laub, 85). 나의 삶에 대해 쓴다는 것은 고통 속의 자아와 직면하는 일이다. 자신과 맞대면하는 비용을 치르지 않고는 과거 경험을 그대로 재현할 수 없고, 그렇지 못하면 언제나 기억을 회피하는 상태로 남게 된다. 중요한 것은 이 목소리가 다른 이들에게 들려지게 하는 방식이다. 트라우마는 '상처의 외침'이라 할 수 있고, 이 목소리는 들음을 전제로 한다. 듣는 이를 향해 발화되기 위해서, 트라우마는 다른 이를 끌어 들여야 한다. 유대에 의해서만, 그들의 목소리가 회복될 수 있기 때문이다. 여성 혹은 소수자는 타자의 이야기를 통하여 자신들의 이야기를 한다.

미셸 푸코는 18세기 이후에 개인 스스로의 내면적 훈육으로 징벌의 행사가 바뀌고, 죄와 오류의 반복적이고 전방위적인 고백(자서전 등을 포함하는)을 통하여 자신을 정화하기를 요구하는 권력에 자발적으로 순응하는 사회가 되었다고 관측한다(Foucault, 58~63). 그런데 종교적 고해성사가 아니라면 이것은 또한 남성에 한정된 관측이기가 쉽다. 이미 토론하였듯이, 고백은 기존 사회에 편입됨을 전제로 하는 발화행위로서, 자신의 부족함이 경험과 교육과 성찰에 의해 보완되고 단계적으로 발전하여 완성되는 주체를 재현할 수 있는 담론의 공간이다. 그런데 소수자들이 겪는 고통의 경험은 온전히 기억되지 않기 때문에 '고백'될 수 없으며, 인종적 혹은 성적 소수자의 경우 그 소수성의 본질을 포기하지 않는 한, 재편입해 들어갈 공간이 아직 마땅치 않은 것도 사실이다. 그리하여 고통의 여파가 진행 중일 수밖에 없는 여성 및 소수자의 자서전은 교정을 전제로 하는 오류의 '고백'이 아니고, 과거와 현 상태의 어려운 삶의 여실한 '증언'(testimony)이 된다(*Felman*, 16). 고전적 남성 자서전이 죄와 수치를 고백하여 갈등의 원만한 해결을 추구한다면, 소수자의 자서전은 죽음에 다름없는 정신적 외상과 싸우며 생존하는 삶의 증언일 때가 많다. 증언은 사건의 진실에 관한 완결된 진술이나 총체적인 설명일 수 없는, 더 큰 평결을 기다리는 내러티브이다. 예컨대, 상황이 원만히 개선되지 못해 재편입될 세계가 아직 마련되지 않은 사건들, 즉 홀로코스트 대학살, 원폭 피해자, 아우슈비츠 수용소처럼 전례가 없는 사건은 그 이전 사건으로부터의 유추적 해결책이 통하지 않아, 증언이 아직 더 계속되어야 할 사례들이다. 즉 미해결의 과제를 안고 있는 진리의 위기 시기에는 증언만이 유용하다(Anderson, 127). 소수자의 자전적 텍스트는 합리성의 언어에 도달하지 못하는 미완성의 언어로 이루어지기 때문이기도 하거니와, 미해결 상태에 처해 있는 고통의 증언은 집단의 참여와 도움이 없이는 표현수단을 확보하기 어려운 것이다. 이런 점에서 그들의 내러티브는 반복적이고 집단적인 성격의 말하기, 즉 스토리텔링이 된다. 이것이 최근 소수자의 자전적 글쓰기가 포스트모던 자서전의 이념을 확장하면서도 차별적으로 보이는 방식이기도 하다. 그들은 우연적 타자에 의해 발굴되어 해체적으로 읽히면서 구제되기를 기다리기보다는, 동류의 소수자들이 공통의 저자가 되는 내러티브를 적극적으로 추구하고 있다.

상징계에서 독립적 주체로서 인정받기를 거부당하는 여성은 해체할에고나 주체가 없기 때문에 어떤 의미에서 독특한 주체의 건설과 전달을 전략으로 취하게 된다. 그리하여 남성문화 속에서 기괴함이 크게 느껴질수록, 공식적 주체의 개념에서 멀리 벗어날수록, 자서전 쓰기의 필요성이 인정된다. 억압을 증언하고, 이를 문화적으로 각인시키는 자리를 통하여, 억압된 주체는 '차이'의 권위를 부여받을 수 있다(Gilmore, 88, 104). 그러므로 독특한 경험의 소유자는 보편적 자아의 모델을 참조하는 것이 아니라, 유사한 자아들의 국지적 유대를 필요로 한다. 합리적인 언어교환을 표방하는 남성 공동체에 대조적으로, 여성은 소외되었던 바로 그 비이성적 언어의 특이한 사용에 의해 대안적 공동체를 마련한다. 컨센서스를 목적으로 하는 이성적 담론의 대안으로서의 국지적 집단의 스토리텔링 전략을 이용하는 것이다. 이제 트라우마적 상처와 증언에 관련된 두 가지 사례를 소개하려 한다. 하나는 자신이 어릴 적에 홀로코스트를 경험했으며, 지금은 MD로서 상담치료를 하는 도리 로브의 유대인 홀로코스트 생존자 인터뷰 케이스 스터디이고, 다른 하나는 유방 절제수술을 받아 여성의 정체성을 상실할 위기에 처한 오드리 로드가 이를 공동체 참여를 통한 자아 치유의 전략으로써 헤쳐 나간다는 자전적 보고서이다.

도리 로브(Dori Laub)의 사례 연구에 의하면, 홀로코스트 사건 내부에는 외부를 생각하는 의식을 말살하는 심리장치가 있다. 여기에는 피해자 스스로가 자신의 경험의 관찰자가 될 수 없다는 폐쇄적 의식이 압도하고, 나아가 자신이 고통을 받아 마땅하다는 의식을 스스로 키우게 되어, 사건을 겪고 난 후에도 이를 말하지 못하게 된다(Felman & Laub, 65, 81~82). 보육원에서 학대가 잦아지면, 구타를 당해도 아이는 울지도 도망가려 하지도 않고, 집에 가서도 말하지 않는다. 구타의 신호에 반응하는 것 외의 다른 의식이 마비되는 것이다. 학대에 길들여진다는 말은 학대를 당연시하게 되는 자아로 전락한다는 것 뿐 만이 아니라, 학대에만 예민해지고 다른 모든 의식이 말살된 주체가 되는 현상을 포함한다. 이런 방식으로 트라우마 경험은 정상적 경험의 범위 바깥에 있기 때문에, 그들의 기억은 시작, 중간, 끝을 가지지 못하며, 단지 끝나지 않은 경험이 반복된다는 의식 속에 처하게 된다. 트라우마 생존자들은 그 사건이 무시간적이고 도처에서 일어날 수 있는 돌출적 경험이라는 인식을 키운다. 그들은 사건 당시와 마찬가지로, 되돌아오는 경험과도 맞대면할 채비를 갖추지 못한다. 그들은 아직 그 공포와 혼란의 중앙에 있다.

이를 벗어나기 위해서, 그들로 하여금 이야기하도록 유도하는 작업, 즉 경험을 외부화하는 과정이 가장 먼저 필요하다. 그러나 말한다는 것은 잊고자 하는 그 경험을 '다시 사는 것'이며 트라우마의 복귀를 의미한다(Felman & Laub, 67, 69, 78). 이와 더불어, 홀로코스트와 같은 트라우마를 경험하지 않은 청자들이 그들의 경험을 온전히 이해하지 못한다는 곧 알게 되기 때문에 그들은 이야기하기를 꺼리게 된다. 그러므로 그들의 의식 속에 목격자나 청자를 만드는 것이 우선 중요하다. 즉 이웃이 "내가 너의 목격자이다. 너는 더 이상 혼자이지 않아"라고 말해 주어야 하는 것이다. 트라우마는 본성적으로 파편의 형태로 돌출하므로 그들의 처음 이야기는 일관성을 결여하지만, 청자의 개입과 중재를 통하여 그 내러티브의 의미가 점차 살아나고, 그 사건이 문제가 된다는 인식 차원에 이르게 된다. 청자가 사건의 간접적 목격자가 되어 생존자의 경험을 몸소 생활하는 것처럼 보일 때까지, 그들은 침묵할 것이다. 그들은 참상을 이야기하기 위해 가해자보다 더 오래 살아야 하는 것이 아니라, 살기 위해서 이야기해야 한다(Felman & Laub, 85, 91~92). 이야기한다는 것은 참상을 회피하기 위하여 내가 만들고 있었던 허상의 유령을 걷어내고, 객관적 사실과 맞대면하여 그것의 실체를 비로소 보게 되는 것이다. 그러므로 '증언'은 사회를 향한 항변일 수 있으나, 일차적으로 자신의 치유를 위함이다.

오드리 로드(Audre Lorde)의 시와 소설은 트라우마, 스토리텔링, 소수자의 연대 등 위에서 토론한 요점을 두루 갖추고 있다.『암 저널(The Cancer Journals)』의 주인공인 저자는 캐리비언이며 흑인이고, 여성이면서 레즈비언이었고, 여기서 한 걸음 더 나아가 유방 절제(切除) 수술을 받아 성정체성마저 위협을 받는 중층 결정된(overdetermined) 이질성의 존재라 할 수 있다. 중첩 결정된 자아는 옳고 그름으로 쉽게 가치평가가 지어지는 이분법적 상투항에 저항하는데 용이한 위치에 있다고 말할 수 있다. 그들은 이 세분화된 '차이'의 권리를 인정받는 개별 인격이기를 바란다. 그러므로 오드리 로드가 가슴절제 여성뿐 아니라, 성과 인종 등의 소수성의 '다름' 때문에 고통을 받는 모든 여성의 연합을 시도한다는 것을 미리 짐작하기가 어렵지 않다.

유방암 진단에 이어 절제수술을 받은 후, 로드도 여느 트라우마 생존자들처럼, 두려움 때문에 수술 직후의 자기감정에 관하여 쓸 수 없었다. 이미 잘 알려진 시인이었던 그녀가 글쓰기에 마음이 내키지 않는다는

것은 자신의 고통을 정면으로 바라볼 마음의 채비가 안 되었다는 것을 뜻한다.[6]

> 이러한 마음이 내키지 않음은 나 자신 및 나 자신의 경험들과 그것에 묻힌 감정들, 그리고 그것들로부터 이끌어낸 결론들을 다루기에 마음이 내키지 않는다는 것이다. 그것은 또한 물론 사는 것이나 다시 사는 것, 그 고통에 삶 혹은 새 삶을 주는 것에 마음이 내키지 않음이다. 가슴으로부터 분리되는 고통은 적어도 어머니와 분리되는 것만큼이나 쓰라린 것이었다. (24)
> This reluctance is a reluctance to deal with myself, with my own experiences and the feelings buried in them, and the conclusions to be drawn from them. It is also, of course, a reluctance to living or re-living, giving life or new life to that pain. The pain of separation from my breast was at least as sharp as the pain of separating from my mother.

로드는 몸의 상실 때문에, 자기의식 또한 자아와 분리되는 고통을 겪는다. 이를 표현하기 위하여, 가슴 절제를 어머니와의 이별과 병치한 것이 매우 흥미롭다. 앞에서 토론했듯이, 딸은 어머니와 결별하지 않으며, 딸이 어머니가 되는 것은 바로 가슴이 있기 때문이다. 여성이 가슴을 잃는다는 것은 새 삶과 영양분을 주는 어머니로서의 자아정체성을 포기하는 것이며, 물리적 힘에 의해 어머니와의 동일시를 중단해야 하는 위기를 의미한다. 이는 데리다가 떠올린 할례의 경우와 좋은 비교가 된다. 가슴절제는 남근절제에 해당하는 사건이다. 아들은 할례를 통하여 아버지

---

[6] 오드리 로드의 인용은 Audrey Lorde, *The Cancer Journals* (San Francisco: Aunt Lute Books, 1997)에서 취했다.

법률에 종속되며 어머니와 결별한다. 로드처럼, 딸의 경우는 유방을 절제함으로써 어머니성과 결별하게 된다. 데리다와 로드 모두에게 몸은 어머니인데, 데리다는 몸을 예전에 상실하였으며, 로드에게는 최근에 일어난 일이다. 데리다는 어릴 적의 남근의 절제를 기억하며 어머니를 되불러 왔으나, 로드는 가슴을 잃음으로써 처음으로 어머니성의 상실에 직면하였다. 로드에게 몸의 상실이 일어나지 않았더라면 좋을 일이었다. 그러나 로드는 데리다처럼, 그러나 다른 방식으로, 상실을 획득으로 반전시키는 발판을 마련한다. 로드에게 몸의 상실은 개인의 여성성 및 모성의 상실보다 더 복잡하게 중층 결정된 정치적 아젠다와 연결된다. 아래에서 토론하겠지만, 로드는 이를 여성이 공유하는 삶의 고통, 자아 상실, 상호 격리의 사회적 문제로 확장하여 고찰한다. 데리다는 어머니 상실의 회상을 통해 어머니를 되불러 오고, 로드는 어머니성의 상실로 말미암아 동료여성을 불러온다.

오드리 로드가 애초의 공포를 극복하고, 『암 저널』을 작성할 수 있었던 것은 그녀 자신이, 그리고 그녀와 같이 고통을 겪는 사람들이 힘을 얻고 더 큰 조망을 가질 수 있도록 도와야 한다는 인식에서 비롯된다. 그녀는 이미 잘 알려진 페미니스트 운동가이기도 하다.

> 나는 가까운 과거를 회상하며, 그 덩어리 조각들을 맞추려고 애쓰면서, 지금 새해에 이것을 쓰고 있다. 그리하여 내가, 그리고 곤경에 처한 누구나가 요망할 때, 뜻대로 그것에 깊이 들어가, 필요하다면 더 넓은 구조물을 건설할 원료들을 발견할 수 있을 것이다. 이것이 경험을 이야기하는 것의 중요한 기능이다. 또한, 내가 누구였고, 그 시간 동안 어떤 사람이 되어 왔는가를 나 자신에게 분간해 주기 위해 나는 이 글을 쓰고 있다. 이렇게 나의 전기적 유산을 적는 것은 차후에 면밀히 검토할 때 소용이 될 것이기도 하지만,

그것들로부터 자유로워지기 위해서이다. 나는 그것의 결과로부터 자유로워지기를 원하는 것이 아니다. 이런저런 방식으로 내면화한 그것들을 나는 지니고 다닐 것이고 이용할 것이다. 그러나 그것들이 나의 두뇌의 후미진 어떤 곳에서 이리저리 맴돌게 하는 것으로부터는 자유로워야 한다.

 유암(乳癌)의 치명적 의식과 유암이 수반하는 절제수술에도 불구하고, 그것은 여전히 나의 앎과 힘의 개척과 확장을 위한 하나의 문(門) – 그것이 아무리 참혹하게 얻어진 것일지라도 – 이 될 수 있다. (53~54)

 I am writing this now in a new year, recalling, trying to piece together that chunk of my recent past, so that I, or anyone else in need or desire, can dip into it at will if necessary to find the ingredients with which to build a wider construct. That is an important function of the telling of experience. I am also writing to sort out for myself who I was and was becoming throughout that time, setting down my artifacts, not only for later scrutiny, but also to be free of them. I do not wish to be free from their effect, which I will carry and use internalized in one way or another, but free from having to carry them around in a reserve part of my brain.

 Breast cancer, with its mortal awareness and the amputation which it entails, can still be a gateway, however cruelly won, into the tapping and expansion of my own power and knowing.

뇌리 속에 맴도는 유암의 고통과 과거 삶의 기억을 마주하면서, 그것의 부담으로부터 자유롭기 위하여, 그리고 동시에 그것이 의식의 밑바닥에 침전되는 것을 막기 위해, 그녀는 자전적 글쓰기를 시도한다. 로드에게 고통을 이야기하는 것은 그것이 "앎과 힘의 개척과 확장을 위한 하나의 문"이 되기 때문이다.

"cancer journal"은 연구자들의 연구발표 공간일 뿐 아니라, 암 환자들이 흔히 이용할 수 있는 공공장치가 되어 가고 있다. 인터넷에는 같은 제목의 자료나 사이트가 여럿 등재되어 있다. 이는 주로 의학적 일지에 해당하는 것이 많지만, 서로의 경험을 공유하면서 정보와 위안을 얻기 위해서 사용되기도 하므로, 어느 정도 스토리텔링의 방법을 이용하는 장치이다.[7] 로드의 "Cancer Journals"는 같은 제목을 사용하지만, 여느 암 저널을 보완하거나 그것에 저항하는 방향으로 씌어졌다고 볼 수 있다. 로드는 자신이 수술 당시에 적은 일기 내용을 이탤릭체로 간간히 삽입하여 소개하는데, 이와는 별도로 자신의 아젠다를 펼치는 것이 그녀의 "Cancer Journals"이다. 수술 및 치료 경과, 의료진의 요청, 그리고 거기에 첨가된 환자의 불안, 공포, 번뇌의 표현 등이 주가 되는, 말하자면 개인의 의학일지나 정서적 반응의 기록에 그치는 것이 아니고, 가슴절제의 의미, 보형물에 관한 사회적 관행에 대한 비판, 나아가 미국이라는 나라에 대한 항변을 담고 있으며, 무엇보다도 다른 여성들에게 이야기하는 성격을 매우 강하게 갖춘 글쓰기이다. "Cancer Journals"는 '암 저널'이 제공하는 의학적 공공 담론의 달콤한 위안적 수단에 단호히 맞선다.

로드의 저항은 보형물 이용에 관한 주위의 반응으로 향한다. 같은 병원에 입원하여 먼저 수술을 받은 선의의 어느 여인이나, 수술 후에 방문한 친구들도 보형물 착용을 강력하게 추천하였다. 간호사들도 "병원의 도의"(the morale of the office; 60)를 위하여 보형물을 착용하라는 그들의 충고를 존중해 달라는 것이다. (로드는 뒷부분에서 실리콘 주입 가슴 성형수술에 관해서도 고찰한다.) 그들은 한결같이 '아무도 그 차이를

---

[7] Shani Orgad, *Storytelling Online : Talking Breast Cancer on the Internet* (New York: Peter Lang, 2005)과 같은 안내서도 있다.

모를 거야'라고 말하는데, 로드는 바로 이것을 거부한다. 그녀로서는, 어떻게 하여도 그녀의 내부 의식은 그 '차이'를 알 것이므로 우선 자신을 달랠 방도를 찾아야 하며, 나아가 오히려 잘린 가슴을 드러내어 사람들이 '차이'의 의미와 실제를 이해하도록 하는 것이 더욱 중요하다. 이야기하기는 다름을 드러내는 것이고, 침묵하기는 위장하여 덮는 것이다. 즉 가슴 없음이 이야기이고, 보형물은 침묵이다.

> 보형물은 "아무도 그 차이를 모를 거야"라는 공허한 위안을 제공한다. 그러나 내가 단언하고자 라는 것은 바로 그 차이이다. 왜냐하면, 나는 그것을 살았고, 살아남았으며, 그 힘을 다른 여성들과 나누고 싶은 것이다. 만일 우리가 유방암을 둘러싸고 있는 이 침묵을 하늘이 준 불행에 거슬리는 언어와 행동으로 옮겨 놓고자 한다면, 첫 번째 걸음은 유방 절제수술을 받은 여성들이 서로에게 보일 수 있게 해야 한다는 것이다. 왜냐하면, 말하지 않음과 보이지 않음은 무력함과 손을 맞잡고 함께 가는 것이기 때문이다. 보형물의 마스크를 받아들임으로써, 외 가슴의 여인들은 자신들이 허식에 의존하는 부족한 존재들이라 선포한다. 즉, [그럼으로써] 우리는 자신이 만든 비이성의 결과를 맞대면하지 않으려는 사회의 그릇된 자족감을 강화함과 더불어, 우리들이 서로로부터 격리되고 감춰짐을 강화한다. (62~63)
>
> Prosthesis offers the empty comfort of "Nobody will know the difference." But it is that very difference which I wish to affirm, because I have lived it, and survived it, and wish to share that strength with other women. If we are to translate the silence surrounding breast cancer into language and action against the scourge, then the first step is that women with mastectomies must become visible to each other. For silence and invisibility go hand in hand with powerlessness. By accepting the mask of prosthesis,

one-breasted women proclaim ourselves as insufficients dependent upon pretense. We reinforce our own isolation and invisibility from each other, as well as the false complacency of a society which would rather not face the results of its own insanities.

로드는 보형물로 채운 가슴이 남성들의 미적 기준을 충족시키는 것 이상의 아무 것도 아닐 뿐 아니라, 보형물이 여성 자신에게도 절단과 상실을 영속화하는 것임을 안다. 그녀는 보형물을 팽개치고, 상실을 직면하는 글쓰기를 통하여 의식과 신체의 분리를 통합하려 한다. 여기서 로드가 성 정체성을 파기하는 레즈비언이었다는 사실을 상기할 만하지만, 그것보다는 중요한 것은, 잘려나간 부분을 채워주는 것이 동료들의 이야기 참여여야 한다는 인식이다. 외형적으로 채울 것이 아니라, 내면의 공허를 채우고 사회 속의 격리감을 극복하도록 해야 한다. 이것은 부당한 사회의 자족감에 항변하는 방법이기도 하다. 다음의 진술은 그녀가 전달하려는 바의 결론 구실을 할 만하다.

> 오늘날의 원리는 … 집단적 작업과 책임, 즉 우리들 자신과 우리의 공동체를 함께 건설하고 유지하며, 우리의 문제를 함께 인식하고 해결하려는 결정이다. 우리가 이런저런 방식으로 언어와 언어의 힘에의 참여와 우리에 거슬러 작용하도록 만들어져 온 그 언어를 교정하는 작업에의 참여를 공유하기 때문에, 우리들 각자가 지금 여기에 있다. (20~21)
> the principle for today is … ─ collective work and responsibility ─ the decision to build and maintain ourselves and our communities together and to recognize and solve our problems together. Each of us is here now because in one way or another we share a commitment to language and to the power of language, and to the reclaiming of that language which had been made to work against us.

로드가 말하는 여성 및 소수자 연대는 자신들의 심리적 치유를 넘어, 저항과 항변을 통하여 여성들의 대안적 공영역을 성취하기 위함이다 (Feski, 100, 121). 페미니스트 운동가였던 오드리 로드는 침묵에서 언어로, 그리고 행동으로 나아가기를 바란다. 그녀는 "희생자일 뿐 아니라, 동시에 전사이다"(I am not only a casualty, I am also a warrior; 19).

쇼샤나 펠만(Felman)은 오드리 로드의 시에 주목한다. 로드는 "우리가 이야기를 한 다음에,/ 서로에게 무엇을 원하는가?"라는 시 구절을 썼다. 이는 물론 위안과 치유이며, 여성의 사회참여일 것이다. 그런데 이 질문은 프로이트의 냄새를 풍긴다. '여자들이 진정 원하는 것이 무엇이냐?' 라는 질문은 여성이 남근을 결핍하므로 무언가를 원하게 되어 있다는 전제에서 나온 것이고, 그 해답은 자신의 결핍을 채워 남자처럼 완성된 주체가 되고 싶은 욕구라는 것일 것이다. 그리하여 로드는 프로이트적인 질문을 수정하는 새로운 질문을 던진다. "너는 누구와 운명을 같이 하려는가?/ 어디로부터 너의 힘이 오는가?"라는 질문이 진정으로 여성이 여성에게 던지는 질문으로 들린다는 것이다(*Felman*, 126~128). 로드는 사회적으로나 언어적으로 여성이 온전한 주체이기를 거부당한다고 믿기 때문에, 프로이트의 남근위주의 해석을 배격하는 것과 더불어, 여성 개개인이 독자적으로 노래하거나 행동하는 것을 지양하고자 한다. 여성이 다른 여성들로부터 분리되고 개별화하는 환경에서는 남자들의 이야기를 그들 자신의 삶으로 살아갈 수밖에 없으므로, 그들 자신의 이야기를 공유하여 집단적인 힘을 이룩해야 한다고 주장하는 것이다.

이와 연관하여 월트 휘트먼(Whitman)의 "Song of Myself"를 떠올릴 수 있다. 휘트먼에게 "Song of Myself"는 "Song of America"이기도 하다. "원자"(atom)처럼 무한한 공간 속에서 자유롭게 움직일 수 있는 개체, 이는 나 자신이기도 하고, 유럽대륙의 영향에서 자유로운 미국이라는 개체를 가리키기도 한다. 미국의 개별 개체는 서로 교통하여 하나의 국가를 만든다("And what I assume you shall assume"). 로드가 휘트먼과 크게 다른 점은 그녀에게는 "Myself"가 아니라 "ourselves"가, 미국의 개체들의 보편적인 같음이 아니라 국지적인 같음이, 더 중요하다는 점이다. 로드는 『암 저널』에서 소문자로 시작하는 "america"를 씀으로써 단일하고 숭엄한 개체로서의 미국의 가치를 심하게 훼손한다. 미국은 그녀에게 왜곡된 제도를 가진 불완전한 공동체이고, 고유명사로 표시되는 자아숭엄적인 결정체가 될 수 없다. 미국은 그녀의 자서전 텍스트에 쓰인 수많은 보통명사 중의 하나에 불과하다. 다문화 및 이질적 개체들을 포용하는 자전적 글쓰기에서 로드 자신의 이름이 독자성을 잃듯이, 미국도 대문자 고유명사를 버려야 한다고 믿는다.

남성 자서전이 합리적 자아와 공적 세계를 지향한다면, 여성 자서전은 감성을 통한 친밀감으로 숨겨진 상처를 드러나게 한다. 리타 펠스키는 현대여성의 글쓰기 특징이 공유적이고 상호주관적(intersubjective)인 경험을 개인적 방식인 자전적 방법에 의해 전달하는 것이라 정의한다(Felski, 93, 113). 여성은 개별주체가 되기보다 유대의 경험을 중시하므로, 데리다가 문제시했던 남성 자서전의 고유명사 사용이 불필요해진다. 남성은 독자적 '이름'을 남기려 하지만, 여성은 '이름 없음'의 이름을 공유한다. 남성 자서전이 상호텍스트성에 의해 본의 아니게 개별저자를 사라지게 하는 경향이 있다면, 여성 자서전은 상호주관성에 의해 자발적으로 익명의 공동저자를 추구한다.

5. 맺음말

자서전의 저자는 누구인가? 계몽과 낭만주의 시대의 개인성 발현으로 생성된 자서전 장르에 있어, 고전적 모델은 정돈된 성장을 이룩하는 주체이다. 이 저자는 본질적으로 파편화된 자아임에도 자서전 쓰기에서 그 아포리아를 닫는다. 또는 내적 의식을 고백하면서, 외적 사회조건에 책임을 묻고 자기를 변호하는 변명적 글쓰기일 수도 있다. 외로운 '왕따'이거나, 정돈된 성장을 이룩한 '모범생'이거나, 모두 자기중심적 글쓰기임에는 마찬가지이다. 이에 대조적으로 탈근대의 자서전은 '나'의 확립을 돕기 위해, 수단으로 전락한 어머니적 존재를 되불러온다. 노년기에 이른 저자는 자신의 몸의 해체를 예기(豫期)하면서, 아버지의 '이름'과 '법률'을 버리고, 나의 의식 근저에 살아 있었던 어머니의 몸을 때늦게 자각하는 것이다. 그는 최초의 할례 이후 두 번째이면서 마지막으로 다시 '할례'를 겪으며, 몸의 상처를 열어 타자가 들어올 공간을 마련한다. 이와 같은 타자 인식의 확장으로, 그러나 좀 다른 방식으로, 오늘날 특히 여성, 유대인, 흑인, 레즈비언 등의 자전적 글쓰기가 양산되고 있으며, 이는 소수자의 차이와 연대의 전략을 취한다. 그들은 정신적 외상을 안겨준 과거 사건을 여실히 증언하는데, 이는 경험을 공유하면서 치유를 얻는 스토리텔링 방식이다.

그리하여, 오늘날의 자서전 저자 혹은 주인공은 통합된 자아 이념에 부합하는 합리적 인격에서 규범적 범주를 위반하는 틈새의 인물로 변모하였다. 타자의 승인과 어머니적 존재의 중요성이 정돈된 자기 이미지의 내러티브를 해체하였고, 그 해체된 공간을 문제적 인물, 분열된 자아, 트라우마 생존자의 스토리텔링이 차지하고 있다. 이는 기존 체제에 편입됨을 전제로 하는 '고백적' 주체의 글쓰기에서 고통스러운 사태를 여실하게 보고하고 공감을 구하는 '증언적' 글쓰기로의 전환이기도 하다. 자서전의 저자는 모범적 주체 혹은 외로운 왕따로서의 '나'에게서 우연적 주체인 '타자'로 바뀌고, 소수자이면서 타자의 연합으로서의 '우리'로 확장된다.

참고문헌

롤랑 바르트. 『롤랑 바르트가 쓴 롤랑 바르트』(Roland Barthes par Roland Barthes). 이상빈 옮김. 파주: 동녘, 2013.

Abramson, Jeffrey. *Minerva's Owl : The Tradition of Western Political Thought*. Cambridge, MA.: Harvard UP, 2009.

Anderson, Linda. *Autobiography*. London: Routledge, 2001.

Augustine of Hippo. *The Confessions of St. Augustine*. Trans. John K. Ryan. New York: Image Books, 1960.

Barthes, Roland. *Camera Lucida : Reflections on Photography*. Trans. Richard Howard. New York: Hill and Wang, 1981.

Bennington, Geoffrey, and Jacques Derrida. *Jacques Derrida*. Trans. Geoffrey Bennington. Chicago: U of Chicago P, 1993.

Caputo, John D., and Michael J. Scanlon, eds. *Augustine and Postmodern : Confessions and Circumfession*. Bloomington: Indiana UP, 2005.

Caruth, Cathy. *Unclaimed Experience : Trauma, Narrative, and History*. Baltimore: Johns Hopkins UP, 1996.

Chodorow, Nancy. *The Reproduction of Mothering : Psychoanalysis and the Sociology of Gender*. Berkeley: U of California P, 1978.

de Man, Paul. *Allegories of Reading : Figural Language in Rousseau, Nietzsche, Rilke, and Proust*. New Haven: Yale UP, 1979.

Dent, Nicholas. *Rousseau*. London: Routledge, 2005.

Derrida, Jacques. *The Ear of the Other : Otobiography, Transference, Translation*. Ed. Christie McDonald. Trans. Peggy Kamuf. Lincoln: U of Nebraska P, 1985.

_____, *Of Grammatology*. Trans. Gayatri Chakravorty Spivak. Baltimore:

Johns Hopkins UP, 1976.

Doane, Janice, and Devon Hodges. *From Klein to Kristeva : Psychoanalytic Feminism and the Search for the "Good Enough" Mother*. Ann Arbor: U of Michigan P, 1992.

Felman, Shoshana. *What Does a Woman Want? : Reading and Sexual Difference*. Baltimore: Johns Hopkins UP, 1993.

_____, and Dori Laub, M.D. *Testimony : Crises of Witnessing in Literature, Psychoanalysis, and Society*. New York: Routledge, 1992.

Felski, Rita. *Beyond Feminist Aesthetics : Feminist Literature and Social Change*. Cambridge, MA.: Harvard UP, 1989.

Ferguson, Margaret W. "Saint Augustine's Region of Unlikeness : The Crossing of Exile and Language." *Georgia Review* 29 (1975): pp. 842~864.

Foucault, Michel. *The History of Sexuality*. Vol. 1 : *An Introduction*. Trans. Robert Hurley. New York: Random House, 1978.

Gilmore, Leigh. *Autobiographics : A Feminist Theory of Women's Self-Representation*. Ithaca: Cornell UP, 1994.

Kelly, Christopher. "Rousseau's *Confessions*." *The Cambridge Companion to Rousseau*. Ed. Patrick Riley. Cambridge: Cambridge UP, 2001. pp. 302~328.

Lorde, Audrey. *The Cancer Journals*. San Francisco: Aunt Lute Books, 1997.

Miller, Nancy. "Representing Others : Gender and the Subject of Autobiography." *Differences* 6 (1994): pp. 1~27.

Minwoo, Yoon. "The Figural and Affective Journey of Will in *Piers Plowman* : A Pattern of Conversion." 『영어영문학』, 제47권 제4호 (2001년 겨울): pp. 1041~1062.

Nietzsche, Friedrich. *On the Genealogy of Morals. Ecce Homo*. Trans. Walter

Kaufmann. New York: Random House, 1967.

O'Brien, William J. "The Liturgical Form of Augustine's Conversion Narrative and Its Theological Significance." *Augustinian Studies* 9 (1978): pp. 45~58.

Orgad, Shani. *Storytelling Online : Talking Breast Cancer on the Internet*. New York: Peter Lang, 2005.

Rothfield, Lawrence. "Autobiography and Perspective in The *Confessions of St. Augustine*." *Comparative Literature* 33 (1981): pp. 209~223.

Rousseau, Jean-Jacques. *The Confessions and Correspondence Including the Letters to Malesherbes. Collected Writings of Rousseau*. Vol. 5. Ed. and trans. Roger D. Masters and Christopher Kelly. Hanover, NH.: U of New England P, 1995.

Smith, Robert. *Derrida and Autobiography*. Cambridge: Cambridge UP, 1995.

Stark, Judith Chelius, ed. *Feminist Interpretations of Augustine*. University Park: Pennsylvania UP, 2007.

Starobinski, Jean. *Jean-Jacques Rousseau : Transparency and Obstruction*. Chicago: U of Chicago P, 1988.

Sturrock, John. *The Language of Autobiography : Studies in the First Person Singular*. Cambridge: Cambridge UP, 1993.

Tong, Rosemarie. *Feminist Thought : A Comprehensive Introduction*. Boulder: Westview, 1989.

Vance, Eugene. "Augustine's Confessions and the Poetics of the Law." *MLN* 93 (1978): pp. 618~634.

Vessey, Mark. "Reading like Angels : Derrida and Augustine on the Book (for a History of Literature)." *Augustine and Postmodern : Confessions and Circumfession*. Ed. John D. Caputo, and Michael J. Scanlon. pp. 173~211.

새로운 매체 환경에서 저자와 저작권의 논쟁

조 경 식 (전북대)

1. 서론

저자와 저작권은 독일에서 지난 몇 년간 가장 뜨거운 논쟁의 대상이 되고 있다. 인터넷 매체의 발달로 디지털화된 영화, 음악이 온라인상으로 제공되고 불법다운로드가 횡행함에 따라 1990년대 후반에 체결된 여러 국제협정들이 저작권을 보다 더 강화시켰기 때문이다.[1] 이때 국제협정이 일방적으로 저자와 출판/오락 산업의 손만을 들어준 반면 소비자와 공공의 이익을 전혀 고려하지 않았기 때문에 저작권의 존속에 대해 비판이 제기됨과 동시에 이와 맞물린 창조자로서의 저자에 대한 비판적 논의가 새롭게 점화되었다. 저자와 저작권을 둘러싼 논쟁은 2009년에 새로운 국면에 접어든다. 저자의 편에 서서 "하이델베르크 호소문

---

[1] 이에 대해서는 이 글의 2장 저작권 역사를 참조.

(Heidelberger Appell)"[2]을 발표한 당사자들과 그에 반해 저작권을 제한하려는 측의 치열한 논쟁으로 발전한 것이다. 이 논쟁은 사회정치적으로 커다란 파장을 불러일으킨다. 이때 저자의 정체성, 저작권의 기능 그리고 그의 현실과 저작권의 관계 등이 다시 비판적 관점에서 조명된다. 저자의 '위기' 혹은 '부활'이란 표현은 이 컨텍스트에서 나타난다. 논쟁은 인쇄 매체에 기반을 둔 저작권이 디지털 매체 환경, 즉 인터넷 사회에서도 존속되어야 하느냐는 물음을 중심으로 이루어진다. 이 논문은 저작권의 역사적 기원과 변화 양상을 추적하면서 저작권이 어떤 맥락에서 오늘날의 형태를 갖추게 되었는지 알아보고 저작권이 2009년부터 왜 새롭게 논의의 대상이 되는지 그 배경 상황을 추적해서 논쟁에 참여하는 이해당사자들의 논리를 살펴본다. 마지막으로 저자들이 실제로 저작권으로부터 이익을 보고 있는지 저작권의 현실을 분석해서 저작권의 문제에 대해 어떤 입장을 취해야 할지 하나의 시각을 제시하려고 한다.

2. 저작권의 기원 및 역사적 변화양상

저작권은 정신적, 물질적 관점에서 정신적 재산의 보호를 위한 절대적인 권리를 지칭한다. 저작권은 객관적인 권리로서 저자와 작품 간의 관계, 법정 상속인과 작품 간의 관계를 규정하는 모든 법적 규범을 포괄한다. 이때 저작권은 주관적인 권리의 내용, 범위, 상속, 침해의 결과 등을 규정한다.

저작권은 과거에는 예컨대 그리스, 로마 시대 때에는 존재하지 않았다. 물론 저자와 작품 사이의 관계는, 작품의 완성을 저자 자신의 특수한

---

[2] http://www.textkritik.de/urheberrecht/

능력으로 간주하든 혹은 그를 통해 발현되는 신의 능력으로 간주하든 간에, 인정되긴 했다. 그러므로 오늘날의 저작권에 포함된 출판권, 이름 사용권, 왜곡 금지권 등과 같은 것이 사회 통념상으로 인정되어 이로 인해 갈등 상황이 생겨나긴 했지만, 법의 형태로 실체화되지는 않았다. 사회 통념상으로 저작권이 인정되고 있었음은 기원후 1세기경 로마에서 일어난 표절(Plagiat) 시비가 증명한다. 로마의 시인 마르쿠스 발레리우스 마르티알리스는 자신의 작품을 - 주인인 자신이 - 해방시킨 노예로 비유하고, 그것을 자신의 작품으로 도용한 피덴티누스란 자를 납치범으로 지칭한 바 있다.[3] 기술적으로 완성도가 높은 로마법이 저자에 대해 오늘날의 저작권과 비교될 만한 보호를 하지 않은 이유로는 여러 가지가 있지만 그중 두 가지가 설득력이 있다. 그 하나는 로마인들의 법적인 사고가 사물만을 대상으로 삼고 있는 까닭에 "정신적" 재산이라는 추상적인 가치를 고려할 수 없었다는 설명이다. 다른 하나는 로마의 사회구조에서 비롯하는 것으로 설명한다. 로마 시대에 대부분의 노동자가 노예들이었던 까닭에, 이들과 구분되는 정신적 창조자인 저자나 예술가가 만든 저작이나 예술작품의 구입 계약은 비금전적인 계약형태로 이루어졌다. 작품은 만들어서 구입자에게 판매하는 것이 아니라 우정의 관계를 바탕으로 만들어져서 선물 되는 것이므로, 감사의 표시로 사례금(Ehrensold, Honorarium)을 지불하는 것이다. 그에 따라 창조적 행위를 재산권 보호 규정에 예속시킨다는 것은 로마 시대에는 명예롭지 못한 일이었다는 것이다.[4] 그 밖에도 고대에 저작권이 없었던 이유로는 출판의

---

[3] Vgl. M. Valerius Martialis, *Epigramme. Lateinisch-deutsch.* Hrsg. u. übers. v. Paul Barié und Winfried Schindler, Düsseldorf, Zürich 2002, pp. 70~71.
[4] Vgl. Károly Visky, Geistiges Eigentum der Verfasser im antiken Rom. In : UFITA. 106, 1987, p. 17.

기술적 고비용의 문제와 그로 인한 독점적 소유권에 대한 경제적 무관심을 꼽을 수 있다.

중세 시대에도 소유권은 사물에만 해당되었기 때문에 작품에 대한 정신적 권리는 없었다.[5] 이에 따라 저작은 아무런 양심의 가책 없이 자의적으로 필사되었고, 노래나 다른 음악 작품 역시 다른 음악가들에 의해서 무단으로 이용되는 것이 일반적인 현상이었다. 자신의 텍스트가 도난당하거나 다른 사람에 의해서 고쳐지거나 왜곡되는 것에 대해 저자가 강구할 수 있는 유일한 방안은 텍스트에 저주를 담아놓는(Bücherfluch)[6] 것이었다. 마찬가지로 당시의 인용은 오늘날처럼 엄격한 형태로 수행되지 않았다. 그 까닭은 작품의 뛰어남이 작가나 예술가의 독창성에 기인하는 것이 아니라 기술적인 솜씨에 있는 것으로 간주되었기 때문이다.

중세 후기인 15세기 무렵에 인쇄술의 발전으로 인해 상황은 복잡해진다. 인쇄 기술을 통해서 한 작품을 무수히 복제하기가 쉬워졌기 때문이다. 저자에게는 아직 저작권이 부여되지 않은 까닭에 인쇄/출판업자가 원고에 소정의 사례금을 지불하고 인쇄하면 저자에게는 행복이었다.

---

[5] Vgl. Walter Dillenz / Daniel Gutman, *Urheberrechtsgesetz, Verwertungsgesellschaftengesetz(Österreichisches). Kommentar*. Wien 2004, p. 5.
[6] 다음은 바르셀로나 페드로 도서관에 새겨져 있는 책 저주이다.
Wer Bücher stiehlt oder ausgeliehene Bücher zurückbehält,
in dessen Hand soll sich das Buch in eine reißende Schlange verwandeln.
Der Schlagfluß soll ihn treffen und all seine Glieder lähmen.
Laut schreiend soll er um Gnade winseln und seine Qualen sollen nicht gelindert werden,
bis er in Verwesung übergeht.
Bücherwürmer sollen in seinen Eingeweiden nagen wie der Totenwurm, der niemals stirbt.
Und wenn er die letzte Strafe antritt, soll ihn das Höllenfeuer verzehren auf immer.
http://stadtbibliothekrw.wordpress.com/2012/05/15/bucherfluch-aus-dem-mittelalter/

문제는 다른 인쇄/출판업자들이 초판본을 인쇄하는 경우였다. 이 상황은 최초의 인쇄/출판업자의 사업을 어렵게 만들었다. 왜냐하면 그는 책을 찍어내는데 더 많은 노동력과 저자에 대한 비용을 투자했는데 반해서, 그것을 그냥 복제한 인쇄/출판업자는 훨씬 싼 가격에 동일한 내용의 서적을 제공할 수 있기 때문이다. 이 복제된 서적들은 조심스럽게 인쇄된 것이 아니기에 오탈자가 많았을 뿐만 아니라 의도적으로 내용이 바뀌는 경우도 있었기 때문에 저자는 자기의 작품이 많이 출판되는 것에 기뻐할 수 없었다. 이와 같은 복제를 막기 위해서 인쇄/출판업자는 행정당국에, 복제를 완전히 불허하지는 못하지만 적어도 일정 기간 동안은 금지하는 특권을 요청했다. 여기서 자기 지역에서 출판된 서적들에 대해 영향력을 행사하려는 행정당국의 이해관계가 인쇄/출판업자의 이해관계와 일치되어서, 예컨대 절대왕정 국가들에서는 이것이 곧바로 실행에 옮겨졌지만 독일의 사정은 그렇지 않았다. 독일의 수많은 영주들은 이런 황제의 특권에 반해서 인쇄/출판업자들을 자유로이 풀어놔주었는데, 필요한 서적들을 값싸게 입수하기 위함이었다.[7]

르네상스의 시작과 더불어 개성이 중시되고 저자와 예술가들은 천재적인 능력을 지닌 자들로 인식되고 작품은 이 천재들에 의해 창조된 것으로 간주되었다. 이에 작품의 창조자로 간주된 저자에게 작품에 대한 특권 - 즉 작품에 대한 물질적 보상 - 이 부여되기에 이른다.[8] 예컨대 뒤러는 1525년에 그런 특권을 부여받았으며, 그가 죽은 뒤에는 그의 미망인이 1527년 그 특권을 물려받았다. 그러나 이는 당시 독일에서 극히

---

[7] 계몽주의적인 사상도 이런 불법 인쇄를 통해 광범위하게 퍼져나간다.
[8] 독일에서 알브레히트 뒤러는 1511년 목판화 후기에서 자신이 황제로부터 특권을 부여받았음을 기록하고 있는데 여기서 그는 "천재(ingenium)", "창조(Schöpfung)"라는 개념을 사용하고 있다.

예외적인 경우였으며, 예술가로서 뒤러의 뛰어난 위상을 말해주는 것일 뿐이었다.[9] 인쇄/출판업들이 저자에게 사례금을 지불하기 시작하자 이들이 비록 작품에 대한 특권을 갖고 있지 않더라도 이들에게 독점적인 영업을 위한 보호권을 부여해야겠다는 사고가 형성되었고 이것이 현실화되기에 이른다. 그가 해당 권리를 획득할 경우에 이제 그를 통하지 않은 저작의 인쇄는 금지되었다.

18세기에 이르러 정신적 업적에 대해 그리고 비물질적 재산에 대해 사유재산권과 유사한 권리가 명문화되었다. 1710년에 영국에서 최초로 작가에게 배타적인 출판권이 부여되었는데, 작가는 이 권리를 출판업자에게 양도할 수 있었다. 그러나 계약 기간이 지난 후에는 모든 권리는 다시금 작가에게 이양되었다. 저작이 보호받기 위해서는 서적상 길드의 도서목록에 기록되어야 했고 출판권 표시가 붙어있어야 했다. 미국에서는 이 제도가 1795년에, 프랑스에서는 문학과 예술에 관한 특권이 1791년과 1793년에, 프로이센의 경우에는 1837년에 도입되었다. 프로이센 역시 프랑스와 마찬가지로 저작이 출판된 후 10년까지 보호 기간을 두었다. 1870년에 북독동맹은 보편적 저작권을 받아들였고, 독일제국은 1871년에 이를 확장했다. 1886년에 베른조약으로 국제저작권보호협정이 체결되었다. 합의된 것은 체결 당사국에 통용되는 모든 저작의 최소한의 보호 기간이었는데, 50년이었다(이때 사진과 영화는 빠져있었다). 1952년 9월 6일에 제네바에서 전 세계적인 차원에서 저작권을 보호하는 국제저작권협정이 체결되었고, 이로써 정신적 저작의 유통이 쉬워졌다. 이 협정에 가입한 국가들은 자국법에 상응하는 법 규정을 마련할 의무가

---

[9] Vgl. Ludwig Gieseke, *Vom Privileg zum Urheberrecht. Die Entwicklung des Urheberrechts in Deutschland bis 1845*. Göttingen 1995.

있었다. 독일에서는 1965년에 오늘날 형태의 저작권 보호법이 공표되었다. 이 법은 기존의 모든 종류의 저작권 보호법을 대체하기에 이른다(1901년 음악, 1907년 모든 종류의 조형예술과 사진에 관한 저작권보호법). 이때 저작권 보호 기간은 50년에서 70년으로 연장되었고, 동시에 50년대에 재판에 의해서 불법화되었던 개인적 복사도 다시 합법화되었다.

20세기 후반에 저작권은 다시금 여러 국제조약에서 다루어졌는데, 이 조약에서 저작권 보호는 인터넷이라고 하는 신기술에 상응하게 가다듬어졌고 부분적으로 강화되었다. 상거래적인 시각에서 정신적 재산권에 대해 1994년에 세계무역기구(WTO)에서 체결된 조약은 배타적 저작권의 최소한의 표준규범을 규정했고 저작권의 기한을 저자의 사후 50년으로 정해 놓았다. 1996년에 세계지적재산권기구(WIPO)에서 여러 협정이 체결되었는데, 이것들은 모두 정보화 사회에서 저작권의 문제를 다루고 있다. 개별적으로 보면 그것은 다음과 같다.

1) **출판권의 강화**: 저작의 컴퓨터 저장은 이 규정에 속하게 되었다. 따라서 이를 어긴 텍스트의 컴퓨터 저장은 모두 불법이 된다.
2) **접근 허락권**: 인터넷상으로 저작을 전달하거나 제공하는 모든 행위는 오직 저자의 허락하에만 가능하게 되었다. 저작이 단지 공공의 몇몇 회원에게만 접근이 허락되는 경우에도 마찬가지이다.
3) **기술적인 보호 조처의 법적 보호**: 권리소유자의 복제보호기술을 무력화하는 목적을 가진 도구의 제조, 유통, 수입 및 제공은 금지된다. 이로써 저작권은 기술통제권이 되어버린다.
4) **출판권 매니지먼트 관련 정보의 법적 보호**: 저자나 소비자가 누구인지 알려주는 정보의 변경, 왜곡, 제거 등도 금지되었다.

이런 모든 규정은 일방적으로 저자와 저작권을 획득한 자들의 경제적 이해관계만을 강화시키고, 소비자와 공공의 권리는 제한해버리는 결과를 낳는다. 뿐만 아니라 이 협정으로 인해서 개별 국가들은 저작권의 규정에서 손이 묶이게 된다. 이에 벗어나는 규정들은 예컨대 세계무역기구에 의해서 자유무역을 방해하는 행위로 제재되기에 이른다. 미국은 이를 넘어서서 자신의 생각에 따라 저작권을 충분히 보호하지 않는 개별 국가들에 압력을 행사하고 있다. 이러한 저작권협정들은 1998년 미국에서는 디지털 밀레니엄 출판법으로, 2001년 유럽에서 유럽연합-저작권 가이드라인으로 입법화되었다. 이것들은 모두 위에서 언급된 강화된 저작권, 출판권을 수용하고 있을 뿐만 아니라, 인터넷 서비스 제공자들의 책임을 규정해서, 고객들의 저작권 침해에 대해 그들에게 책임을 묻고 있다. 나아가 권리 침해자들이 누구인지 공개할 것을 책임 지운다. 이런 모든 규정이 현실화된 데에는 오락산업 주체들의 집요한 로비가 결정적으로 작용한 것으로 보인다. 저작권의 역사적인 변화 양상을 간단히 요약하자면 저작권은 비록 저자의 정신적 재산을 보호하려는 법률적 조처였지만 이 특권의 성립에는 근원적으로 출판권을 독점적으로 소유해서 경제적 이득을 보려는 과거의 인쇄/출판업자의 이해관계와 현재의 영화/음악 등 오락콘텐츠 제공자들의 이해관계가 결정적으로 작용했음이 드러난다.

3. 저자 및 저작권에 대한 비판적 관점과 새로운 논쟁의 배경

저자라는 개념은 역사적으로 볼 때 인쇄기술의 발전으로 인해 주류가 된 인쇄문화 환경에서 근대 주체의 개념의 발전과 맞물려서 작가를 작품

의미의 근원으로서 이해한 담론 형태로 나타난다. 그리고 작품 의미가 작가 개인의 독창적이고도 진정한 체험에 근거하고 있다는 이유로 작가 개인에게 인정된 정신적 재산권인 저작권은 절대왕정에서 특권의 형태로 부여된 것이지, 권력을 제도적인 것으로 이해하고 지식을 공공재로 파악한 시민사회의 성립과 맥이 같이하지 않음을 알 수 있다. 저작권이 개인의 권리로서 영원히 지속되는 것이 아니라 시효를 갖게 된 것은 후자의 관점이다.

나아가서 저작권 사고의 토대인 특정 저자 담론을 벗어나 저자 담론을 역사적으로 추적해보면 저자라는 개념은 단선적으로 발전되어 온 것이 아니다. 저자를 작품 의미의 근원으로 간주한 것은 하나의 저자 모델일 뿐이었고(르네상스 혹은 슐라이어마허를 비롯한 해석학 전통), 니벨룽엔의 노래, 일리아드, 오디세이아의 경우에서 볼 수 있듯이 개인으로서의 저자 대신에 이미 집단적 저자가 등장한 적도 있다. 20세기 초의 아방가르드는 – 자동기술법에 의한 글쓰기나 그림 카다브르 엑스퀴에서 보다시피 – 의식적으로 개인 대신 집단적 저자를 등장시킨 예이다.

인쇄문화의 환경에서 나타나 이곳에서 통용되기 시작한 천재로서의 저자와 저작권의 개념은 새로운 매체 환경, 즉 디지털 문화환경 속에서 모든 정보의 공공재 성격이 강조됨에 따라 의문시되고 적극적으로 부인됨으로써 새로운 도전에 직면하기에 이른다. 물론 저자와 저작권 개념에 대한 의문은 문학이론에서는 새로운 것이 아니다. 저자 개념은 이미 바르트가 1960년대에 저자의 전기를 중심으로 작품의 의미를 해석해 온 실증주의적 전기적 전통에 의문을 제기하면서 작품의 근원으로 간주된 "저자의 죽음"에 대해 언급한 바 있다. 나아가서 푸코는 저자를 담론 기능으로 해체했고, 크리스테바의 상호텍스트성 이론과 루만의 체계이론은 의미의 창조자로서 저자를 완전히 폐기해 버린다. 예컨대 80년대에

크리스테바는 모든 텍스트는 이전 텍스트를 기초로 그것의 변형이나 왜곡의 형태라고 주장한 상호텍스트성 이론을 바탕으로 의미 창조자로서의 저자를 부인하고 루만의 체계이론에 따르면 문학이나 학문 체계에서 중심인 것은 체계 자체이지 개인이 아니며 개인은 오직 체계에 집적된 기존의 정보를 바탕으로 체계에 특화된 정보를 계속 생산해내는 부수적인 역할 담당자에 불과하다. 그러나 이와 같은 저자나 저작권 담론에 대한 이론적인 문제 제기는 실제 현실에서, 즉 저자의 위상이 전혀 손상받지 않고 저작권이 인정되는 현실 상황에서 반향을 불러일으키지 못한다.

"저자의 죽음"이 주장된 까닭이 지식 담론 차원에서 저자를 작품 의미의 근원으로 간주한 해석학이나 실증주의적 문예학에 대한 공격의 일환이었다면, 디지털 매체 환경에서 저자 내지 저작권에 대한 문제 제기는 이와는 전혀 다른 맥락에서 촉발된다. 그것은 경제적, 정치적 차원의 문제 제기로서 사회적인 핵심 이슈로 자리를 잡는데, 이 문제지평은 디지털 환경에서 즉, 디지털 플랫폼에서 저서, 작품이 전자문서라는 디지털 텍스트 형태로 바뀌고, 그것의 유통 역시 인터넷 환경에서 이루어짐으로써 형성된다.

1990년대에 국제적으로 저작권의 강화를 촉발시킨 디지털 매체의 광범위한 유포와 인터넷 환경은 음악과 영화뿐만 아니라 텍스트에도 적용된다. 예컨대 온라인 아마존 서점은 출판유통구조에 일대 혁신을 일으켜서 기존 출판사와 서적상의 시각에서 봤을 때 불가능해 보이는 성공을 거두어, 서적상들은 존폐의 위기로 내몰리고 출판사들은 아마존 서점의 독점적 지위에 눌려 그에 종속되어버린다. 뿐만 아니라 베르텔스만에서 저작들을 디지털 매체로 가공된 형태로서, 전자책(e-book)으로 시장에 내놓고, 전자책이 디지털 기술의 발전에 힘입어 온라인상에서 판매량을

기하급수적으로 늘리고, 누구나 개인 컴퓨터나 핸드폰으로 텍스트를 다운로드 받아서 이용할 수 있게 됨에 따라 이미 영화나 음악에서 부정적인 현상을(불법다운로드) 경험한 '창조적 직종의 종사자'와 일단의 비평가 그룹은 이 상황을 위기 상황으로 인식한다.

이와 같은 상황에서 이들의 위기의식을 한층 더 심화시킨 것은 정보의 자유로운 이용과 저작권의 제한을 핵심강령으로 채택한 해적당(Piratenpartei)이 제도권 정치영역으로 진입한 사건이다. 2009년 6월 11일 유럽의회 선거에서 스웨덴의 해적당은 7.1%의 득표율로 유럽의회에 대표자를 파견한다. "해적당"이 현실적인 정치세력이 됨으로써 저자/저작권 옹호 측은 자신들에게 실제로 위협이 되는 상황이 더 이상 상상의 산물이 아닌 실제 현실로 닥쳤음을 인식하게 된다. 해적당의 정치세력화는 시간이 갈수록 점점 가속되어 2011년에는 독일 베를린 주의회 선거에서 8.9%를, 2012년 3월 자를란트 주의회 선거에서는 7.4%를 획득해서 자민당(FDP)을 밀어내고, 5월 6일에는 슐레스비히-홀슈타인 주의회 선거에서는 8.2% 득표율로, 5월 13일 노르트라인-베스트팔렌 주의회 선거에서는 7.8%의 득표율로 주의회에 진출한다. 한마디로 해적당은 독일과 유럽에서 급격히 세력을 불려가고 있는 정치세력인 것이다.[10] 이로 인해 저자/저작권을 둘러싼 논란은 한층 더 가열되어 수많은 심포지엄이 잇달아 개최되고, 비평, 논문, 서적들이 순식간에 엄청난 숫자로 쏟아져 나오기 시작한다. 서로 상치되는 이해관계의 당사자들은 내부의

---

[10] 유럽 차원에서 해적당의 세력을 보면 2012년 체코 상원 선거에서 9.1%, 우크라이나 국회선거에서 9%, 2013년 아이슬란드 국회선거에서 5.1%를 얻었고, 2014년 현재 유럽의회에서 스웨덴 해적당은 2석으로 1석이 더 늘어났다. 독일의 경우 2014년 연방의회선거에서는 2.1%에 불과했으나 이전 선거와 비교해서 약간 늘었고, 주의회 차원에서는 베를린, 노르트라인-베스트팔렌, 슐레스비히-홀슈타인, 자를란트에 대표자를 파견하고 있다.

결속을 강화해서 새로운 협회를 결성하고, 당사자들 간의 전선과 전투 양상은 점차 명료해지기 시작한다.

물론 독일연방정부가 정보화 사회를 천명하면서도 저작권을 제한하지 않고 그에 대한 수정만을 가한 상태이지만, 저작권을 둘러싼 논쟁, 즉 그것의 제한이냐 유지냐를 둘러싼 논쟁은 아직 끝나지 않았으며, 해적당의 급부상으로 인해 저작권 문제는 새로운 국면을 맞이하게 된 것이다.

디지털 매체의 발전과 자유로운 정보의 공유를 위해 개인의 정신적 재산권으로서의 저작권을 인정하지 않고 그것의 제한을 주장하는 해적당의 대부분의 주장은 1960년대에 한창 유행이었던 "저자의 죽음"이란 토양에서 배출된 다양한 지식 담론들로부터 자양분을 얻고 있다. 예컨대 다음의 "해적당"의 강령은 바로 저작권의 문제가 자신들이 문제 삼고 있는 핵심주제임을 밝히고 있다.

> 모든 지식과 모든 문화를 모으고 저장해서 현재와 미래에 이용하려는 태곳적의 꿈이 지난 수십 년간 엄청난 속도로 발전한 기술의 도움으로 가시적인 것이 되었다. 모든 획기적인 새로움이 삶의 다양한 영역을 포괄하게 되었으며 이는 본질적인 변화로 귀결된다. 우리 목적은 이런 상황을 이용하는 것이고, 있을 수 있는 모든 위험을 경고하는 것이다. 그러나 저작권이라고 하는 작금의 법적 틀 조건은 현재 이루어지고 있는 발전을 제한하고 있다. 왜냐하면 저작권이 소위 "정신적 재산권"이라는 낡은 이해에 토대를 두고 있기 때문이다. 그로 인해서 지식사회, 정보사회로의 발전이 가로막히고 있다.[11]

---

[11] http://www.piratenpartei.de/node/217/61676.html#comment-61676

해적당은 온라인상의 정보에 대한 자유로운 "자기 결정권"을 주장하는 노선에 서서 – 기존의 시각에서 볼 때 (정보의) 바다에서 도적질하는 무리를 뜻하는 – '해적'이란 표현을 도발적으로 자신의 정당명으로 삼는다. 해적당은 기본적으로 모든 지식과 정보, 저작은 새롭게 만들어진 것이 아니라 기존의 것을 변형, 발전시킨 것일 뿐이며, 이 모든 것은 인류의 공공의 발전을 위해 존재해야 한다는 입장을 취한다. 이 시각에서 볼 때 개인이 독창적으로 만들어내고 발견한 지식, 정보는 존재하지 않는다. 그런 까닭에 저자라는 개인의 정신적 재산권이란 개념이 인정되지 않는다. 이 점은 다음의 잡지사와의 인터뷰에서 잘 나타나 있다.

잡지사: 당신들은 모든 종류의 디지털 작품(영화, 음악 등)에 자유롭게 접근하도록 하기 위해 저작권의 유연화를 요구하고 있습니다. 그러면 비상업적인 가공은 더 이상 범죄행위가 아닙니다. 이로 인해 예술가들에게 그들 자신이 만들어낸 정신적 재화에 대한 권리를 빼앗는 것이 아닐까요? 누가 도덕적으로 당신들에게 다른 사람들의 정신적인 재산을 자유롭게 출판할 수 있는 권리를 부여합니까?

해적당: 도덕적으로 보면 이것은 바로 본말이 뒤바뀐 형태인데, "정신적인 재산"같은 것은 존재하지 않습니다. "정신적인 재산"이란 저작권관리 회사들의 전투개념입니다. 예술가들 역시 작품을 그저 아무것도 없는 상태에서 창작해내는 것이 아닙니다. 그들은 보편적인 지식과 문화유산을 가지고 조합과 변형을 통해서 어떤 새로운 것을 만들어내는 것입니다.
당연히 이 작업은 비용과 결합되어 있고 그래서 이 작업이 재화로 보상받는 경우는 모든 이들의 이해관계가 걸려있습니다. 그러나 이것은 재산과 아무런 관련도 없습니다.[12]

이 같은 상황에서 미국의 포털업체 구글이 구글도서검색(GoogleBook Search) 플랫폼을 통해서 700만 권의 도서를 온라인상에 올리고, "독일 학술단체연합(Allianz der deutschen Wissenschaftsorganisationen)"[13]은 새로운 학술 논문이나 박사학위논문을 대학의 서버를 통해 온라인상으로 발표하게 해서 사용자가 자유롭게 공유할 수 있도록 하는 오픈 액세스(open access)[14]를 장려한다. 이는 '창조적 직종의 종사자'와 일단의 비평가 그룹에 의해 진단된 위기 상황을 심화시킨다. 이에 2009년에 저자／저작권과 관련된 획기적인 사건이 발생한다. 2009년 3월 구글도서검색 플랫폼과 오픈 액세스를 저자의 인격권과 저작권에 대한 침해로 간주하여 강력히 비판하고, 그것을 막으려는 목적으로 정부와 국민들에게 출판의 자유와 저작권의 유지를 호소하는 로이스(Roland Reuß)의 "하이델베르크 호소문"이 발표된다. 이 호소문의 입안자와 서명자들은 디지털 환경에서 가능해진 다양한 전자문서의 출현과 맞물린 온갖 가능한 부정적인 현상들을 – 수많은 저자들의 등장, 불법적인 정보이용, 불법 업／다운로드, 무단 복사 – 공포의 눈길로 바라보고 저작권의 옹호／강화를 주장하는 측이다. 이 호소문은 독일에 저자／저작권을 둘러싼 이해관계

---

[12] http://www.hingesehen.net/piratenpartei-geistiges-eigentum-gibt-es-nicht/
[13] 이 조직의 회원단체는 Deutsche Forschungsgemeinschaft, Leibniz-Gesellschaft, Max Planck-Institute, Helmholtz Gesellschaft 등이다.
[14] 오픈 액세스는 학문 자료들을 인터넷을 통해 무료로 그리고 공개적으로 접근하게 만든다. 관심 있는 사람은 이것을 통해서 완전한 텍스트를 읽고, 다운로드, 복사, 전달, 인쇄할 수 있는데, 한마디로 온라인의 텍스트 모두를 다양한 방식으로 이용할 수 있는 것이다. 이 점은 정부에 의해 장려된 오픈 액세스에 의해서 법적, 경제적, 기술적인 장벽이 허물어짐으로 인해 가능해진다. 다운로드, 복사, 전달 등 저작권을 침해하는 문제에 있어서 단 하나의 제한 조항은 저자에게 저작에 대한 통제권을 부여해서 그 저작이 적절하게 인정되고 인용이 될 수 있도록 하는 것일 뿐이다. 이 오픈 액세스의 목적은 모든 사람이 인터넷을 통해서 학문 자료에 무료로 접근해서 이용하게 하는 데 있는데, 이는 학문적인 정보를 더 잘 유포시키기 위함이다.

당사자들 간의 첨예한 논쟁을 유발시키며, 사회에서 경제적, 정치적 파장을 몰고 오는 결과를 낳는다.

이는 앞서 짤막하게 언급했듯이 저자 / 저작권의 논쟁은 지식 담론 차원을 넘어서서 실제의 현실에서 법적, 정치적 맥락에서 격렬하게 논쟁을 불러일으키고 있는 문제지평이다. 여기에는 텍스트 내지 작품에 대한 지배권을 둘러싼 각자의 이해관계가 첨예하게 대립하고 있고, 이해 당사자들은 저자, 정부 / 학술재단, 출판사, 구글을 비롯한 디지털 플랫폼 등이다. '출판의 자유'와 '저작권 유지'를 위한 "하이델베르크 호소문"의 발표로 인해서 디지털 매체 환경에서의 저작권을 둘러싼 논쟁이 벌어지자, 이 논쟁은 연방의회 엔크베테위원회에서 저작권을 둘러싼 찬반논쟁으로 확장되고,[15] 그해 7월 15일에는 프랑크푸르트 암 마인에서 저작권을 옹호하는 측에 의해 심포지엄이 개최되고, 그 내용은 뒤이어 출간된『디지털 시대에 작품주인으로서의 저자(Autorschaft als Werkherrschaft in digitaler Zeit)』에 기록된다. 이 심포지엄은 디지털 매체 환경에서 나타난, 앞의 두 현상, 즉 저자에게 문의하지 않고 작품을 일방적으로 온라인상에 전자문서의 형태로 올려버리는 구글도서검색 / 유튜브와 학술 논문을 전자문서로 발표하게 해서 '지식의 자유로운 공유'가 이루어지도록 장려하는 독일학술연구단체연합 정책을 문제시한다.

전자의 경우에는 저자에게 문의 없이 무단으로 전자문서화한 작품이나 저작이 - 저자의 의도와는 전혀 관계없이 - 온라인상에 떠돌아다님으로써

---

[15] 이 논쟁에 관한 서면 기록은 다음을 참조할 것.
http://www.bundestag.de/dokumente/analysen/2009/heidelbergerappell.pdf. Das Für und Wider der urheberrechtlichen Diskussion im Zusammenhang mit dem „'Heidelberger Appell". Google Buchsuche und Open Access - Infobrief - Roger Cloes / Christopher Schappert, © 2009 Deutscher Bundestag WD 10 - 3000 – 068 / 09.

그것을 임의로 복사하고 임의적으로 가공할 수 있는 가능성이 생겨남으로써 저자가 더 이상 자신의 작품/저작에 대해 손을 써 볼 수 없는 무기력한 상황이 초래된 것에 대한 고발이다. 후자의 경우에는 학술단체의 정책에 의해 저자 자신이 책임뿐만 아니라 권리도 갖고 있는 저작이 자신의 의도와는 달리 전자문서화하도록 강요받는 현실이 비판되고 있다. 심포지엄 참가자들은 저자를 자신이 만든 작품에 책임을 지는 인격체로, 자신의 작품을 언제, 어떻게, 어떤 형식으로 발표할지에 대해서 완전히 자유롭게 선택할 권리를 가진 자로 인식한다. 이런 – 저작권에 내포된 – 인격권이 위의 단체들에 의해서 불법적으로 침해받고 있다는 것이 그들의 인식이며, 이런 인식이 "하이델베르크 호소문"에 담겨있는 것이다. 즉 호소문의 작성자들은 저자와 저작권에 대한 논의가 이 같은 저자의 인격권은 논외로 한 채, 오직 저작권의 또 다른 구성요소인 상업적 이용권만을 주목하고 있고, 저작권에 관한 논의를 오직 경제적 관점에서만 진행하고 있다는 점[16]을 문제시하며, 학문과 저작을 단지 경제적 상품으로만 간주하는 현 세태를 고발한다.

 이렇듯 표면적으로 저자와 디지털플랫폼 혹은 오픈 액세스를 장려하는 독일학술단체연합의 정책 간의 갈등으로 보이는 사건의 배후에는 실제로 저작의 출판권과 맞물려 있는 경제적 이윤의 확보를 둘러싼 출판사와 디지털 플랫폼 간의 헤게모니 싸움이 자리하고 있다. "하이델베르크 호소문"을 디지털 환경에서 선점권을 쥐고 있는 디지털 플랫폼에 대한

---

[16] 오픈 액세스를 통해서 누구나 자유롭게 무상으로 지식을 접해볼 수 있게 하는 정책을 지지하는 측은 학문을 위해 두 번이나 비용을 치를 수 없다는 점을 중요한 논거로 삼고 있다. 즉 세금을 통해 학자에 대한 경제적 보조와 후원으로 저작에 대한 비용이 이미 지불되었는데, 또다시 출판물로서 비용을 내고 소비해야 한다는 것은 있을 수 없다는 학술단체 측의 논리는 호소문 작성자들의 시각에 따르면 저작권에 대한 단편적인 이해에 기초해 있다.

기존 출판사의 강력한 저항으로 읽을 수 있는 점은 출판권의 강조에서 확인될 수 있다. 이 호소문에서 입안자들은 저자와 작품과의 관계를 부모와 자식의 비유를 들어 설명하면서[17] 자신의 저작을 어떤 출판사에서 출판하느냐 하는 것은 저작에 대한 자신의 자유로운 권리이자 저작에 대한 자신의 책임을, 즉 저작의 영향을 고려한 아주 중요한 결정이고, 이는 부모가 자신의 아이를 교육시킬 기관을 결정하는 권리와 다를 것이 없다고 한다. 여기서 이들은 자유로운 지식 공유를, 아이를 낳자마자 빼앗아 수용시키는 나치의 집단수용소에 비유한다. 이들은 나아가서 오픈 액세스를 비롯한 디지털 매체 환경을 표절자(내지는 도용자, Plagiator)들이 수없이 들끓는 정글로 간주하며, 그들에게 자신의 아이를, 자신의 저작을 무방비상태로 내맡기도록 독일학술단체연합이 강요한다고 보는 것이다.[18]

실제로는 저자 / 저작권을 둘러싼 출판사 대(對) 디지털플랫폼 간의 헤게모니 싸움을 둘러싼 논쟁은 연방의회 차원의 논의로 이어지고, 그에 대한 서면 기록[19]은 이해 당사자들 간의 첨예한 입장 차이를 보여준다. 출판사 측의 입장은 앞에서 소개된 까닭에 이와는 반대의 노선에 서 있는 구글 등의 디지털플랫폼과 오픈 액세스의 옹호 논리를 알아보면 다음과 같다.

---

[17] 자신의 작품이나 저작을 자기 아이로 간주하는 비유는 고대 로마의 시인 마르티알이 자신의 작품에 대한 표절을 공격하는 에피그람에서 비롯한다.
[18] 다음의 글을 참조하기 바람. Roland Reuß, Autorverantwortung und Text, in : Roland Reuß / Volker Rieble, *Autorschaft als Werkherrschaft in digitalter Zeit*, Frankfurt am Main 2009, pp. 9~20, hier pp. 12~13. 하이델베르크 호소문이 출판사의 입장을 대변한다는 점은 이 책의 목차에서도 쉽게 알아볼 수 있다.
[19] http://www.bundestag.de/dokumente/analysen/2009/heidelbergerappell.pdf. 앞으로 설명되는 부분은 모두 이 자료에 근거하고 있음을 미리 밝혀둔다.

예컨대 구글 측은 "세계의 지식"을 조직해서 어느 곳에서 어느 때이든 이용할 수 있게 만들 목적을 강하게 부각시킨다. 이 목적을 위해 구글에 의해 스캔 된 서적은 미국 도서관에 소장된 7백만 권인데, 스캔 된 서적들은 저작권의 관점에서 1) 저작권의 시효가 지난 저작, 2) 저작권의 시효가 지나지 않았지만, 시장에서 절판된 저작 3) 저작권이 남아있고 출판된 서적으로 구분된다. 현재 구글은 저작권 문제를 완전히 해결하지 못한 상태이지만, 저자와 단체의 항의에 따라 보상 처리하거나 데이터뱅크에서 자신의 저작을 빼도록 해왔고, 앞으로는 집단소송을 통해서 합의를 보기로 저자와 구글 간의 의견의 일치가 이루어졌고, 저작권이 남아 있고 출판된 상태의 저작들은 저작의 일부를 보여주도록 해서 구매 종용하는 방향으로 추진하겠다는 것이다. 얼마만큼 보여주는가는 전적으로 저자의 의견을 존중하며, 그리고 저작권이 유효한 경우에 저작을 플랫폼에 올린 대가로 60달러를 지불하고, 차후에 발생하는 이익에 대해서 구글은 저작권 소유자와 이윤 배분을 37%(구글) 대 63%(저작권소유자)로 하기로 합의 보았다.

이타적인 목적을 위해 모든 정보의 조직화라는 기치를 든 구글은 저작권의 시효는 남아있지만, 시중에서 구입할 수 없는 저작들을 이용할 수 있게 만들었다는 사실을 특히 강조한다. 저자나 저작권을 갖고 있는 상속인 혹은 출판사가 없어진 까닭에 시중에서 구입할 수 없는 저작들을 전자문서화해서 필요한 사용자에게 제공함으로써 공공의 이익에 기여하고 있다는 점을 부각시키고 있는 것이다. 구글 측의 주장에 따르면 구글도서검색플랫폼에 올라와 있는 자료의 70%가 그런 종류의 저작이다. 나아가서 구글은 저작권이 있는 도서를 임의적으로 스캔했지만, 그것이 불법적인 것이 아니라는 변호의 논거를 바로 미국의 저작권 규정에서 찾고 있다. 이 조항은 지식이 공공재가 되는 경우를 규정한 조항인데,

바로 그것이 공공의 교양에 사용될 때 저작권을 유보하는 '공정-사용-규정(Fair-Use-Kausel)'이다.[20]

두 번째로 출판의 자유 및 저작권 옹호 측이 제기하는 독일학술단체연합에 의해 추진, 장려되는 오픈 액세스의 문제점은 지식의 자유로운 공유를 위한 오픈 액세스의 장려가 학자의 출판의 자유 및 저작권을 심각하게 손상시킨다는 점이다. 나아가 오픈 액세스는 학술잡지 및 기존의 출판사들을 생존의 위험에 몰아넣는다는 점을 부각시킨다. 이에 대한 반대논리는 다음과 같다.

오픈 액세스는 지식과 정보를 온라인에 올려서 누구나 무상으로 보고 읽고 퍼 나르게 하여 지식의 확장을 꾀하는 목적을 위한 것이며, 이 프로그램의 비상업적인 기반은 학자들의 연구 결과가 그들이 속해있는 지방자치단체, 대학, 학술단체에 의해서 이미 비용이 지불된 것이라는 점에 근거를 둔다. 그 밖에도 기존의 출판사를 통한 발표형식은 인터넷상의 출판보다 몇 배의 출판 비용이 들고, 따라서 오픈 액세스는 비용의 장벽을 극복하고 자신의 저작을 보다 쉽게 대중에게 알리고 싶어하는 학자들의 자발적인 이니셔티브에서 출발하고 있다는 점이 강조된다. 여기서 오픈 액세스의 반대자들이 비판적으로 제기하는 문제는 오픈 액세스로 인해서 학술지와 출판사가 몰락하게 될 위험에 처해있다는 것이다. 이 같은 문제 제기에 대해 저자나 학술연구자의 실제 현실이 많은 것을 시사해준다. 저자의 현실은 다음 장에서 논하기로 하고 학술연구자의 경우를 보면 이들이 운 좋게 출판사의 제안을 받고 저작을 출판하게 되면 인세는 대단히 유명한 사람이 아니면 평균적으로 서점 판매가의 10%를

---

[20] 그럼에도 불구하고 호소문 입안자들이 제기하는 구글의 독점적 지위로 인한 시장의 잠재적 폐해에 대해서는 독일의 경우 독일 전자도서관이 구글도서검색에 대항할 수 있다는 안이 제시된다.

받고, 운이 없을 경우에는 출판사에 수천 유로의 비용을(독일의 경우 지방자치단체의 출판지원금으로 대체된다) 지불하고 저작의 배타적 권리를 출판사에 이양해서 이후에 자신의 저작을 다른 곳에 발표하거나 자신의 웹사이트에 올리지 못하게 된다. 저명한 자연과학잡지나 의학잡지의 경우에 상황은 더 심각해서 논문기고자는 아무런 사례금을 받지 못하며, 논문을 평가하는 학술연구자 역시 명예직으로 봉사하고, 반면 대학이나 도서관은 이 잡지의 정기구독에 많은 비용을 지불하고 결국 출판사만이 이득을 보고 있는 현실이다. 이런 상황을 감안할 때 오픈 액세스는 학술연구자를 위해 최선의 방책이 될 수 있다.

4. 저자와 저작권의 현실

저작권은 그것이 작가들의 경제적 토대를 마련해 준다는 점으로 인해 정당성과 필연성이 합리화된다. 따라서 저작권의 제한이나 폐기를 주장하는 목소리들의 팽창은 작가들에게 공포심을 불러일으키고 작가들은 저작권을 강화하려는 노선을 취하게 된다. 여기서 저작권이 실제로 작가들의 경제적 토대를 마련해주는지에 대한 물음이 제기된다.

독일 작가들의 현실을 살펴보면 그들은 몇몇 예외적인 경우를 제외하면 대체로 경제적으로 풍요롭지 못하다. 작가들은 그 이유로서, 잘 팔리는 작품만을 펴내거나 질이 떨어지는 덜 유명한 작가에 대해서는 인세를 적게 지불함으로써 자신의 이윤을 극대화하려는 출판업자나 자신의 작품을 호의적으로 생각하지 않은 대중들 혹은 그 밖의 일반적인 사회적 상황을 꼽는다. 그럼에도 불구하고 작가들은 디지털 시대가 시작하기 전까지는 이같은 현실에 대해 별로 불만이 없었다. 왜냐하면 출판업자들이 어쨌든 작가들에게 저작의 출판에 사례금을 지불해왔기 때문이다. 그러나 디지털 시대가 시작되면서 도서출판계에서는 이러한 재정 조달이 더 이상 기능하지 않을 것이라는 공포에 휩싸인다. 인터넷상에서 사람들은 모든 것을 공짜로 소유하게 될 것이라는 이야기가 확산되고, 실제로도 저작권의 제한이나 철폐를 주장하는 세력이 늘어나기 때문이다. 작가들이 자신의 저작으로 생활을 영위하지 못한다면 이는 작가 자신들의 실존적 위기 상황일 뿐만 아니라 출판업자들의 위기 상황이기도 하다. 이로 인해서 이들은 위기의식을 갖고 자신의 생계를 확실히 보장해주는 수단인 저작권을 보다 강화시키는 입장을 취하게 된다. 그런데 작가들의 위기의식은 작가 자신의 실제 현실에 대한 분석보다는 저작권에 대한 일반적인 통념에 의해 만들어진 것이라는 점이 흥미롭다. 이 저작권에 대한 일반적인 사고는 1841년 2월 5일 맥컬레이(Thomas Babington Macaulay)가 영국의회에서 한 연설이 제공한다.

> 출판권 시스템의 장점은 분명합니다. 우리가 양질의 도서를 공급받기를 원한다면 이것은 오직 지식인들이 그에 상응하는 대가를 받을 경우에만 가능하고, 이것이 저작권을 통해 이루어질 때 반대가 제일 적을 것입니다. 생계에 완전히 매달려 있는 남자들이 남는 여가 시간에 우리들의 문학적인 교양과 계발을 위해 노력하기를 바랄 수 없습니다. 그런 사람들은 아마도 이따금 아주 훌륭한 초고들을 만들어내겠지만, 이들로부터 결코 깊이 숙고되고 오랫동안 천착된 작품은 기대할 수 없습니다. 이런 작품들은 오직 문학을 전업으로 하는 이들에게만 기대할 수 있습니다. 부자나 귀족 중에서 이런 이들은 거의 없습니다, 왜냐하면 부자나 귀족들은 정신적으로 힘을 쏟는 일을 해야 할 필연성을 갖고 있지 않기 때문입니다. (…) 그러므로 가치 있는 저작들을 공급받기 위해서는 문학을 전업으로 삼고 개인적인 수단은 제한된 남자들을 믿어야만 합니다. 이들은 문학적

노력에 대해 대가를 받아야 하고, 이 대가를 부여하는 방안은 오직 두 가지뿐입니다. 후원 혹은 저작권 말입니다.[21]

맥컬레이의 저작권 기능에 관한 설명은 이후로 완전히 저작권의 일반적인 통념으로 자리를 잡는다. 문제는 저작권이 실제로 그 기능을 충족시키는가이다. 이 물음에 대해 2004~2005년에 영국 본머스 대학 지적재산권 정책 및 매니지먼트 센터의 크레취머(Martin Kretschmer)와 하드윅(Philip Hardwick)이 영국과 독일의 25,000명의 작가들을 대상으로 설문조사 형식으로 조사하고 그 결과를 2007년에 발표한 바 있다. 물음은 영국과 독일 작가들은 자신의 수입 중 얼마를 저작권 수입으로부터 얻고 있는지에 관한 것이었다. 독일 작가들의 2009년도 평균 소득은 예술가 연금의 통계에 따르면 16,458유로였다. 그러나 이 중에서 저작권 수입이 차지하고 있는 비중이 얼마나 되는지는 아직 조사된 바 없다. 따라서 크레취머와 하드윅의 조사는 저작권 논의에 중요한 경험적 자료를 제공한다.

이 조사에 따르면 하루 시간 중 50% 이상을 글쓰기에 쏟는 독일 전업 작가의 저작권 수입은 전형적으로 12,000유로였다. 전형적이라는 말은 작가들의 50%는 이보다 많이 벌고 나머지 50%는 이보다 더 적게 번다는 뜻이다. 따라서 몇몇 아주 유명작가로 인해 훨씬 더 높을 수 있는 평균치가 아니다. 저작권 수입은 아주 적을 뿐만 아니라 균등하게 나뉘어 있지도 않다. 독일의 경우 전체 저작권 수입의 41%는 상위 10%의 작가들에게 돌아가고, 반면에 하위 50% 작가들은 저작권 수입의 12%만을 가져갈 뿐이다(영국의 경우는 상위 10%가 전체 저작권 수입의 60%를

---

[21] http://en.wikisource.org/wiki/Copyright_Law_(Macaulay)

가져간다). 뿐만 아니라 저작권을 통한 수입은 다른 모든 수입의 종류보다 더 왜곡되어 있는데, 지니계수를 보면 저자/작가 수입의 지니계수는 0.52, 개인당 수입의 지니계수는 0.43, 가계당 수입의 지니계수는 0.42, 모든 임금노동자들의 지니계수는 0.31이다. 이 점은 저자들이 활동하는 영역이 소득 배분이 불평등한 분야라는 점을 지시해준다. 저작권관리업체에 의해 분배된 저작권 수입의 지니계수는 0.67인데, 이 말은 현재의 저작권제도가 소득의 분배구조를 더 불평등하게 만들고 있다는 것이다. 출판사나 제작자와 직접 협상을 벌이는 작가들은 그렇지 않은 작가들보다 2배의 소득을 올린다. 그 까닭은 협상을 벌이는 작가들은 구매력을 갖고 있기 때문에 출판사/제작자는 이들의 말을 들어주지 않을 수 없는 까닭이다. 인터넷에서 저작권의 강화는 작가들의 수입 증대로 이어지지 않았다. 영국의 경우에는 14.7%, 독일의 경우에는 9.2%만이 인터넷상의 저작권 수입으로 소득을 늘렸을 뿐이다. 마지막으로 2000년 이후로 작가의 전형적인 수입은 하락하는 추세이다.[22]

이 조사는 저작권이 작가들의 경제 토대가 된다는 일반적인 통념을 의심스럽게 만든다. 크레춰머의 조사는 작가의 수입은 본질적으로 시장에서의 성공에 좌우되고 있다는 점을 분명히 한다. 성공적인 작가는 저작을 더 많이 팔아서 더 높은 소득을 누리고, 유명세를 바탕으로 출판사와의 협상에서 더 좋은 계약을 성사시켜서 출판사 수입에서 더 많은 몫을 자신의 것으로 한다. 즉 문화계에서는 승자가 모든 것을 독식하는 원칙이 지배하는데, 슐링크 같은 작가 한 명이 벌어들이는 수입은

---

[22] Kretschmer Martin / Hardwick, Philip, *Authors earnings from copyright and non-copyright sources : A survey of 25,000 British and German writers,* Bournemouth 2007.
(http://microsites.bournemouth.ac.uk/cippm/files/2007/07/ACLS-Full-report.pdf)

가까스로 생계를 유지하는 수많은 작가들의 그것보다 더 크다는 것이고, 따라서 대부분의 경우 작가의 수입은 저작권과는 별로 상관이 없다는 점이 분명해진다.

그럼에도 불구하고 저작권이 창조적 직종 종사자들의 생계를 책임져준다는 통념은 여전히 굳건히 자리를 잡고 있고, 현실의 실상은 그렇지 않은데도 저작권을 보다 더 강화해서 작가들의 생계를 보장해야 한다는 요구의 목소리가 높아진다. 이전에는 자신의 현실에 불만이 없던 작가들이 목소리를 드높인 이유는 바로 새로운 디지털 매체와 인터넷 환경에 의해 촉발된 저작권 논쟁으로 인해 저작권에 대해 새롭게 의식을 하게 되고, 자신들의 위기가 디지털 매체와 인터넷 환경 탓이라고 생각하기 때문이다. 문제를 갑자기 새로운 매체 환경 탓으로 돌리는 이들의 시각은 출판사들에 의해 강화된 것이다. 출판사들이 이 상황을 위기로 채색하는 것은 그들로서는 당연한 귀결이다. 왜냐하면 그렇지 않을 경우 자신들의 상황을 새롭게 의식한 작가들이 본래적인 이윤 창출구인 출판사에 더 많은 몫을 요구하게 될 것이기 때문이다. 그러므로 독일서적협회가 인터넷을 항상 '무법지대'로 비난하고 공격할 때 이들이 추구하는 목적은 작가들의 이해관계가 아니라 바로 자신의 이해관계이다. 이점은 출판사가 저작을 어떤 법적 토대에 기초해서 출판하는지를 알아보면 보다 더 분명히 드러난다.

출판사들은 출판을 위해서 저자, 즉 작가의 허락을 받아야 한다. 그리고 작가는 출판사에 그 권리를 이양하고, 출판사는 이에 따라 그의 저작을 인쇄 형태로 만들어서 시장에 내놓는다. 과거에 출판사는 이 권리를 통해서 출판과 유통에서 독점적인 지위를 누렸다. 왜냐하면 저작을 다른 형태로 시장에 내놓을 수 있는 가능성은 거의 없었고 설사 그럴 가능성이 있다고 하더라도 인쇄된 책과 비교할 때 별 의미가 없기 때문이다.

게다가 출판사는 저작의 출판과 유통을 쉽게 통제할 수 있었다. 도서관에서 책을 빌려보는 경우를 제외하면 책의 내용은 오직 인쇄된 책을 구입할 경우에만 가능하기 때문이다. 책이 디지털 기술에 의해 전자문서화될 수 있는 현재, 상황은 완전히 바뀌어 버렸다. 텍스트가 전자문서화됨에 따라 오늘날 작가들은 출판사 없이도 자신의 저작을 발표할 수 있게 되었다. 어느 누구도 작가가 자신의 저작을 전자도서로 출판하는 것을 막을 수 없다. 그리고 전통적인 책 형태로의 출판은 상응하는 수요가 있을 때마다 인쇄업자에게 주문하면 해결된다. 출판계약을 통해서 누구의 책을 얼마만큼 유포시킬 것인지, 그에게 얼마의 사례를 주고 자신의 이윤은 얼마나 챙길 것인지 스스로 결정할 수 있었던 출판사의 독점적 지위는 이로 인해 위태롭게 된다. 이것이 이 모든 논란의 핵심이다. 대부분의 저자들은, 특히 작가들은 그러나 아직 이 시장에 뛰어들지 못하고 있다. 무엇보다도 자신의 저작을 스스로 시장에 내놓기를 꺼려한다. 그 이유는 결국 출판이 아니라 마케팅이 문제의 관건인데, 마케팅에 대해서는 생소함과 거부감을 느끼기 때문이다. 저작권을 강화하려는 측들의 목소리는 바로 이 맥락에서 이해해야 한다. 생소한 시장구조로 인해 야기될 수 있는 문제들로부터 보호받고자 하는 저자들의 욕구가 기존의 체제에 대한 옹호로 표현되고 있다.

5. 결론

창조적 직종에 종사하는 이들에게 위협적으로 인식되고 있는 것은 전통적 출판 시장의 제도들이 인터넷 사회에서 기능을 못 한다는 점이다. 그러나 그에 반해 저자들은 인터넷환경에서 더 많은 기회를 얻을 수 있다. 기존의 방식대로, 저작을 출판해서 인쇄된 도서형태로 전통적인 도서시장에 내놓은 것은 상당한 비용을 요구한다.[23] 그렇기 때문에 출판사들은 전통적인 서적시장에 내놓을 도서를 항상 선별해야 한다. 이에 모든 저자들 중에 극소수만이 자신의 저작을 출판할 기회를 갖는다. 비평가에 의해서도 마찬가지로 선별이 이루어진다. 모든 출판된 저작들 중 역시 소수만이 신문이나 잡지 내지는 TV에서 언급된다. 마지막으로 서점에서도 제목에 따른 선별이 이루어진다. 잘 팔릴 수 있는, 극히 제한된 도서만이 서점에 의해 구입된다. 이런 까닭에 전체적으로 봤을 때 저자들이 저작권을 통한 수입이 극히 제한적일 수밖에 없다는 점이 드러난다. 기존의 출판구조에서 출판과 구매까지 이어져 있는 "좁은 문"은 인터넷에서는 존재하지 않는다. 저자들은 제한 없이 자신의 저작을 출판할 수 있다. 즉 이곳에서 저자들은 출판사, 비평가, 서적상들의 판단 및 선별과정을 거치지 않는다. 그러나 여기에서도 위험은 있다. 전자출판물이 무수히 쏟아져 나오기에 특정 저작은 그 속에 파묻혀 버릴 수 있기 때문이다. 그러나 여기서는 검색엔진과 SNS가 이 위험을 극복하는 데 도움을 준다. 이미 웹상의 거의 모든 정보는 검색엔진을 통해서 획득된다. 물론 검색엔진을 제공하는 플랫폼들이 출판사의 광고에 집중하고 있다는 점은 문제이긴 하지만 인터넷상에서 도서의 구매는 인터넷사용자들의 구매 결정이 가장 결정적으로 작용한다. 인터넷서점들은 나아가서

---

[23] 기존의 시장에서 출판된 저작이 성공을 거두는지의 여부는 저작의 질적 내용에 달려있지 않고, 출판사의 선전비용에 달려있다. 한 권의 저작을 베스트셀러 목록에 집어넣기 위해 필요한 비용은 대부분의 작가들이 감당할 수 있는 비용의 한계를 훨씬 넘어서고, 이 비용은 오직 대규모의 매출을 통해서만 다시 벌어들일 수 있기 때문이다. 서적상들은 대규모의 선전비용을 감당해 낼 수 없는 영세 출판사가 내놓은 저작들은 거의 사들이지 않는다. 가판대에 전시할 비용을 다시 되돌려 줄 수 있는 저작들만을 취급한다.

개인의 누적된 구매 정보들을 평가해서 그의 취향에 맞는 도서목록 제공해 구매 결정을 돕는다. 다른 한편으로는 SNS 친구들이 영화나 음악 도서의 구매에 상당한 영향을 끼치고 있다는 점이다. 인터넷 사용자들은 오늘날 출판사의 선전/비평가들의 비평보다 친구들의 추천을 더 신뢰한다.

인터넷상으로 자신의 저작을 쉽게 출판해서, 선전비용의 부담없이 판매할 수 있는 가능성을 부여하는 인터넷 환경은 저자들에게 불리하게 작용할 수 없다. 수많은 대중들의 관심을 받을 수 없는 저자도, 그의 저작이 영세출판사에 의해서 출판되었다고 하더라도, 검색엔진과 인터넷 연결망을 통해 자신의 고객을 발견하는 것이 가능하다. 지금까지 서적시장에서 커다란 성공을 거둔 저자도 스스로 마케팅을 통해서 보다 더 큰 성공을 거둘 수 있다. 물론 모든 저자들이 인터넷 환경에서 성공을 거두지는 못한다. 그러나 대다수의 저자들은 이 환경에서 최소한 자신의 저작을 출판사나 비평가라는 장애 없이 출판해서 독자와 만나는 기회를 얻는다. 이런 환경에서 이제 저작권은 새롭게 규정되어야 한다. 저작권이 저자의 생계에 그다지 도움이 되지 않음은 이미 밝혀졌다. 따라서 그것의 강화는 별 의미가 없다. 저작권의 강화라는 이름하에 인터넷을 죄악시하고 인터넷 환경을 – 도서검색, 다운로드/업로드, 편집기술, 이용방식 등을 – 제한하려는 노력들은 기존 출판사들의 이해관계에 따른 것일 뿐이다. 나아가서 지식과 정보는 사유화될 수 없는 것이다. 저작은 저자의 지적 재산이 아니라 지적 노동의 결과이고 이에 대해서 지금 방식과는 다르게 보상이 이루어져야 한다.[24]

---

[24] 이 부분은 계속 연구되어야 할 대상이다.

참고문헌

Das Für und Wider der urheberrechtlichen Diskussion im Zusammenhang mit dem „'Heidelberger Appell". Google Buchsuche und Open Access - Infobrief - Roger Cloes / Christopher Schappert, © 2009 Deutscher Bundestag WD 10 - 3000 - 068 / 09.(http://www.bundestag.de/dokumente/analysen/2009/heidelbergerappell.pdf.)

Dillenz, Walter / Gutman, Daniel, *Urheberrechtsgesetz, Verwertungsgesellschaftengesetz* (Österreichisches). Kommentar. Wien 2004.

Gieseke, Ludwig, *Vom Privileg zum Urheberrecht. Die Entwicklung des Urheberrechts in Deutschland bis 1845.* Göttingen 1995.

Kretschmer Martin / Hardwick, Philip, *Authors earnings from copyright and non-copyright sources* : A survey of 25,000 British and German writers, Bournemouth 2007.(http://microsites.bournemouth.ac.uk/cippm/files/2007/07/ACLS-Full-report.pdf)

Martialis, M. Valerius, *Epigramme. Lateinisch-deutsch.* Hrsg. u. übers. v. Paul Barié und Winfried Schindler, Düsseldorf, Zürich 2002.

Reuß, Roland, Autorverantwortung und Text, in : Roland Reuß / Volker Rieble, *Autorschaft als Werkherrschaft in digitalter Zeit,* Frankfurt am Main 2009, pp. 9~20.

Visky, Károly, Geistiges Eigentum der Verfasser im antiken Rom. In : UFITA. 106, 1987, pp. 17~40.

http://en.wikisource.org/wiki/Copyright_Law_(Macaulay)
http://stadtbibliothekrw.wordpress.com/2012/05/15/bucherfluch-aus-dem-mittelalter/
http://www.hingesehen.net/piratenpartei-geistiges-eigentum-gibt-es-nicht/
http://www.piratenpartei.de/node/217/61676.html#comment-61676
http://www.textkritik.de/urheberrecht/

저자소개

최문규
연세대학교 독문학과를 졸업하고 독일 빌레펠트 대학에서 독문학 석사 및 박사학위를 취득했다. 현재 연세대학교 독어독문학과 교수로 재직하고 있다. 독일 낭만주의를 포함하여 독일 비평이론, 아방가르드 미학, 모더니즘과 포스트모더니즘 미학과 문예학, 비판이론, 미학이론, 문화이론 등에 관해 강의와 연구를 수행하고 있다. 저서로 『역사철학과 문학 간의 의미동일성과 의미차이성』, 『(탈)현대성과 문학의 이해』, 『문학이론과 현실인식』, 『독일 낭만주의』, 『자율적 문학의 단말마』, 『파편과 형세』, 『죽음의 얼굴』 등이 있으며, 역서로 『아방가르드와 현대성』, 『한줌의 도덕』, 『절대적 현존』 등이 있다.

고규진
연세대학교 독문과 및 대학원을 졸업하고 독일 보쿰대학에서 수학한 후 연세대학교에서 박사학위를 취득했다. 현재 전북대학교 인문대학 독문과 교수로 재직하고 있다. 독일 리얼리즘 시대의 스위스 작가 고트프리트 켈러 연구를 필두로 새로운 문학이론을 꾸준히 소개하고 있으며, 최근에는 독일 문화학에 관한 강의와 연구를 수행하고 있다. 저서로는 『문학정전』, 『기억과 망각. 문학과 문화학의 교차점』(공저), 『유럽의 파시즘』(공저) 등이 있다. 켈러의 장편 『초록의 하인리히 1, 2』를 번역하였으며 그밖에도 『담론분석의 이론과 실제』, 『기호와 문학』, 『새로운 문학이론의 흐름』 등을 공동 번역했다.

김희봉
연세대 철학 석사 학위 후 독일 부퍼탈 대학에서 철학 박사학위를 취득했다. 현재 그리스도대학교 교양실용학부 교수로 재직하고 있다. 현상학를 포함하여 현대 유럽철학, 인식론, 윤리학, 미학 등에 관해 강의와 연구를 수행하고 있다. 저서 및 공저로 『현대문화와 환각』, 『이성의 다양한 목소리』, 『현대윤리학의 문제들』, 『인간의 조건과 실천철학』, 『해석학과 정신과학적 교육학』 등이 있으며, 역서로 『당신은 어떤 세계에 살고 있는가?』, 『철학의 거장들 4』 등이 있다.

윤민우

연세대학교 영어영문학과 교수로서 중세 영문학을 주 전공으로 연구한다. 연세대학교 영어영문학과를 졸업하였고 미국 노스캐롤라이나 대학에서 석사 및 박사학위를 취득했다. 중세, 르네상스 및 바로크 시기의 서정시, 로만스, 서사시 장르를 폭넓게 읽고 있으며, 모더니즘과 포스트모더니즘 문학이론에도 관심이 있다. 최근에는 J. R. R. 톨킨의 판타지 문학에 관한 논문도 발표하였으며, 스토리텔링 이론과 문화현상에 관한 강연을 하기도 하였다.

이경훈

연세대학교 국어국문학과를 졸업하고 같은 대학에서 국문학 석사 및 박사학위를 취득했다. 현재 연세대학교 국어국문학과 교수로 재직하고 있다. 식민지 시기 한국 소설과 문화에 대한 강의와 연구를 수행하고 있다. 저서로 『이광수의 친일문학 연구』, 『이상, 철천의 수사학』, 『오빠의 탄생』, 『대합실의 추억』, 『한국 근대문학 풍속 사전』 등이 있으며, 역서로 『해체론과 변증법』(공역), 『포스트모더니즘 이후의 정치와 문화』(공역), 『유머로서의 유물론』, 『이야기된 자기』(공역), 『태평양전쟁의 사상』(공역), 『한국근대일본어소설선』 등이 있다.

이기언

연세대학교 불어불문학과를 졸업하고 파리 소르본대학교에서 문학박사를 취득했다. 현재 연세대학교 불어불문학과 교수로 재직하고 있다. 계간 ≪예술가≫ 편집위원으로 활동하고 있으며, 저서로는 『문학과 비평 다른 눈으로』, 『에케 호모 리테라리우스 - 문학의 존재론에 관한 단상들』, 『지성인 알베르 카뮈 - 진실과 정의를 위한 투쟁』 등. 역서 : 『이인』, 『말꾼』, 『누더기』, 『지식인의 죄와 벌』 등이 있다.

조경식

연세대학교 독문학과를 졸업하고 독일 쾰른대학에서 석사와 박사 학위를 취득했다. 현재 전북대학교와 홍익대학교에 출강하고 있다. 전공 및 관심분야는 18세기 독문학과 문예이론, 문화학이며. 「하인리히 폰 클라이스트의 『슈로펜슈타인가』에서 나타난 비극성으로서 인간의 소통한계에 대해」, 「프리드리히 실러 미학의 정치적 해석에 대한 반박」, 「망각의 현상과 변호담론 그리고 역사」 등의 다수의 논문이 있으며, 역서로는 『추의 미학』(칼 로젠크란츠), 『언어의 기원에 대하여』(헤르더), 『캠퍼스』(디트리히 슈바니츠) 등이 있다.